2017 创刊号

浔阳年鉴

XUNYANG YEARBOOK

《浔阳年鉴》编辑委员会编　　《浔阳年鉴》编辑部

方志出版社
Publishing House of Local Records

图书在版编目（CIP）数据

浔阳年鉴. 2017 / 浔阳年鉴编辑委员会编. -- 北京：方志出版社，2018.1
ISBN 978-7-5144-2965-7

Ⅰ. ①浔… Ⅱ. ①浔… Ⅲ. ①区（城市）—江西—2017—年鉴 Ⅳ. ① Z525.64

中国版本图书馆 CIP 数据核字（2018）第 027330 号

浔阳年鉴 2017

编　　者：浔阳年鉴编辑委员会
责任编辑：李志瑜
出 版 人：冀祥德
出 版 者：方志出版社
　　地址　北京市朝阳区潘家园东里 9 号（国家方志馆 4 层）
　　邮编　100021
　　网址　http://www.fzph.org
发　　行：方志出版社图书经销中心
　　电话（010）67110500
经　　销：各地新华书店
印　　刷：南昌三联印务有限公司
开　　本：889 × 1194　1/16
印　　张：27
字　　数：617 千字
版　　次：2018 年 1 月第 1 版　2018 年 1 月第 1 次印刷
印　　数：0001~2000 册

ISBN 978-7-5144-2965-7　　定　价：260.00 元

2017
XUNYANG YEARBOOK

《浔阳年鉴》编辑委员会

《浔阳年鉴》编辑部

《浔阳年鉴》撰稿单位主审人

按栏目顺序排列

区委办公室	徐艳婷	区知联会	钟　玲
区委组织部	王　静	区工商联	秦永红
区委宣传部	张　治	区总工会	梅美华
区委统战部	王黎君	团区委	贾涵清
区委政法委	周庆吾	区妇联	万斌霞
区信访局	熊礼剑	区文联	扶松华
区档案局	张仙艳	区社联	扶松华
区委编办	黄宏志	区科协	姚华仟
区委党校	刘　强	区残联	黄　峰
区台办	魏海燕	区红十字会	邹　琦
区人大办公室	黄修勇	区人武部	宋卫国
区政府办公室	朱建乐	区武警中队	徐迎龙
区民宗局	桂晨笑	区公安消防大队	熊杰辉
区方志办	郑　伟	区人防办	朱　敏
区信息办	缪珊珊	区公安分局	张　伟
区行政服务中心	徐惠华	区交警一大队	王　晗
区政协办公室	朱少芬	区检察院	王建军
区纪委	谈荣亚	区法院	张雪华
民革浔阳区支部	程候锋	区司法局	叶江南
民盟浔阳区支部	魏晓宏	区人社局	胡　慧
民建浔阳区支部	徐爱林	区民政局	赵风林
民主促进会浔阳区支部	鲁　岚	区建设局	刘鸿志
农工党浔阳区支部	唐平钧	区房管局	孙建新
九三学社浔阳区支社	陈和周	市执法局浔阳区大队	万　乐

区公积金办	候　亮	华泰财产保险九江中心支公司	程华礼
区环保局	万吉明	信泰人寿保险九江中心支公司	王胜斌
邮政局	喻　刚	人民财产保险浔阳支公司	万国生
电信公司	龚晓春	国泰君安证券九江甘棠路营业部	鄢　嫣
移动公司	林　平	海通证券九江浔阳东路营业部	洪海燕
联通公司	黄京敏	中信建投九江浔阳东路营业部	魏佐君
区农林水务局	马艺文	安信证券九江长虹北路营业部	魏建文
区工信委	吕松林	长江证券九江浔阳东路营业部	潘金芳
区工业园办	王　佳	南京证券九江九龙街营业部	聂爱华
区旅游局	李志文	国盛证券九江孤溪埂营业部	孙鹃奇
区商务局	李　鹏	中航证券九江浔阳路营业部	谢金球
区三产局	屈　琳	区财政局	张　业
城区烟草局	周　红	区国税局	梅剑锋
区市场和质量监督管理局	郭　凯	区地税局	李少军
区金融办	刘水金	区发改委	杨金甫
工商银行九江分行	曾　波	区物价局	胡　谦
农业银行九龙支行	郭　坚	区国土局	刘家启
中国银行浔阳区支行	李平贵	区国资局	魏晓宏
建设银行九江浔阳支行	孙利锋	区统计局	梅文华
交通银行九江分行	罗竹青	区审计局	舒钟坤
北京银行九江小微支行	常　江	区安监局	刘国浔
江西银行九江浔阳区支行	罗　创	区科技局	蔡　浔
九江银行大中路支行	潘火兰	区教体局	朱丽萍
九江银行白水湖支行	万文英	区文新局	蔡　慧
九江银行长江支行	江凤茹	区卫计委	钟建琼
九江农商银行浔阳支行	周　啸	区老龄办	杨小艳
浦发银行九江分行	周　雯	湓浦街道	高　诚
邮储银行九江分行	刘向东	甘棠街道	王　娜
招商银行九江分行	谭俊如	白水湖街道	荣君远
光大银行九江分行	陈颂华	金鸡坡街道	毛　健
华安财产保险九江中心支公司	居绍琴	人民路街道	沈小月

编辑说明

一、《浔阳年鉴》是由浔阳年鉴编辑委员会编纂，浔阳年鉴编辑部编辑出版的年度资料性年刊。《浔阳年鉴》坚持以马克思列宁主义、毛泽东思想、邓小平理论、“三个代表”重要思想、科学发展观、习近平新时代中国特色社会主义思想为指导，坚持辩证唯物主义和历史唯物主义的立场、观点和方法，贯彻落实十九大精神，求真务实，旨在准确、科学、权威、系统地记载浔阳区自然、政治、文化、社会等方面情况，为各级领导的决策提供参考依据，为社会各界提供资讯，是了解浔阳、研究浔阳的重要窗口。

二、《浔阳年鉴（2017）》是《浔阳年鉴》的创刊号，是浔阳区首部地方年鉴。

三、本年鉴记述时限为2016年1月1日至12月31日，部分内容和数据涉及2016年度前或延伸至2017年年初。

四、本年鉴分类编辑，分为栏目、分目、条目3个层次。全书设33个栏目，内容分为综合情况、动态信息、辅助资料3大部分。其中，综合情况设年度提要、特载、大事记、浔阳概况4个栏目，动态信息设中国共产党浔阳区委员会，浔阳区人民代表大会常务委员会，浔阳区人民政府，中国人民政治协商会议浔阳区委员会，中国共产党浔阳区纪律检查委员会，民主党派和社会团体，军事，法治，人力资源和社会保障，民政，城区建设，环境保护，信息产业，农业、林业、水利，工业，园区经济，旅游业，商业贸易与经济合作，金融业，财政税务，经济管理与监督，科学技术，教育体育，传媒文化，医疗卫生，人民生活，街道情况，人物·荣誉录28个栏目，辅助资料设附录1个栏目。栏目和分目设置为方便分类编辑和查阅，并不反映严格的科学分类体系，机关单位排序与层次并不表示其地位和规模。

五、本年鉴采用区统计局编印的《浔阳统计年鉴》数据，统计年鉴中没有统计公布的数据，采用部门和街道办事处调查统计的数据。文中提到的“增长”除非特别说明，均指比上年增长数。由于统计口径的不同，引用数据在不同条目中不尽一致。

六、本年鉴所涉机构名称、职务名称等专有名词，除第一次出现使用全称外，其后一般使用简称。人物一律直书其名。

七、本年鉴数字使用，执行国家出版物上数字用法规定，计量单位原则上采用国家法定计量单位，部分遵从现行使用习惯。

八、本年鉴各撰稿单位主审人集中署名，撰稿人随文署名。

中国共产党浔阳区第十次代表大会召开（杨军 摄）

浔阳区“重大项目落实年”动员暨2016年度经济社会发展目标管理表彰大会召开（杨军 摄）

浔阳区第十届人大一次会议召开（杨军 摄）

浔阳区政协八届一次会议召开（杨军 摄）

浔阳区委中心组"依靠群众求胜利"专题学习会召开（杨军 摄）

浔阳区城市管理"百日大提升"工作动员大会召开（杨军 摄）

区委书记宋细妹视察广灵药业有限公司（杨军 摄）

区委书记宋细妹在中煜程塑业有限公司调研（杨军 摄）

区委副书记、区长徐昭国视察锁江楼片区旧城改造（杨军 摄）

区委副书记、区长徐昭国在鑫鹰人防设备有限公司调研（石小龙 摄）

浔城交通枢纽（胡业清 摄）

九江长江大桥 （潘立 摄）

德化浔安小区（杨军 摄）

花果园小区（杨军 摄）

花果园北路（杨军 摄）

战备路（杨军 摄）

步行街之夜（彭建国 摄）

三里小学（杨军 摄）

东风小学（杨军 摄）

柴桑小学（杨军 摄）

浔阳小学（杨军 摄）

浔阳幼儿园（杨军 摄）

浔阳区体育健身中心（杨军 摄）

少儿活动中心（杨军 摄）

浔阳区老年体协太极拳表演（杨军 摄）

琴声荡漾甘棠湖（朱希实 摄）

浔阳展示馆（杨军 摄）

大型音舞诗画剧《春江花月夜》（杨军 摄）

浔阳之眼（杨军 摄）

兴龙国际商务中心（杨军 摄）

中瀚商务中心（杨军 摄）

京九商务大厦（杨军 摄）

龙翔国贸大厦商务楼宇 （杨军 摄）

792 创意园（杨军 摄）

齐鑫化工（杨军 摄）

津晶城科技园（杨军 摄）

钒宇新材料有限公司（杨军 摄）

浔阳区城东工业基地（石铭 摄）

九江石化三期（石铭 摄）

沃尔玛购物广场（杨军 摄）

新雪域物流中心（杨军 摄）

农产品市场（杨磊 摄）

甘棠湖上捕鱼忙（朱希实 摄）

甘棠湖之夏（潘立 摄）

烟水亭（潘立 摄）

烟水亭夜景（杨磊 摄）

长江黄金水道（潘立 摄）

甘棠湖夕照（胡业清 摄）

观音阁（潘立 摄）

小坝（杨军 摄）

新公园全景（杨军 摄）

新公园荷塘月色（杨军 摄）

新公园大门（杨军 摄）

浔城展宏图（胡业清 摄）

浔阳江水映晚霞（胡业清 摄）

晚霞下的锁江楼（潘立 摄）

白居易琵琶亭（潘立 摄）

锁江楼（潘立 摄）

浔阳楼（潘立 摄）

红色记忆·八一起义策源地纪念馆（潘立 摄）

樱花盛开的季节（吴振富 摄）

浔阳秋色（吴振富 摄）

人民路街道

人民路街道成立于1992年10月，地处浔阳区最西端，临近碧波荡漾、景色优美的甘棠湖和南湖，与开发区、庐山区交界。拥有湖滨中心幼儿园、湖滨小学、市第一中学、第三中学、第十一中学、江西财经职业学院等从幼儿到大学全套教育资源；市中医院、市第三人民医院、仁爱医院、社区卫生服务中心等医疗资源遍布辖区；坐拥已发展相当成熟的沃尔玛、长虹大道、九龙街、庐山南路娱乐餐饮等商圈；丽景湾、翰林山水国际、阳光国际、都市桃源、湖滨翡翠城等环境优美的高品质小区相继建成。辖区内主、次干道纵横交错，公共交通便利，配套设施完善，极大地满足了居民的教育、医疗、购物、休闲、娱乐、出行等各种生活需求。

近几年，人民路街道以“先锋服务街，幸福人民路”为目标，坚持把招商引资、协税护税、楼宇经济作为经济的增长点，先后引进沃尔玛、浦发银行、都市桃园房地产、立丰置业、颐高九江互联网创业中心等大型项目，不断加强对104家楼宇企业的对接服务工作，搭建60余个协税平台，每年完成税收数千万元。把旧城改造、社会治安、文化建设作为提升民众幸福指数的基本点，先后启动桃园路、孙家垄、孔家洼、绿豆湾、杨家村、二建宿舍、新村小学等片区征迁改造，总征迁面积达33万平方米,惠及征迁户数近3000户。加大“两员两站”和“综治三项”建设力度，大力实施“千眼万刺”工程，在辖区内安装312个警用探头，防爬盗刺10500 米，辖区安全防控不断得到强化。培育和引导湖滨养老协会及60支民间艺术团队规范成长，推广社区文化节、百家宴、贺婚节、诗词会等文化品牌活动，每年开展各类文化活动100余次。把改善民生作为一切工作的落脚点，按照“守住底线、突出重点”的原则，促进公共资源向基层延伸，向弱势群体倾斜，每年倾力救助帮扶的困难党员、低保户、残疾人、流浪乞讨人员、困难青少年、下岗失业人员等达3000余人。把特色创新作为推动工作的激发点，“把

荣誉墙

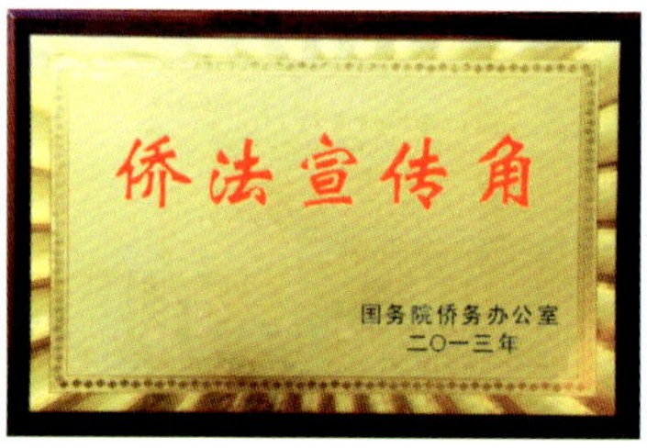

社区文化艺术节

退休党员接回家、为无职党员安个家、让流动党员找到家、建困难党员幸福家”的“家”党建理念进一步强化党员分类管理；“四”上家门、“二”邀群众的“4+2”群众工作模式拉近了与群众之间的距离；幸福里咏年楼日照中心、浔阳区第三老年公寓、小饭桌不断提升为老为小服务的能力；全市首家基层群众心理辅导站“心悦工作室”为辖区居民提供优质专业的心理咨询辅导。

街道各项经济社会事业协调发展，近年来，先后荣获全国人口和计划生育基层群众自治示范村居、全国科普示范社区、全国和谐社区建设示范社区、全国综合减灾示范社区等国家级荣誉，并连续四年获得全区经济社会发展目标管理考评综合先进单位。

日间照料中心

九江一中

信华游泳池

沃尔玛购物广场

天花宫

观景台

白水湖街道

白水湖街道位于浔阳区东部，东至九江发电厂（电厂路），西至灌婴路，南至浔阳东路，北至滨江路，辖区面积8平方公里，总人口8.4万人，下辖11个纯居民社区，4个厂矿社区，2个行政村。2016年，白水湖街道在区委、区政府的正确领导下，认真贯彻党中央和省、市、区各级精神要求，坚持稳中求进的工作基调，积极争先进位，注重质量提升。各项工作进步明显，全年工作呈现以下亮点：

一、经济发展：实在的“成绩单”

（一）注重发展质量。2016年，按照年初确定的总体目标和工作思路，街道坚持以科学发展为主题，立足加快产业转型，着力提高经济运行质量，现代服务业发展成绩突出，总体规模较去年同比增长89%，位列全区第一；引进联广公司，招商引资全年完成800万，超额完成300万；财税收入位列全区第二。其他各项经济指标也总体上呈现了协调发展的良好态势，为“十三五”开局开好了头、起好了步。

（二）服务重点企业。2016年，街道进一步加强对重点企业的跟踪服务力度，加大了与2个上市公司当代摩玛置业（满庭春）、深圳琵琶湖农副产品物流有限公司九江公司无缝对接，为九江市烟草物流中心建成投产提供了有力支撑，引进上市公司北京龙源环保公司九江分公司，仅此一家公司就为我区实现纳税1482万元。

（三）推进楼宇发展。考虑到楼宇经济的发展逐步从以往比硬件、比地段、比租金向比软件、比环境、比服务转变，为更好地服务辖区内中瀚商务中心、京九国际商贸城等重点楼宇建设，全力构筑长虹北路楼宇经济商圈，街道专门成立了楼宇服务小组，为企业在落户、运营当中提供“管家式”一体化服务。配合阿里巴巴九江产业带建设，迄今为止共上线企业550余家，线上线下交易额21.5亿元。中瀚商务大厦成为全区第一个年上缴税收过五千万的商务楼宇，招商率达95%以上。

二、城市建设：靓丽的风景线

（一）提升城市颜值。1.“拆”。近年来，街道先后启动完成了13个项目、29.85万平方米的征迁工作。2.“建”。配合项目部先后建成了花果园、琵琶亭、战备路（一期）3个高品质安置小区，稳步推进殷家畈、战备路（二期）安置小区项目，建筑面积46.29万平方米，预计全部建成后可安置居民3814户。3.“安”。顺利完成战备路一期共8个批次的分房工作，德化、琵琶亭等其他片区的分房工作也在稳步推进中。

（二）彰显城市气质。1.建设高标准精品社区，打造“一社区一特色一品牌”。在全区“十大精品社区”中白水湖街道占4个。已经形成的社区服务品牌有：余家垅社区成为“全国老年星光之家”；沿江社区被评为“全国妇联基层工作先进单位”“明星侨部暖侨心”“全国侨务工作示范单

位”“ 全国无邪教创建示范社区”；花果园社区被评为“全国充分就业示范社区”；庐峰花园社区一举夺得文化、绿色、科普、减灾和妇联工作五个全国先进。

2.城市管理“百日大提升”效果显著。自活动开展以来，街道共动用四轮电动车清运建筑垃圾63车，清理杂物112车，清理破沙发杂物90车，清理垃圾死角87处，拆除出店灯箱66个，下达整改通知书115份，拆除违章建筑16处，

对三里街菜场升级改造，颠覆了以往“脏乱差”的面貌，给市民一个干净的“菜篮子”。

3.“党员争先锋”活动反响热烈。积极组织辖区社区（村）联合14个区挂点单位的近百名党员，认领志愿服务项目60个、开展固定党日活动56场、设置党员先锋创绩岗14个、开展“党员先锋”微评56次，各党员志愿者在每周党日活动中走进辖区各条街道、各个居民小区，开展了交通劝导、发放宣传单、清理道路两侧牛皮癣、清扫卫生死角等各项活动256人次，进一步提升了基层党员在群众中的榜样力量。

三、社会民生：温暖的白水湖

2016年，街道始终将惠民生摆在首位，放在心头。持续为低收入人群提供帮助，全年共为385户城市低保户发放低保金257万余元，为52人发放医疗救助金（1-12月底）29.11万元，为54人发放临时救助金8.54万元，为符合条件的36人发放优抚定补经费74.01万元；为全街530名残疾人中的180名特困残疾人申请了低保，对231名残疾人发放了生活、护理补贴19.57万元。切实提升辖区群众幸福指数，全年对本辖区年满80周岁的老人累计发放补贴3956人次，发放金额65.5万元。为122户符合条件的家庭申请了公租房，为314户历年来中签家庭实现交房。全力保障辖区社会稳定，面对百年一遇的洪灾，全街道党政干部齐心协力，奋战近100个日日夜夜，确保辖区内群众生命财产无任何损失，被省市各家媒体争相报道。加大综治信访、安全生产、应急维稳工作力度，辖区全年未发生重大安全生产事故，无群体越级访发生，公众安全感和满意度进一步提升。扎实做好其他各项工作，继续抓好计划生育这项基本国策，全年共查处“两非”案件2例，征收社会抚养费158.8万元；着力推进“河长制”试点工作，制定了“河长制”工作方案及清河行动工作方案，定期组织专人在白水湖周边巡逻。

甘棠街道

贯彻新理念 创造新业绩

甘棠街道党工委 甘棠街道办事处

甘棠街道围绕“建设实力、魅力、活力、和谐浔阳”这个目标，以党建为引领，以旧城改造为切入点，以财税建设和民生工程为重点，以城市管理、社会管理、社区建设为着力点，提升文化街区品牌，不断做强以现代商贸为主的甘棠版块。2016年以来，甘棠街道在区委、区政府的坚强领导下，积极创先争优，先后荣获“全国计划生育协会先进单位”“全国无邪教示范社区”“全国民宗工作示范社区”“全省和谐社区建设示范街道”等荣誉称号。

一、旧城改造全面提速。黄土坡片区旧城改造一期工作已启动，目前签约率已达70%，预计在3月31日前完成签约工作。这个项目作为新政策下推进的第一个项目，我们将积极探索、总结经验，为其他项目推进提供借鉴。今年街道还将适时启动区政府片区、八角石片区、北司路片区、都天巷片区内的危旧房和老旧小区改造，4个片区预计征收面积69.6亩，1350户。

二、经济建设探索亮点。新常态要有新思维，街道将以招商引资为抓手，围绕楼宇经济、互联网经济、新经济等做文章，一方面，深挖楼宇资源，特别是在中房二期和考棚片区建设高端楼宇和大型商业综合体，把一些有实力的大企业引进楼宇，做强总部经济。另一方面，加强跟踪服务，做好猪八戒网、赛伯乐基金投资公司落户浔阳的后续工作。

三、城市管理稳步前行。城市管理是城市工作永恒的主题，作为中心城区的中心街道，街道将以“创新提升年”为契机，以解决当前城市管理中存在问题为导向，积极探索构建长效机制。一方面主动对接区市容管理局，承接落实好环卫作业市场化运行工作，整合执法中队、市容环卫办公资源，打造城市花园数字化城市管理服务中心，集约高效提升城市管理工作的精细化和长效化。另一方面创新工作思路，加大“两违”查处、执法管控等工作力度，以点带面提升城市形象。

四、城市建设加快推进。坚持一手抓硬件阵地建设，一手抓软件文化建设。把工作的视角放在基层，盯准社区，有重点地对龙山、浔安、浔阳楼等社区办公服务场所进行改造，建设一批群众活动阵地，打造一批托老托幼服务中心，为居民提供多元化服务。同时，以庾亮南路历史文化街区打造为契机，挖掘浔阳历史记忆，凸显老城历史韵味，提升城市建设文化品位。

五、民生工作全面铺开。坚持一切围绕民生转、一切为了民生干，做优做强服务群众的社区主阵地，真正把养老助老、助残助困、就业保障、计生服务等惠民政策延伸到千家万户。其中，街道庐峰社区日间照料中心已于2016年建成并投入使用，为老年人提供生活、学习、娱乐等服务。同时，将继续健全完善街道和社区工作服务机制，搭建平台载体，倾听和回应百姓诉求，及时化解群众反映强烈的矛盾问题，用干部的辛苦指数换群众的幸福指数。

金鸡坡街道

画好“点线面” 绘就新街村

金鸡坡街道党工委　金鸡坡街道办事处

2016年，金鸡坡街道党工委、办事处在区委、区政府的正确领导下，紧紧围绕建设“实力、活力、魅力、和谐”浔阳的总目标，敢于负责，勇于担当，全力攻坚，狠抓落实，实现新作为，推动街道整体工作迈向新台阶。

一、突出搭平台，发展后劲有新提升

一是招商引资促转型。牢牢抓住经济建设这个中心不放，搭建“综合治税平台”“招商引资平台”，联合工商、税务部门共同协税护税,增加税收额度,确保税收属地化；充分利用招商联谊会等形式，积极开展招商引资工作，挖掘新项目、新投资，不断调整街道产业结构，引进了投资2000万元的新兴产业嘉沃水上用品有限公司。

二是服务楼宇增后劲。把服务楼宇经济作为增强发展后劲的主抓手，搭建“组织领导平台”，建立领导包靠制度。辖区每座商务楼宇都由一名街道副科干部包靠，组建服务团队，以切实加强对楼宇发展的规划、引导、协调和服务工作，实现了提升楼宇入住率、纳税率和税收属地率，降低楼宇空置率的“三提升、一降低”目标。

二、突出中心点，攻坚能力有新提升

一是全力以赴，服务石化扩能。为全力服务九江石化油品质量升级改造项目，近两年先后启动了游岭整体搬迁项目、省二建整体搬迁项目、石化厂际管廊隐患治理项目和新增800米卫生防护距离内房屋征收等四个项目。共涉及房屋37万㎡、居民约4000户、土地2160余亩。在区委、区政府高位推进、全力支持下，今年在不到两个月的时间里完成了，厂际管廊隐患治理和新增800米卫生防护距离内房屋征收项目签约361户，签约率100%。同时，游岭、省二建整体搬迁遗留问题取得新进展，将继续想方设法解决剩余问题。

二是分兵坚守，从容应对汛情。今年汛期，恰逢九江石化油品质量升级改造工程征地拆迁等省、市重点项目的攻坚期。面对双线作战，在人员非常有限的情况下，每天

由一名班子成员带队`，每天24小时开展抢险、后援、值守、督查工作，并组织一支党员抢险突击队，与32个巡堤责任单位一起，确保了辖区5630米长江干堤，19个闸口，3个排水泵站安全度汛。

三、突出治理线，城市管理有新提升

一是安置小区“大提升”。对辖区7个农民安置小区进行“搬家式”整治，着力解决小区违规堆放、绿化带种菜、建筑立面“牛皮癣”、下水道设施等群众反映强烈的环境治理突出问题。同时，建立了区街村投入体制，成立了小区自治委员会、“微物业”、网格员、楼栋长等小区共管机制。安置小区环境彻底改变，获得老百姓点赞。荣获了“江西省第五届文明村镇”荣誉称号。

二是“两违”管控“零”增长。加大巡查管控和拆违力度，在利用社会力量对辖区24小时无死角巡查管控的同时，不定期对重点地段进行明察暗访，建立村（社区）“两违”管控日报制，节假日“两违”管控值班制度，对辖区违章抢建进行全方位立体式监管，做到及时发现、及时制止、及时拆除。自“百日大提升”以来，全街共发现、制止9处违章建筑，拆除面积近700平方米，结合“微腐败”整治，对2名村主要负责人和3名村两委成员进行约谈，实现了违章管控责任全落实。

四、突出统筹面，为民服务有新提升

一是直面诉求，着力增强老百姓获得感。随着村民物质生活水平的逐年提升，对精神层面诉求也越来越高，特别是科技文化生活方面，今年以来每月开展一次“突发事件”“应急救护”、疾病防护等方面的知识讲座，以及广场舞、电讯培训班、科普宣传周、防金融诈骗等各类科普文化活动。荣获“全国科普示范社区”荣誉称号。

二是正面引导，着力增强老百姓幸福感。认真抓好“两学一做”学习教育活动，在党员群众中开展“三信三爱”（信党信法信组织、爱村爱邻爱亲人）活动，街道群团组织定期组织健康向上的文体活动。同时，全面推行“和事佬”工作机制，各村（社区）通过民情理事会程序共形成并实施决议达62件，化解纠纷100多件，实现“证件村里办、补贴村里领、信息村里询、需求村里帮”的一站式服务。如今，老百姓参加庙里的、庵里的、教里的活动少了，有事都找村里。

湓浦街道

2016年，湓浦街道党工委、办事处在区委、区政府的正确领导下，紧紧围绕建设“实力、活力、魅力、和谐”浔阳的总目标，以党建为引领，以创建特色为抓手，勇于担当，全力攻坚，推动街道整体工作迈向新台阶。

党的建设从严治理，党员干部廉洁亦清明。组织全街干部集中收看全省“两学一做”学习教育动员部署视频会；制定了本街道的学习教育方案，组织全体干部集中收看了《为民跑腿30年》《镜鉴》《榜样》等专题教育片，开展了“两学一做”主题教育20场次，累计参加党员人数600人；组织全街党员干部60余人重温了入党誓词；在全区“两学一做”知识精竞赛中，街道荣获了第一名。

街道主要领导及班子成员专门抽出一周时间，每天下午安排一个科室，与全街机关干部职工以谈心谈话的方式开展“我与组织面对面”的沟通交流，使大家干事创业的热情得到了极大的提升。开辟了滨江路廉政文化墙；借助“活力湓浦”微信公众平台，先后举办了15场专场“廉政准则手抄秀”“廉政准则手抄秀哪家强”活动，浏览量高达近6000人次，点赞220人次。

湓浦街道党工委开展两学一做“我与组织面对面”谈心谈话活动

湓浦街道举行“两学一做”知识竞赛

在非公有制企业和社区组织“两覆盖”工作中找到党员6人，排查失联党员28人，为46名党员找到了家。在全街道党员的积极配合下，仅用一个月的时间就收齐补缴党费26214.1元；在为期1个月的防汛抗洪值班中，街道机关41名党员全部上堤值守，24小时的轮班值守无一人请假，最终取得了抗洪的全面胜利，街道被九江市人民政府评为2016年全市防汛抗洪工作先进单位。

市区联动同治理，生态更宜居。在“百日大提升，党员争先锋”活动中，街道、社区、包挂社区党员每周都开展主题活动，文明劝导、清扫垃圾、清除小广告牛皮癣等，累计2000多名党员参与了此次活动。开展了7次大型联合整治活动，收缴暂扣占道货架和清理沿街占道杂物60余车。组织社区工作人员陪同包挂单位区房产局、区市场监督局等开展重点问题整治。在原有聘请5名城管协管员的基础上，再增加聘请5名，充实执法中队整治力量。整治出店经营700余处、清理流动摊点490多处，清除人行道坎坡80余处，拆除违规路障、地锁210多个，清除店招下灯箱“小耳朵”90多个。街道被九江市委、市政府评为城市环境综合整治“攻坚年”先进集体。

湓浦街道开展城市管理“百日大提升”联合集中整治大行动

民生为本享福祉，幸福有质感。为全街城镇低保对象382户595人，发放低保金246万余元。发放大病救助16户，共计11万余元，有效地解决了困难群众看病难的现象。走访辖区困难户共计85户，发放救助金53000元。下拨发放了2015-2016年度救灾款2万元，对73名困难受灾群众实施了冬春救助。帮助13户因雨水受灾的居民申请了1万元的救灾款，解决实际生活困难。救助边缘困难群众28户，共发放救济补助金62400元。开展了低温雨雪冰冻灾害天气的巡逻活动，对发现的3名流浪汉进行了救助。为2名重点优抚对象累计发放优抚金24000余元，为10名无军籍职工发放退休津贴37万余元，为53名伤残军人发放优抚金、护理费1101万余元。救助困难优抚对象7名，共计3500元。走访5名军烈属，送去慰问金共计5500元。街道被评为2016年全省拥军优属先进单位。

计生国策稳推进，做好服务和帮助。开展“全面两孩宣传月”活动，提高广大群众对“两孩”政策的知晓率；做好一孩、二孩生育信息网络登记制度，共办证243份。办理计生服务随迁证明17份，《独生子女父母光荣证》57本，《流动人口婚育证明》29本。电子婚育证明办理65条，爱心保险782人，发放独生子女费13万余元，完成社会抚养费征收1例，共征收社会抚养费25.4万元。印刷了《致辖区待孕一封信》《免费孕前优生健康检查服务指南》等资料2000份。对辖区内67户计生困难家庭，13户失残失独家庭进行了慰问帮扶，帮扶金额达近4万。街道被九江市委、市政府评为人口和计划生育工作先进街道。

中央民族大学熊坤新教授一行莅临九龙社区指导工作

区人武部走访慰问湓浦街道军烈属

宋细妹、徐昭国调研湓浦街道经济社会发展工作

市民政局督查指导九龙社区工作

情暖“冰雪路”、湓浦志愿者在行动

江西日报社调研湓浦环卫工人休息室

湓浦街道圆满完成浔阳区第十届人大代表换届选举工作

湓浦街道、向阳街道开展党建工作交流活动

市公安局走进湓浦街道开展“经侦讲坛”送法进社区活动

浔阳区教体局

浔阳区教育体育局在区委、区政府正确领导下，全面贯彻党的十八大和十八届三中、四中、五中、六中全会精神，深入贯彻习近平总书记系列重要讲话精神，紧紧围绕市委“打造山水名城，率先全面小康，建设五大九江的发展战略”和区委、区政府建设“实力、活力、魅力、和谐浔阳”的发展目标，全面落实党的教育方针和国家全民健身战略，以推进教育领域综合改革为动力，以办人民满意教育为目标，全面加快推进义务教育均衡发展，全区教育事业呈现良好发展态势，全民健身运动蓬勃发展。

浔阳区教体局党委书记、局长曹俊云同志带领班子成员始终坚持把立德树人作为教育工作根本任务，把均衡发展和品质提升作为重要抓手，积极培育和践行社会主义核心价值观，促进教育公平。积极推进《浔阳区中长期教育改革和发展规划纲要（2010—2020年）》《浔阳区2014-2018年全面改善义务教育薄弱学校基本办学条件规划》等政策的落实，使教育事业步入发展的快车道。总投入1.05亿元按规划完成了庐峰学校新校区（建成后更名为浔阳小学）、第一幼儿园、外国语实验小学教学楼建设项目、接收原十一中校区成立了湖滨小学人民路校区；预计将投入7.5亿元实施新建城东学校、第二幼儿园、新村小学新校区、龙山小学新校区；浔东小学、湖滨小学、东风小学等新（扩）建项目建设，办学条件将进一步改善。

浔阳区教体局领导深入校园指导“书香进校园”活动

一直以来，浔阳区严抓师德师风建设，以弘扬高尚师德，树立优良师风为宗旨，积极培养有理想信念、有道德情操、有扎实学识、有仁爱之心的“四有”教师。2016年开展了以“讲奉献，争双馨”为主题的师德师风教育月活动，以读书、演讲、走访、反思、座谈等各种活动形式在全区学校蓬勃开展。

浔阳区教育体育局坚持素质教育为导向，积极开展社会主义核心价值观主题教育，促进广大青少年逐步树立起正确的人生观、价值观和道德观；注重课堂教学和教科研工作提升教育质量；以中华传统古诗词诵读和书法教育为特色，强化优先传统文化教育；以体育艺术为突破口，落实体育艺术“2+1”工程，促进学生全面发展。校园足球成绩斐然，湖滨小学、浔阳小学、东风小学等6所学校被教育部评为全国校园足球特色学校，其中湖滨小学多次获得全省校园足球比赛冠军，该校近两年有五位同学因为足球成绩出彩，考入人大附中；东风小学分部创作的舞台剧《白雪公主》《夏令营的成长》获得了全省艺术展演一等奖。

浔阳区教体局全面落实全民建设计划，积极推进、组织举办了丰富多彩的群体活动及群体比赛。做好登山节、健步行、冬季长跑比赛，着力打造篮球、羽毛球、足球、健身气功等一批特色健身项目，“天天健身、月月活动”的良好健身氛围基本形成。

近年来，在区委、区政府的正确领导下，在广大代表和委员的关心下，各项工作取得了优异的成绩。先后荣获“2016年全国义务教育发展基本均衡县（市、区）”“全国全民健身活动先进单位”“全国中小学生艺术素质测评实验区”“江西省首批新课程改革实验区”“江西省教育工作目标考核优秀单位”“江西省义务教育均衡发展示范区”“江西省中小学校责任督学挂牌督导创新区”等荣誉称号，连续多年被评为“九江市教育工作综合先进单位”“九江市文明单位”。

“雄关漫道真如铁，而今迈步从头越”。浔阳区教育体育局全体干部职工将进一步解放思想，开拓创新，砥砺奋进，真抓实干，努力办好人民满意的教育。在区委、区政府的坚强领导下，浔阳区教育体育事业必将乘借改革东风，大步前进，为建设实力、活力、魅力、和谐浔阳，为实现在全市率先全面建成小康社会而努力奋斗！

荣誉墙

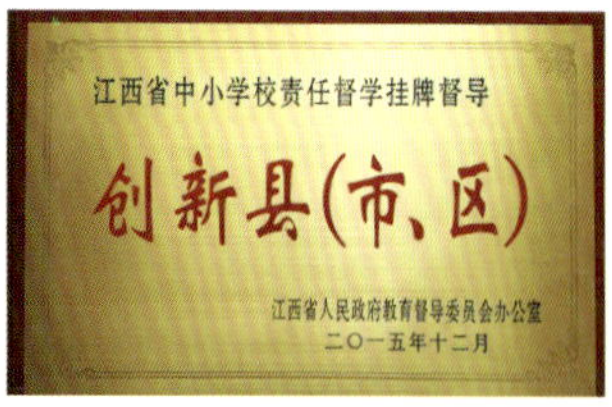

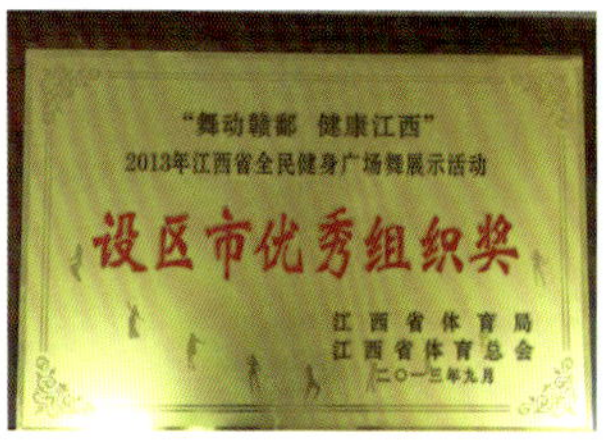

活动掠影

浔阳区委、区政府领导教师节
走访慰问优秀教师

浔阳区委、区政府领导教师节
走访慰问优秀教师

浔阳区湖滨小学足球队参加全国“谁是球王”
争霸赛冠亚军争夺赛现场

小莲心艺术团东风小学分部戏剧
《夏令营中的成长》荣获省少儿艺术节一等奖

新建教学楼

浔阳小学及第一幼儿园

外国语实验小学综合楼

浔东小学教学楼效果图

城东学校及城东中心幼儿园
效果图

新村小学效果图

第二幼儿园效果图

快乐东风 东风小学

九江市浔阳区东风小学面临秀美的甘棠湖，背靠浩荡的长江。始建于1948年，原名新安小学，1949年6月九江市政府接管后改名为九江市第三小学。1951年6月收编了美国教会学校翘材小学。1966年8月更名为东风小学，它历经了半个多世纪的历史沧桑而校址不变。

团结奋进的领导班子

东风小学以“情系东风 做圣启蒙”为办学目标，就是“做一个道德高尚的‘圣人’，为明智的启蒙做贡献！”一贯注重因材施教和素质教育，以“诚信尚礼，厚德博学”的校风自励，打造书香校园，突显快乐东风，以全新的理念、务实的态度、科学的管理狠抓教师队伍的建设和规范学生行为习惯。

学校现有35个教学班，在校学生近2000人，教职工百余人。小学特高级职称25人，小学高级职称55人，其中省、市学科带头人、骨干教师28人。

近年来，在上级领导关心支持下，学校德育和教学等方面取得的成绩真可谓是花开满园，硕果累累，在各级比赛中屡获佳绩。学校先后荣获“全国第五届和谐校园先进学校”“全国青少年五好小公民示范学校”“全国青少年校园足球特色学校”“国家教师基本十一五规划重点课题实验学校”“教育部四结合教改实验学校”“江西省家校合作试点学校”“江西省校园文化特色学校”“江西省德育示范学校”、江西省中小学(幼儿园)平安校园示范学校、江西省教育系统先进女教职工组织。

全国第五届和谐校园先进学校
二〇一二年十二月 国家教育部颁发

全国青少年校园足球特色学校
二〇一五年八月 国家教育部颁发

全国五好小公民示范学校
二〇一三年九月 国家教育部颁发

全 国 教 改 实 验 学 校
二〇〇二年九月 国家教育部颁发

江 西 省 德 育 示 范 学 校
二〇〇七年十二月 江西省教育厅

江西省校园文化特色学校
二〇一五年二月 江西省教育厅

江西省家校合作试点学校
二〇一四年九月 江西省教育厅

江西省中小学平安校园示范校
二〇一三年四月 江西省教育厅

我校风之翔足球队荣获2016-2017九江市青少年校园足球校际联赛第一片区亚军、总决赛季军

邓荣娴老师荣获全国华东六省一市赛课一等奖

学生多媒体功能室

湖滨小学

湖滨小学坐落在美丽的甘棠湖畔，它依水而生，水润而泽，走过了60余载沧桑岁月。如今正以愈来愈优美的校园环境，先进的办学理念，浓厚的文化氛围，实干的工作作风，优异的教学质量，享有良好的社会声誉。

近年来，学校把校园文化与“水”牵手，以“上善若水”为学校文化的精髓，传承其“善”、突出其“韧”、彰显其“容”、体现其“勤”，如今，能欣喜地看到，无论是教师的精神面貌，还是思想境界；无论是校园的自然环境，还是文化氛围；无论是学生的学习劲头，还是行为习惯，都呈现出郁郁葱葱的、向上的、喜人的发展态势。近年来，在党和政府的关怀重视下，在社会各界的大力支持下，学校先后荣获“全国首批体育工作示范学校”“全国校园足球特色学校”“江西省校园足球先进学校”“江西省足球青少年后备人才基地”“江西省安全文明示范学校”“江西省少先队工作示范学校”“江西省现代教a育示范学校”“江西省校园文化特色学校”“江西省五一巾帼标兵岗”“九江市德育示范学校”“先进基层党组织”等荣誉称号。

上善若水铸师魂，水润湖滨致远。湖滨小学将一如既往打造“水精灵足球队”“水之润书香行”“水之韵合唱团”“小童心善在行”的校园特色文化，秉承团结协作、众志成城的精神，在争创全市品牌学校的征程中，扬帆起航、再创辉煌！

浔阳一幼

播撒爱的种子
托起梦想的翅膀

九江市浔阳区第一幼儿园是浔阳区建区以来建设的第一所全日制公办幼儿园，占地面积9.27亩，建筑面积6800平方米，总投资2000万元，现开设18个教学班，招收幼儿近600名。园内设有大型儿童剧院、美工室、音体室、感统训练室、科学探索室等多个功能室，并配有安全接送系统、监控系统、校园广播系统等。户外配备了滑滑梯、攀爬类等各种大型玩具，增设沙水区、种植区和文化长廊等，每班均配有电钢琴、一体机、空调等设备。自2013年开园以来，先后获得“九江市市级示范幼儿园”“九江市平安校园示范学校”等荣誉称号。全园以学习“中国传统文化”为特色，让幼儿从小接受传统文化的熏陶，获得社会与家长的一致好评。

单位名称：浔阳区第一幼儿园

联系人： 裴林华

联系电话：13479268046

柴桑小学

百年柴桑百花开

“百年”深知韶光贵，不用扬鞭自奋蹄。十八大以来，柴桑小学就紧紧地围绕“立德树人”这一根本宗旨，贯穿社会主义核心价值观教育这一主线，聚焦学生发展核心素养这一重点，重塑学校文化，重构课程体系，续写新一轮课程改革篇章，百年名校再现生机与活力。

风生水起，重构课程体系

课堂是教育的主渠道，课程是教学的主载体。自《中国学生发展发展核心素养》发布以来， 学校就基于学生发展核心素养的要求，规划科学的课程结构，设计合理的课程设置，选择适当的课程内容，在全面落实国家课程的基础上，实现国家课程的校本化，校本课程的特色化，社团活动的课程化，实施自然教育理念下的“1+5自”课程，全面重构学校的课程体系。“1”就是国家课程；“5自”就是促进学生个性化发展的校本课程和社团活动，“5自”即“自然探索、自主研学、自尊修德、自强健体、自信展示”。学校现已将2015年编写的十二本校本教材《走进国学》《学会感恩》《乐在棋中》《礼仪分享》《纸艺世界》《爱我九江》《集邮超市》《拥抱绿色》《品茶话茶》《剪出精彩》《摄影欣赏》《安全驿站》等用于“5自”课程教学。在课程结构上，我们借鉴北京市中小学课程改革的经验，在保证各学科周科时总量的基础上，将10—15%的课时用于本学科或跨学科融合式后的校本课程的教学。如把数学、科学的10—15%的课时用于数学与科学学科整合后的“自然探索”校本课程的教学。在课程设置上，学校实行长短课时相结合的做法，语言类课程、校本课程则视情安排40-60分钟 / 1课时的教学，微诵读、微书法、微礼仪等小微课程则安排3—10分钟教学时间。课程体系的重构，也造就了一支高素质的教师队伍，许多教师在各类比赛、评比活动中，收获颇丰，喜讯频传。有的教师被评九江市首届“德艺双馨”的育人楷模；有的教师在江西省教育厅主办的2016年江西省中小学教师优秀教学课例展示活动中获得一等奖；更有数十位教师获得省市区级学科带头人和骨干教师。

风景独好，重写辉煌篇章

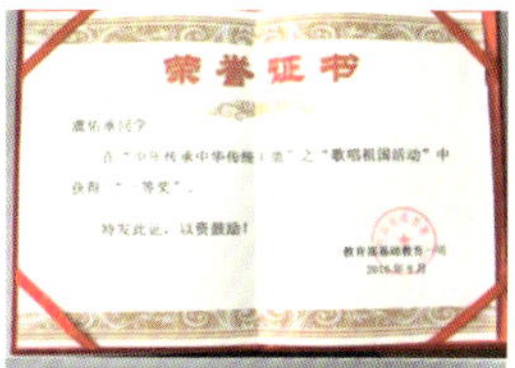

百尺竿头，更进一步；百年柴桑，续写辉煌。这些年来，学校先后被授予“全国红旗大队、全国雏鹰大队、全国绿色学校、全国消防安全教育示范学校、全国青少年校园足球特色学校、智慧教育创建计划•智慧教育工程实验校，江西省德育示范学校、江西省素质教育示范学校、江西省现代教育技术示范学校、江西省十大人民最尊敬学校、江西省师德师风先进学校、江西省中小学平安校园示范学校、江西省校园足球布点学校、江西省少先队工作示范学校”等称号；先后获得“江西省教育系统先进集体、‘东风柳汽’杯2013年江西省青少年校园足球赛（小学组）体育公平竞赛奖、江西省中小学‘素质教育月’主题征文活动优秀组织奖、‘新小读者杯’语文综合素能大赛优秀组织奖、全省‘队鼓敲起来’竞赛城市类金奖”等荣誉。随着学校智慧校园的建设全面推进，许多教师在教育部及省教育厅举办的有关活动中纷纷获奖，在2015、2016年教育部组织的“一师一优课 一课一名师”活动中，3位老师送评的课被中央电化教馆评为部级优课，另3位老师送评的课获省级优课；在江西省数届中小学教师优秀教学资源展评活动中，学校近百名师生斩获颇丰。

“苟日新，日日新，又日新。”这，就是柴桑人执着于办好人民满意教育的真实写照。

浔阳区财政局

在区委、区政府的正确领导下，区财政局深入贯彻落实党的十九大精神，坚持“四个全面”战略布局和五大发展理念，积极推进“实力、活力、魅力、和谐浔阳”发展战略，认真落实积极的财政政策，依法强化财政收支管理，有序推进财政各项改革，全面做好稳增长、促改革、调结构、惠民生、防风险各项工作，顺利完成了全年各项目标任务，财政工作体现了“稳、准、快、好、优”的特点。

财政收入增长稳。全年财政总收入完成36.08亿元，增长11.6%，总量在全市排第2位，继续保持领先位置；地方一般公共预算收入实现10.13亿元，同比增长1.1%；基金收入实现2.05亿元；社保基金收入实现2.38亿元。确保了收入平稳较快增长，收支基本平衡。

帮扶企业发力准。积极推进政银企合作，用好“财园信贷通”等优惠政策，全年 “财园信贷通”新增放款244户，新增放款金额13.92亿元，审核小额担保贷款33份， “财源信贷通”工作创造了全市第一、全省第二的佳绩，获得市政府通报表扬，为辖区民营企业发展提供了有力支持。

重点项目建设快。主动同省、市沟通协调，多方奔走，向上级争取资金3.63亿元。其中重点生态功能区补偿资金1002万元、农贸市场改造资金549万元、保障房建设资金9762万元，新增债券转贷资金1.78亿元，有力保障了项目合规建设、加快推进。

棚改资金保障好。围绕“两年棚改任务一年完成”的目标，紧盯资金保障任务，主动作为多协调，加强与市政府、国开行、市财政、国土、棚改办等的沟通联络，克服重重困难，落实棚改融资21.28亿元。优化流程强保障，优化棚改资金发放流程，加快了支付进度，全年共支付19个棚改项目资金20.56亿元，确保了拆迁工作得到源源不断的资金保障。

荣誉墙

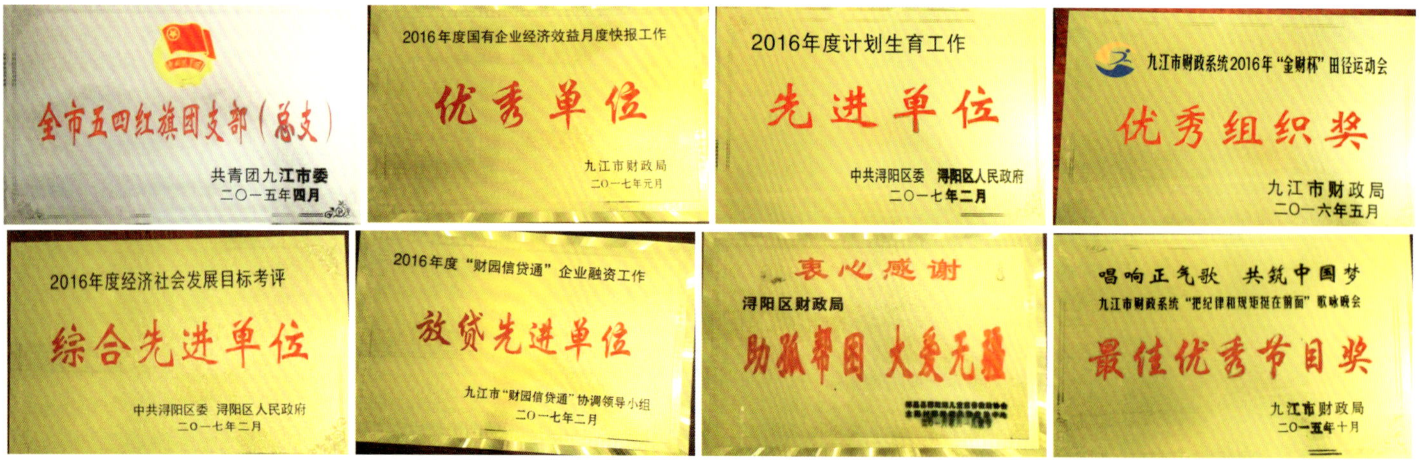

能力提升作风优。狠抓作风建设，积极投入财政系统“能力提升年”活动，通过“岗位大练兵”“技能大比武”“调研大深入”三大活动，在全局营造 “比、学、赶、超”的浓厚氛围，提高了财政干部的政治素养、业务素质和破解难题的能力，夯实了财政工作基础，促进了机关运转提质、提速、提效。先后荣获了全市财政系统演讲比赛一等奖、全市财政系统知识竞赛优胜奖、全区演讲比赛第一名。

“积力之所举，则无不胜也；众智之所为，则无不成也。”区财政局将在区委、区政府的正确领导下，凝聚共识，担当共为，开拓创新，砥砺前行，围绕增加收入、优化支出这一中心，突出质量财政、效益财政两大主题，狠抓培植财源、财政改革和基础管理三项重点，扎实做好财政各项工作，全面完成财政各项任务，为建设“实力、活力、魅力、和谐”浔阳而不懈努力！

活动掠影

情系党员、守望幸福——区财政局走访慰问老党员

重阳敬桑榆、佳节叙情深——区财政局与退休老党员欢度重阳节

从严治党、匡扶正气——区财政局学习贯彻《中国共产党员问责条例》

党旗刺刺、党徽灼灼——区财政局圆满完成防汛任务

不忘初心、砥砺前行——区财政局重温入党誓词

党旗凝聚力量，爱心汇聚真情——区财政局开展“党员一日捐”活动

市财政局局长吴泽浔一行调研指导区财政工作

凝聚共识、蓄势扬帆——区财政局集中观看十九大开幕式

浔阳区人武部

2016年，人武部党委班子调整后，及时组织学习以习主席“五个深入推进”重要指示为指导，坚决贯彻军分区党委扩大会议决策部署，着眼履行“五部”职能，积极适应新体制 、新要求，加强军事斗争动员准备研究， 筑牢安全稳定基础，不断提高组织动员力，快速应对力，支援保障力，在新的起点上推动武装部全面建设再上新台阶，求得新发展。部党委分析了一年工作新势，明确了争先创优目标。并以部党委建设带动干部职工队伍建设，以风气建设促进机关作风建设，确立了“信仰坚定、核心坚强，使命为要、标准一流，分工协作、职责明确，学习创新、公正规范，制度落实、成效显著、令行禁止、遵规守纪、内外协调、和谐稳定”的部训。

安全管理更加扎实用效 首先是抓机制，把安全教育纳入政治教育内容 ，广泛开展“学条令、明法规、严纪律、正秩序”活动，突出抓好《安全条例》《保密条例》，把“8·06”事故作为警示教材，切实铸牢安全稳定的思想防线，通过学习教育强化全体干部职工安全意识、责任意识、纪律意识。其次是抓规范。严格按条令条例正规“四个失序”，把从严治军作为根本性、全局性、经常性工作紧抓不放；严禁触及上级明令禁止的人员、车辆、保密、弹药、酗酒等高压线，第三是抓重点，结合工作任务、季节特点和上级要求，紧紧摁住人、车、枪、弹、毒、火、电、气、油第十个重点、切实加大对要害部位、核心部位、特殊时期和重点目标的管控，严防失泄密事件和各类事故案件的发生。第四是抓责任，严格落实各项安全管理规定，严格安全工作责任追究，强化安全管理措施，特别要坚持重大节假日，重大活动或军事行动的安全形势分析和风险评估，明确组织领导、具体责任人，有针对性地做好防范措施，确保了人武部的安全稳定。

党管武装 9月，在区少儿活动中心召开了基层武装部政治教导员任职大会，并组织了民兵营（连）书记120人的业务培训，安排了国际国内形势分析、民兵党组织建设规范、民兵工作基本法规知识、党支部书记应具备的素养四个专题进行了授课辅导，建立了挂 钩帮带制度，进一步强化了基层党管武装意识和责任担当，夯实了基层党组织建设的根基。

理论学习 深入学习贯彻习主席系列重要讲话精神。学习讲话精神，最直接、最管用的方法就是读原文。为此，我们专门组织干部职工认真学习《习近平关于深化国防和军队改革重要论述摘编》《习近平总书记系列 重要讲话读本》等书籍，把习主席一些新观点、新论断摘抄到教育本上，加深对其基本内涵的理解，真正在深层次上提高理论思想水平；利用广播、电视、网络等渠道收听收看相关新闻报道，尤其是组织收听收看习主席亲临江西视察接见驻赣部队领导干部时的重要讲话，按照“五个深入推进”要求，进一步树立投身改革强军实践的信念，强化履行使命的责任担当；利用党日活动时间，结合学习教育剪贴本收集整理相关报道和解读文章，采取精神宣讲、讨论交流等方式，组织深入学习习主席重要讲话精神，进一步巩固消化理解其精神实质，推动指导人武部全面建设发展。

圆满完成征兵任务 按照国防动员部推行“报名率、上部率、合格率、择优率、退兵率”等五率指标量化考评标准，2月开始，及时与公安户籍部门、地方高招办和各高校加强联系，认真做好兵役登记。通过“发一发、播一播、扫一扫、看一看”等形式深入学校、社区进行征兵宣传。“发一发”即运用区民生通道群发短信宣传，“播一播”即租用地方电子宣传车播放宣传，“扫一扫”即利用建立的浔阳征兵微信平台发动广大青年“扫描”浔阳征兵微信客户端，“看一看”即摆放国防教育展板，吸引广大青年驻足观看。2016年征兵工作在市征兵办和区征兵领导小组的领导下，按照市政府、军分区征兵命令和要求，经过全区各级、有关部门的共同努力，圆满地完成上级赋予浔阳区的兵员征集任务。基层初检520人，进站体检276人，体检合格153人，本级定兵133人，其中本科生12人，大专生24人、大学新生42人。

到扶贫村村办小学帮扶

2016年征兵部署会

2016年11月22日，浔阳区召开基层武装部政治教导员任职暨基层党委（支）部书记培训大会

2016年9月8日，浔阳区人武部召开党委第一书记任职大会

2016年7月16日，国务院副总理汪洋来永安堤指导抗洪抢险工作

浔阳区民政局

近年来，全区民政系统在区委、区政府的正确领导下，深入学习宣传贯彻党的十九大精神，以习近平新时代中国特色社会主义思想武装全体干部职工。着力深化改革，破解发展难题，民政亮点工作突出，成效显著。

——坚持兜底线、保基本，民生保障水平大幅提升。低保保障标准实现第13次提标，较去年提高10.4%，达到每月530元，共保障城市低保对象3668人，累计发放保障资金1500万元；累计救助医疗救助对象5596人次，发放救助金371.81万元；临时救助资金发放854人次共106.6万元。进一步建立健全主动发现机制，简化审批手续，做到了急难个案早发现、早救助，实现了困难群众“应保尽保、应救尽救”，为此多次获得“社会救助先进县”荣誉称号。

——坚持抓基础、建平台，民政公共服务设施建设大力推进。积极规划发展养老事业，先后打造完成两个民办养老机构及甘棠庐峰社区、白水湖花果园社区等7个日间照料中心，一定程度上缓解了社会养老服务供需矛盾；整合利用社会福利院、社区日间照料中心、公益服务热线—浔阳区“12349”社会服务一键通平台等资源，初步形成了“机构养老、专业服务、社区照料、邻里互助、协会维权”五位一体的养老新模式；深入开展综合减灾示范社区创建工作，多个社区获得国家及省、市级综合减灾示范社区称号。

——坚持抓保障、强服务，支持国防和军队建设坚定有力。深入开展双拥创建活动，严格保障优抚对象基本权益。今年共认定十四类人员、伤残人员等优抚对象604人，发放抚恤资金共计700余万元；伤残军人基本医疗费用保障率和退役士兵安置率均达到100%，优抚对象抚恤和生活补助标准逐年增长；全年慰问走访伤残军人、两参人员等重点优抚对象近千人，走访慰问驻区部队17个；烈士公祭日期间，全区多个社区及相关单位组织公祭活动40余场。

——坚持抓改革、促规范，专项社会事务管理水平显著提升。积极开展“平安边界”创建活动，顺利完成了全国第二次地名普查工作；持续推进殡葬改革，绿色殡葬理念深入人心；逐步完善了婚姻登记档案管理，开通了网上预约服务，提升了办事效率和群众满意度，《九江日报》对婚姻登记处简政放权成效进行了专题报道。

区民政工作在攻坚克难中实现了新突破，取得了新成绩，概括地讲，就是转变作风成效显著，规范管理水平提升；制度建设不断完善，服务保障能力增强；民生政策持续出台，群众满意实惠增多。这些成绩来之不易，是区委、区政府科学决策和坚强领导的结果，是全区民政干部职工不懈努力的结果，在今后工作中全体民政干部职工将以更加饱满的热情、更加务实的作风、更加扎实的工作，为推动新常态下民政事业转型跨越发展作出新的更大贡献！

荣誉墙

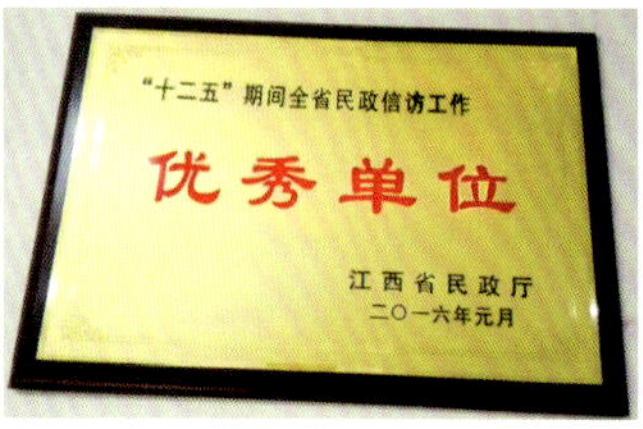

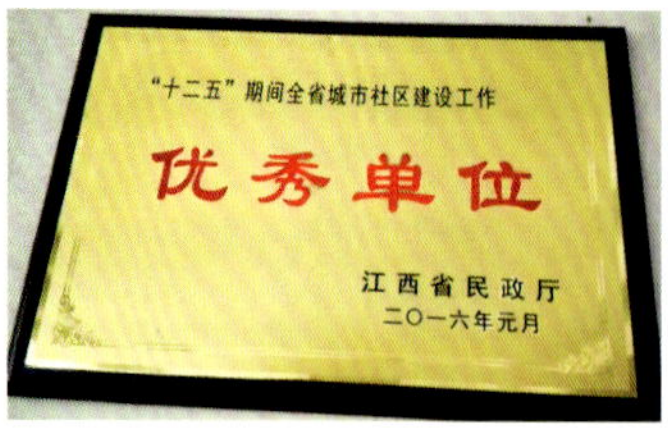

开展活动

社区（两委）书记、主任和部分成员培训

慈善助学

慈善助学

省民政厅领导浔阳者之家检查工作

省民政厅领导检查浔阳志愿者之家

区领导走访优抚对象

党员一日捐活动

市民政局领导检查婚姻登记处

人大评议

浔阳区社会组织开展活动宣传图片

庆七一歌颂党慰问老人文艺活动能

浔阳义工联与九江小天使开展互动活动

浔阳区社工协会成立大会

浔阳区社会组织参加人大防汛值班

湖滨文化养老协会成立

浔阳志愿者与九江小天使开展互动活动

浔阳区社会组织参加庆七一向福利院送节目活动

小金星开展党课学习

浔阳区社会组织主题日宣传

九江市浔阳区社会组织主题宣传日活动

浔阳区社会组织主题宣传日

浔阳区社会组织主题宣传日

浔阳区社会组织参加庆七一向福利院送节目活动

浔阳区福利院

浔阳区社会福利院地处金鸡坡街道姬公庵村，组建于1987年，是隶属于浔阳区民政局的社会福利事业单位。主要职能是供养“三无”老人、优抚对象和残疾人。2002年开始代养社会老人，我们的宗旨是：代儿女尽孝，送一份关怀，献一份爱心。福利院占地面积32亩，建筑面积达9000平方米，容纳床位340张。采用了花园式设计的理念，山坡上绿树成荫，房屋建筑层次清晰、错落有致，池塘、休闲广场、果林绿化点缀其中，布局合理、功能齐全、空气清新、阳光充足、视野开阔，是老年人休闲、娱乐、颐养天年的良好场地。室内整洁干净，单人间、双人间、套间等一应俱全，卫浴、彩电、电话、呼叫器等设施齐全，大楼内配有阅览室、电脑室、娱乐室和健身房等，并设有医务室，配备专业医务人员，为入住老人提供健康咨询、医疗、康复等服务。福利院坚持居住、休养、保健、康复并重的服务方向，始终把服务质量放在第一位，实施人性化服务理念，积极建设一流的服务队伍，以显著的办院特色和办院业绩日益受到社会的广泛关注。先后被评为：全国养老服务社会化示范单位、全省民政系统行风建设示范单位、市模范福利院、市庭院绿化先进单位、区文明单位、区安全生产先进单位，软硬件建设已跨入全省一流水平。

当您辛苦一辈子，感觉自已需要照顾的时候；
当您吃穿不愁，但无人说话，孤独冷清的时候。
当您的子女虽有孝心，但因工作繁忙，
无法一直陪伴在您身边的时候，
浔阳区社会福利院是您最好的选择！

浔阳区社会福利院活动

为福利院老人发放定位手环

义诊活动

庆七一歌颂党慰问老人文艺活动能

浔阳区社会组织参加庆七一向福利院送节目活动

区人大指导福利院工作

区人大主任关心老人生活

区人大来院指导工作

区人大来院指导工作

民政局福利院消防安全培训演习

人保财险九江市浔阳支公司

PICC
中国人民保险

中国人民保险集团作为金融保险央企，成立于1949年，与共和国同龄，2016年跻身世界500强第114位。中国人保财险是人保集团标志性主业，为亚洲最大财险公司。几十年的发展过程中，中国人保财险对社会发展的和谐、人民生活的稳定起到了非常重要的保障作用，与政府和人民群众建立了牢固的信任关系。

人保财险九江市浔阳支公司2017年度保费收入6823万元，预计2018年保费突破1个亿。2016年纳税722万元，2017年纳税1243万元连续多年被区委区政府评为纳税大户，2017年更是获得支持地方建设奖。浔阳支公司坐立于美丽的甘棠湖畔，现有员工72人。浔阳支公司自成立以来与浔阳区机关单位、企业与人民群众承办了多种保险业务如机动车保险、城镇居民基本医疗保险、校园方责任险、组织者责任险、公众责任险、各种意外健康险。给浔阳机关单位及企业组织活动无后顾之忧，浔阳人民群众享受幸福安康的生活提供保障。

目 录 | CONTENTS

中国共产党浔阳区委员会

浔阳区人民政府

民主党派和社会团体

法　　治

人力资源和社会保障

农业、林业、水利

工　　业

园区经济

旅游业

商业贸易与经济合作

财政税务

经济管理与监督

传媒文化

医疗卫生

人民生活

街道情况

人物·荣誉录

附　　录

索　　引

特载

凝心聚力　履职担当
为建设实力、活力、魅力、和谐浔阳在全市率先全面建成小康社会而努力奋斗

——在中国共产党九江市浔阳区第十次代表大会上的报告

中共浔阳区委书记　宋细妹

（2016年8月30日）

今天，我们在这里隆重召开中国共产党九江市浔阳区第十次代表大会，这是全面开启“十三五”规划蓝图、率先全面建成小康社会，召开的一次承前启后、扬帆蓄势的重要会议。会议的主要任务是：认真贯彻中共十八大、十八届三中、四中、五中全会精神和省委十三届十三次全会、市委十届九次全会精神，回顾总结我区第九次党代会以来的主要工作，研究部署今后五年的经济社会发展各项工作任务，选举产生新一届中国共产党九江市浔阳区委员会和纪律检查委员会。让我们目标一致、团结一心，坚定信念、凝心聚力，把这次大会开成一个解放思想、开拓创新的大会，开成一个共识共为、同心同向的大会，开成一个高效务实、风清气正的大会。

一、过去五年的回顾

区第九次党代会以来的五年，是浔阳经济社会发展最快的五年，是浔阳城区形象变化最大的五年，也是浔阳百姓获得实惠最多的五年。五年来，区委在市委、市政府的正确领导下，团结和带领全区各级党组织、广大党员和干部群众，坚持以科学发展观为指导，深入贯彻习近平总书记系列重要讲话精神，全力以赴攻项目、聚精会神抓建设、千方百计惠民生、创新求进强党建，圆满完成了区第九次党代会确定的各项目标任务，在经济发展、社会事业、党的建设等各条战线上取得了丰硕成果，向上级党委政府、向全区人民交上了一份满意的答卷。

1.区域经济迈上新台阶。鼎力克服宏观经济下行压力，突出中心城区传统商贸和区位优势，推动经济转型升级，区域经济实力明显增强。石化产业园特色彰显，先后引进空气分离、煤制氢化工等投资超10亿元的石化龙头项目，齐鑫化工、新立基化工等关联项目，国家级科技企业孵化器津晶城科技园等高新科技项目，园区累计引进项目26个。现代服务业提档升级，获评全省首批省级服务业综合改革试点区，总部楼宇年均实现税收过亿元，“阿里巴巴•九江产业带”成功落户浔阳。深化打造“八个一”文化工程[1]，文旅产业快速发展，城区旅游人气不断提升。五年来，全区主要经济指标始终保持全市前列，财政总收入年均增长27.4%，地区生产总值年均增长9.1%，社会消费品零售总额年均增长11.4%，城镇居民人均可支配收入年均增长12.5%，农民人均可支配收入年均增长11.2%。

2.城市建设展现新形象。坚持市区联动、整体提升，加快推进旧城改造。五年来，旧城改造及服务省市重点工程动迁面积约180万平方米。德化、封缸酒厂等11个已建成或在建安置区面积达130万平方米，创造了浔阳区安置房建设规模历史之最。探索城市管理属地综合执法机制，“一把笤帚扫浔阳”成效初现。实施5米以下边街小巷和院落小区改造，累计改造45个片区581条边街小巷，总面积80万平方米。街区立面改造坚持“一街一特色、一街一品牌”，累计改造总面积48万平方米。坚持政府指导、社区牵头、能人参与、居民自治联动机制，打造无物业开放式小区管理模式，37个示范小区相继打造完成，得到省民政厅、省住建厅充分肯定并在全省予以推广。

3.社会治理开创新局面。加快推进法治浔阳建设，全区上下依法执政、依法行政、依法决策和依法管理的能力不断增强。深入推进社会治安综合治理，加大“天网工程”建设，坚持严打整治，严厉惩治“两抢一盗”等多发性侵财案件，城区公众安全感不断提升。指导成立区义务禁毒志愿者协会，荣评“全国禁毒工作先进集体”。高度重视信访工作，全面落实信访工作责任制，推广“启和调解室”模式，完善区、街、社区（村）三级矛盾排查调处网络，加大排查处理纠纷力度。扎实做好生产安全、食品安全和公共安全监管，全区未发生重大安全事故，有效保障了城区居民生命财产安全。

4.民生事业彰显新成效。坚持做到一手抓发展、一手托民生，围绕打造“15分钟生活服务圈”，实施惠民实事，新建了1个浔阳体育健身中心、2所小学、2所幼儿园、4所日间照料中心、8个环卫工人休息室、20个社区菜篮子直销点，一批社区卫生服务中心（站、所）投入运营。打造了“浔阳百姓服务短信平台”“国家3A级婚姻登记服务机关”“流动人口计生四式模式”等一批公共服务精品。不断加强社区建设，社区工作经费、社区干部待遇、社区配套建设均实现大幅提升，城区群众得以更好地享受改革发展带来的实惠与成果，幸福指数、满意指数显著提升，蝉联全国和谐社区建设示范区。

5.党的建设再谱新篇章。不断强化“党组织书记抓党建就是抓主业”的意识，深入开展党的群众路线教育实践活动和“三严三实”专题教育，严格落实党风廉政建设党委主体责任和纪委监督责任，全面落实中央“八项规定”，政治生态风清气正。健全完善四套班子议事规则，推进民主决策，有效形成“一个决策中心、几套班子落实”的工作局面。坚持正确用人导向，着力加强领导班子和干部队伍建设，党政班子优秀率、干部选拔任用工作满意度不断提升，连续多年选人用人满意度测评在97%以上。坚持“一年一创新、一年一品牌”，先后打造了大中路商圈党委、浔阳志愿者之家、社区民意直通车、社区党建共建等品牌，在省、市都具有较大影响。特别是以“全域组织、全员管理、全面服务、技术信息化、单元网格化”为主要内容的“三全两化”社区党建模式，得到了省委、市委高度肯定。

在肯定成绩的同时，也要清醒地看到我们还面临着产业结构不优、转型升级不快、体制机制不活、发展空间不足等困难和问题，以及随着世情、国情、党情的深刻变化，提高党的建设科学化水平的任务更加艰巨。我们必须高度重视这些问题，切实加以解决，努力把浔阳的工作做得更好。

总结过去五年的工作，我们深刻体会到：坚持正确方向，保持发展定力是推动经济社会发展的重要前提。浔阳五年来所有成绩的取得，首要在于明确了正确的发展方向，找准了发展定位，廓清了发展思路，提出的“12345”发展战略和“建设美丽、实力、文化、幸福浔阳”的奋斗目标，符合上级精神，紧贴浔阳实际，顺应百姓期待，浔阳经济社会实现了又好又快发展。

坚持以民为本，凝聚各方合力是推动经济社会发展的坚实基础。浔阳五年来所有成绩的取得，根本在于始终把人民放在最高的位置，把人民对美好生活的向往作为奋斗目标和努力方向，大力实施了“十大片区”[(2)]旧城改造等一系列民生工程，初步构建了便捷生活服务圈，真正做到发展为了人民、发展依靠人民、发展成果由人民共享。

坚持真抓实干，敢于履职担当是推动经济社会发展的关键所在。浔阳五年来所有成绩的取得，关键在于真抓实干，敢于担当。全区广大党员干部敢于承担责任，勇于直面矛盾，特别是对于一些难啃的“硬骨头”，有咬定青山不放松、不达目的不罢休的大无畏勇气，有敢于冲破思想观念束缚、破除体制机制弊端的锐气，有化挑战为机遇，变困难为利好，在深化改革、转型发展的道路上披荆斩棘、勇往直前的豪气。这种攻坚克难、勇于担当的精神和状态成为推动浔阳发展的关键力量。

坚持创新求进，激发发展活力是推动经济社会发展的不竭动力。浔阳五年来所有成绩的取得，重点在于以创新求突破、以创新解难题、以创新促发展，在发展城区经济、深化城市管理、创新党建模式等方面，创新工作机制和载体，打造了一批特色鲜明、行之有效的工作品牌，使工作更接地气，走上了快车道，发展更具活力，开创了新局面。

坚持从严治党，提升执政能力是推动经济社会发展的坚强保障。浔阳五年来所有成绩的取得，核心在于坚持党的领导，切实加强党的思想、组织、作风、制度建设和反腐倡廉建设，打造了一个团结务实、开拓创新的领导班子，锻造了一批凝聚力强、战斗力强的基层组织，带出了一支勇于攻坚、善于操作的党员干部队伍，为浔阳发展提供了坚强保障。

奋斗充满艰辛，成绩来之不易，经验弥足珍贵。浔阳过去五年的快速发展，是上级党委正确领导、关心支持的结果，是全区各套班子、各级党组织、广大党员干部群众共识共为、真抓实干的结果，也是所有老领导、老同志、民主党派、各界人士、驻浔部队无私奉献、大力支持的结果。在此，请允许我代表中共浔阳区第九届委员会向所有关心、支持、帮助浔阳发展和进步的同志们、朋友们，表示衷心的感谢并致以崇高的敬意！

二、当前的机遇与挑战

当前，世界格局正发生着新变化，国家经济进入新常态，九江发展迈入新轨道，历史的选择，人民的期待，需要我们担负起浔阳发展的新使命。在这关键的历史时期，我们既面临着重重困难和挑战，也拥有着诸多希望与机遇。

（一）挑战日趋加剧

一直以来，浔阳区是全市建成率最高、人口最密集、商业最发达、经济总量最大的县（区），也是政治、经济、文化中心。但是，近年来我们面临的形势日益严峻，来自兄弟县（区）的挑战和压力也与日俱增，固有不足依然存在，传统优势却逐步削弱。主要表现在以下三个方面：

1.宏观经济层面的变化。从全国看，受国外国内经济因素影响，经济下行压力持续，虽然国内经济投资增速稳中有升，但制造业依然较为疲弱，“四降一升”（即经济增长速度下降、企业利润下降、工业生产品出厂价格下降、财政收入增幅下降以及潜在风险特别是金融风险逐步上升）等问题尚未得到根本解决，经济运行将长期处于连续向下 L 型态势。根据国家统计局公布的宏观经济数据：2016年1–6月，全国国内生产总值同比增长仅为6.7%；1–7月，规模以上工业增加值同比增长仅为 6.0%，社会消费品零售总额同比名义增长仅为 10.2%，不及预期，固定资产投资增幅明显放缓。投资、消费、出口“三驾马车”都出现不同程度减速，经济形势不容乐观，下行压力不容忽视。从我区看，经济运行也是如此，以我们工业园区一家企业为例，受国际原油价格下跌影响，近两年累计亏损1750万元，类似影响在其他园区企业也存在，可以说我们的实体经济正在负重前行、艰难攀升。

2.产业转型方面的变化。互联网对传统商贸的冲击，传统商贸是浔阳的支柱产业，但随着云计算、大数据、物联网等“互联网+”新兴业态迅猛发展，对我区传统商贸产生了巨大冲击。目前我区商贸发展呈现“三多三少”现象，即上网淘宝的多了、逛街购物的少了；上网创业的多了、租铺开店的少了；街铺空置的多了、街面的人流少了。以大中路步行街为例，近两年人流量和商家营业额平均下滑30%以上，企业商家经营普遍比较困难。再比如，我区一家本土龙头企业利税也出现了下降，2016年1–7月上缴税收同比下降21.7%。园区企业也面临转型压力，在宏观经济持续下行的形势下，工业园现有26家企业，已有4家企业停产或半停产，一定程度上说明我们园区企业自身应对风险的能力偏弱、转型升级的意识不强，产业转型压力大、难度大。当前，在我区各个经济业态中，同质化竞争、低档次经营，缺乏龙头企业带动等情况还不同程度存在，这是我们下一步产业转型升级的重点、热点、难点。

3.区域地位发生的变化。变化来自市行政中心的西迁。2015年4月，市行政中心搬迁到八里湖新区；2016年6月，全市城市工作会议指出“引导优质教育、医疗、养老、信息、金融、服务等公共资源，逐步转移到八里湖新区。”浔阳区正面临着和正经历着去中心化的危机。变化来自八里湖新区商贸、金融等现代服务业的兴起。市委、市政府正将八里湖新区打造成为集金融、贸易、服务、展览、咨询等多种业态于一体的中央商务区，使之成为九江的“陆家嘴”。浔阳区作为九江市传统的金融中心地位正受到越来越大的挑战。变化来自其他区域商业综合体的兴建。八里湖新区的“城市地标”国际金融广场，开发区的九方购物中心、联盛快乐城、大润发购物广场，濂溪区的万达广场、联盛十里老街、喜盈门国际城市广场等商业综合体，正在迅速改变市民的消费习惯，从浔阳带走了大量的消费群体、商业品牌、资本资金，老城区正面临着被边缘化和“老龄化”的双重危机。

（二）机遇就在跟前

1.国家稳增长的政策释放能量。国家战略发展能量的释放。九江处于长江经济带、长江中游城市群、中部地区崛起建设、环鄱阳湖城市群建设等重大国家战略的覆盖区，浔阳作为九江的核心城区，国家和省市战略实施带来的政策、体制、资本和项目的叠加释放效应，也将惠及浔阳。国家宏观政策能量的释放。随着简政放权、结构性减税、供给侧改革、中国制造2025、“互联网+”行动计划等政策累积效应的不断加速释放，都为下一步经济企稳回升、发展转型升级奠定坚实基础。国家创新创业政策能量的释放。为推动大众创业、万众创新，中央、省市出台了一系列政策措施，通过更新服务模式、搭建平台、资金扶持等，为创业者带来“真金白银”的实惠，有效激活了全民“双创”潜能，将在全社会掀起创新创业的新高潮。

2.城市工作会议带来的动力。城市发展带动了经济社会全面发展，城市建设成为现代化建设的重要引擎。37年来，中央首次召开城市工作会议，提出了“紧凑城市”和“一个尊重，五个统筹”的重要论述，深刻揭示了做好城市工作的大局观、时代性和方法论，为我们深入推进城市工作、发展城市经济提供了根本遵循和行动指南。省市两级也专门召开城市工作会议，提出城市工作的新思路、新理念、新方法和新路径。市委市政府主要领导在讲话中，先后20余次强调浔阳区以及中心城区的建设和发展，给浔阳发展的引擎增添了新动力。

3.棚改工作部署正中心意。省市确定今后三年全力加快旧城改造的工作部署，对于浔阳区意义重大。既符合浔阳当前发展的迫切需求，能有效破解发展的瓶颈，又顺应浔阳人民改善生活环境、提高生活质量的急切心意。尤其是2016年开始，市委、市政府进一步加强了棚户区改造工作的领导体制，由市委、市政府主要领导亲自挂帅推进棚改。调整了工作机制，从“市区联动，以区为主”改变为“市区联动，统一调度”。扩大了棚改范围，从以前的单纯城市棚户区扩展到城镇棚户区、城中村、园中村和旧危住宅区在内的各类棚户区改造，市区棚户区改造力度进一步加大。改变了融资体制，从以前的分点包干、自求平衡，到核定基数、包干到区。改变了土地收储体制，由市里统一专户管理，统一收储、统一运作。明确了优先货币安置。这些措施不仅为加快旧城改造、加速城市经济的发展，更为浔阳区的发展减轻压力，增添了动力。

机遇更在于我们锻炼了一批又一批善于抓住机遇、想干事、会干事、能干成事的干部，并充分调动广大人民群众以及社会各个层面干事创业、投身发展的积极性和主动性，在全区形成了“锐意进取、勇闯实干”的浓厚氛围。

三、今后五年的展望

今后五年全区经济社会发展的基本思路是：深入贯彻落实党的十八大、十八届三中、四中、五中全会精神和习近平总书记系列重要讲话精神，全面落实中央“五大发展”理念、省委“十六字”方针和市委“五大九江”发展战略，全面深化改革，繁荣城市经济，完善城市功能，创新社会治理，增进民生福祉，为建设实力、活力、魅力、和谐浔阳，实现在全市率先全面建成小康社会而努力奋斗！

今后五年的总体目标：

——区域经济更有实力。地区生产总值年均增长10%以上；财政总收入年均增长10%以上；固定资产投资年均增长10%以上；社会消费品零售总额年均增长10%以上；城镇居民人均可支配收入年均增长10%以上；农村居民人均可支配收入年均增长10%以上。产业结构不断优化，经济质量明显提升。

——体制机制更富活力。行政体制改革持续深入，行政权力结构与运行机制不断优化，社会信用体系日趋健全，创业创新氛围更加浓厚，政府管理和服务社会的效率更高。

——城市形象更具魅力。城市规划建设科学合理，公共配套服务设施完善，人居生活环境生态宜居，城市管理文化特色彰显，历史人文内涵充分释放，浔阳的古城新貌更让人留恋。

——社会环境更加和谐。教育、科技、文化、卫生、体育等社会事业全面发展，社会就业充分，社会保障体系健全，人民生活水平明显改善，城区安全指数、群众幸福指数明显提高。

为实现上述目标，我们必须切实抓好以下重点工作：

（一）以招商为抓手，打造实力浔阳

1.紧盯重点产业，做大工业经济。石油化工是全市实施“新工业十年行动”的五大支柱产业之一。随着九江石化800万吨扩能改造项目的完成，其产业链条将逐步由石油炼制产业向有机化工原料、合成材料、专用化学品、塑料深加工等石化产品制造产业延伸。浔阳发展石化产业有地利优势，要“近水楼台先得月”，把优势“变现”、把资源用足，主动上前积极推动石化上下游产业发展。加强规划承接。积极跟进九江石化800米防护距离规划调整，主动争取政策，强力对接规划，尽快完善手续、平整土地，为石化产业发展拓宽空间。加强跟踪服务。牢固树立服务石化就是发展自己的理念，建设“发展共同体”，既要积极主动为石化扩能做服务，更要超前谋划，为未来发展增后劲。成立专班做好与九江石化的对接沟通，实行战略合作，建立健全产业指导、入股合作、项目优先的常态化合作机制，围绕石化产业链的延伸，全方位开展深度合作，培育支柱项目，为全市打造千亿石化产业园提供重要支撑。加强园区管理。进一步加强园区基础设施建设，切实解决企业用电、排污等问题。落实优惠政策，挖掘企业潜能，腾退低效项目，提升园区效益。做好政策引导，扶持企业上市，推动企业做大做强。

2.打造“双创”基地，做特色楼宇经济。积极顺应楼宇经济发展的新趋势，探索楼宇经济发展的新特点，突出创造性，注重差异化，全力做特做优楼宇经济。培育创新创业的孵化器。对接全市“浔商回家”计划，建立健全“双创”招商孵化体系，以楼宇为平台，推动“知本”与“资本”对接，大力引进人才、资本、信息、技术、理念、项目“回流”浔阳。积极打造以“792”双创基地、津晶城科技园为基础的创新创业中心，培育街道“双创”基地，支持科技人员创新创业、大学生自主创业，打造保姆式支持、一站式服务的创客空间，打造小微企业“总部设计、飞地生产”的成长模式，增强经济发展原动力，形成赣北高端科技创新中心。构建特色产业的集

聚地。坚持楼宇有规划、招商有定位、产业有方向，扎实做好地块、楼宇和产业调查，科学规划布局，重点打造“三湖”楼宇经济圈（甘棠湖、南门湖、白水湖）。实施“一楼一品”的招商策略，按照行业相对集中、主业相对突出、特色相对明显的原则，着力打造创意设计、服务外包、电子商务、商会总部等特色楼宇，提升浔阳楼宇经济的竞争力。打造浔阳发展的“增长极”。发挥奖励政策和资金的杠杆作用，推动老旧楼宇改造，实施提档升级工程。加强政策引导，通过星级楼宇、特色楼宇评定，扶持建立行业协会，组建楼宇门户网站等措施，推动辖区楼宇建设标准化、管理高效化、产出最大化。力争“十三五”期间，全区新增商务楼宇建筑面积60万平方米以上，培育税收过亿元楼宇2—3座，税收过千万元楼宇达10座以上。

3.主动靠大联强，做强城市商圈。城市建设不仅能拉动建筑、地产等“城建经济”的快速发展，更能带动城区商贸、物流等“商贸经济”繁荣发展。要坚持高起点改造，按照“建规”融合、“产城”互动的要求，在改造规划中注重降低住宅密度，完善城市功能，提升商贸比例，合理规划布局，全力做好考棚、整流器厂、黄土坡、老京九市场等片区的改造，加快安置房建设，在算好政治账、经济账和社会账的同时，为浔阳发展多留下一些空间和后劲。要坚持高品位规划。以旧城改造为载体，重点引进有实力、有眼光、有追求的大型企业落户，特别是有建设大型商贸品牌和资源的央企，高品位规划建设一批集人文艺术、创意生活、商务办公、体验购物、餐饮娱乐、休闲社交等功能集聚、差异发展的大型城市综合体，完善商圈业态，增强浔阳商业的辐射力。要坚持高标准升级。坚持以点带面，重点扶持联盛、派拉蒙等龙头商贸企业更新理念，升级业态，做大做强。做好超市、餐饮、娱乐、休闲等商贸产业资源整合和特色提升，打造都市慢生活商贸圈。

（二）以创新为动力，打造活力浔阳

1.推动机制创新。体制机制就是政策，我们需要的是活的机制、好的措施，需要能产生动能的政策。要通过体制机制不断创新，释放浔阳发展新活力。招商要有新办法，围绕现代服务业、石化产业、商贸物流等重点，组建专业招商小分队，积极开展产业招商、专业招商、以商招商、领导招商、环境招商、飞地招商。建立完善“每半月一督查、每月一通报、每季一调度、半年一小结、全年一考评”的招商工作推进机制。注重招商考评成果的运用，把招商引资业绩作为选人用人、评先评优的重要依据，充分激活和调动全区干部主动招商的积极性和能动性，大力营造全民招商的浓厚氛围。安商要有新举措。牢固树立“先予后取”的安商理念，不断完善领导挂点、部门帮扶、定期走访、政企茶叙会等工作机制，积极帮助企业把“降成本、优环境”的各项政策用足用好，努力使项目引得进、留得住、能发展。扶商要有新措施。突出政策导向，围绕现代商贸、“双创”企业孵化、扶持企业上市等重点领域，推动设立扶持企业发展基金、创业投资引导基金，制定出台扶持楼宇经济办法、扶持企业上市工作办法等措施，用政策“干货”推动企业发展。同时，坚持“非禁即入”“非禁即准”，推广PPP合作模式，鼓励民间资本广泛参与棚户区改造、城市基础设施、养老服务等领域，释放民间投资，发展城市经济。

2.推动业态创新。积极推进供给侧改革，深入实施“互联网+”行动计划，切实转变观念、创新模式，努力实现产业转型升级。改造提升传统商贸业。积极实施“互联网+街区”行动，推进街区业态调整，建设特色商圈、品牌街区。发挥联盛易佳购等电商平台作用，探索打造以浔阳路、大中路为主体的“四码头智慧商圈”。重点推进传统商贸物流与互联网技术融合发展，以“阿里巴巴·九江产业带”为核心，支持京九电商产业园平台建设，着力打造长江中下游重要的电商创业孵化基地和电商企业总部基地。鼓励发展现代服务业。推进生产性服务业向专业化和价值链高端延伸，积极承接工业制造等企业服务环节外包，大力推动会计审计、法律咨询、节能环保、创新设计等业态发展。推进生活性服务业向精细和高品质转变，着力推动养老健康、文化旅游等产业发展。加快物流产业整合，积极扶持城内物流和外卖物流，规范监管行业行为，提升物流经济影响力。发挥新雪域物流园等企业带动作用，进一步完善物流信息、运输网络和服务体

系，打造长江中下游区域性商贸物流中心。

3.推动服务创新。推进公共服务“外包化”。坚持政企分开、政资分开、政事分开、政社分开，坚持政府服务外包，积极推动政府职能转变，逐步实现直接提供服务向购买社会服务转变，提升公共服务质量。大力发展社会组织，采取项目委托、契约管理、费随事转的方式，充分发挥社会组织在社区养老、公共卫生、法律服务等公共服务领域的作用，打造服务提供的新主体。不断改革政府基建投资项目建设管理方式，稳步推行项目代建制，不断提高项目建设科学化、规范化水平。推进行政效率最大化。加强行政服务中心建设，进一步整合服务资源、优化服务流程、提高办事效率。策应智慧城市建设，充分运用信息技术手段，着力整合各类政务资源，大力推进“互联网+政务”服务，公开审批事项、办事流程、工作时限，切实让居民和企业少跑腿、好办事、不添堵。推进专业资源“共享化”。坚持政府主导，着力推动智力嫁接和资本嫁接，发挥中心城区人力资源、行政资源、企业资源和院校资源优势，吸引知名会计师事务所、律师事务所入驻，引进银行、保险、证券等金融机构落户，努力打造全市办事效率最高、商务成本最低、智力资本最强、服务业态最全的商务环境。

（三）以文化为载体，打造魅力浔阳

1.挖掘历史文化。以九江塑造世界知名的山水文化名城和旅游度假胜地为契机，重点打造历史文化旅游节点，进而把浔阳建设成为“旅游目的地”城市。坚持“以史塑型、以文铸魂”，加大文化遗产的固态保护，结合旧城改造，推进庾亮南路等一批历史文化街区改造工程，重现浔阳古城千年历史文化风貌，留住“乡愁记忆”。坚持“不求所有、但求所在”，以市文化旅游集团公司统一管理、运营城区文化景点为契机，充分挖掘烟水亭、浔阳楼、琵琶亭、锁江楼、能仁寺等名胜、名人、名诗等物质和非物质文化遗产的深厚底蕴，配套发展古迹文化、演艺文化、饮食文化、创意文化、节庆文化、会展文化等特色经济业态，着力打造吃、住、游、购、娱“浔阳古城文化旅游产业链”，重塑浔阳“历史文化名城”地位。

2.丰富社区文化。通过推进“三化”(3)，夯实社区文化物质基础、组织基础和活动基础。推进投入均衡化，采取政策扶持、财政投入、社会募集等办法，不断完善与经济发展相适应的社区建设投入机制，改善社区办公用房、群众活动场所，逐步提高社区工作者待遇。推进管理网格化，重点加强以楼栋、小区为基础单元的社区网格建设，不断完善条块结合、以块为主、纵向到底、横向到边的服务管理体系；完善基层民主自治，落实“社区工作准入制”，给社区“减负”，确保社区有更多精力为群众服务。推进活动特色化，根据纯居民、机关单位、企业、农村等各类社区的不同特点，对接居民群众的不同需求，因地制宜，集思广益，群策群力，大力推进党建型、学习型、文化型、科普型、数字型、平安型、人文型、服务型等各具特色的社区文化品牌建设，深入开展一系列贴近群众、贴近生活的文化活动，形成层层重视社区文化、人人参与社区文化的局面，推进社区文化的可持续发展。

3.打造城管文化。坚持以文化的力量经营城市、管理城市，打造浔阳特有的城管文化。围绕“车多有序、人多有礼、街老整齐、路窄干净、房旧光亮、城美宜居”目标，将文化融入城市管理的每一个环节、每一项制度、每一天工作，着力打造一个不一样的浔阳城，一个更宜居、更和谐、更具魅力的浔阳城，为九江创建国家卫生城市、国家森林城市和全国文明城市发挥重要作用。打造数字城管，依托区级数字化城市管理平台，建立健全集数字城管、应急指挥、行业监管、环卫保洁于一体的城市管理公共服务体系，并引导社会资本参与管理，提高城市管理的精细化、智能化水平，实现城市管理“由单一向互动、粗放向精细、突击向长效”的转变，着力建设智慧城市。打造温度城管，使城管工作有温度、暖人心，坚持依法行政，加大柔性执法力度，通过合理设置临时疏导点等方式，使城市形象、小贩生计和市民需求和谐统一。抓好城管专业队伍、志愿者队伍建设，通过多种形式倾听群众声音，邀请群众参与，鼓励和引导群众讲文明、树新风、改陋习。打造绿色城管，依托旧城改造，腾空透绿，适当增加城市公共绿地、绿道和绿岛，增加城市“绿色肺活量”，为当前留好绿地，为未来留好空间。

（四）以共享为落脚，打造和谐浔阳

1.共享平安。坚持依法治区，全面推进法治浔阳建设。深入开展社会治安综合治理，不断加强综治“三项建设”（综治中心建设、综治信息化建设、网络化管理建设），强化“人防、物防、技防”体系和举措，推进“千眼万刺”工程，强化公共安全管理，提高社会治安整体管控能力。严厉惩治各类刑事犯罪，重拳整治治安乱点难点。用法治思维和方式协调社会关系，推进依法治访，规范信访秩序，健全社会矛盾预警、利益表达、协商沟通、救济救助等机制，化解社会矛盾，解决社会问题。深化司法体制改革，完善调解、仲裁、行政裁决、行政复议、诉讼等多元化纠纷解决机制，促进社会公平正义。健全公共安全监管体制，完善应急预案，提升对生产事故、食品安全、自然灾害等突发事件的隐患排查和应急处置能力。

2.共享福祉。在进一步加快棚户区改造、危房改造、老旧小区改造步伐的同时，不断完善公共服务配套设施。进一步加大投入力度，健全完善社会保障体系，使人民群众更好地享受全市最优质的医疗、教育、养老、保障等公共服务。坚持教育优先发展，全面推进素质教育，科学配置教育资源，重视扶持学前教育，促进教育均衡发展。把人民健康放在优先发展战略地位，努力全方位、全周期保障人民健康。坚持计划生育基本国策，完善人口发展战略。加快残疾人事业发展，健全覆盖城乡全体残疾人的社会保障和服务体系。提升档案工作水平，大力推动档案馆建设。加大新农村建设力度，实现城乡统筹发展。充分发挥工、青、妇等人民团体作用，做好统战、民族、宗教、民防、侨台、外事等工作，营造和谐发展环境。加强党管武装工作，深化国防动员和后备力量建设，强化国防教育，切实做好打得赢的充分准备。

3.共享发展。坚持市区一体、共融发展，浔阳区作为九江市的中心城区，一方面要找准自身定位，把握好浔阳城区与整个市区的这种局部与整体的关系，处理好局部与整体的衔接，主动担当局部对整体的责任和义务，努力赢得整体对局部的支持和帮助，着力推动城市建设、产业发展、民生工程、社会事业、党的建设等各项规划与全市发展规划精准对接，主动融入、服务和对接“五大九江”[4]建设。另一方面又要发挥自身优势，彰显自身特点，在做大九江市核心增长极进程中，发挥核心城区的支撑作用。坚持合作共赢、错位发展。鉴于资源禀赋不同，在与兄弟县区的共同发展中，重点推进产业共兴，大力发展生产性服务业、金融业、物流业、电子商务、信息服务等新兴服务业，助推工业化和信息化深入融合、制造业和服务业有机融合，形成差别竞争、错位发展、优势互补、互促并进的产业发展格局。推进招商共引，共建招商引资协调合作机制，加强项目、客商、信息、资金、税收以及生产要素等各类资源的互通共享，着力突破土地资源瓶颈，实现“项目共引、园区共建、成果共享”。推进环境共筑，协同构建区域生态同保共育机制、环境监测预警机制、污染联防联治机制，共同维护区域生态安全。

四、全面加强党的建设

浔阳事业发展，关键在党，关键在人。要全面贯彻党要管党、从严治党要求，深入推进“两学一做”学习教育，以不忘初心的宗旨追求、使命担当的责任意识、从严从实的工作作风，统筹推进思想建设、组织建设、作风建设、制度建设和反腐倡廉建设，不断提升党建工作创新力、驱动力、生命力，始终保持各级党组织和党员干部队伍的生机与活力，为浔阳事业发展提供强有力的政治保障。

1.切实加强领导班子和组织建设。领导班子是一个地方发展的旗帜、表率和核心。要拧紧思想“总开关”，把思想政治建设摆在班子建设的首要位置，用党的最新理论成果武装头脑，不断增强政治敏锐性、鉴别力和政治定力，打牢思想基础、巩固精神家园，切实强化政治意识、大局意识、核心意识、看齐意识，切实发挥领导班子带头示范作用，激活全区正能量。要把好制度“总阀门”，始终强调政治纪律和政治规矩，严格执行党的各项规章制度，支持人大、政府、政协工作，进一步完善议事规则、决策程序。要唱响发展“主旋律”，以人民的需求指引发展的方向，始终保持等不起的责任感、慢不得的危机感、坐不住的紧迫感，坚持从群众中来，到群众中去，把造福百姓作为干事创业的出发点和落脚点，站在群众立场看问题，顺应群众期盼抓发展，依靠群众力量求胜利，做到守土有责、守土负责、守土尽责。

2.切实加强干部队伍和作风建设。“政治路线确定之后，干部就是决定的因素。”要用好干部，围绕“二十字”好干部标准（信念坚定、为民服务、勤政务实、敢于担当、清正廉洁），坚持正确用人导向，注重在一线，在项目上，锻炼、考察、识别干部，注重德才表现，凭实绩用干部，使“能者上、平者让、庸者下、劣者汰”成为选人用人新常态。完善容错纠错机制，把担当意识作为考核评价干部的重要标尺，旗帜鲜明地支持干部创新实干。严肃选人用人纪律，严把动议、推荐、考察、审核、讨论、决定等环节，实事求是、公道正派，营造风清气正选人用人环境。要提升能力，通过学习培训、项目实训、挂职轮训、网上学习等方式，进一步拓展干部教育培训途径，着力提高广大干部的操作力、执行力、推动力、协调力，有效提升干部队伍的整体素质。要抓好落实，坚持落实重于一切，完善常委挂街道、部门包社区的工作机制，以重点项目、重点工程、重点工作的推进为着力点，倒排时间，倒逼进度。进一步加强工作跟踪问效，中心工作开展到哪里，工作问效就跟进到哪里，整治懒政怠政，严查失职渎职，确保中央和省市区委各项决策部署不折不扣操作到位，各项工作任务按时按质落实到位。

3.切实加强基层组织建设。党的基层组织是党全部工作和战斗力的基础，强基固本，才能行稳致远。要扩大组织覆盖面，坚持组织覆盖与工作覆盖、有形覆盖与有效覆盖相统一，加快党组织由传统领域向新型领域延伸，不断健全组织体系。强化基层党组织整体功能，加大软弱涣散基层党组织整顿力度，加强服务型基层党组织建设，发挥基层党组织推动发展、凝聚人心、促进和谐的作用。要打通“最后一公里”，“给钱给物不如给个好支部”，推动人往基层走、钱往基层投、政策往基层倾斜，不断完善基层组织活动场所和服务功能，建强基层党组织，完善基层组织贴近群众、联系群众、服务群众的机制和平台，真正赢取群众信任和支持。要打造党建新品牌，在全面规范工作制度、活动阵地和运行机制的基础上，因地制宜、突出特色、创新载体，着力打造党建+项目、党建+服务、党建+生态等新品牌，使党建工作与中心工作高度融合、无缝对接。创新党员教育管理，严把入口、畅通出口，健全党员能进能出机制，纯洁党员队伍，使广大党员成为“四讲四有”合格党员。

4.切实加强党风廉政建设。坚持党要管党、从严治党，坚决落实党风廉政建设“两个责任”，严格执行“八项规定”，执纪严明强管理，驰而不息抓作风，着力营造风清气正的政治生态。要坚持立身行已。打铁还需自身硬，要自觉贯彻廉洁自律准则，扎紧制度的“笼子”，坚持把纪律挺在前面，正确运用好“四种形态”(5)，抓早抓小，动辄则咎，用严密的制度管住权力，用立体的监督制约权力，为民用权不谋私、依法用权不逾矩、尽责用权不怠政，推动形成政治上的“绿水青山”。要坚持标本兼治，把制度定在前，把规矩立在先，以制度管人、管权、管事，在制度的范围内形成规矩办事、干净成事的良好氛围；把问责放在更加突出位置，定期通报追责情况，公开曝光典型案例，使问责形成制度、成为常态，以问责促责任落实；加大纪律审查力度，始终保持惩治腐败高压态势，有贪必肃、有腐必惩，大力查处发生在群众身边的不正之风微腐败问题。要深化“三转”(6)改革，科学推进纪委“三转”工作，持续深化纪检监察体制改革，深入推进廉政巡察，建立健全挺纪在前协调保障机制。

回首过去，我们不禁心潮澎湃；展望未来，我们更加豪情满怀。站在新的历史关口，面对前所未有的机遇和挑战，让我们团结一切可以团结的力量，调动一切可以调动的资源，一张蓝图绘到底，一往无前干到底，不忘初心，继续前进，为建设实力、活力、魅力、和谐浔阳，为实现在全市率先全面建成小康社会而努力奋斗！

注释：

（1）“八个一”文化工程：一套VI系统及应用，一本企业文化手册，一套管理手册，一个培训中心，一支艺术团队，一首企业之歌，一个企业独特节日，一组文化宣传媒介。

（2）十大片区：面粉厂（东风楼）片区、

封缸酒厂片区、黄土坡片区、莲花池片区、孔家洼片区、老京九市场（战备路）综合片区、考棚片区、锁江楼片区、啤酒厂片区、整流器厂（图书馆）片区等10个地块。

（3）三化：服务过程程序化，服务管理规范化和服务质量标准化。

（4）五大九江：开明开放的现代九江，创新创业的活力九江，宜居宜游的大美九江，共建共享的幸福九江，实在实干的务实九江。

（5）四种形态：第一条：经常开展批评和自我批评、约谈函询，让“红红脸、出出汗”成为常态。第二条：党纪轻处分、组织调整成为违纪处理的大多数。第三条：党纪重处分、重大职务调整的成为少数。第四条：严重违纪涉嫌违法立案审查的成为极少数。

（6）三转：主动把握反腐倡廉新要求，坚定不移转职能；聚精会神抓好主业，坚定不移转方式；科学高效履行职责，坚定不移转作风。

浔阳区人民政府工作报告

——在浔阳区第十届人民代表大会第二次会议上

浔阳区人民政府区长 徐昭国

（2017 年 1 月 13 日）

一、2016年工作回顾

过去的一年，是浔阳经济社会发展历程中极不平凡的一年。一年来，面对经济持续下行压力和严峻的洪涝灾害双重考验，在市委、市政府和区委的正确领导下，全区上下团结奋进、真抓实干、勇于攻坚，较好地完成了全年各项目标任务，实现了“十三五”的良好开局。

预计全年完成地区生产总值408.51亿元，增长9.5%；完成固定资产投资27.49亿元，增长10.3%；实现社会消费品零售总额203.24亿元，增长11%；完成财政总收入32.3亿元，同口径增长12.1%，总量位居全市第二；城镇居民人均可支配收入34005元，增长10%；农村居民人均可支配收入18019元，增长11%。

（一）区域经济稳中有进

坚持第三产业主导地位，大力推进服务业发展，加速创新转型，产业结构不断优化。全年服务业实现增加值279.83亿元，占GDP比重达68.5%；服务业税收13.8亿元，占财政总收入42.7%；规模以上服务业企业达78家，新增21家。楼宇经济活力显现。科学规划特色楼宇，在考棚、京九市场等改造片区集中规划了一批商务楼宇。全力建设楼宇项目，基本完成“792创意园”打造、津晶城商务大厦主体工程。提档升级老旧楼宇，完善了龙翔国贸、兴龙国际等楼宇周边配套设施。加大和汇长虹商务中心等新建楼宇招商推介力度，洽谈对接了武大科技园等知名园区创新型企业，吸引了“猪八戒网”、美国“一键房”等“互联网+”型企业入驻，全年楼宇新增入驻企业130余家，实现楼宇税收8000余万元。商贸物流繁荣发展。加大市场培育力度，京九仓储物流园一期、京九国际商贸城项目基本建成，九江烟草物流中心有序推进，广灵药业正在申报省级服务业龙头企业。文旅产业融合创新。加强旅游商品宣传推介，“浔阳送客茶礼套装”荣获江西旅游商品大赛金奖。全年接待游客571.1万人次，增长26.3%，实现旅游总收入46.5亿元，增长26.2%。工业经济稳健运行。积极策应“新工业十年行动”[1]，推进“两化融合”，坚持以信息化引领带动工业化，全面打造绿色生态产业园。基本完成新立基沥青二期、中铁九桥产业园、齐鑫化工三期项目前期工作。全年完成规模以上工业主营业务收入26亿元，实现工业增加值6亿元。民营经济蓄势待发。积极培育民营经济主体，新增市场主体3384户，新增注册资本35亿元。积极扶持中小微企业发展，破解资金难题，通过“财园信贷通”平台，共帮扶178家企业发放贷款10.59亿元，名列全省第三、全市第一。

（二）棚改工作有序推动

大力支持九江石化做大做强，克服重重困难，有序推进了省二建、省设备安装公司后续征收工作；全面完成了九江石化厂际管廊安全隐患治理和油品质量升级卫生防护距离内房屋征收工作。紧紧把握棚户区改造工作重心，进一步规范征收程序，圆满完成了整流器厂、英租界、回民巷征收签约，启动了黄土坡、锁江楼片区征收，基本完成了考棚片区征收扫尾工作。全年改造棚户区25万平方米、3033户，超额完成年度棚户区改造任务。坚持“以人为本、安置先行”，全年安置房项目在建面积超过40万平方米，新建、续建战备路二期、莲花池等安置区，基本完成了殷家畈、德化二期、封缸酒厂、孔家洼等安置区项目建设，启动了战备路一期、琵琶亭等安置区分房工作。

（三）城市环境明显改善

围绕城市环境综合整治“提升年”任务要求，按照“车多有序、人多有礼、街老整齐、路窄干净、房旧灯亮、城美宜居”总体目标，强力推进城市管理“百日大提升”活动。全年开展大型集中整治117次，发放宣传单10万余份，清理、清除和暂扣违法违规占道物品、杂物和车辆等共计12000余处，发现、制止“两违”建筑135起，拆除面积8500平方米，市容市貌得到根本改观。加大整治力度，着力完善管理制度，长效机制初步建立。坚持“属地管理”原则，健全督查考评机制，加大保洁冲洗力度，高标准筹建智慧城管平台，为打造智慧城市提供了有力支撑。加强市容环卫基础设施建设，升级改造了部分公厕、垃圾中转台，采购了一批道路冲洗车、垃圾清运车、保洁质检车，提高了环卫机械化水平，改善了环卫工人作业条件。

（四）民生福祉持续增进

全区新增就业4780人，“4050”人员[(2)]就业520人，“零就业家庭”安置率100%，新增小额贷款7630万元，新增担保基金300万元。全区参加城镇职工基本养老保险2.45万人，城乡居民社会养老保险5231人，城镇基本医疗保险12.06万人，征缴养老保险费7100万元。低保标准提至480元/月，人均补差356.54元。城乡大病医疗救助10527人次，发放医疗救助金514.7万元，为13754名学生免除学杂费和书本费共计933.36万元。积极创建省级慢病综合防控示范区，继续实施“光明·微笑”工程[(3)]，为“儿童两病”[(4)]、尿毒症患者、贫困家庭重性精神病患者等提供免费救治，共救治各类病人1050例。继续落实高龄老人补贴政策，共为6568名高龄老人发放补贴580.61万元。加大环卫工人、“三无”人员[(5)]和社区居干保障力度，全面落实环卫特困工人专项基金救助机制。强力推进江洲菜场、新一菜场、老马渡菜场等3个农贸市场改建，保障了市民日常生活需求。开展“爱满浔阳·慈善助学”活动，募集善款30万元，资助学生106名，得到了社会各界广泛好评。

（五）社会事业统筹推进

加大社区建设力度，打造了“社区数字化综合管理服务系统”，进一步拓宽了社区服务功能，南司社区荣获“全国无邪教创建示范社区”，向阳闸社区荣获“全国防灾减灾示范社区”，湖滨社区荣获“全省人防工作先进单位”。全力构建“五位一体”养老格局，完成了金鸡坡、南湖、花果园等5个日间照料中心打造。加强科技创新，津晶城高新科技园获评国家级科技企业孵化器。加快学校标准化建设，全力推动浔东小学、龙山小学北司路校区、新村小学新校区、城东学校、城东中心幼儿园、湖滨小学新建、改扩建工作，办学条件进一步均衡，顺利通过了县域义务教育均衡发展国家督导评估。深入创建国家公共文化服务体系示范区，打造了“浔阳一家亲”文化品牌，浔阳文化馆演出的小品《面对》荣获第十三届华东六省一市戏剧小品大赛金奖。加快推进区人民医院整体迁建项目，实现了公立医院与基层医疗卫生机构协作联动。广泛开展全民健身运动，深入推进校园足球运动，湖滨小学足球队荣获全国“谁是球王”成都赛区第一名。积极构建区、街、社区三级出生人口监测网络，在全国计生信息化工作大会上作了经验交流。加大“三品一械”[6]监管力度，日常监管检查率达100%。加强社会治安综合治理，严厉惩治违法犯罪活动，公众安全感和满意度进一步提升。扎实推进“七五”普法工作，“法治浔阳”理念深入人心。积极开展领导干部“接访听诉”活动，加强矛盾纠纷排查调处，落实领导包案制度，有效化解信访积案21件。加强全社会节能降耗工作，综合能耗同比下降4%。做好统计工作，完成了第三次全国农业普查前期准备工作。全面推行“河长制”，大力实施“清河行动”，生态文明示范区创建工作有序推进。不断完善安全生产责任体系，安全专项整治持续深入，隐患排查治理扎实有力，杜绝了重特大事故发生。完善应急预案体系建设，提高了应对突发事件的能力。加强双拥工作，荣获“全省双拥模范区”。国防、对台、防震减灾、民族宗教、外事侨务、物价、区志、档案等工作取得新进展。

（六）政府建设全面加强

按照中央、省、市要求部署，以“四讲四有”[7]为基础，以习近平总书记弘扬井冈山精神“四句话”[8]为标准，进一步巩固“三严三实”专题教育成果，扎实开展了“两学一做”学习教育。全面落实从严治党主体责任和监督责任，严格落实中央“八项规定”精神，始终把纪律和规矩挺在前面。严格按照法定权限和程序行使权力，自觉接受人大法律监督和工作监督，充分发挥政协民主监督和参政议政作用，全年办理人大代表建议65件，政协委员提案146件，办复率100%。制定了《浔阳区人民政府议事规则》《浔阳区政府投资建筑工程项目建设单位相关工作管理办法》等制度性文件，进一步规范了政府工作、项目建设流程。稳步推进公车改革，组建了浔阳区公务用车服务中心，完成了首批公车拍卖工作。加大财政资金、重大建设项目、征地拆迁等领域的政府信息公开，提高了政府工作透明度。深化行政审批制度改革，规范行政许可行为，进一步推进“两集中，两到位”[9]，公布了区本级行政审批中介服务事项目录，精简率达68.8%。深入推进“营改增”工作，启动实施“五证合一”[10]、“一照一码”登记制度，加快推进行政检查“双随机、一公开”[11]，进一步实现简政放权、放管结合、优化服务。积极受理群众诉求，畅通民声通道，回复各类咨询、投诉、建议470余件。进一步规范资金使用，强化审计监督，严格支出管理，“三公”经费下降26.2%。

回顾一年来的政府工作，我们深切地感受到：这些成绩的取得，是市委、市政府和区委正确领导的结果，是区人大、区政协和社会各界关心支持的结果，是全区上下齐心协力、奋力拼搏的结果。在此，我谨代表区人民政府，向辛勤工作在各条战线的全区人民，向一直以来大力支持政府工作的各位人大代表、政协委员，向离退休老同志，向各民主党派、工商联、无党派人士、各人民团体和社会各界人士，向市直各部门、驻区各单位，向所有关心、支持、参与浔阳建设和发展的朋友们，表示衷心的感谢，并致以崇高的敬意！

在肯定成绩的同时，我们也清醒地看到，在我区经济社会发展中仍然存在一些突出问题和矛盾，主要表现在：城市发展空间有限，经济增长动力不足，产业结构不够优化，部分企业生产经营困难；制约发展的机制障碍依然存在，改革创新任务繁重，社会治理仍然面临不少新情况、新问题；公共服务资源配置不够均衡，民生事业投入压力逐年增大；政府职能还需加快转变，部分单位作风还需进一步改进。对此，我们将以更主动的姿态，更积极的作为，努力加以解决。

二、2017年工作安排

2017年，是实施“十三五”规划的重要之年，是中共十九大召开的喜庆之年，也是实现浔阳率先全面建成小康社会的关键之年。尽管当前世界经济进入深度调整期，宏观形势复杂多变，但国内供给侧改革持续深化，产业结构不断优化，为我区提供了稳中向好的外部环境；尽管区域竞争日益激烈，兄弟县区发展加速，但浔阳经济总量稳居全市前列，区位发展优势仍然不可替代；尽管发展过程存在许多困难压力，改革攻坚依然任务繁重，但在区委的坚强领导下，在人民群众的大力支持下，全区上下凝聚了强大的工作合力，形成了浓厚的发展氛围。新的一年，我们将冷静看待新方位，牢牢把握新机遇，积极挖掘新动力，努力创造新业绩，全力做好2016年各项经济和社会发展工作。

2017年政府工作的总体思路是以中共十八大、十八届三中、四中、五中、六中全会和中央、省经济工作会议精神为指导，深入学习贯彻习近平总书记系列重要讲话精神和治国理政新理念新思想新战略，认真落实区第十次党代会要求，主动适应经济发展新常态，坚持稳中求进工作总基调，着力推动产业升级，培育发展动能，提升城市品位，创新社会管理，持续改善民生，全力建设实力、活力、魅力、和谐浔阳，以优异成绩迎接党的十九大胜利召开。

全区经济社会发展主要预期目标是：地区生产总值增长9.5%左右；固定资产投资增长10%以上；社会消费品零售总额增长11%左右；财政总收入（同口径）增长10%以上；城镇居民人均可支配收入增长9.5%左右；农村居民人均可支配收入增长9.5%左右；完成市政府下达的节能减排任务。

为实现上述目标，2017年要重点抓好以下五个方面工作：

（一）聚焦产业升级，进一步增强实力浔阳原动力

1.繁荣现代商贸。充分发挥中心城区优势，突出第三产业主导地位，着力提升经济发展的质量和效益。推进传统商贸升级。以浔阳路、大中路、滨江路和庾亮路、环城路、庐山南路“三纵三横”商业街区为重点，大力实施“互联网+街区”行动，着力打造“四码头智慧商圈”。完善中心城区商贸体系，做好餐饮住宿、零售批发、娱乐休闲等传统产业资源整合，着力打造“两湖”区域都市慢生活商贸圈。全力推进进口肉类指定口岸建设，尽快完成新一菜场、三里街农贸市场改造和花果园购物中心建设项目，妥善完成老京九市场搬迁。培育总部楼宇经济。按照新建、盘活、引进、培育相结合方式，高起点规划、高水平设计、高标准建设一批总部楼宇项目。加快推进津晶城商务大厦等楼宇建设项目，做好和汇长虹商务中心、京九电子商务大厦招商服务工作。支持中瀚商务中心、龙翔国贸大厦、远洲国际等现有楼宇做大做强，着力引进一批企业总部、结算中心、检验检测中心、产权交易中心、金融服务企业入驻。鼓励老旧楼宇美化外部环境、改进物业水平、提升综合品质，增强楼宇核心竞争力。促进文旅产业融合。围绕创建国家历史文化名城总体目标，全力推进文化景观升级工程，启动庾亮南路历史文化街区改造，配合做好英租界博物馆打造，提升城区历史文化聚合度。坚持以棚户区改造为契机，大力保护“浔阳古城”历史遗迹，深度提炼浔阳文化特色，将文化元素植入到街区、景区、社区。大力引进知名文化旅游企业，开发文化创意、数字动漫、艺术品市场、特色旅游产品，拓宽文化旅游产业发展路径。

2.提升新兴业态。培育新经济，催生新动能，坚持创新创业驱动，加快形成以电子商务、现代物流、金融服务等为主体的发展格局。做大“双创”基地。依托“792创意园”、津晶城高新科技园，大力建设“双创”示范基地，实现人才、资本、信息、技术、理念、项目集中集约。依托“猪八戒网”，打造“互联网+企业”示范基地，提升城市经济发展带动力。健全“双创”招商孵化体系，鼓励楼宇打造“双创”平台，培育浓厚的创新创业氛围。做强电商物流。发挥“阿里巴巴·九江产业带”品牌效应，支持京九电商产业园建设，完善相关配套设施，着力打造长江中下游重要的电商企业总部基地。鼓励设立电子商务协会，制定产业扶持办法，优选知名电商企业入驻，打造一批电子商务示范基地。按照“互联网+大市场、大物流”发展思路，积极整合京九国际商贸城、新雪域物流园、琵琶湖农副产品批发市场资源，将城东片区打造成电商、物流融合发展的典范。做活金融产业。错位发展金融服务业，进一步完善投融资平台，鼓励民营银行、金融租赁、消费金融公司入驻，引导小额贷款公司规范发展。积极引进金融电子商务、网上金融超市等金融衍生机构、中介机构、后台服务机构落户浔阳。

3.优化工业经济。积极策应全市“新工业十年行动”战略部署，切实推进工业项目，提高工业经济品质。用心服务石化产业。集中精力、多措并举，全面完成九江石化厂际管廊隐患治理和800米卫生防护距离内房屋征收扫尾，适时启动土地征收工作。跟进九江石化卫生防护距离规划调整，尽快做好规划、争取政策，大力引进石化下游产业，延伸石化产业链条。主动对接九江石化总厂，全力落实烷基化装置项目和乙苯苯乙烯项目，为全市打造千亿石化产业园提供重要支撑。着力强化园区管理。坚持以信息化引领带动工业化，推进“两化融合”，提升园区企业管理水平。扎实开展“降成本、优环境”专项行动，配套制定入园项目优惠政策，切实帮扶企业解决用工、融资等难题。建立“三定”制度，对入园项目实行定领导、定部门、定人员全程跟踪服务。努力提升企业效益。进一步挖掘企业潜能，推动齐鑫化工、新立基沥青等企业扩大生产，提升产品科技含量。加快金旺达地块项目重组，腾退一批低效项目，提升园区经济效益。鼓励有条件的项目上市融资，支持钒宇新材料、中煜程塑业、龙开河集团等优质企业新三板上市。

（二）聚焦动能转换，进一步增强活力浔阳驱动力

高度重视转方式、调结构、兴产业，加快培育新的发展动能，改造提升传统比较优势，力推经济发展行稳致远。

1.始终抓好招商选资。紧抓招商引资“头号工程”，不断壮大项目建设规模，提升经济发展质量。更加注重招商层次。积极与世界500强、国内100强和大型商贸企业集团沟通对接，大力推介考棚、京九市场、锁江楼、整流器厂等棚改地块，高品位规划建设一批大型城市综合体项目。主动对接发达地区先进的科技产业、信息产业、创造型企业，增强新兴产业发展带动力。更加注重招商方式。立足城区实际，借助中博会、赣台会、经贸洽谈会等平台，签约落地一批技术含量高、投资规模大、带动能力强的重特大项目。探索“互联网+招商”方式，建立“产业电子地图”系统，构建多渠道、全方位信息化招商平台，实现招商引资工作精准对接。按照“浔阳招商、落户四方、利益共享”招商模式，主动对接兄弟县区，探索合作共建“飞地园区”机制，创新跨区域经济协同发展新模式。更加注重招商实效。对招引的项目，实行全程跟踪服务，切实一抓到底，真心实意为企业着想，积极主动为企业解难，让引进项目踏实落地。创新企业服务方式，对成长性好、贡献率大的落户企业实行“一企一策”，努力培育一批有规模、有实力、有优势的重点企业。

2.始终盯紧项目建设。项目建设是推动经济发展的强大引擎，要坚持以项目建设扩固投、增后劲、促发展。精心谋划项目。深入研究产业政策、投资导向和市场环境，在优势资源中找准项目，在现有企业中包装项目，在产业集聚中策划项目。依托现有产业基础，围绕总部楼宇、石化产业、电子商务、信息科技、金融保险等业态策划、包装项目，积极扬优势、补短板，提高项目储备的整体水平。精细操作项目。积极探索项目建设新模式，尝试运用“PPP”(12)合作形式，启动曹家山三期安置小区、城东学校和城东中心幼儿园等建设项目。加强协调配合，严格督查考核，狠抓项目推进，尽快完成九江烟草物流中心、京九国际商贸城、区综合档案馆等项目。精准服务项目。落实“五环链接”(13)工作机制，实行挂点区领导一线调度，各职能部门联动共为，及时解决项目推进中的问题。落实项目代办机制，做好项目手续报批办理、项目建设推进、企业运行服务工作，提高建设项目推进效率。搭建校企合作平台，认真做好企业家培养工作，为企业发展提供一个好的平台。

3.始终强化改革力度。坚持以改革激发活力，以创新驱动发展，进一步释放发展潜力。加速制度改革。深化行政审批制度改革，全面推行市场监管“双随机、一公开”，建立权力清单、责任清单、企业投资项目管理清单动态调整机制。加快投融资体制改革，做强城市建设投融资平台。科学管理国有资产，强化国有资本运营监管，确保国有资产保值增值。巩固行政机关公务用车改革成果，完成企事业单位公务用车改革，降低公务用车成本。加速创业创新。重点培育电子商务、高端商贸、金融服务等创业创新主体，为大众创业、万众创新开辟“绿色通道”。探索

建立创业投资引导基金，打造创业投资公共服务平台，进一步打造众创、众包、众扶、众筹等支撑平台，积极推广创客空间、创新楼宇、创新工场等新兴孵化器模式，构建低成本、便利化、开放式的众创平台。加速服务外包。坚持政企分开、政事分开、政社分开，探索建立公共服务外包机制，逐步实现直接提供服务转向购买社会服务。积极发挥社会组织在居家养老、康复医疗、社区管理、环卫建设等公共服务领域作用，支持个人或组织认领外包服务，打造公共服务新载体。

（三）聚焦城市建管，进一步增强魅力浔阳吸引力

坚持把旧城改造放在突出位置，深入推进城市环境综合整治，不断完善城区功能配套设施，着力打造“配套完善、服务先进、管理高效、文化彰显、宜居宜业”的魅力城区。

1.全速推进棚改工作。始终以棚改工作为抓手，全面提升老城区形象，改善城区居民居住环境。加快征收进度。按照“事先审查、确定基数、包干结算”操作原则，依法依规、公正公平完成黄土坡、锁江楼征收扫尾，全面启动东风小学、北司路、九针、绿豆湾、铁里湾等21个片区房屋征收，确保完成全年5000套棚户区改造任务。坚持货币化补偿为主的安置方式，确保城房货币补偿安置率达到100%，综合货币补偿安置率超过60%。合理安排征收时序，做好签约片区房屋拆除工作，确保拆除过程和谐平稳顺利。加快建设进度。全力推进莲花池、战备路二期、曹家山三期等项目，尽快完成殷家畈、孔家洼、甘棠保障性住房等项目扫尾。加强对监理方、施工方和施工现场监管，加大质量安全巡查、抽查频率，健全建设主体责任追究制度，确保工程质量。加快分房进度。遵循“决策民主、程序正当、结果公开”原则，全面完成战备路一期、殷家畈、琵琶亭、德化二期等建成安置小区分房工作。

2.加大城市管理力度。巩固城市管理“百日大提升”成果，深入开展城市管理“创新提高年”，全面推进城市管理精细化、常态化、智能化、市场化，努力提升城市治理现代化水平，打造美丽九江浔阳样板。强化源头管理。加大环卫保洁力度，加强“两湖”周边、农贸市场、商业街区等重点区域市容监管，维护良好的城区环境。健全区、街、社区三级市容管控网络，细化每条街道、每个社区、每栋楼栋市容环卫职责。加强“门前三包”管理，加大违规惩处力度。切实解决环卫工人实际困难，稳定环卫作业队伍。深化专项整治。坚持整治与立制、教育与严管并重，大力开展公共秩序专项劝导活动，提高市民文明交通、文明出行意识。强化统筹联动，定期对流动摊点、占道经营、垃圾乱倒、广告乱贴、油烟乱排、露天烧烤、鞭炮扰民等现象实行循环式整治。加大拆除力度，坚决遏制“两违”建筑增量。创新管理体制。依托智慧城管平台，强化指挥中心功能，加强部门协同互动，提升城市管理综合服务能力。坚持“政府主导、市场运作、企业管理”原则，逐步将主干道路保洁、设施维护管养等推向专业市场。培育城管文化。大力实施城区文明工程，引导党员、团员、学生、志愿者等群体，参与城市管理宣传、劝导、服务和监督。大力开展文明城市创建活动，实现文明单位、文明小区、文明家庭创建常态化、动态化。完善城市柔性执法机制，让城区百姓生活更方便、更舒心、更美好。

3.完善城市功能配套。按照“改善环境、服务于民”的总体要求，全力提升城区配套设施。完善基础设施。加强城市设计，合理布局一批停车场、健身场所、街区景观、文化活动中心等公共服务设施。加大环卫设施建设、管养力度，滚动更新一批垃圾桶、环卫车辆等基础设施。改造边街小巷。按照“路面硬化、路灯亮化、景观绿化、环境美化”要求，继续推进边街小巷改造，提升城区整体品位。按照“属地管理”原则，健全边街小巷、无物业开放式小区综合管理机制。优化安置小区环境。加大安置小区后续投入，逐步完善购物、教育、医疗、健身、文娱等设施布局，打造安置小区“十五分钟生活服务圈”。引导安置小区成立业主委员会，建立小区自治管理制度，提升安置小区整体管理水平。打造绿色生态城区。大力实施城区增绿工程，精心打造一批道路绿化、小区绿化、园林绿化工程。尽快完成东门口社区公园打造和小游园、小广场等提升城区品位工程，做好环“两湖”周边、沿江重要节点及长虹大道两侧建筑物亮化提升改造项目服务工作，配

合推进滨江生态风光带建设、环白水湖整治项目。坚持走生态优先、绿色发展之路，按照“全覆盖、零容忍”原则，抓好环境保护执法监管，落实“河长制”“清河行动”，规范园区、城区排污行为，提升城区居民环境质量体验。

（四）聚焦全面小康，进一步增强和谐浔阳凝聚力

坚持把“一切为了人民、为了人民一切”作为政府工作的出发点、落脚点，切实推进社区建设，发展公共民生，统筹社会事业，创新社会管理，让群众更多更好地分享改革发展成果。

1.推进社区建设。社区是彰显城市和谐的纽带，夯实社区基础至关重要。建设文化社区。加强社区文化活动室建设，确保70%以上社区建有基层文化服务中心。利用社区文化活动室等平台，满足居民文化、教育、体育、科普等多层级文化需求。继续举办“浔阳一家亲”等公益文化演出，营造良好的社区文化氛围。建设智慧社区。加强社区信息化建设，健全小区人员信息、需求信息、服务信息等，提升社区信息化服务水平。在全面完成第十届社区两委换届选举基础上，进一步拓宽社区服务领域，探索设立社区服务APP、微信平台，开通教育、医疗、家政、物业等线上服务。建设品牌社区。加大社区建设投入，鼓励一批社区采取“公助+自筹”模式，解决办公用房产权问题。加强社区物业监管，强化社区环境维护，着力打造一批绿色环保型社区，确保省级绿色社区[14]创建率达60%以上。推进社区志愿者队伍建设，发挥志愿者在社区管理、环境维护、文明养成、文化开展等方面积极作用。深入推进“一居一品”，着力打造一批学习型、科普型、人文型、服务型、平安型社区品牌。

2.强化托底保障。按照“惠民、便民、利民”原则，着力解决好就业创业、社会救助、社会保障等民生问题。突出就业创业地位。大力开发就业岗位，积极鼓励自主创业，完善“大众创业、万众创新”政策扶持体系。健全“两证整合”[15]营业执照制度，为创业人员提供便利。实行再就业帮扶制度，建立“代培”工作机制，重点帮助“零就业”家庭和残疾人充分就业。完善社会救助机制。全面落实失业保险、工伤保险和生育保险办法，以医疗保险、养老保险为重点，统筹推进社会保险制度改革，促进社保城乡一体化。拓宽社会资金筹集渠道，引导、鼓励社会力量兴办福利事业。完善医疗救助工作，推广同步结算“一站式”服务。推动建立以社会保险、社会救助、社会福利、社会慈善、社会养老为重点的社会保障体系。织牢民生保障网络。推进重特大疾病应急救助、失独家庭再生育技术服务、免费孕前优生健康检查等工作。继续落实“光明·微笑”、儿童“两病”、尿毒症患者免费血透等救助政策，建立流浪乞讨人员救助管理机制，稳步推进医疗、工伤、生育保险基金支付工作。

3.发展社会事业。继续推进科技创新，充分发挥科技支撑服务作用，提高科技对经济的驱动力。优先发展教育事业，启动龙山小学异址扩建、浔东小学、城东学校、城东中心幼儿园、新村小学新校区等项目，确保县域义务教育均衡发展国家督导评估复核达标。深入贯彻《全民健身条例》，大力开展全民健身活动。加强公共文化设施网络建设，按标准建成区、街、社区三级公共文化服务体系，确保全省公共图书馆评估定级和国家公共文化服务体系示范区创建双达标。加强辖区医疗机构质量监管，加快“健康小屋”[16]项目建设，稳步推进分级诊疗制度改革。建立人口计生和卫生信息化平台，落实计划生育目标管理任务。深化军地融合，落实优抚安置政策，推动国防和经济协调发展。健全现代统计体系，完成第三次全国农业普查工作。继续推动物价、信息、应急、对台、档案、老龄、区志、国防教育、外事侨务、民族宗教、防震减灾等社会事业全面发展。

4.促进社会和谐。社会和谐，是全面建成小康社会的重要标志。完善社会治安举措。深化综治“三项建设”，推进“千眼万刺”[17]工程，提升“人防、物防、技防”整体水平。持续开展惩治“黄赌毒”“盗抢骗”等专项行动，严惩各种违法犯罪，提高社会治安整体管控能力，不断提升人民群众安全感。树立社会和谐理念。强化信访维稳，进一步完善信访工作责任体系，依法分类处理信访诉求。推进“法治浔阳”建设，扎

实做好“七五”普法工作。深化司法体制改革，提升法治服务水平，促进社会公平正义。提升安全生产水平。严格落实“党政同责、一岗双责、失职追责”，进一步加大隐患治理力度，严肃查处安全生产违法行为。加强安全生产宣传、培训和执法，做好生产安全、环保安全、食品安全等工作，坚决遏制各类重特大事故发生，保障人民群众生命财产安全。

（五）聚焦政务服务，进一步增强依法行政执行力

立足新起点，开启新征程。我们将尽忠职守，切实履行“两个责任”，进一步增强执行力和公信力，全力打造“法治、为民、诚信、高效、廉洁”的人民满意政府。

1.打造法治政府。依法行政是最大的公平。严格遵守宪法和法律，自觉运用法治思维和法治方式开展工作。健全重大行政决策公众参与、专家论证、集体讨论等制度，促进决策科学化、民主化。主动接受人大的法律监督、工作监督和政协的民主监督，认真办理人大代表建议和政协委员提案，广泛听取民主党派、工商联、老同志和社会各界的意见建议。健全行政执法体制，规范行政执法行为，努力推进政府工作的制度化、法制化。

2.打造为民政府。为民服务是政府工作的永恒宗旨。按照民生投入增幅高于财政收入增幅的要求，做到财力优先向民生集中，政策优先向民生倾斜，服务优先向民生覆盖。在充分调研、广泛征求意见基础上，围绕群众普遍关心的养老忧虑、就医苦恼、就学担心、舌尖安全等问题，有针对性的办好一批民生实事。对群众的合理诉求坚决办到位，群众没想到的提前谋到位，全面增进民生福祉，让百姓生活更为体面、更有尊严、更加幸福。

3.打造诚信政府。政府诚信是社会诚信的标杆。始终坚持诚而有信、承诺有度，办不到的事不说，说了的事坚决做到。坚持一诺千金、有诺必践，对群众、客商的承诺，坚决兑现、不打折扣，保持政策的连续性和稳定性，“新官理好旧事”。积极营造诚实守信氛围，让失信者受到惩戒、寸步难行，让守信者更受尊重、畅通办事。继续加强政府工作人员诚信管理和教育，通过政府诚信引领全社会诚信建设，引领言而有信、诚实守信的良好社会风尚加快形成。

4.打造高效政府。高效执行是政府工作的关键。始终保持实干定力，强化担当精神，提高行政效率。坚持一线作为，强化担当意识，以解决问题“不过夜”的作风，对决定的事情、部署的工作坚决一抓到底。健全激励机制和容错纠错机制，鼓励干事、支持探索，激发广大干部的干事创业热情。强化跟踪督查落实，用项目建设的速度检验高效，用主要指标的增长检验高效，用争先进位的效果检验高效，用百姓满意的笑容检验高效。

5.打造廉洁政府。清正廉洁是为政的底线。认真落实中央“八项规定”精神和省、市相关规定，始终把纪律和规矩挺在前面，把“两学一做”学习教育的成果转化为全体党员干部廉洁从政的自觉行动。全面落实“两个责任”，强化问责，扎实推进惩治和预防腐败体系建设，切实改进作风、提高实效。加强行政监察、审计监督和财政监督，强化政府采购、工程招投标、公共资源交易等领域的监管，切实做到管理无死角。严格执行廉洁自律各项规定，办事讲规矩，执行不走样。坚决遏制基层侵害群众利益不正之风，集中整治“微腐败”、监督基层“微权力”、增强群众“获得感”。

使命在肩，唯有奋发图强；蓝图在望，必须百倍努力。让我们在市委、市政府和区委的坚强领导下，团结带领全区人民，抢抓机遇，开拓创新，锐意进取，扎实工作，为建设实力、活力、魅力、和谐浔阳，实现在全市率先全面建成小康社会而努力奋斗！

注释：

（1）新工业十年行动：大力推进新型工业化，对接“中国制造2025”，通过十年（2016—2025年）的不懈努力，促进九江工业经济量质并举、结构升级、效益提升。

（2）“4050”人员：处于劳动年龄段中女40岁以上、男50岁以上的，本人就业愿望迫切、

但因自身就业条件较差、技能单一等原因，难以在劳动力市场竞争就业的劳动者。

（3）“光明·微笑”工程：筛查、诊治白内障患者和唇腭裂患者，让白内障患者重见光明、让唇腭裂患者露出微笑。

（4）儿童两病：儿童白血病、先天性心脏病。

（5）“三无”人员：无生活来源、无劳动能力、无法定赡养人。

（6）三品一械：药品、保健食品、化妆品、医疗器械。

（7）四讲四有：讲政治、有信念，讲规矩、有纪律，讲道德、有品行，讲奉献、有作为。

（8）弘扬井冈山精神“四句话”：坚定执着追理想，实事求是闯新路，艰苦奋斗攻难关，依靠群众得胜利。

（9）两集中，两到位：为深化行政审批制度改革，建立规范高效的审批运行机制，提高行政服务效能，推进一个行政机关的审批事项向一个处室集中、行政审批处室向行政审批服务中心集中，保障进驻行政审批服务中心的审批事项到位、审批权限到位。

（10）五证合一：营业执照、组织机构代码证、税务登记证、社会保险登记证和统计登记证。

（11）双随机、一公开：在监管过程中随机抽取检查对象，随机选派执法检查人员，抽查情况及查处结果及时向社会公开。

（12）PPP：是指政府与私人组织之间，为了合作建设城市基础设施项目，或是为了提供某种公共物品和服务，以特许权协议为基础，彼此之间形成一种伙伴式的合作关系，并通过签署合同来明确双方的权利和义务，以确保合作的顺利完成，最终使合作各方达到比预期单独行动更为有利的结果。

（13）五环链接：“周协调、月调度、季推进、半年督查、年度总结”五个步骤进行抓落实。

（14）绿色社区：是指具备了一定的符合环保要求的硬件设施，建立了较完善的环境管理体系和公众参与机制的社区。

（15）两证整合：全面实施个体工商户营业执照和税务登记证一次申请制度。

（16）健康小屋：坚持政府主导，由公共卫生机构提供给居民，用于体检测量、干预指导、健康宣教、知识获取等的场所。

（17）“千眼万刺”工程：在“三无”小区等重点区域安装1000个“警眼”视频监控探头，在辖区易发案小区的天然气管道安装10000根“防爬倒刺”。

栏目编辑：蒋靖男

大事记

1月

6日，区委副书记、区长左延召开油气输送管道隐患整改现场协调推进会。区委常委、副区长王安定，区委常委、副区长朱超，及金鸡坡街道、建设局、国土局、园区办、房产局、安监局等部门主要负责人参加推进会。

7—8日，浔阳区举办2016年度社区（村）“两委”成员和部分专职工作者培训班。区委常委、组织部部长范初芳做开班动员讲话，各街道社区骨干共130人参加培训。

12日，区人大集中视察“十二件惠民实事”落实情况。区人大常委会全体组成人员和部分省、市、区人大代表，对区政府年初工作报告中提出的“十二件惠民实事”落实情况进行集中视察。

14日，市委副书记、市长林彬杨参加指导浔阳区委九届常委会第59次会议——“三严三实”专题民主生活会。区委书记戴晓慧主持会议，市纪委副书记欧阳礼兴、市委组织部副部长邵丹波出席会议。区领导左延、刘武爱、张显旺、文建华、王向东、范初芳、郑观兴、王风雷、梁少清、周庆吾、王安定、朱超、孔祥云等参加专题民主生活会。

15日，省交通厅党委书记、厅长朱希走访慰问浔阳区困难群众。

16日，区委常委、宣传部部长王向东指导湓浦街道民主生活会。

21日，区委常委、统战部部长郑观兴指导人民路街道民主生活会。

同日，区委常委、常务副区长王风雷到甘棠街道指导专题民主生活会。

22日，区委书记戴晓慧参加指导白水湖街道领导班子“三严三实”专题民主生活会。区委常委、组织部部长范初芳，区纪委相关人员到会指导。

25日，区委副书记刘武爱走访慰问老干部、特困老党员、老居干。区领导胡迪、秦永红参加走访慰问活动。

26日，市委常委、副市长唐舒龙到浔阳区视察春节市场供应情况。

同日，市总工会副主席徐用兵一行到湓浦街道走访慰问。

同日，区委书记戴晓慧春节走访慰问老党员、老干部、困难群众。区领导范初芳、梅美华、易小慧、张华侨、吴义祥等参加走访慰问活动。

同日，区委常委、纪委书记梁少清参加指导金鸡坡街道领导班子民主生活会。

28日，区委副书记刘武爱率队走访慰问辖区纳税大户和重点企业。

29日，市政府考评组到浔阳区督导2015年度全区消防工作考核暨冬春火灾防控工作情况。

30日，区人大常委会主任张显旺走访慰问老干部、低保户，区领导王向东、李献春、周晓明等参加走访。

同日，区政协主席文建华走访重点企业纳税大户。

同日，小莲心艺术团东风小学分部校园情景剧获得省少儿艺术节目表演一等奖。

2月

1日，区委书记戴晓慧率队走访慰问辖区纳税大户和重点企业。

同日，区委副书记、区长左延走访慰问老干部、优抚对象、困难群众。

同日，区纪委召开“三严三实”专题民主生活会。区委常委、纪委书记梁少清出席会议并讲话，区纪委在家班子成员参加会议，其他科级干部列席会议。区委组织部副部长到会指导。

3日，区委副书记、区长左延检查春节期间市场供应情况。同日，区四套班子领导慰问一线环卫工人。

4日，市委常委、副市长唐舒龙出席江州菜场升级改造竣工开业仪式。区领导戴晓慧、左延、刘武爱、张显旺、文建华、张小军等出席开业仪式。

5日，市委副书记、市长林彬杨到浔阳区走访慰问困难群众。

14日，市政协主席杨小华到浔阳区走访调研企业。

同日，浔阳区新春团拜暨拔河友谊赛在浔阳小学大礼堂举行。区四套班子领导戴晓慧、左延、刘武爱、张显旺、文建华等与全区400多名干部职工参加。

15日，区委组织部召开全面推进“党建+”和社区（村）民主协商工作落实会议。区委常委、组织部长范初芳主持会议并讲话，区委组织部副部长，各街道党工委、非公经济党工委、社会组织党工委、工业园区党工委及法院、检察院、教体局、卫计委、市场监督管理局等单位党组织负责人参加会议。

28日，湓浦环卫工桑红霞获2015年度“全国三八红旗手”称号。

29日，市委常委、宣传部部长潘熙宁，江西日报社副总编王少君出席《江西手机报》浔阳区政务分端、“浔阳区发布”微信公众号上线开通仪式。

3月

3日，区首场学习贯彻《中国共产党廉洁自律准则》和《中国共产党纪律处分条例》宣讲会在甘棠街道举办。区委常委、纪委书记梁少清出席并作宣讲。

4日，区举办2016年长江水生生物增殖放流活动。

6日，九江市县域经济发展升级巡回观摩团到浔阳区视察。市委书记杨伟东率队到浔阳区开展全市县域经济发展升级巡回观摩活动，市委副书记、市长林彬杨，市委副书记占勇，市人大常委会主任冯静，市政协主席杨小华等参加。

7日，省委办公厅副主任刘志远、省委办公厅督查三处处长聂文胜一行到浔阳区调研旧城改造保障性住房工作和高新技术企业孵化基地运作情况。

8日，区委常委、副区长朱超主持召开老旧居民楼安全排查整治工作部署会议。区建设局、房产局及5个街道等相关部门参加会议。

9日，市政协副主席李军到浔阳区调研贯彻落实省委、市委加强政协工作相关文件精神情况。

12日，《浔阳讲坛》讲课“‘互联网+’时代的浔阳产业转型和融合发展”。中国浦东干部学院研究员、经济学博士华斌作客第37期《浔阳讲坛》，在“互联网+”时代逻辑下，就浔阳区如何实现产业转型和融合发展做专题讲座。区委常委、宣传部部长王向东主持。戴晓慧、左延、刘武爱、张显旺、文建华等区四套班子领导及全区副科级以上干部共同聆听讲座。

15日，市关心下一代工作委员会主任史之汉率调研组一行到浔阳区调研关心下一代工作开展情况。

同日，浔阳区2016年“3•15”国际消费者权益日为民咨询服务活动举行。

同日，区教体系统学习贯彻“准则”和“条例”宣讲报告会举行。区委常委、纪委书记梁少清出席会议并讲话。

16日，副省长、省公安厅厅长郑为文到浔阳区调研城市管理、旧城区（棚户区）改造等方面的工作情况。郑为文一行先后到整流器厂片区边街小巷改造项目，花果园保障性住房项目，考棚片区旧城（棚户区）改造项目，实地察看边街小巷改造、旧城区（棚户区）改造安置的情况。

同日，区纪委服务“新工业十年行动”民营企业家代表座谈会召开。区委常委、纪委书记梁少清出席会议。

18日，市委书记杨伟东到浔阳区调研历史文化街区建设工作。杨伟东一行先后实地察看大中路、庾亮路、南门口、烟水亭等历史文化街区建设及管理等工作情况。

22日，区人大常委会主任张显旺率调研组一行赴浔阳区企业调研上市情况。先后考察联盛集团、九江中煜程塑业有限公司、九江市钒宇新材料有限公司等企业的生产情况，并与企业负责人交流座谈。

22—25日，区委副书记、区长左延率队赴芜湖、义乌、杭州等地开展招商考察活动。

23日，市卫计委副主任孙勇军一行到浔阳区调研卫生计生工作。

24日，省商务厅副厅长梁小康一行到浔阳区调研水运口岸集群发展情况。

25日，区党外代表人士学习“准则”和“条例”专题报告会举行。区委常委、统战部部长郑观兴主持报告会，区委常委、纪委书记梁少清作辅导报告。

同日，全区文化市场经营单位法律法规、安全知识培训班举行。副区长胡迪出席会议。

28日，区委常委、政法委书记周庆吾到园区企业调研指导平安建设工作。

同日，区政协部署2016年民主监督小组工作。

29日，省残联康复处处长邹凯一行到浔阳区调研精神障碍患者康复试点工作和慰问残疾人。

同日，区“新工业十年行动”政银企共商发展对接会召开。14家银行和26家驻浔阳区企业就如何加强沟通合作进行交流探讨。

30日，区委常委、宣传部部长王向东一行到柴桑小学调研指导德育工作。

31日，区政协主席文建华到白水湖街道花果园社区调研委员进社区活动。

同日，江西广播电视台《党风政风热线》直播节目走进浔阳区，区委书记戴晓慧，区委副书记、区长左延，区委副书记刘武爱，区委常委、区政府常务副区长王风雷，区委常委、区纪委书记梁少清，区委常委、区政府副区长王安定，区政府副区长、浔阳公安分局局长刘松，副区长张小军等人参加直播节目。

同日，浔阳区智慧城市建设专题讲座举行。区“城市创新发展”合伙人，北京大学中国信用研究中心研究员、经济学博士吴崇宇，就《浔阳区“智慧城市”建设的实施建议》举行专题讲座。区领导左延、刘武爱、王风雷、张小军等参加讲座。

4月

1日，市政协主席杨小华一行到浔阳区调研政银企对接工作。

同日，北京大学中国信用研究中心研究员、经济学博士吴崇宇一行到大中路步行街调研打造智慧型大中路商圈。

6日，区委副书记、区长左延主持召开京九市场产权人座谈会。区委常委、常务副区长王风雷，区政府副区长张小军，推进小组和16户京九市场产权人代表参加座谈。

同日，区委副书记、区长左延主持召开京九市场征迁工作调度会。区委常委、常务副区长王风雷，副区长张小军，区国土、建设、房产及推进小组参加调度会。

7日，市薪火艺术团廉戏进园区慰问演出活动在浔阳区举行。此次活动由市纪委、市委统战部主办，浔阳区纪委、区委统战部和浔阳区工业园协办，旨在落实“适应新常态，崇廉创事业”主题活动，宣扬廉政文化，倡导廉政新风。市委统战常务副部长蔡卫宁，市纪委副书记欧阳礼兴，区委常委、统战部长郑观兴，区委常委、区纪委书记梁少清出席此次汇演。

7—13日，区举办2016年度社区（村）两委成员和社区专职工作者培训班。80个社区近300名社区两委成员和专职工作者参加了学习培训。区委常委、组织部部长范初芳出席开班仪式并作动员讲话。

11日，区政府副区长张小军调度江洲菜市场升级改造项目扫尾工作。江洲菜场升级改造项目部、甘棠街道办事处、施工方、监理方及业主方等相关部门负责人参加调度会。

12日，市总工会“情系城市美容师——向市区一线环卫工人续赠人身意外医疗综合互助保障”发放仪式举行。为浔阳区841名一线清洁工赠送了50元/人的人身意外医疗综合互助保险，每名受赠职工最高可享受4万元医疗保障金。市总工会常务副主席方志红出席仪式并讲话。区人大常委会副主任、总工会主席李献春代表区领导讲话。

13日，市政协理论研究会副会长、市委宣传部常务副部长陈则仁等一行到浔阳区调研基层政协协商能力建设。

14日，市财政局党组成员、副局长杜尊生一行到浔阳区督导“财园信贷通”融资工作情况。区委常委、常务副区长王风雷，区财政局、区工信委、区商务局、区三产局、园区等部门负责人参加调度会。

同日，市人大常委会副主任熊起栋一行到浔阳区调研贯彻落实“省委八条”及市委《关于进一步加强和创新人大工作的意见》情况。

15日，全国工商联女企业家商会会长、中国人口福利基金会副理事长刘亭带领商会代表团一行40人到浔阳区考察。刘亭一行先后现场考察浔阳区战备路（老京九市场）片区、考棚片区旧城改造项目，并参观寻承艺术博物馆。

同日，省人大财经委副主任委员高小琼一行到浔阳区调研现代服务业发展情况。

25日，科特迪瓦选举事务代理副书记敦比亚·布拉希马带领执政联盟干部考察团一行14人到浔阳区考察党建工作。

同日，区委书记戴晓慧到浔阳区长江岸线防汛一线和老城区调研检查防汛备汛工作。戴晓慧实地调研检查金鸡坡街道姬公庵泵站和甘棠街道都天巷，听取当前防汛准备工作情况及应对工作汇报。

26—27日，市财政局调研员严赤心带领市政府教育督导第二检查组对浔阳区义务教育均衡发展进行督导检查。

27日，区甘棠街道庾亮南路征迁改造征求意见会召开。市政府办公厅副主任徐贵阳，行政处处长曹正垠，区委常委、副区长朱超及甘棠街道相关工作人员，征迁户代表共30人参加会议。

28日，中央党校培训部巡视员、中青一班三支部组织员薛泽洲带领中青一班三支部第三调研组一行14人到浔阳区调研基层治理、生态与经济发展情况。

29日，省妇联副主席肖晓兰一行到浔阳区调研基层妇干待遇情况。

同日，区委书记戴晓慧走访慰问浔阳区省市劳动模范、抗洪模范。

5月

4日，浔阳区举行“勤学习、敢担当、建新功、展风采”知识竞赛迎五四。区委书记戴晓慧，区委副书记刘武爱，区委常委、宣传部部长王向东到现场观看比赛，并为获奖队伍颁奖。

5日，区委书记戴晓慧将1万元稿费捐给浔阳区第一幼儿园，作为献给孩子们的“六一”礼物。

同日，区委政法委关于贯彻落实全区“两学一做”学习教育工作推进会精神暨动员部署会召开。区委常委、政法委书记周庆吾就贯彻落实会议精神、部署该委“两学一做”学习教育活动提出明确要求，要求全体党员干部认真领会会议精神。

6日，浔阳区中心城区菜市场升级改造项目调度会召开。副区长张小军主持会议并讲话。区三产、财政、审计、市场监督、执法、消防大队、相关街道等部门及3个菜市场业主单位参加会议。

同日，区委统战部召开学习贯彻落实全区党务暨政法工作会议精神大会。会上，区委常委、统战部部长郑观兴提出具体意见。

9日，省政府义务教育均衡发展工作组到浔阳区柴桑小学调研。

11日，区委书记戴晓慧到津晶城科技园专题调研创客1号，就众创空间、小微企业发展、创新创业等与创客们进行交流座谈。

同日，甘棠街道召开“助残日”残疾人座谈会。副区长胡迪主持会议，街道残联工作者、各社区残联联络员、部分残疾人代表参加会议。

同日，区人防办举办以“减少灾害风险，建设安全城市”为主题的宣传活动。市人防办主任杨修锦参加现场宣传活动。

12日，民革浔阳区支部向九江市特殊教育学校捐赠价值2万元的物资。民革九江市委会主委梅武林，九江市教育局党委书记樊仁，浔阳区委常委、统战部部长郑观兴出席捐赠活动。

同日，浔阳区组织开展全国第八个防灾减灾日系列主题教育活动。区委常委、常务副区长王风雷，区人大常委会副主任李献春，副区长胡迪，区政协副主席刘宗强及相关部门负责人参加主题教育活动。

13日，区委副书记刘武爱到阳光儿童康复训练中心看望慰问孤残儿童。

17日，九江市书法家协会、美术家协会少儿书画培养基地揭牌暨书画名家进校园公益授课活动启动仪式在浔阳区东风小学举行。副区长胡迪，九江市书法家协会副主席、秘书长姚杰，九江市书法家协会、美术家协会顾问陈光华，庐山美术家协会陈火箭等出席活动仪式。

18日，省委常委、政法委书记周萌到浔阳区半月亭社区调研政法综治工作情况。

同日，区庾亮南路征迁居民代表座谈会召开。区委常委、副区长朱超主持会议。区文新局、房产局、城建局、甘棠街道和湓浦街道等相关负责人参会。

同日，浔阳区组织收看全省惩治侵权假冒工作电视电话会议。区政府副区长张小军及区惩治侵权假冒工作领导小组成员单位分管负责人20人在浔阳分会场参加会议。

同日，浔阳区白水湖街道余家垅社区温爱萍家庭获2016年全国“最美家庭”和“五好家庭”双殊荣。

19日，副市长卢天锡率市政府办、市水利局等单位有关负责人到浔阳区金鸡坡街道姬公庵泵站检查防汛度汛工作。

同日，国家卫生计生委流动人口服务管理司司长王谦一行到浔阳区调研流动人口均等化服务及动态监测工作。

20日，区政协举办《浔阳区政协志》发放仪式。区政协主席文建华、副主席廖济煊出席。

26日，市政协副主席朱忠玲率队到浔阳区开展挖掘浔阳文化，加快推进九江市创建国家历史文化名城专题协商。

同日，浔阳区关工委全委会暨关心下一代工作会议召开。区委常委、组织部部长范初芳，副区长胡迪及全区各街道、社区、学校等相关负责人出席会议。

同日，区委常委、常务副区长王风雷到白水湖街道检查指导防汛工作。

同日，市安监局党组成员、总工程师熊清华

带队到浔阳区督促检查安全生产专项整治。先后到九江德丰商砼股份公司、九江华新水泥股份公司、九江中煜程塑业有限公司等企业进行专项检查。

同日，中央电视台老故事频道《故乡》栏目组深入浔阳区，走进“浔阳之眼”历史文化展示馆为拍摄“问古浔阳”大型系列节目取景。

27日，区委常委、副区长王安定对白水湖街道辖区存在地质灾害区域进行实地察看并进行现场指导。

31日，浔阳区湖滨文化养老协会暨浔阳区湖滨文化养老协会党支部成立仪式举行。区委副书记刘武爱，区老年体协主席刘爱琴，市、区民政局相关领导，社区挂点单位区文新局领导及街道主要负责人参加了此次授牌成立仪式。

6月

3日，区委组织部党支部组织全体党员集体观看“两学一做”学习专题片《咬定青山不放松——习近平总书记论理想信念的八个关键词》。区委常委、组织部部长范初芳以普通党员的身份，参加组织部党支部“两学一做”学习，观看了专题片。

同日，区委常委、副区长王安定主持召开新星小学及三里街农垦市场地质灾害应急处置工作协调会。会议听取相关单位对新星小学及三里街农垦市场地质灾害的情况汇报，对隐患治理工作进行研究，明确街道、相关单位职责。

4日，区委常委、宣传部部长王向东看望外国语实验小学参加全市“庆祝建党95周年合唱比赛”排练合唱团。

6日，省高院党组书记、院长葛晓燕等一行到浔阳法院调研指导工作。

12日，区委书记戴晓慧到九江齐鑫化工有限公司就“降低企业成本、优化发展环境”专项行动进行专题调研。戴晓慧向企业家宣讲省委省政府开展的“降低企业成本、优化发展环境”相关政策措施，详细了解企业用工、生产、销售等情况，并仔细倾听企业发展存在的困难与要求，同时还与他们一起商讨解决之道。

16日，市委常委、市纪委书记黄赛荣到浔阳区开展基层“微腐败”问题专题调研活动。

同日，区“降低企业成本、优化发展环境”专项行动动员部署会召开。区委常委、副区长王安定出席了会议。区工信委主任主持并传达省市降低企业成本优化发展环境专项行动有关精神。会议对江西省出台的降低企业成本优化发展环境专项行动具体工作进行部署。

17日，省人大常委会副主任冯桃莲率队到浔阳区调研生活垃圾分类工作开展情况。

同日，区委副书记刘武爱到挂点帮扶企业九江市钒宇新材料有限公司就“降低企业成本、优化发展环境”专项行动进行专题调研。

同日，区委常委、统战部部长郑观兴带队到挂点联系企业——九江九星运动用品有限公司，就“降低企业成本、优化发展环境”专项行动进行专题调研。

20—23日，抚州市教育局副调研员刘彩娃带领国家义务教育均衡发展省级督导评估组一行5人到浔阳区就义务教育均衡发展情况进行省级督导评估。

21日，区双创基地——792创意园项目签约仪式举行。项目总投资约1亿元，一期建筑面积19000平方米，主要建设“专利技术展示区”“专利产品展示、体验区”“创新创业人才交流区”“金融、资本超市区”“创新创业工作一站式公共服务区”“创新创业人才配套服务区”等6个功能模块区，吸引“互联网+”科技型企业、小微企业入驻。区领导戴晓慧、左延、刘武爱、王风雷，九江市烟草公司党组书记、局长揭东轲等出席签约仪式。

22日，市人大常委会副主任吕斌带队到浔阳区，就《九江市城区烟花爆竹燃放管理规定（草案）》召开初审立法调研座谈会。

同日，区政协主席文建华就贯彻落实“降成本优环境”专项行动，到中铁九桥有限公司调研。

同日，区委常委、副区长、区工业园党工委书记王安定到江西鑫鹰人防设备有限公司为该企业党支部授牌。

23日，省民政厅厅长刘金接一行到浔阳区调研基层社区建设和社会组织党建工作。

同日，浔阳区组织开展以“强化安全发展观念、提升全民安全素质”为主题的2016年“安全生产月”宣传咨询日活动。

24日，区委书记戴晓慧主持召开浔阳区服务九江石化重点项目推进会。会上，区委副书记、区长左延就服务九江石化重点项目推进各项任务做具体部署。区领导刘武爱、王安定出席会议。

同日，区政府副区长张小军主持召开2016年主城区3个农贸市场升级改造工作推进会。区三产局、区财政局、区审计局、区市场和质量监督管理局、区执法大队、区消防大队及相关街道等部门负责人参加会议。

28日，省卫计委家庭发展处副处长李斌斌一行到浔阳区调研指导全面两孩政策实施情况。

28—30日，区四套班子领导走访慰问老党员和特困党员。

29日，市政协主席杨小华到浔阳区召开政企茶叙会。

7月

5日，浔阳区召开“微腐败”集中整治工作调度会，区委常委、纪委书记梁少清主持会议，会上对各职能部门集中整治的任务分工进行了部署。

同日，区防汛指挥部副指挥长、区委常委、统战部部长郑观兴带领湓浦防汛指挥所有关人员，对长江大堤湓浦辖区内18—34号闸口各防汛值班点进行了巡查。

同日，甘棠街道紧急部署防汛工作。甘棠街道防汛包挂领导、区人大常委会副主任李献春、瞿畅参会，甘棠街道防汛总指挥长、副区长胡迪主持会议。

同日，区委常委、区政府常务副区长王风雷，区人大常委会副主任潘潾、梅美华、周晓明、孔焙一行到白水湖街道检查指导防汛工作。

同日，人民路街道紧急召开防汛工作调度会。区委常委、副区长朱超参会，街道党工委副书记、办事处主任主持会议。

6日，市委书记杨伟东到浔阳区23号闸口处，检查指导抗洪抢险工作。

同日，市人大常委会主任冯静率队到浔阳区庾亮南路调研历史文化街区改造项目推进情况。

同日，浔阳区服务九江石化重点项目首批集中签约。在征收指挥部统一安排下，按照“定量分批”签约的原则，进行了九江石化重点项目厂际管廊隐患治理和新增800米卫生防护距离内房屋征收项目第一次集中签约，区领导戴晓慧，左延，刘武爱，王安定在现场指挥调度。

7日，市委常委、副市长才宏远，市政协副主席朱汉浩等一行到浔阳区检查指导防汛工作。

同日，白水湖防汛指挥所召开辖区防汛调度会。白水湖防汛指挥所指挥长、浔阳区委常委、常务副区长王风雷，区挂点领导以及35家市、区防汛责任单位负责人参加了此次会议，会议由白水湖防汛指挥所副指挥长、白水湖街道办事处主任主持。

同日，区委常委、常务副区长王风雷，市供电公司副总经理陈志强和区防汛指挥办水利专家等一行到锁江楼生活基地察看受灾情况。

8日，赴浔阳区抗洪抢险任务点的某集团军某团250名官兵抵达位于长江边的浔阳小学驻点。某集团军某团政委李骏，区领导戴晓慧、王风雷、孔祥云、胡迪、张小军出席欢迎仪式。

9日，区委书记戴晓慧巡查防汛重点堤坝，看望一线值守人员。

10日，市委书记杨伟东到浔阳区指导防汛抗洪工作。

同日，浔阳区服务九江石化重点项目第二批集中签约。按照“定量分批”签约的原则，进行九江石化重点项目厂际管廊隐患治理和新增800米卫生防护距离内房屋征收项目第二次集中签约，当日共计划签约40户，实现预期目标。区领导戴晓慧，左延，刘武爱，王安定在现场指挥调度。

同日，区政协主席文建华、市水利专家和国电九江发电厂领导带领政协机关、区经济服务中心值守人员在民俗博物馆长江堤现场了解情况，提前研判，确保堤岸安全。针对民俗博物馆长江堤岸护坡汛前存在的塌滑现象，采取投石法对塌陷堤岸进行加固，经过近4个小时的连续施工，隐患彻底排除。

11日，区委副书记、区长左延带队看望慰问市直单位一线防汛值守人员。先后到石化总厂、市民政局、市文化新闻出版局、市房产局、九江海关5个市直单位防汛值守点，看望慰问一线防汛值守人员，并给他们送去矿泉水、西瓜等消暑品。

同日，某集团军某团某连43名官兵打通防汛通道，确保干堤防汛畅通。在长江大堤浔阳区段18—19号闸口的低矮的仓库间来回穿梭，对堵塞防汛通道的障碍物进行搬运转移，确保防汛排查畅通。

同日，区领导张显旺、文建华等看望慰问防汛一线党员干部。

12日，甘棠街道召开防汛工作推进会。区防汛副总指挥胡迪，区人大常委会副主任李献春，甘棠防汛指挥所全体干部及驻甘棠防汛段的各市、区单位负责人参加会议。

13日，浙江义乌一批企业爱心团队千里慰问防汛抗洪官兵。

同日，区委常委统战部部长、湓浦防汛所总指挥郑观兴走访慰问18-34号闸口防汛一线的党员干部。

同日，浔阳区政协委员先后到部队驻地浔阳小学和防汛值班闸口，走访慰问一线防汛的子弟兵和党员干部。

15日，市委副书记、市长林彬杨到浔阳区检查指导城区防汛抗洪工作。

16日，浔阳区四套班子领导戴晓慧、张显旺、文建华、王风雷、孔祥云、胡迪、张小军一行到参与协助浔阳区防汛抗洪的某集团军某旅炮兵团驻地看望慰问部队官兵。送去慰问金和慰问物资。

同日，浔阳区委常委、宣传部部长王向东一行到赴浔抗洪部队驻地，看望慰问一线参加防汛抗洪宣传报道工作的部队新闻干事、金华市电视台、金华网、江南都市报的新闻媒体记者。

16—17日，区妇联、浔阳义工联及爱心企业等社会各界慰问抗洪一线驻地官兵。

17日，浔阳区防汛指挥部由区委常委、统战部部长郑观兴，区委常委、常务副区长王风雷分别带队，看望慰问坚守在浔阳区长江干堤43个闸口责任堤段的45家市直单位和61家区直单位的一线防汛值守人员。

18日，区委书记戴晓慧、某集团军某旅炮兵团政委李骏到长江干堤54号和45号闸口，看望慰问奋战在防汛抗洪一线的部队官兵。区委常委、区人武部部长孔祥云，区政府副区长张小军参加慰问活动。

同日，区领导慰问驻甘棠防汛段部队。区委办、区委宣传部、区总工会、区工信委、甘棠防汛指挥所及甘棠街道社区文艺演出队，共同来到驻浔部队浔阳楼旁的驻扎点，为驻浔的战士们奉献上一台精美的节目，并送上最亲切的慰问。区委常委、宣传部部长王向东，区人大常委会副主任李献春、瞿畅，区政府副区长胡迪等区领导参加慰问活动并致辞。

19—20日，浔阳区街道部门单位慰问抗洪部队官兵。

20日，市委组织部副部长胡运龙带领市委组织部工作人员到浔阳区看望防汛一线党员干部。

21日，区委书记戴晓慧到浔阳区国税地税联合办证大厅项目建设点视察工作。

22日，“爱心满世界，幸福中国行”走进浔阳区抗洪部队。

27日，市委“两学一做”学习教育督查组到浔阳区督查。

28日，抗洪官兵班师凯旋，浔阳区上万群众自发夹道欢送。某集团军装备部部长王传军、某集团军某旅政委马荣根、某集团军某旅炮兵团政委李俊、区领导戴晓慧、左延、刘武爱、张显旺、文建华等在家区四套班子领导出席欢送仪式。区委书记戴晓慧与抗洪部队领导代表军地双方互赠锦旗。区委常委、人武部长孔祥云主持仪式。

29—30日，区领导戴晓慧、左延、刘武爱等分别率队走访慰问驻区部队、烈属及老复员军人。

8月

2日，市委常委、副市长才宏远到浔阳区检查指导防汛工作。

3日，省民政厅福利处处长熊铭到民办养老机构——浔阳区第二老年公寓，视察消防安全工作开展情况。

同日，区委常委、纪委书记梁少清到联盛集团开展挂点帮扶工作。

10日，省政法委副巡视员樊国花带领省委统战部调研检查组，对浔阳区贯彻落实中央和省委关于统一战线工作一系列重大决策部署情况进行调研检查。

11日，区委书记宋细妹，区委副书记徐昭国看望老领导、老同志。

同日，区委书记宋细妹，区委副书记徐昭国到浔阳区重点项目一线调研。先后到九江石化重点项目厂际管廊隐患治理和新增800米卫生防护距离内房屋征收项目，京九市场搬迁新建项目和浔阳区旧城改造黄土坡片区实地调研。

同日，区委书记宋细妹，区委副书记徐昭国调研湓浦街道经济社会发展工作。宋细妹、徐昭国先后到半月亭社区、湓浦社区、九龙社区和旧城改造莲花池片区实地了解社区工作情况和项目建设进展情况，并到湓浦街道召开座谈会，调研湓浦街道经济社会发展工作。

12日，区委书记宋细妹调研甘棠街道经济社会发展工作。先后到792创意园、旧城改造考棚片区、六角石社区、精品小区赵家花园巷和南司社区深入一线实地调研项目建设进展情况与社区工作情况，并召开座谈会，调研甘棠街道经济社会发展工作。

13日，区委书记宋细妹调研人民路街道经济社会发展工作，先后到旧城改造整流器厂片区、孔家洼片区、幸福里日间照料中心和人民路社区深入一线实地调研旧城改造项目建设进展情况与社区工作情况，并召开座谈会聆听汇报、畅谈发展，全面调研人民路街道经济社会发展工作。

同日，区委书记宋细妹调研白水湖街道经济社会发展工作。先后到李家垅支巷、沿江社区、花果园社区和白水湖环卫工人休息室实地调研项目建设、边街小巷改造、社区网格化管理、基层党建和一线环卫工人工作情况，并召开座谈会，调研白水湖街道经济社会发展工作。

同日，区委副书记徐昭国实地调研。现场调度棚户区改造和安置房建设工作。

14日，区委书记宋细妹调研金鸡坡街道经济社会发展工作，先后到曹家山复建址、新塘社区、大塘村委会等地实地调研项目建设、社区新市民管理、村级经济及基层党建工作情况，并召开座谈会，调研金鸡坡街道经济社会发展工作。

16日，区委书记宋细妹调研联盛集团。实地察看企业近年经营发展情况，调研企业发展所面临的问题以及对区域商贸流通发展状况的预期及未来企业发展的规划。

同日，省残疾人联合会组联处副处长、江西省动态更新办副主任傅国栋一行到浔阳区调研检查区残疾人基本服务状况和需求信息数据动态更新工作。

18日，市委常委、副市长才宏远到浔阳区江洲农贸市场调研城区农贸市场改造进展情况。

同日，区委书记宋细妹到区工业园走访部分企业，对园区企业发展情况进行调研。实地了解企业的经营和发展情况以及遇到的难题。

21日，区委书记宋细妹，区委副书记徐昭国看望慰问高温下的环卫工人。

同日，区委常委、副区长张小军主持召开浔阳区农村违法违规建房“百日大清查”专项行动部署会。区“两违”办、区执法大队、各街道办事处等相关部门参加。

23日，由省卫生监督所所长杨小毛带队的稽查组一行5人到浔阳区开展2016年度卫生监督稽查。

24日，市政协主席杨小华到浔阳区主持召开政企茶叙会，就园区企业反映的困难和问题进行现场调度，并现场提出解决方案。

25日，区委副书记徐昭国到教体局进行调研。

同日，区委常委、区政府副区长、区统战部部长张小军主持召开区委第十次党代会报告（征求意见稿）党外人士座谈会。

26日，省委老干部局副局长王海燕，市委组织部副部长、老干部局局长余响玲一行到浔阳区调研指导工作。

同日，区举行2016年“爱满浔阳·慈善助学”现场发放仪式。共募集爱心款30万元，为106名考上大学的困难学子提供助学金。区委副书记、常务副区长王风雷、区人大常委会副主任李献春、副区长胡迪、区政协副主席刘宗强出席仪式。

27日，区委书记宋细妹实地调研楼宇经济发展情况。先后到康居商务楼、安居商务楼、顺达商务楼、龙翔国贸大厦等商务楼宇，实地了解建院电梯、华安保险、赣中旅、浔城会计师事务所、华泰保险、人人聚财金融等入驻企业的经营和发展情况。

28日，区委书记宋细妹调研综治、公安工作情况。

29日，区委常委、常务副区长候选人卢剑旺调研人社工作。

30日，宋细妹、徐昭国、王风雷、张显旺、文建华、王向东、范初芳、孙金星、徐礼文、卢剑旺、周庆吾、郑德俊、周佐福、张小军、宋卫国等在浔的中共浔阳区第十次党代会代表分别参加了8个代表团分组讨论，听取代表发言。

31日，区委书记宋细妹，区委副书记、代区长徐昭国，区委副书记王风雷及孙金星、徐礼文、卢剑旺、周庆吾、郑德俊、周佐福、张小军、宋卫国、卢选勇等浔阳区十届区委常委候选人一行，到各个代表团讨论地点，看望出席浔阳区第十次党代会的代表们。

9月

1日，市委常委、政法委书记廖凯波调研浔阳区政法综治工作。

同日，市人大常委会副主任吕斌，市人大教科文卫委主任委员韩丰保率领市人大执法组到浔阳区开展《中华人民共和国体育法》《全民健身条例》执法检查。

同日，区委常委周佐福调研中心城区菜市场升级改造项目。

2日，省台办副主任何晞，市委副书记占勇，市委常委、常务副市长熊永强出席在浔阳区举办的“走亲戚”赣台（九江）基层社区交流活动。

4日，区委副书记、区长徐昭国调研全区重点校建项目。

5日，区委书记宋细妹到浔阳区考察客商。宋细妹向天虹商场股份有限公司华中区总经理黄国军详细介绍考棚地块的优势条件、拆迁安置等情况，黄国军一行深入考棚地实地考察调研。

同日，区委常委卢剑旺主持召开“财园信贷通”企业融资工作调度会。

6日，区委书记宋细妹调研区人大工作。

同日，区委书记宋细妹会见客商东方网络张虞周一行。

7日，区委书记宋细妹调研区政协工作。

8日，浔阳区召开庆祝第32个教师节表彰大会。区领导郑德俊、瞿畅、胡迪、刘宗强出席大会。

9日，区委副书记、区长徐昭国走访慰问全区教师。

同日，区委常委、纪委书记孙金星到区法院调研指导工作。

12日，市人防办到浔阳区调研基层人防工作。区委书记宋细妹，区委常委、宣传部部长郑德俊参加座谈。

同日，全区2016年计划生育工作推进会召开。区政府副区长候选人王健蓉主持，区委副书记王风雷出席会议。

13 日，浔阳区纪律审查暨集中整治“微腐败”工作推进会召开。区委常委、区纪委书记孙金星出席会议。

18日，区委书记宋细妹调研区财政工作。

同日，宋细妹、徐昭国等区领导参加所在选区人大代表选举。

22日，区委书记宋细妹参加湓浦代表团讨论活动。

23日，市委常委、副市长赵兵走访浔阳区重点拟上市企业。

23—25日，省级义务教育均衡发展整改督查组对浔阳区义务教育均衡发展整改情况进行省级督导复查。区委副书记、区长徐昭国主持汇报会。

24日，区委常委、统战部部长张小军督查城市管理工作。

27日，区委书记宋细妹调研浔阳城市管理工作。

同日，区人大常委会主任王向东调度城东学校、幼儿园项目建设。

28日，市委常委、副市长赵兵深入浔阳区调研城市管理工作。

同日，区委书记宋细妹调研浔阳区民政工作。

10月

8日，区委书记宋细妹专题调研湓浦街道“百日大提升”及重点工作。

同日，区政协主席范初芳到甘棠街道延支山社区调研。

同日，区工商联会员走访浔阳区福利院。区政协副主席、区工商联（总商会）主席、会长秦永红带队。

11日，省商务厅现代服务业处调研员傅南一行到浔阳区调研物流标准化试点项目。

同日，区委常委、组织部长徐礼文到湓浦街道调研。

12日，省司法厅巡视员简明龙一行到浔阳区调研指导社区矫正、安置帮教工作。

同日，区委书记宋细妹专题调研浔阳区教育工作。

同日，浔阳区召开计划生育社会抚养费征收工作现场会暨“多证合一”工作启动会。区委副书记王风雷出席会议。

13日，国家精神卫生综合管理工作督查专家组到浔阳区检查指导工作。

14日，市委常委、市纪委书记杨志军到浔阳区调研。

同日，市委常委、副市长才宏远在浔阳区主持召开中心城区菜市场升级改造第三次调度会。

同日，市委常委、副市长才宏远调研浔阳区新桥头日杂市场综合治理工作。

同日，浔阳区开展“红领巾相约中国梦 听党的话 做文明好少年”主题队日活动。团市委书记宋晓妤，区委副书记王风雷，区委常委、宣传部部长郑德俊参加活动。

16日，举行省第五届全民健身运动会浔阳区太极拳（剑）大联动表演。区领导王风雷、胡迪出席活动。

17日，区委书记宋细妹、区委副书记、区长徐昭国走访九江石化。

19日，区委书记宋细妹到浔阳区三产发展服务局调研浔阳商贸工作。

同日，区委常委、政法委书记周庆吾到浔阳法院调研指导执行工作。

同日，全区“百日大提升、党员争先锋”活动动员会召开。区委常委、组织部部长徐礼文主持，区委副书记王风雷出席会议。

同日，区政协组织委员视察792创意园。

21日，浔阳区人大开展《江西省未成年人保护条例》执法检查。

22日，区委书记宋细妹分别主持召开浔阳区中层干部和年轻干部座谈会。区领导王风雷、徐礼文、任佳佳、骆泽君出席座谈会。

26日，区委副书记王风雷到人民路街道湖滨社区调研指导工作。

27日，市委副书记、市长林彬杨参加浔阳区代表团审议。

11 月

1日，甘棠街道南司社区获全国“无邪教创建示范社区”。

2日，京九市场整体搬迁工作推进会召开。区政府常务副区长卢剑旺主持，区领导张小军、易晓剑、周衍军参加会议。

3日，市委副书记、市长林彬杨到金鸡坡街道游岭村检查指导“两学一做”学习教育工作。

同日，市委副书记、市长林彬杨在浔阳区主持召开推进市石化产业园建设调度会。

4日，市商管办党组书记、主任陈世超一行到浔阳区调研现代商贸物流业。

6日，浔阳区女性干部座谈会召开。区委书记宋细妹主持并讲话。区领导徐礼文、梅美华、孔焙、曹文文、王健蓉、瞿畅、朱少芬、秦永红、骆泽君、高荃出席座谈会。

同日，浔阳区开展“手拉手”预防青少年伤害活动。区委副书记王风雷出席活动。

7日，国务院足球改革发展部际联席会议办公室常务副主任、中国足球协会副主席李毓毅为组长的国家联合调研组一行到湖滨小学指导工作。

同日，浔阳区2016年科级干部培训班开班。区委副书记王风雷，区委常委、组织部部长徐礼文，区政协副主席、组织部副部长骆泽君出席开班仪式。

8日，区委书记宋细妹调研大中路步行街商圈业态和商圈党建工作。

同日，区人大组织代表调研卫生和计划生育工作情况。

10日，浔阳区创建国家公共文化体系示范区动员大会。区领导徐昭国、郑德俊、易小慧、胡迪、瞿畅出席大会。

同日，浔阳区召开“总河长”第一次会议。区政府副区长任佳佳主持，区委副书记、区长徐昭国出席会议。

同日，区政协社情民意信息员培训暨工作会议召开。

11日，举行纪念浔阳区老年体协成立三十周年展演。

同日，区关工委召开新领导班子调整第一次会议。

15日，区委副书记、区长徐昭国调研工业园企业现状及发展情况。

16日，浔阳区召开市党风廉政建设责任制检查考核工作部署会。区委常委、区纪委书记孙金星主持。

17日，浔阳区反扒窃工作推进会召开。区政府副区长、区公安分局局长刘松主持。

22日，市委副书记、市政法委书记熊永强一行到庐山南路派出所调研。

同日，区委副书记、区长徐昭国调度城市管理“百日大提升”工作。

同日，区政协主席范初芳参加甘棠街道政协委员座谈会。

24—25日，市商管办课题组到浔阳区调研商贸服务业。

25日，区委书记宋细妹主持召开浔阳区基层干部座谈会。来自全区5个街道的基层干部参加。区领导王风雷、徐礼文、骆泽君参加座谈。

26日，区教体局迅速部署校园安全工作。区政府副区长胡迪出席会议。

28日，区委书记宋细妹深入企业、建筑工地开展安全生产专题调研。宋细妹先后到齐鑫化工、新雪域物流园、浔阳区医院整体搬迁项目建筑工地开展安全生产专题调研。

29日，区委书记宋细妹调研浔阳区人民法院工作。

同日，区委常委、常务副区长卢剑旺参加个

体工商户“两证整合”营业执照全市首发仪式。

同日，市民政局领导到甘棠街道考察居家养老工作。

30日，区委常委周佐福现场调度农贸市场升级改造项目。区领导梅美华、周衍军、周华参加调度。

12月

1日，市中级人民法院党组书记、院长鄢清员到浔阳法院开发区法庭调研指导工作。

2日，副市长李军到浔阳区调研校建工程项目。

6日，全区纪检系统会议召开。区委常委、纪委书记孙金星出席并讲话。

8日，市委常委、组织部部长李洪涛率市委“三团六进全覆盖”(1)领导宣讲团成员到浔阳区开展中共十八届六中全会和省、市党代会精神宣讲。

同日，浔阳区工商联召开了七届二次执委会议。区领导王风雷、张小军、凌海、秦永红出席会议。

9日，“县域义务教育均衡发展”国家督导检查组到浔阳区检查指导工作。

同日，浔阳区召开流动少数民族代表人士座谈会。区委常委、统战部长张小军参加座谈。

12日，市老年体协调研组到浔阳区调研老年体协工作。

13日，区委书记宋细妹实地调研浔阳区棚户区。

同日，区人大常委会主任王向东率队对浔阳区城市管理“百日大提升”工作情况进行视察。

14日，市委常委、统战部部长廖奇志到浔阳区调研统战工作。

15日，举办全区科级女干部专题讲座。

17日，国家空间信息智能服务产业技术创新战略联盟到浔阳区考察。考察团一行先后到792创意园、津晶城科技园及江西龙开河医药科技集团有限公司实地考察。

18日，全区大气污染防治紧急会议召开。区委常委、区政府党组成员、宣传部长郑德俊出席会议。

19日，团省委副书记孙鑫率全省共青团2016年年终“看亮点、找特色、比优势”巡回拉练活动第一观摩交流小组到浔阳区。市委副书记熊永强在浔阳区会见观摩小组一行并陪同参观浔阳区志愿者之家。

20日，市委组织部巡察调研组一行到浔阳区巡察调研基层党建工作。

21日，“猪八戒网”的联合创始人、副总裁、传媒学博士刘川郁做客《浔阳讲坛》畅谈互联网+现代服务产业群产业园的概念及建设。区委书记宋细妹主持。徐昭国、王向东、范初芳等区四套班子领导参加。

同日，区人大常委会主任王向东到湓浦街道半月亭社区讲党课。

22日，浔阳区老年体协成立30周年纪念大会隆重召开。市老年体协主席魏改生、市老年体协办公室主任张昆应邀到会指导，区领导徐昭国、王风雷、梅美华、胡迪、周华等四套班子领导出席会议。

23日，区委常委、组织部部长徐礼文参加“百日大提升、党员争先锋”主题党日活动。

26日，浔阳区走进九江新闻广播《党风政风热线》。区委副书记、区长徐昭国带队。

同日，市综治（平安建设）考评组到浔阳区考评。

28日，市老年科协会长华金国一行到浔阳区调研大众创业、万众创新工作。

注释：

（1）三团六进全覆盖：专家宣讲团、市领导宣讲团、党代表宣讲团，进县（市、区）、进部门、进企业、进学校、进社区、进农村，实现党的精神学习贯彻全覆盖。

栏目编辑：蒋靖男

浔阳概况

·自然环境·

【位置面积】 浔阳区位于江西省九江市的北部，赣、鄂、皖3省交界处，长江中游末端南岸，晋时便有“亦一都会”之称。所处位置为北纬29° 41′ 44″ —29° 45′ 47″ 、东经115° 55′ 18″ —116° 5′ 4″ 。东、南面由濂溪区环抱，西与经济技术开发区毗邻，北滨长江，长江岸线长11.692千米。与湖北省黄梅县小池镇隔江相望。辖域面积50平方千米。城区中心南距省会南昌120千米、庐山12千米，东距鄱阳湖23.4千米。

【气候状况】 浔阳区地处亚热带季风气候区，年平均气温16—17℃，年降雨量1300—1600毫米，其中40%以上集中在第二季度。年无霜期239—266天，年平均雾日在16天以下。春季回暖较早，但天气易变，乍暖乍寒。从初夏到6—7月的梅雨期间，降雨集中，大、暴雨频繁，5—6月的常年平均降水量有200毫米，容易导致洪涝灾害的发生。出梅后受副热带高压控制，天气晴热干燥，不少年份高于35℃的高温日长达20多天。秋季气温较为温和，雨水少。冬季阴冷，霜冻期短，随着温室效应，暖冬现象明显。

【河流湖泊】 境内一江四湖，一江为长江，辖内全长11.26千米，四湖为甘棠湖、南门湖、白水湖、琵琶湖。

南门湖、甘棠湖 位于李公堤两侧，两湖合计水域面积100公顷，其中甘棠湖面积46.7公顷，南门湖面积53.3公顷。常水位深2米，汛期3.2米，东西长2公里，南北宽1.9公里，湖岸均高20米，湖面年平均水位17.5米，汛期长江水位超过19米则闭闸排涝。

白水湖 位于城东缘，九江长江大桥南引桥由南向北从湖正中通过，南北长1.5千米，东西宽0.8千米，养殖水域总面积133公顷，其中大湖面积107公顷，荒湖面积17公顷，白水港曹家山湖面积12公顷。常水位深2.5米。原与长江连通，滨江路建成后与江隔断，堤中段有涵管排水入长江。

琵琶湖 位于中心城区东6千米，九江炼油厂西，东岸是大王庙、游家岭。原汛期水面4平方千米，枯水期水面2平方千米，水深3米，通长江，湖形似琵琶而得名。1976年，兴建九江炼油厂，随着二电厂、国家粮食储备库、浔阳区城东工业园区等各类项目的建设，湖区相继征用填塞湖面，致使水域面积逐步缩小。现琵琶湖水域面积34公顷，位于琴湖大道西侧，部分湖面属于濂溪区管辖，占总面积三分之一。

【水资源】 境内地表水资源丰富，年径流深700毫米，年总水量为44309.23万立方米，其中地下水总量6886.6万立方米。人平均年有水量1206.6立方米，亩平均年有水量3869.9立方米。其中平水年（P=50%）有水总量44030.3万立方米，人平均年有水量1252.6立方米，亩平均有水量3869.8立方米。偏枯年（P=75%）有水总量34214.65万立方米，人平均有水量973.4立方米，亩平均有水量2988.2立方米。特枯年（P=95%）有水总量23601.7万立方米，人平均有水量671.5立方米，亩平均有水量2061.3立方米。

（王心怡）

【土地资源】 据2009年全国第二次土地利用现状调查，浔阳区总面积4902.96公顷。其中农用地220.51公顷，占总面积的4.49%；耕地109.82公顷，占总面积的2.24%；园地0.76公顷，占总面积的0.02%；林地41.26公顷，占总面积的0.84 %；其他农用地68.67公顷，占总面积的1.4%；建设用地3288.64公顷，占总面积的67.07%；城镇及工矿用地3276.76公顷，占总面积的66.83%；交通运输用地11.83公顷，占总面积的0.24%；未利用地1393.81公顷，占总面积28.43%；水域1391.08公顷，占总面积的28.37%；其他未利用地2.73公顷，占总面积的0.06%。

（徐平辉）

·历史沿革·

【概况】 春秋战国时，为吴之西境，楚之

东镜，俗称“吴头楚尾”。战国初属吴。楚昭王十二年（前504）吴伐楚。吴灭入越。

秦始皇二十六年（前221），置36郡，地属九江郡。二世二年（前208），复属楚。

楚汉相争，先属英布九江王国，后改属淮南王国。西汉高帝六年（前201），始置柴桑县，隶豫章郡。新莽改郡名九江，县曰九江亭。东汉复旧称。

三国魏黄初二年（291），“以荆、扬两州疆土广远，统理尤难，于是割扬州之豫章、鄱阳、庐陵、临州、南康、建安、晋安、荆州之武昌、桂阳、安成合十郡，因江水之名而置江州。”永兴元年（304），析庐江之寻阳、武昌之柴桑2县立寻阳郡，属江州。义熙八年（412），省寻阳县入柴桑县。

南朝宋、齐依前制。梁太清二年（548），分柴桑置汝南县，同属江州寻阳郡。太平二年（557），立西江州，领寻阳及四侨郡。陈天嘉六年（565），罢西江州，寻阳郡还隶江州，

隋平陈，复曰江州，置江州总管。隋开皇九年（589）废郡置江州，废柴桑，汝南，复立寻阳县，因水患仍迁县入城，治湓口。十八年（598），改寻阳县为彭蠡县，直隶江州。大业二年（606），改彭蠡县为彭城县，寻废彭城县为湓城县。三年（607）又改江州为九江郡。

唐武德四年（621）复称江州，改寻阳为浔阳，五年（622）又分湓城置楚城县。皆隶江州。八年（625）废湓城。贞观八年（634）废楚城，俱入浔阳县。开元二十一年（733）属江南西道。天宝元年（742）江州改称浔阳郡。乾元元年（758）复为江州，析湓城置浔阳、楚城县、后俱入浔阳县。

五代属吴，亦为浔阳，南唐升元三年（939）改浔阳为德化、废江州，升奉化军节度，该浔阳为德化县属之。

宋复置江州，为江州浔阳郡。开宝八年（975），降为军事。太平兴国七年（982）析江州星子、都昌和洪州3县置南康军。大观三年（1109）升为望郡，初隶江南路。建炎元年（1127），升定江军节度，二年，置江州路，以州属焉。绍兴二年（1132），江州路省，江州改隶江南西路。

元至元十二年（1275），于江州置江东西宣抚司治江州，十三年（1276）改为江西大都督府，隶扬州行省。十四年（1277）立为江州路置总管，区境域先后分属司、府、路。江州路先隶江西等处行中书省，十六年（1279）改隶黄蕲等路宣慰司，二十二年（1285）复隶江西行省。至正二十一年（1361），朱元璋攻下江州，改为江州路为九江府，区境属之。

明洪武九年（1376），改为江西行省为江西等处承宣布政使司，全省分5道，九江府隶九江道。

清因明制，康熙二十一年（1682），改道名分巡兼分守九江道。雍正九年（1731），增辖广信府，改称分巡广绕南九道。咸丰四年（1854）三月，太平军改湖口为九江郡，以九江府为江西省，区境域在其辖下。太平天国失败，清复原制。

明国初，废府存道，全省划4道。1914年1月，为避福建、四川辖县之同名，改德化县为九江县，隶赣北道（6月改称浔阳道）。1926年，废道，直隶江西省，1927年3月，九江城区（今区境域）另设九江市政厅，直隶省政府。次年，改市政厅为九江市政府，1930年10月九江市政府撤销，市政并入九江县政府综理。1932年，全省分设13个行政区，区境域属第四行政区，1934年6月，重设九江市政委员会，直隶省政府。1935年4月，减为8个行政区，区境域属第五行政区。1936年，因赣、鄂、皖3省省界改划，将九江市政委员会所辖之江北封一、封三、桑落等乡分别划归鄂、皖后，九江市面积消减，人口及税收均不符设市之条件，便又撤销市政委员会，市区归为九江县浔阳镇。

1939年冬，因赣北沦陷，区辖宜小，全省增至11个行政区，以原第五行政区之九江、星子、德安、瑞昌4县别立第九行政区。1942年8月，鉴于地理历史沿革及交通、面积现状，全省改划为9个行政区，境属新的第九行政区。

1949年5月17日，浔阳解放。6月4日，城区浔阳镇成立市人民政府；15日，相继成立九江县人民政府，市、县分治，同隶九江分区行政督察专员公署（后改称九江地区行政专员公署）。1959年1月，撤县并市，1961年9月复分治。1980年3月，原地辖九江市升格为省辖市。5月，市区置浔阳区，市郊置郊区、庐山置庐山区。1983年7月，撤地并市，实行市管县（区）体制，浔阳区属九江市。

（收录于《浔阳区志》）

·行政区划·

【概况】 浔阳区位于江西省的北部，赣、鄂、皖3省交界处，是九江市中心城区。浔阳区位于北纬29°41′至45′、东经115°55′至116°5′。2016年现辖区域面积为26平方千米，辖区有湓浦、甘棠、人民路、白水湖、金鸡坡5个街道办事处，73个社区，8个村，人口31.75万人。

湓浦街道 位于九江市中心城区，东至庾亮路，与甘棠街道为邻，南濒南湖、甘棠湖，与人民路街道相望，西抵九龙街，与开发区滨兴街道毗邻，北滨长江，与湖北省小池口相望。辖区面积3.8平方千米，下辖8个社区居委会，分别是龙开河社区、湓浦社区、孤溪埂社区、梅绽坡社区、丁官路社区、濂溪社区、半月亭社区、九龙社区。办事处位于九江西园路四支巷11号。

甘棠街道 东至滨江路，南临庐峰北路，西止庾亮路，北滨长江。辖区面积4.2平方千米，下辖22个社区居委会，分别是浔安社区、延支山社区、城南社区、岳师门社区、新公园社区、南湖社区、考棚社区、黄土坡社区、六角石社区、城市花园社区、柴桑社区、庐峰社区、南司社区、双峰社区、景星社区、能仁寺社区、赵家花园社区、浔阳楼社区、滨江社区、八角石社区、龙山社区、小南门社区。办事处位于塔岭北路93号。

人民路街道 位于区境南部，东至九江火车站外围广场街心花园，北至思贤桥，南以长虹大道，十里转盘为界，西以龙开河为界，与湓浦街道接壤。面积5平方千米，人口8.9万人，下辖18个社区居委会，分别是向阳闸社区、湖滨社区、新东方社区、幸福里社区、姚家洼社区、德化社区、沙子墩社区、人民路社区、庐南社区、桃园社区、山川岭社区、老马渡社区、大树下社区、两亩地社区、琥珀山社区、新村社区、黄土岭社区、长虹村；2个厂矿社区，分别是地质队社区、供电局社区。办事处位于十里大道210号。

白水湖街道 位于区境东部，东以白水湖村、大桥社区、白水湖为界与金鸡坡街道相接，西以信华城市花园、东门口社区、环城路为界与甘棠街道相邻，北滨长江与湖北黄梅县相望，南以长虹大道为界与濂溪区接壤，面积8平方千米，下辖16个社区居委会，分别是余家垅社区、沿江社区、东门口社区、李家垅社区、庐峰花园社区、长虹北路社区、三里街社区、白水湖社区、琵琶亭社区、花果园社区、九针社区、锁江楼社区、大桥社区、柘电社区、万杉山社区、牌楼洼社区；2个行政村，分别是三里村、白水湖村。办事处位于庐峰东路8号。

金鸡坡街道 位于区境东北部，东部和南部有大塘村、泉井村、游岭村与濂溪区新港镇荷塘村、五里街办前进村交界，西南有曹家山村，与濂溪区三垅村相连，西北与白水湖街道毗邻，面积12.5平方千米，是一个典型的城郊结合型街道。下辖7个社区居委会，分别是新塘社区、金安湖社区、铁里湾社区、石化社区、二电社区、中铁九桥社区、油站社区；6个村民委员会，分别是游岭村、大王庙村、姬公庵村、金鸡坡村、大塘村、曹家山村。办事处位于滨江路116号。

（陈秋根）

·人　　口·

【概况】 2016年，全区总人口为31.75万人，其中农村人口1.2万人。人口出生率为10.42‰，人口死亡率为6.11‰，人口自然增长率为4.31‰。

【人口文化素质】 浔阳区着力推进全市“科教兴市”战略，坚持把科教放在优先发展的地位，不断加大科教投入，教育事业迅速发展，有效地提升了人口整体文化素质。2016年，浔阳区6岁及以上人口平均受教育年限为10.82年，15岁及以上人口平均受教育年限为11.08年。

（向志勋）

·国民经济和社会发展状况·

【概况】 2016年，全区国内生产总值为342.01亿元，按可比价计算，比上年同期增长8.5%。其中第一产业增加值为0.36亿元，增长1%；第二产业增加值为58.74亿元，增长2.9%；第三产业增加值为282.92亿元，增长10.6%。三大产业比重为0.1∶17.17∶82.73。

【工业】 全年全区实现规模以上工业主营业务收入39.3亿元，增长8.7%。工业增加值14.15亿元，增长8.3%。

【农业】 全年实现全区农业总产值0.98亿元，比上年同期增长2%。蔬菜播种面积53公顷，蔬菜总产量497吨。生猪出栏 2102头，比上年同期增加13%。水产品总产量2430吨，比上年同期增长0.1%。

【固定资产投资】 2016年，全区全社会固定资产投资总额13.26亿元，比上年减少46.8%。

【贸易】 2016年，全区社会消费品零售总额192.65亿元，比上年增长11.3%。其中，批发零售贸易业173.38亿元，比上年增长5.2%，住宿餐饮业19.26亿元，比上年增长5.7%。

【人民生活】 全区在岗职工人数3392人，其中，国有职工3261人，集体职工131人。在岗职工年平均工资78962元，其中，国有职工年平均工资81304元，集体职工年平均工资26023元。城镇居民人均可支配收入33356元，比上年增长7.9%，净增2442元。农村居民人均可支配收入17564元，比上年增长8.2%，净增1331元。

【财政收入】 2016年，全区财政总收入32.32亿元，比上年减少4.1%。其中，国税收入22.92亿元，比上年增长14.24%，地税收入5.32亿元，比上年减少27.94%，财政收入4.09亿元，比上年减少34.74%。地方财政收入10.02亿元，比上年减少26%。

【招商引资和民营经济】 2016年，全年实际引进内资61.55亿元；实际引进外资8689万美元，比上年增长7.98%。

全年民营经济新增市场主体3384户，新增注册资本35亿元，帮扶178家企业发放贷款10.59亿元。

【旅游】 2016年，全年实现旅游总收入46.5亿元，同比增长26.2%，接待游客总人数571.1万人次，同比增长26.3%。

【社会事业】 2016年，全区新增就业4780人，“4050”人员就业520人，“零就业家庭”安置率100%，新增小额贷款7630万元，新增担保基金300万元。全区参加城镇职工基本养老保险2.45万人，城乡居民社会养老保险5231人，城镇基本医疗保险12.06万人，征缴养老保险费7100万元。低保标准提至480元/月，人均补差356.54元。城乡大病医疗救助10527人次，发放医疗救助金514.7万元，为13754名学生免除学杂费和书本费共计933.36万元。为“儿童两病”、尿毒症患者、贫困家庭重性精神病患者等提供免费救治，共救治各类病人1050例。继续落实高龄老人补贴政策，共为6568名高龄老人发放补贴580.61万元。开展“爱满浔阳·慈善助学”活动，募集善款30万元，资助学生106名。

（向志勋）

·精神文明建设·

【概况】 2016年，浔阳区精神文明建设工作围绕创建文明城市，建设和谐浔阳，全区大力推进城市环境综合整治，积极开展文明单位、文明校园、文明社区等多种形式的群众性创建活动，丰富了群众文化生活，成效显著。

思想道德建设　充分利用辖区各单位、各社区（村）的宣传栏、电子显示屏、围墙、建筑围挡等宣传阵地，大力宣传中国梦和社会主义核心价值观等内容。加强道德讲堂阵地建设，全区建成道德讲堂近150所，着重将社会主义核心价值观“24字”纳入道德讲堂内容。

先进典型评选　2016年，积极挖掘好人线索，深入开展“我推荐、我评议身边好人”活动，选出的“身边好人”王旦入围中国好人榜。组织开展“美丽浔阳——最美人物”推荐评选活动，从基层选出一批最美教师、最美医生、最美家庭、最美工人等先进典型。

公益广告宣传　以讲文明树新风、中国梦和社会主义核心价值观为主要内容，在浔阳区新闻每天滚动播出，在中国浔阳网显要位置开辟专栏，结合清明节、端午节、中秋节等传统节日制作公益广告进行宣传。辖区各单位，特别是各级文明单位都建立了本单位中国梦公益广告专栏。在和中广场、白水湖公园、长江大堤绿化带以及长虹大道、长虹北路绿化带等公共场所设立遵德守礼提示牌。开展“图说我们的价值观”系列宣传活动，在社区大街小巷、公共广场和建筑工地张贴“图说我们的价值观”张贴画，生动直观地阐释了社会主义核心价值观，让广大居民群众在美的视觉享受中潜移默化地接受了社会主义核心价值观的教育和熏陶。

【学雷锋志愿服务】　2016年，在社区（村）全面建立学雷锋志愿服务站，精心打造花果园社区、九针社区等学雷锋志愿服务示范点，不断丰富志愿服务活动。依托区志愿服务联合会，充分发挥浔阳区义工联合会、浔阳区志愿者之家、文明单位等志愿服务队伍作用，围绕“文明旅游”“文明礼仪”“环境卫生”“文明交通”“助孤助残”“爱心送考”等方面全面开展关爱他人、关爱社会、关爱自然“三关爱”志愿服务活动。

【“身边好人榜”发布】　2016年，在全区各单位、学校、社区（村）、各级文明单位设立身边好人榜200余个，平均每月上榜好人达500人次。同时将好人线索的提供和好人榜的发布工作纳入全区宣传思想文化工作年度目标考评，纳入文明单位、文明社区、文明校园测评体系。

【文明创建活动】　2016年，积极推进文明帮建活动，全区23家省级以上文明单位每家结对帮扶一个村，57家市级文明单位每家结对帮扶一个社区。根据各社区、村实际，各文明单位积极为农村发展出谋划策，同时在各社区、村开展环境整治、移风易俗促乡风文明活动，效果明显。

（高　畅）

·区级领导机构成员名单·

2016年8月换届前区级领导机构成员名单

表1

浔阳区委			
姓　名	性别	民族	职务
戴晓慧	女	满	区委书记
左　延	男	汉	区委副书记、政府党组书记、区长
刘武爱	女	汉	区委副书记、党校校长
王向东	男	汉	区委常委、宣传部部长
范初芳	男	汉	区委常委、组织部部长
郑观兴	男	汉	区委常委、政协党组副书记、统战部部长
王风雷	男	汉	区委常委、常务副区长
梁少清	男	汉	区委常委、纪委书记

续表 1

姓　名	性别	民族	职务
周庆吾	男	汉	区委常委、政法委书记
王安定	男	汉	团市委副书记、党组成员，区委常委、副区长（挂职）
朱　超	男	汉	区委常委、副区长
孔祥云	男	汉	区委常委、人武部部长

浔阳区人大

姓　名	性别	民族	职务
张显旺	男	汉	党组书记、主任
李献春	男	汉	党组副书记、副主任、总工会主席
瞿　畅	女	汉	副主任、市民盟副主委
潘　潾	男	汉	党组成员、副主任
梅美华	女	汉	党组成员、副主任
周晓明	男	汉	党组成员、副主任
孔　焙	女	汉	党组成员、副主任
刘小平	男	汉	副调研员

浔阳区政府

姓　名	性别	民族	职务
左　延	男	汉	区委副书记、政府党组书记、区长
王风雷	男	汉	区委常委、政府党组副书记、常务副区长
王安定	男	汉	团市委副书记、党组成员，区委常委、副区长（挂职）
朱　超	男	汉	区委常委、政府党组成员、副区长
胡　迪	男	汉	副区长
刘　松	男	汉	政府党组成员、副区长
钱　萍	女	汉	政府党组成员、副区长
张小军	男	汉	政府党组成员、副区长
周衍军	男	汉	政府党组成员、副调研员
孙炜玮	男	汉	政府党组成员、副县级干部、政府办主任

续表 1

浔阳区政协			
姓　名	性别	民族	职务
文建华	男	汉	党组书记、主席
刘宗强	男	汉	党组副书记、副主席
易小慧	女	汉	副主席
张华桥	男	汉	党组成员、副主席
朱少芬	女	汉	副主席
周　华	男	汉	党组成员、副主席
廖济煊	男	汉	党组成员、副主席
秦永红	女	汉	副主席、工商联主席
浔阳区法院			
姓　名	性别	民族	职务
余传霞	男	汉	市法院党组成员，浔阳区法院党组书记、院长
浔阳区检察院			
姓　名	性别	民族	职务
吴义祥	男	汉	市检察院党组成员，浔阳区检察院党组书记、检察长

2016年8月换届后区级领导机构成员名单

表 2

浔阳区委			
姓　名	性别	民族	职务
宋细妹	女	汉	区委书记
徐昭国	男	汉	区委副书记、区长
王风雷	男	汉	区委副书记、党校校长
孙金星	男	汉	区委常委、纪委书记
徐礼文	男	汉	区委常委、组织部部长
卢剑旺	男	汉	区委常委、政府党组副书记、常务副区长

续表 2

姓　名	性别	民族	职务
周庆吾	男	汉	区委常委、政法委书记
郑德俊	男	汉	区委常委、政府党组成员、宣传部部长
周佐福	男	汉	区委常委、城东工业基地（石化产业园）党工委书记
张小军	男	汉	区委常委、政协党组副书记、统战部部长
宋卫国	男	汉	区委常委、人武部政委
浔阳区人大			
姓名	性别	民族	职务
王向东	男	汉	党组书记、主任
梅美华	女	汉	党组副书记、副主任，总工会党组书记、主席
易小慧	女	汉	副主任
孔　焙	女	汉	党组成员、副主任
曹文文	女	汉	党组成员、副主任
黄修勇	男	汉	党组成员、副主任
易晓剑	男	汉	党组成员、副主任
张显旺	男	汉	保留正处级待遇
李献春	男	汉	保留副处级待遇
潘　潾	男	汉	保留副处级待遇
周晓明	男	汉	保留副处级待遇
浔阳区政府			
姓名	性别	民族	职务
徐昭国	男	汉	区委副书记、区长
卢剑旺	男	汉	区委常委、政府党组副书记、常务副区长
胡　迪	男	汉	副区长
刘　松	男	汉	政府党组成员、副区长、区公安分局局长、督察长
王健蓉	女	汉	政府党组成员、副区长
凌　海	男	汉	政府党组成员、副区长
任佳佳	男	汉	政府党组成员、副区长

续表 2

姓　名	性别	民族	职务
周衍军	男	汉	政府党组成员、副调研员
潘火兰	女	汉	九江银行大中路支行行长，提名副区长（挂职）
浔阳区政协			
姓　名	**性别**	**民族**	**职务**
范初芳	男	汉	党组书记、主席
周　华	男	汉	党组副书记、副主席
瞿　畅	女	汉	副主席、市民盟副主委
朱少芬	女	汉	副主席
廖济煊	男	汉	党组成员、副主席
秦永红	女	汉	副主席、工商联主席
骆泽君	男	汉	党组成员、副主席
高　荃	女	汉	副主席
文建华	男	汉	保留正处级待遇
刘宗强	男	汉	保留副处级待遇
张华桥	男	汉	保留副处级待遇
浔阳区法院			
姓　名	**性别**	**民族**	**职务**
刘学武	男	汉	院长
浔阳区检察院			
姓　名	**性别**	**民族**	**职务**
张云飞	男	汉	检察长

说明：资料由区委组织部提供

栏目编辑：蒋靖男

中国共产党浔阳区委员会

·综　述·

【概况】 2016年，中共浔阳区委始终坚持发展第一要务，全力推进经济社会发展各项工作，着力打造实力、活力、魅力、和谐浔阳，成功战胜1998年以来最为严峻的大洪久汛，圆满完成区委、人大、政府、政协的换届工作，“十三五”取得良好开局。

立足新的起点，浔阳区发展迈出新步伐　区委始终深入学习以习近平为核心的党中央治国理政新理念、新思想、新战略，全面贯彻落实中央和省委、市委系列会议精神，推动上级决策部署在浔阳区落地生根。坚决以“四个全面”统领全局，推动全区经济社会发展稳步前行。秉承一任接着一任干的工作理念，区委提出建设实力、活力、魅力、和谐浔阳。牢牢把握国家稳增长政策、城市发展战略、棚改工作部署带来的机遇，坚持以招商为抓手、以创新为动力、以文化为载体、以共享为落脚，扎实做好区域经济、体制机制、城市形象、社会环境四个方面工作，不断开创浔阳区经济社会发展新局面。加强制度建设，修订完善常委会议事决策规则、全委会工作规则，出台书记议事会、常委专题办公工作会议事规则。全年组织区委理论中心组集中学习10次，开办《浔阳讲坛》3期，听取“三团六进全覆盖”等精神宣讲。区委常委会以“四坚四简四事四严”(1)正身塑形，全面担起党委主体责任，明确区委常委带头包挂街道社区，建立联系点、帮扶点，帮助基层解决发展瓶颈难题，着力将包挂点建成示范点。扎实推进全区43项重大项目、重点工作，在全区凝聚直面困难、敢于担当、勇于创新的精神力量，不断锻造各级干部想干事、能干事、干成事的工作作风，全区上下干事创业、竞相发展的氛围更加浓厚。

推动转型升级，区域经济激发新活力　积极参与、深度融入全市“新工业十年行动”，扎实开展“降成本、优环境”专项行动，先后举行“政企茶叙会”5次，为企业解决水电、用工、融资等难题15个。积极服务省、市重点项目九江石化800万吨油品升级改造征收房屋37万平方米，与九江石化建立产业指导、项目优先的战略合作机制，合作引进了总投资6亿元的烷基化装置项目和5亿元的乙苯苯乙烯项目，已有26家石化关联企业和高新技术企业入园，钒宇、中煜程等企业已完成股改上市准备工作，国家级科级企业孵化器津晶城科技园带动作用进一步显现，创新建立“浔阳招商、落户各方、利益共享”发展模式，主动对接兄弟县区，共建招商引资协调合作机制。坚持“一街一品、业态提升”，改造提升浔阳路、大中路等一批品牌街区。坚持“一企一策、做大做强”，重点扶持联盛、派拉蒙等一批龙头企业升级发展。以“阿里巴巴·九江产业带”为核心，支持京九电商产业园平台建设，着力打造长江中下游重要的电商创业孵化基地和电商企业总部基地，生产性服务业主体已达4744户，新增生活性服务业主体2748户。与天虹商场、中建一局、赛伯乐投资、猪八戒网等20余家实力企业建立对接联系，不断推进楼宇经济发展，全年楼宇新增入驻企业130余家，实现楼宇税收8000余万元。围绕服务全市“双创型”城市建设，落实“浔商回家”计划，健全“双创”招商孵化体系，新增市场主体3384户，新增注册资本35亿元，浔阳区“创新热土、创业乐土”的品牌效应不断显现。大力扶持“792创意园”双创基地建设，已签约入驻企业60余家，吸引创业队伍200余个。积极扶持中小微企业发展，通过“财园信贷通”平台，共帮扶178家企业，发放贷款10.59亿元，名列全省第三、全市第一。

加大改造力度，城市建设呈现新气象　2016年，改造棚户区25万平方米，共计3033户。新建、续建战备路二期、莲花池等安置区，基本完成殷家畈、德化二期、封缸酒厂、孔家洼等安置区项目建设，启动战备路一期、琵琶亭等安置区分房工作，全年安置房项目在建面积超过40万平方米。启动编制“老九江街区规划”工作，不断完善中心城区功能配套。推进城区100个小游园，100个小广场“双百工程”，启动建设东门口等小游园、小广场，打造老旧小区居民休闲、娱乐新去处。配套完善排水管网系统，清掏、疏通、维修化粪池87座，新建、改造、更换雨水口、雨水井、检查井、窨井27座，维修破损路面20万平方米。

提升城市管理，城区形象展露新面貌　2016年，开展城市管理“百日大提升”活动，组织大型集中整治117次，发现、制止“两违”建筑135起，拆除面积8500平方米。整合城区执法力量，开展交通秩序、占道经营、路面清理、建筑工地、物业小区、道路扬尘、街景立面、环境污染等各类专项整治行动，着力营造干净、整洁、优美的城市环境，“车多有序、人多有礼、街老整齐、路窄干净、房旧灯亮、城美宜居”的常态目标初步实现。将原由社区管理的小区道路、居民区环境卫生全部纳入街道市容所管理。启动建设浔阳区数字化城管指挥调度监控中心，建立健全集数字城管、应急指挥、行业监管、环卫保洁于一体的城市管理公共服务体系，与公安、交警数字平台互联互通，实现数据共享、联动作业。引入社会资本参与城市管理工作，深入推进大中路步行街保洁市场化运作，甘棠街道整街市容环卫市场化外包工作稳步推进。推进市容督查制度化、透明化工作，坚持日督查、周通报、月考评，市民群众对市容环卫工作的关注度、理解度、参与度、满意度进一步提升。

强化投入保障，民生福祉增添新内涵　全年新增城镇就业3500人，实现“4050”人员就业400人，新增小额贷款7630万元，新增担保基金300万元，零就业家庭就业安置率100%。增强社会保障能力，全区参加城镇职工基本养老保险2.45万人，城乡居民社会养老保险5231人，城镇基本医疗保险12.06万人，征缴养老保险费7100万元。共救治各类病人1050例，城乡大病医疗救助10527人次，发放医疗救助金514.7万元。开展“慈善助学·爱满浔阳”捐资助学、“慈善一日捐”等活动，走访特困党员、困难群众、困难教师，救助贫困幼儿、学生约1000余人次，发放慰问金120余万元。推进区、街道、社区三级综治中心网络建设，实施“千眼万刺”工程，在全区“三无”和高发案小区和重点路段、区域，安装“警眼”监控1000个、防爬刺10000米，实现中心城区监控无盲点、全覆盖。全区刑事案件发案同比下降30.6%，侵财性案件同比下降32.25%，城区公众安全感大幅提升，由全省第77位上升到第51位。不断完善“领导包案接访”、源头排查预防等信访维稳工作机制，确保了全国综治“南昌会议”等重大节点及日常城区和谐稳定。基本完成新一、老马渡、江州3个菜市场升级改造，全力推动浔东小学等5所学校改扩建工作，加快推进区人民医院整体搬迁工程。区、街、社区三级出生人口监测网络健全，相关经验在全国计生信息化工作大会上交流。全面推行“河长制”，大力实施“清河行动”。加强科普宣传工作，加大残疾人帮扶力度，重视发挥老干部作用，关心下一代、老年科协、老年体育工作取得新进展。法治浔阳建设深入推进，国防动员和后备力量建设进一步加强。工会、共青团、妇联、老干、文联、社联、对台、外事侨务、民族宗教、档案等工作服务中心能力明显提升。

全面从严治党，党的建设得到新提高　扎实开展“两学一做”学习教育，认真落实党建工作“书记抓、抓书记”要求，深入开展党建工作述职评议、党员民主评议工作。对照“基层党建7项重点任务”，基层党组织和广大党员认真查摆自身存在的问题，一批基层组织经费不足、活动场所缺失、人员不齐等问题得到根本解决。搭建“百日大提升、党员争先锋”、主题党日、“互联网+微党课”等平台，设置党员先锋创绩岗213个，使合格党员标准形象化、具体化。培育创建了浔阳区湖滨文化养老协会党支部等4个市级党建示范点。比照乡镇领导班子换届要求，选优配齐配强街道领导班子。坚持正确用人导向，注重在一线、火线培养、锻炼干部，选拔了一批政治过硬、素质过硬、能力过硬、作风过硬的干部。进一步优化干部队伍结构，从事业编制干部中考选5名街道班子成员，畅通了干部晋升渠道。加强党员干部“八小时”外管理，不断完善干部个人重大事项报告等制度。探索发展“城市合伙人”模式，充分发挥各类人才作用。严格落实党风廉政建设责任制，认真抓好省委巡视组反馈问题整改落实工作。积极开展“廉政文化进社区”“党规党纪教育进家庭”“一准则两条例”知识竞赛等活动，充分发挥新媒体作用，“清风浔阳”微信公众号关注量突破10万人次。把握运用监督执纪“四种形态”，开展“四风”问题明察暗访25次，处理违规问题21个，处理主体责任落实不力对象3人，诫勉谈话3人。深入开展领导干部违规插手干预工程项目问题、“红包”等专项治理，给予党纪政纪处分8人。推进全面从严治党，查处“微腐败”问题37个。坚持以“零容忍”的态度惩治腐败，切实做到查处一个、教育一片、警示一方，确保了政治生态风清气正。

（区委办公室）

注释：

（1）四坚四简四事四严：坚定理想信念、坚持党的基本路线、坚决维护党的权威、坚守党员本色，出行从简、会议从简、生活从简、发文从简，为民谋事、主动干事、创新成事、团结共事，从严律己、从严履责、从严监督、从严治家。

·重要会议·

【党员代表大会】 2016年8月30日—9月1日，中国共产党九江市浔阳区第十次代表大会在区少儿活动中心召开。来自全区各条战线的256名党代表参加会议。受市委委托，市委副书记、市长林彬杨到会指导。王风雷、王向东、王健蓉（女）、卢选勇、卢剑旺、叶宁、冯文、吕松林、朱建乐、任佳佳、刘松、刘学武、孙金星、李军、冷彧、宋卫国、宋细妹（女）、张业、张小军、张云飞、陈国东、陈健斌、范初芳、周华、周庆吾、周佐福、郑德俊、居莉（女）、聂秋斌、聂道勇、贾涵清、徐礼文、徐昭国、徐艳婷（女）、凌海、梅美华（女）、曹超成、程焕新、舒钟坤、潘俊俊当选为中共九江市浔阳区第十届委员会委员，余文进、金剑、周围、袁春燕（女）、桂雁冰、黄玮、何麟懿、徐红剑（女）、万斌霞（女）当选为中共九江市浔阳区第十届委员会候补委员，方倩华（女）、吕龙进、刘洪、刘聪、杨金甫、李松辉、陈哲夫、张巍、易水生、荣君远（女）、殷方熙、夏茹（女）、谈荣亚、黄俊、曹莉莉（女）、温玉彪、程茜（女）当选为中共九江市浔阳区第十届纪律委员会委员。

【区委全体会议】 2016年，区委全体会议主要召开3次。

1月18日，区委召开九届十次全体（扩大）会议。会议明确，当前和今后一个时期，全区上下要扎实工作，切实把“十三五”规划确定的各项目标任务落到实处。区委常委会向全会书面作了《2015年度区委常委会工作报告》，审议表决通过了《中共浔阳区委关于制定国民经济和社会发展第十三个五年规划的建议》。

8月21日，区委召开九届十三次全体（扩大）会议。会议宣布九江市委关于浔阳区委常委班子领导调整的决定，王风雷任区委副书记，孙金星任区委常委、纪委书记，徐礼文任区委常委、组织部部长，卢剑旺、郑德俊、周佐福、张小军、宋卫国任区委常委。按照市委统一部署和区委工作安排，全额定向民主推荐了区委第十届区委委员、候补委员和纪委委员候选人初步人选。

9月1日，区委召开十届一次全体会议。会议选举产生了中共浔阳区第十届委员会常务委员会委员和书记、副书记。选举产生的中共浔阳区第十届委员会常务委员会委员11名，分别为宋细妹、徐昭国、王风雷、孙金星、徐礼文、卢剑旺、周庆吾、郑德俊、周佐福、张小军、宋卫国。宋细妹当选为新一届区委书记，徐昭国、王风雷当选为区委副书记。会议通过了中共浔阳区第十届纪律检查委员会第一次全体会议选举结果的报告。

【区委常委会议】 2016年，召开区委常委会议16次。

1月13日，区委九届第58次常委会议召开。会议传达学习全省“三严三实”专题教育工作座谈会议精神，《九江市公开竞争性调任乡镇（街道）党政班子副职人选的工作方案》（九组字〔2015〕99号）文件精神，研究讨论区委“十三五”规划建议，区“十三五”规划纲要，区委常委会2015年工作总结，区委常委会2016年工作要点，浔阳区委、区政府2015年工作总结暨2016年工作意见，2016年区政府工作报告，听取区九届人大六次会议相关情况汇报，区政协七届六次会议相关情况汇报。

1月14日，区委九届第59次常委会议召开。专题开展“三严三实”专题民主生活会。

2月2日，区委九届第60次常委会议召开。会议专题研究全区领导干部违规插手干预工程项目问题专项治理工作相关责任人处理意见。

2月29日，区委九届第61次常委会议召开。会议票决公开竞争性调任街道党政班子副职人选，传达学习全国、全省宣传部部长会议精神，中央、省市纪委全会精神，听取区纪委九届六次全会相关工作情况汇报，研究讨论2015年度全区经济社会发展目标管理考评表彰等事宜，关于街道增设政协联络处主任等事宜。

3月7日，区委九届第62次常委会议召开。会议传达学习全市县域经济发展升级巡回观摩小结会议精神，听取全区职务与职级并行工作情况汇报，研究讨论2015年度全区经济社会发展目标管理考评表彰调整方案，研究讨论对全区“违插”专项治理工作中违纪问题的处理意见。

4月22日，区委九届第63次常委会议召开。会议学习传达中央、省市政法工作会议精神，省市组织部部长会议精神，全市宣传部长会议精神，并研究相关会议贯彻意见，听取《赴芜湖、义乌、乌镇、杭州等地考察报告》，浔阳区防汛工作情况汇报，《关于进一步加快我区楼宇经济发展的对策和建议》调研汇报，《浔阳区工业园入园企业现状分析》调研汇报，研究讨论《关于开展违反干部任用标准和程序问题专项整治工作方案》《关于开展工作提效、项目提速、发展提质活动实施方案》《浔阳区公车改革方案》《浔阳区扶持企业上市工作办法》《浔阳区扶持企业发展基金管理办法》，浔阳区2014—2015年度文明单位名单，《浔阳区加快推进学校建设项目计划》，纪委案件处理情况汇报。

6月3日，区委九届第64次常委会议召开。会议研究干部人事工作。

6月8日，区委九届第65次常委会议召开。会议研究干部人事工作，传达学习省市统战部长会议精神并研究贯彻意见，全市信访工作会议精神并听取全区近期信访形势分析，市关工委全委会暨全市关心下一代工作会议精神，听取区第十次党代会前期筹备工作情况汇报，研究讨论《浔阳区公务用车制度改革实施细则》《浔阳区开展降低企业成本、优化发展环境专项活动实施方案》《关于开展全区公务消费一体化监管工作实施方案》《浔阳区2016年财政预算报告》。

8月23日，区委九届第66次常委会议召开。会议研究讨论区第十次党代会报告，区纪委在区第十次党代会上的工作报告，传达学习严肃换届纪律加强换届风气监督有关精神，研究讨论中共浔阳区第十届委员会、第十届纪律检查委员会委员、候补委员初步人选，出席市第十一次党代会代表候选人初步人选，区第十次党代会选举工作领导包挂选举单位安排，区第十次党代会区委提名领导干部分配名单，党代会向市委第二次请示的有关事项，听取区人大换届选举工作相关情况汇报，区政协换届选举工作相关情况汇报。

8月26日，区委九届第67次常委会议召开。会议研究干部人事工作，听取区纪委有关案件情况汇报，党代会筹备情况汇报，研究讨论相关文件材料。

9月3日，区委十届第1次常委会议召开。会议研究干部人事工作，研究讨论区级领导班子换届人事安排，区委提名推荐十届区人大代表候选人名单。

9月14日，区委十届第2次常委会议召开。会议审议区政府工作报告，研究讨论区政协换届选举相关事宜，全额推荐中共九江市第十一届委员会委员、候补委员，第十一届纪律检查委员会的委员候选人初步人选。

9月19日，区委十届第3次常委会议召开。会议研究讨论区委全委会，常委会等议事规则文件，区人大换届选举相关事宜，传达学习全省非公有制经济组织和社会组织“两学一做”学习教育暨党建工作培训推进会议精神，听取区政府党组提交有关事项汇报。

10月21日，区委十届第4次常委会议召开。会议研究干部人事工作、听取市纪委有关案件情况通报，区纪委有关案件情况汇报，传达学习中办、国办印发的《健全落实社会治安综合治理领导责任制规定》文件精神，全国综治创新南昌会议精神，听取南昌会议期间区维稳工作情况汇报，听取成立浔阳区法学会的相关请示报告，传达学习全省统战部部长培训会议精神，听取区政府党组提交有关事项汇报，区“两学一做”学习教育开展情况汇报，区领导和部门包挂联系社区（村）工作安排汇报。

11月29日，区委十届第5次常委会议召开。会议听取区纪委有关案件情况汇报、学习传达《省委办公厅关于认真学习宣传贯彻党的十八届六中全会精神的通知》《关于市级领导班子和领导干部进一步从严律己改进作风的若干要求》文件精神，研究讨论区委《关于把纪律挺在前面的实施办法》《浔阳区党政领导干部选拔任用工作程序》，讨论浔阳区公开考选公务员相关事宜，讨论《浔阳区目标考评实施办法》，听取区政府党组提交有关事项汇报。

12月24日，区委十届第6次常委会议召开。

会议研究干部人事工作，传达学习中办、国办印发的《信访工作责任制实施办法》文件精神，听取2016年全区信访工作情况汇报，学习研究全市《2016年度县（市、区）科学发展综合考核评价实施办法》文件精神，研究2016年度科级领导班子和领导干部考核工作，听取公开考选公务员工作情况汇报，讨论江西省出席十九大党代表提名候选人相关事宜，学习传达市委常委、市委统战部部长廖奇志到浔阳区调研重要讲话精神、研究讨论《关于领导干部进一步从严律己改进作风的若干要求》，听取区十届人大二次会议相关情况汇报，听取区政协八届二次会议相关情况汇报，研究讨论机构编制工作和行政工勤人员消化相关事宜。

【四套班子联席会议】 9月11日，浔阳区四套班子（扩大）会议召开。会议研究讨论、安排部署近期信访、稳定、社会治安、安全生产工作。

【其他重要会议】 1月15日，浔阳区召开市管干部年度考核测评大会，对全区党政领导班子，四套班子县级领导干部，“法检”两长以及其他县级干部进行年度考核，并结合开展落实党风廉政建设责任制情况检查考核、干部选拔任用工作“一报告三评议”[(1)]等工作。

1月22日，浔阳区委召开基层党组织书记抓基层党建工作述职评议会议。5个街道党工委书记、6个机关党组织书记分别述职报告了2015年抓基层党建工作的情况，述职坚持问题导向，既查摆了工作当中的突出问题，又查摆了个人履职方面的突出问题，做到了见人见事见思想。

1月29日，浔阳区召开领导干部违规插手干预工程项目问题专项治理工作推进会，重点推进省发改委等单位项目排查检查组反馈意见的整改工作，“违插”专项治理第一、二阶段回头看工作及扎实推进第三阶段工作。区纪委就省、市纪委对全区“违插”工作的意见进行了通报。

2月17日，全区党员干部参与赌博问题专项治理工作动员部署会召开，部署落实全区开展党员干部参与赌博问题专项治理工作。

2月29日，区委理论学习中心组举行2016年第二次集中学习。传达学习习近平总书记在江西考察调研时的重要讲话精神，省委强卫书记在九江考察调研时的重要讲话精神，市委书记杨伟东在全市领导干部学习五大发展理念专题研讨班开班式暨实施新工业十年行动动员大会上的重要讲话精神，《关于从严从实加强换届风气监督切实营造风清气正换届环境的通知》（赣纪发〔2016〕2号文件）文件精神。

3月9日，浔阳区“新工业十年行动”动员暨2015年度经济社会发展目标管理考评表彰大会召开。会议贯彻落实中央经济工作会议、省市全会、全市实施“新工业十年行动”动员大会精神，全面总结过去一年经济社会发展各项工作，表彰了2015年度经济社会发展目标考评先进单位和先进个人，对2016年的工作进行安排部署。

3月29日，浔阳区“新工业十年行动”政银企对接会召开。9家银行与14家企业签订合作协议，协议资金5.25亿元。

3月30日，浔阳区召开机关公务用车制度改革动员大会，对全区公务用车改革工作进行动员部署。

4月14日，全区安全生产工作会议召开。会议传达全省、全市安全生产工作会议精神，回顾总结2015年安全生产工作，安排部署2016年安全生产工作任务。

5月4日，浔阳区“两学一做”学习教育工作推进会召开。会议学习贯彻习近平总书记关于“两学一做”学习教育重要指示精神和全国、全省、全市“两学一做”学习教育相关会议精神，动员部署全区“两学一做”学习教育开展。

7月5日，浔阳区防汛工作紧急调度会召开。会议要求立即启动防汛Ⅳ（四）级应急响应，坚决打赢防汛这场硬仗，确保人民群众生命财产安全和社会和谐稳定。

8月10日，全区领导干部大会召开。市委常委、组织部部长李洪涛，到会宣布省委、市委关于浔阳区党政主要领导职务调整的决定：宋细妹任浔阳区委委员、常委、书记；戴晓慧不再担任浔阳区委书记、常委、委员职务，另有任用；徐昭国任浔阳区委委员、常委、副书记，提名浔阳区人民政府区长候选人；左延不再担任浔阳区委副书记、常委、委员，提名免去区长职务，另有任用。

10月28日，全区领导干部大会召开。会议传达学习中国共产党第十八届中央委员会第六次全体会议公报，九江市十五届人大第一次会议精神，政协第十五届九江市委员会第一次会议精神，并结合贯彻落实会议精神就浔阳区2016年重大项目、重点工作进行了调度。

11月9日，区委常委专题办公会召开。专题调度推进服务九江石化若干问题，听取相关意见和建议，并安排各项工作落实。

11月18日，全区领导干部大会召开。专题传达学习省第十四次党代会精神。

（凌　尧）

注释：

（1）一报告三评议：地方党委常委会向全委会报告工作时，要专题报告年度干部选拔任用工作情况，并在全委会委员中对干部选拔任用工作进行民主评议，评议结果报上级党委组织部门；探索开展全委会委员对本级党委新提拔的党政主要领导干部进行民主测评的工作。

·综合党务·

【概况】　2016年，区委办始终牢记使命、恪尽职守，紧紧围绕区委第十次党代会的总体目标，坚持“忠诚、卓越、创新、拼搏、奉献、自律”的服务理念，履行参谋助手、综合协调、服务保障等工作职能，强化干部作风与队伍建设，创新工作机制，狠抓工作落实，切实当好党委的“坚强前哨”和“巩固后院”。

【参谋辅政提质】　坚持谋在关键处、参在点子上，突出文稿的思想性、针对性和时效性。先后起草领导重要讲话稿、汇报材料等各类材料80余篇，40余万字。围绕全区工作重点和领导关心、群众关注的热点难点，主动建言献策，编辑信息及时上报，为上级党委主要领导掌握下情、决策参考提供有效服务，全年共上报信息400余条。坚持真抓实干，注重与各部门的团结协作，促进整体服务水平不断提高，牵头抓总超前谋划，创造性地开展工作，为区委领导当好参谋助手，全力保障各项重要工作、会议与活动的开展。

【岗位职能】　开展“两学一做”学习教育，带头践行中央“八项规定”，加强党风廉政建设，实现机关运转提速、提质、提效。全年承办区主要领导参加的区委常委（扩大）会、区四套班子联席会、区委中心组学习会、区委专题会议等全区性大型会议以及协调办理省、市、区各类会议（活动）40余次。强化督查监管，充分发挥“督查督办、效能监察、目标考评”的职能作用，围绕区委重大决策、会议，从强化督查职能、健全完善机制入手，创新完善督查工作机制，认真抓好了各项决策执行和落实的督查，为领导提供第一手材料，确保了区委各项决策部署落到实处。配合省、市督查30余次，报送省、市委督查信息50余篇。

组织相关部门对全区有门户网站及网络平台单位进行信息审查、检查制度，配合上级对涉密计算机进行安全检测，进一步明确责任，提高部门涉密人员和领导干部的保密意识。执行24小时值班制度，保证了通信绝对安全畅通。按时签收上级来报，认真登记、及时送阅。清楚登记下发电报，发前审核、按时发送。全年共接收上级电报710余份，其中密码电报260余份，明码电报350余份，机要电报100份，都及时准确办理完毕，无一失误，较好地服务于党委中心工作。

【跟踪督办】　以服务群众为导向，为群众排忧解难。推进工作重心下移，了解基层情况，督办民生问题，为区委领导了解社情民意，进行科学决策提供了重要依据。区委“民生通道”平台共收到群众各类诉求和发展意见建议31件，报区委领导阅批并转办完结31件，共接收市委“民生通道”督办件29件，办理区委“民生通道”督办件2件，均及时跟踪督导办结，解决了一大批事关群众切身利益的问题，拉近了干群关系，提升了群众对党委工作的满意度。

（周扬威）

·组织工作·

【概况】　2016年，组织工作以落实从严治党为主线，以“两学一做”学习教育为契机，以深入推进、狠抓落实为总基调，以夯实基层基础为落脚点，推进各项工作，为服务和推动浔阳区经济社会发展提供坚强组织保障。

【“两学一做”学习教育】　2016年，浔

12月23日，区委常委、组织部长徐礼文带领部机关干部赴白水湖街道三里村，参加包挂社区（村）开展的“百日大提升、党员争先锋”主题党日活动

区委组织部供稿

阳区开展“学党章党规、学系列讲话，做合格党员”学习教育。区委中心组共开展专题学习9次，区委书记和班子成员讲党课37次，各支部召开党员大会专题学习1096次，支部书记讲党课662次。建立支部微信学习群266个，印制并下发《学习教育工作指南》1000份。举办“两学一做”学习教育专题培训班，对浔阳区220名基层党支部书记进行集中培训。组织全区4000余名党员在“七一”前后进行网上答题。全年，浔阳区各基层党组织对照“两学一做”学习教育四个专题，共查摆问题812条，解决697条，党员查摆问题13246条，解决13017条。“两学一做”学习教育活动向常态化制度化迈进。

【区十次党代会召开】 2016年8月18—26日，浔阳区开展第十次代表大会代表选举工作。全区26个选举单位召开党员代表大会或党员大会，以无记名投票方式，选举产生了出席中国共产党九江市浔阳区第十次代表大会代表256名。当选代表中，各级党员领导干部125名，占48.83%；各类专业技术人员党员52名，占20.31%；先进模范党员74名，占28.91%；解放军、武警部队代表5名，占1.95%；女性党员92名，占35.59%；少数民族党员4名，占1.56%；工人代表12名，占4.69%；农民代表9名，占3.52%；45岁以下的党员148名，占57.81%。

8月30日—9月1日，浔阳区第十次代表大会在浔阳区青少年活动中心会场召开。大会选举产生了中国共产党九江市浔阳区第十届委员会常务委员会委员、书记、副书记。选举产生了中国共产党九江市浔阳区第十届纪律检查委员会常务委员会委员、书记、副书记和出席中国共产党九江市第十一次代表大会代表。宋细妹（女）、徐昭国、王风雷、孙金星、徐礼文、卢剑旺、周庆吾、郑德俊、周佐福、张小军、宋卫国当选新一届区常务委员会委员，宋细妹（女）当选新一届区委书记，徐昭国、王风雷当选新一届区委副书记。殷方熙、李松辉、吕龙进、刘聪、程茜（女）当选新一届区纪律检查委员会常务委员会委员，孙金星当选新一届纪委书记，居莉（女）、张巍、谈荣亚当选新一届纪委副书记。选举产生出席市第十一次代表大会的代表有王风雷、艾妮（女）、叶宁、冯文、朱汉浩、孙金星、杨云（女）、宋细妹（女）、陈健斌、林彬杨、周竑（女）、钟燕（女）、聂道勇、徐礼文、徐昭国、楼柏木、熊艳森、潘俊俊共18人。

大会一致通过区第十次代表大会关于区第九届委员会工作报告的决议和区第十届纪律检查委员会工作报告的决议。

【提升基层党建责任制】 区委常委会、党建工作领导小组、“两学一做”学习教育工作协调小组专题研究基层党建工作12次，协调解决各领域党建难题117个。开展区级党建督导5次。持续推行县级领导干部包挂社区（村）制度，69个区直部门及单位与69个社区（村）结成“1+1”帮扶对子。通过9项重点工作的专项排查和整治，全区8个未按期换届基层党组织全部整改到位。所有基层党组织均已完成党费收缴任务，共补交党费46余万元。18名受到刑事责任追究、

31名因涉及“黄赌毒”违纪违法党代表、党员均受到党纪处分或组织处理。共找回失联党员696名。花果园社区党总支等7个基层党建示范点和集群化非公企业党建模式分别被评为市级示范点和党建项目。

全年共发展党员59名，其中非公有制经济和社会组织共发展党员14名，占全区党员发展总数23.7%，比2015年增长了5个百分点。农村致富能手、社区居民事务理事、非公经济组织和社会组织骨干的党员发展数比例均提高了25%。

2016年区级投入社区建设经费2001.66万元，比2015年增加89.58万元，其中党建工作经费447万元，社区（村）党组织活动经费23.4万元，党员教育经费12万元。社区干部平均报酬1900元/月，村党组织书记平均报酬约3100元/月，全面落实每名村小组长每年500元的工作补助。重点升级打造了沙子墩、龙山、九针、濂溪、九龙、庐峰、新东方、浔阳楼8个社区，共投入资金260万元，升级改造面积3170平方米，改善了部分老旧社区办公服务用房条件。

【干部人才工作】 2016年，制定了《浔阳区党政领导干部选拔任用工作程序》，制作了《干部基本情况表》《干部基本家庭信息情况表》和新版干部花名册，对干部身份类别及单位职数等情况进行了补充完善。全年，共分六个批次调整干部115人，公开竞争性调任街道党政班子副职5人。11月，面向全市计划公开考选机关工作人员15名，并完成了笔试。推荐2名干部为维稳挂职人员，4名干部为工业园区挂职人员。分别组织召开基层干部、中层干部、女性干部、年轻干部代表座谈会，共118人参加。抽调39名科级干部在市委党校和井冈山进行为期半个月的培训。开展超职数配备干部专项自查和治理工作，全年，共消化正科级职数6个，副科级职数4个。实行新提拔干部全程纪实和任前人机对话廉政考试制度，对考核不合格的暂缓提拔资格。组织开展干部选拔任用工作“一报告三评议”，在年初全市评测时，浔阳区干部选拔任用工作满意率为98.94%。依托大中路步行街商圈党委，设立党代表工作室、人才招聘台、志愿者工作室、红十字爱心接力站、就业创业服务室等人才服务平台；依托开发园区和重点企业，围绕产业发展抓人才，加强人才工程的相互衔接，营造良好的聚才环境。通过咨询讲学、智力引进、短期聘用等方式，邀请了一批高端专家学者到浔阳区讲学。浔阳区人才工作荣获2016年全国基层人才工作优秀案例奖。

（陈元乐）

·宣传工作·

【概况】 2016年，浔阳区宣传思想工作按照“高举旗帜、围绕中心、服务大局”的总要求，认真贯彻落实中央、省、市宣传思想工作会议和区委第十次党代会精神，理论武装不断强化，新闻宣传特色鲜明，舆情引导及时正面，文明创建卓有成效，文化事业亮点纷呈，为打造实力、活力、魅力、和谐新浔阳，提供了强有力的精神动力和舆论支持。

理论学习 2016年，区委中心组共组织学习8次，学习内容涵盖中共十八届四中、五中、六中全会精神，中共中央总书记习近平系列重要讲话，“两学一做”教育理想信念，经济建设等各方面，配送了《习近平谈治国理政》《习近平总书记系列重要讲话读本（2016年版）》等一系列辅导读物，带动全区各部门党委（党组）中心组理论学习。以评选“十佳学习型党组织”为载体，加强对基层党组织中心组的指导和督促，带动全区学习型党组织建设。

理论宣讲 打造“浔阳讲坛”公益文化服务品牌，创新理论学习模式，先后邀请市委宣传部调研员郑浪和中国浦东干部学院博士华斌等专家学者作客“浔阳讲坛”。市委常委、组织部部长李洪涛作为市委“三团六进全覆盖”领导宣讲团成员，就中共十八届六中全会和省、市党代会精神面向浔阳区广大干群进行重点宣讲。开展“纪念中国共产党成立95周年”和“纪念中国工农红军长征胜利80周年”宣传活动。

理论研究 用调研成果破解实践难题，推动浔阳科学发展。2016年，对全区社会科学基本情况开展全面普查工作，完成《浔阳区十二五调研成果汇编》。开展“学党章、庆七一”“勤学习、敢担当、建新功、展风采”等知识竞赛活动。

学校德育工作　2016年，在全区青少年学生中开展以“美丽中国，我的中国梦”为主题的读书教育活动，以演讲、讲故事等形式引导正确价值观进校园。区委宣传部和区教体局联合召开了全区学校德育工作表彰暨经验交流会，表彰25名德育工作先进个人和9项德育工作创新案例，区属学校德育工作水平得到了整体提升。浔阳区创建的“小莲心”艺术团，连续五年举办新年汇报演出，其中艺术团东风小学分部自编、自演的《夏令营中的成长》获得了省少儿艺术节目表演一等奖。

【城区公共文明程度得到提升】　2016年，积极开展“做文明有礼浔阳人”和“寻找最美人物”等讲文明树新风系列活动。在各社区（村）、各学校、企业、机关建立“身边好人榜”，宣传身边好人。以“三关爱”为主要内容，以建设“美丽浔阳”为抓手，充分发挥区志愿者之家和驻区文明单位志愿者服务队的作用，推进学雷锋志愿服务活动。学雷锋志愿服务实现制度化、常态化。在全区青少年学生中开展“小手拉大手共创文明城”活动。

【“两微一端”政务新媒体格局形成】　2016年2月29日，浔阳区举行了江西手机报浔阳区政务分端上线仪式。形成浔阳区“两微一端”政务新媒体格局。同时，打造“浔阳区发布”政务微博，辖区内民政、教育、市容、公检法等重要系统都已开通政务微博或微信公众号。特别是在汛期，依托“浔阳区发布”微信公众号新平台，积极策划，向“九江发布”“江西发布”“江西新闻发布”等及时推送的欢送抗洪官兵班师凯旋的系列报道，部分推送突破了3.5万人次的阅读量，在全省政务媒体影响力统计排行中进入前20强，排名13。

【网络负面舆情导控】　2016年，在舆情处置方面浔阳区积极做到监测到位、发现及时、应对得力，处置迅速。11月，共检测到涉浔舆情187条，通过分析研判，其中81条要求涉事单位进行持续关注，106条舆情要求涉事单位进行回复，网络负面舆情平均回复率为91%。全年未出现一条大的影响恶劣的负面舆情，营造全省正面舆情热点两条，为全市最多。

【创新宣传报道方式】　紧紧围绕区委第十次代表大会，以13期党代会简报为基点，后续以学教宣讲为载体，以抗洪防汛为战场，以“百日大提升”为窗口，以棚户改造为突破，广泛开展宣传报道工作，除传统报道方式之外，还采用微视频、微电影、曝光台、H5等形式，全方位，多角度解读浔阳日新月异的变化。

【对外宣传】　2016年，共对接国家、省、市级记者240多人次，对外撰写稿件1000余篇（幅），被市级以上报刊、电视台、网站刊用400余篇（幅）。中央电视台3篇，人民网3篇，新华网7篇，光明网21篇。江西日报上稿11篇，其中头版头条1篇，省电视台用稿15篇，其中江西新闻联播头条1篇，省电台用稿10篇。九江日报上稿380余篇，其中版面头条9篇，专版一篇，市电台用稿50篇，其中头条6篇。其中“情满凯旋路，浔阳区万人空巷欢送人民子弟”上央视《新闻联播》和《江西新闻联播》头条，“新疆好巴郎送100箱哈密瓜上九江抗洪一线”报道被新华社、人民网、网易、搜狐等网站相继转载。

【深入宣传“两学一做”教育实践活动】　2016年5月，区委宣传部将“两学一做”学习教育实践活动与新闻宣传“走转改”相结合，深入基层采访，刊发大量稿件。区新闻工作者紧紧围绕主题，研究策划报道方案，安排人员主动联系活动办、园区、街道、部门等单位，密切关注、跟踪报道全区“两学一做”学习教育动态情况，同时，在《浔阳区新闻》栏目和中国浔阳网开设“两学一做”专栏，集中宣传各方好做法、新亮点。全年已播出“两学一做”动态新闻90余条。

【新闻发布】　“浔阳区发布”微信公众号共发布206期，合计661条信息。精心策划了“实在实干九江人”网络推荐活动以及“百日大提升·党员争先锋”的网络投票等活动，听取民意，吸引了40余万网民参与投票。同时，积极同步打造“浔阳区发布”政务微博，陆续开通辖区内民政、教育、市容、公检法等重要政务微博或微信公众号。此外，江西手机报“浔阳区”政务分端发布权威各类稿件439篇，总浏览量达22.76万人次，月平均浏览量约为2.53万人次。

【央视老故事频道《故乡》栏目热播《浔阳旧梦》】 2016年7月2日（03：57、11：57、19：57）和2016年7月3日（07：57、15：57、23：57），中央电视台老故事频道《故乡》栏目播出《浔阳旧梦》，时长30分钟，推介浔阳文化历史，实现中央级媒体宣传文化的历史性突破。5月25—29日，该栏目组走进浔阳区，先后到烟水亭、琵琶亭、能仁寺等处进行实地采访，以故事的形式展示浔阳区人文风貌及悠久历史。

（高　畅）

·统战工作·

【概况】 2016年，浔阳区委统战部认真贯彻落实中央、省委、市委统战工作会议精神，充分发挥统一战线“团结人心，凝聚力量”的特点和优势，牢固树立“大统战、大团结、大服务”理念，以思想政治工作凝聚人心，以维护社会和谐促发展，不断提升统一战线工作的科学化水平。

【多党合作】 浔阳区拥有民革、民盟、民建、民进、农工党、九三学社和区党外知识分子联谊会（简称知联会）。各民主党派和知联会有党员、盟员、社员和会员达172人，其中主委6人、副主委13人，在全省率先实现了各民主党派、知联会负责人全部按正科级进行配置，成为全市民主党派最齐全，活动开展最规范的县（区）。

支持民主党派积极参政议政　支持民主党派开展调研考察活动，重点围绕招商引资、城市管理、棚户区改造、新经济发展等全区重点工作、关键领域议政建言、献策出力，把统一战线智力优势转化为智力贡献。2016年，各民主党派开展调研献策活动34余次，撰写调研文章20余篇。

完成政协委员换届　区委统战部会同区政协党组、区委组织部，通过反复酝酿、民主推荐、充分协商、考察公示，顺利完成了政协浔阳区第八届委员会换届工作。

健全保障机制　区委下发了《关于区党政领导联系区各民主党派支部、区工商联、区无党派知联会分工的通知》，进一步密切了区党政领导与各民主党派、工商联和知联会的联系。将各民主党派和知联会工作经费纳入财政预算，每个党派每年2万元。

【民族宗教工作】 2016年，少数民族流动人口服务管理试点工作日臻成熟。全区现有少数民族4000人，以回族为主，其中来自新疆、青海、甘肃等地的流动少数民族人口1000人。浔阳区完善了城市少数民族流动人口的服务管理体系的“四化模式”(1)，试点工作得到上级领导和少数民族群众的认可。12月27日，区委统战部分管民族工作的领导在全省城市民族工作会上就流动人口管理服务工作作发言，是九江县区唯一参加发言的代表。

浔阳区五大宗教齐全，全国、全省重点寺观教堂五个，辖区内有全国重点寺院能仁寺、全省重点宫观万寿宫、三圣宫和天主教堂、清真寺。经浔阳区登记的宗教场所共计14个，其中佛教5个，道教7个，基督教2个。登记备案教职人员有48人，其中佛教16人，道教10人，基督教22人。全区建立健全了以区、街道、社区三级为基础的宗教工作网络和街道、社区两级责任制，各街道都明确了分管宗教工作的领导。充分发挥宗教工作领导小组的作用，坚持依法管理宗教事务，引导全区宗教团体积极与社会主义相适应。

【非公经济组织党建】 区委明确了由区委统战部和区工商联牵头抓好非公经济组织党建工作，在全市率先成立了非公有制经济组织党工委。利用非公党委的凝聚力，引导新生代企业家参与社会公益建设，担负起社会责任。发挥非公有制经济代表人士的作用，构建“亲、清”政商关系，落实“降成本优环境”相关要求，很好地促进了非公经济发展各项政策的落地。

做好非公经济代表人士综合评价工作。全年共对161名推荐为人大代表候选人、政协委员以及在工商联等人民团体、社会组织中任职的非公有制经济人士开展了综合评价。

【党外代表人士队伍建设工作】 2016年，建立了党外后备干部库，举办了党外代表人士培训班，学习了“准则”和“条例”，并联合区委组织部出台了《关于党外干部培养选拔工作联席会议制度的意见》，加强党外后备干部储备，研究部署培养选拔党外干部。全区党外科级以上干部45人，其中副处级以上干部6人，担任正科实职的8人。在已做政治安排的党外代表人士中，党外人大代表24名，党外政协委员108名，工商联党外执委38名。

【基层统战工作】 2016年，找准结合点，构建社区统战工作网络。各社区积极依托驻区单位、企业，充分利用其资源、人才、资金优势，支持社区开展统战工作。同时，社区明确一名统战联络员，建立社区统战人才库，并对社会各界人士、非公有制经济人士、知识分子进行分类建档，构建全面的社区统战工作网络。

积极开展区委统战部党支部学习活动，借助开展“两学一做”专题教育活动的契机，组织机关干部对《中国共产党统一战线工作条例（试行）》和省委《实施细则》进行学习。加强廉政教育，推进党风廉政建设。区委统战部进一步加强党风廉政教育，狠抓了干部职工的思想道德教育和纪律教育，落实和完善党风廉政建设责任制，认真贯彻执行中央八项规定、领导干部廉洁自律的各项规定和重大事项报告制度。

（张　磊）

注释：

（1）四化模式：三级联动，推进民族工作管理规范化；摸清底数，实现民族工作网络一体化；广泛宣传，营造民族团结氛围常态化；构建体系，提升民族工作服务精细化。

·政法工作·

【概况】 2016年，浔阳区政法委着力推进平安浔阳建设，政法部门充分发挥职能作用，确保全区社会政治持续稳定，社会治安秩序良好，公众安全感稳步提升，社会治理创新成效凸显，综治基层基础稳固扎实。被评为全市社会治安综合治理优秀县（市、区）。

【维稳信访工作】 2016年，对老京九市场整体搬迁、整流器厂片区改造、黄土坡片区旧城改造等项目进行启动前稳评工作，确保重点项目的有序平稳推进。妥善化解九江石化扩能项目征迁、农民工维权讨薪、满庭春小区垃圾中转站设置等问题可能引发的不稳定隐患。支持、协助、保障省、市重点项目芳烃项目的稳评、立项、落户等工作。全年排查化解各类突出社会矛盾2653起，化解成功率达98.5%。加强进京非正常上访稳控化解，赴京非正常访登记大幅下降，获全省信访“三无县（区）”称号。

【公众安全指数稳步提升】 开展社会治安整治活动，刑事立案率同比下降27.41%。2016年，共破获侵财案件943起，打掉盗窃团伙13个，侦破彭某某系列盗窃沿街店铺案等系列案件15起。破获涉毒案件136起，缴获毒品592.78克。查处黄赌案件122起，收缴赌博机126台。捣毁赌博窝点6个，卖淫窝点11处。2016年，新安装“天网”监控探头70个，推进大中路步行街监控系统改造，技防建设的加强有效降低了发案，大中路步行街发案同比下降了41.2%。建立动态巡逻防范机制，社会面治安防控能力明显增强。启动了“千眼万刺”工程，在“三无”小区和高发案区域安装1000余个“警眼”探头和1万余根“防爬刺”。湖滨小区实施“千眼万刺”工程后，入室盗窃发案同比下降了40%。

2016年，共破获邪教“法轮功”案件11起，依法处理20人次，缴获邪教“法轮功”宣传品各类资料300多份。创建了6个无邪教社区阵地，打造了2个反邪教警示教育基地，南司社区、沿江社区、大塘村获得了“全国无邪教创建示范社区”称号。

【严打经济犯罪】 惩治电信诈骗、集资诈骗、非法吸收公众存款、非法传销等经济犯罪。2016年，破获了湖南省南亚大融非法吸收公众款案、国玺实业（江西）有限公司非法组织领导传销案、李炳杰非法集资诈骗案等15起经济犯罪案件，挽回经济损失1.8亿元。以执行公开的形式向社会曝光了一批老赖名单和限制高消费人员名单，构建诚信良好社会氛围，惩戒失信。

【启和调解建设】 2016年，在湓浦、人民路、甘棠三个街道建立了“启和调解室”，全年调处各类矛盾纠纷650余起，调处成功643起，调解成功率达98.9%。国家司法部、省委政法委、省司法厅等上级部门多次莅临启和调解室调研指导工作。

【重点管理】 开展出租房屋清理整顿工作，共清查出租房屋7956户，登记中介机构194家。2016年，全区接收新入矫人员43人，现有在矫人员80人，其中缓刑57人，假释5人，管制14人，没有出现重新犯罪现象。加强刑释人员安置帮教，为就业困难的刑释人员安排就业。落实有奖监护机制，与60名肇事肇祸等严重精神障碍患者监护人签订了有奖监护协议并给予了有奖监护救助，全年辖区内未发生重性精神障碍患者肇事、肇祸案（事）件。

【法治建设】 2016年，开展国家司法救助，按程序申报给予了一笔一人次3万元的市级国家司法救助，三笔三人次10万元的区级国家司法救助。在区法院设立仲裁调解中心，让更多纠纷在诉讼渠道外得到解决。加强法律援助工作，全年共办理各类法律援助案件172件，案件结案归档率100%。

【提升政法宣传水平】 2016年11月，区法学会正式成立。加强政法信息调研，撰写各类调研文章90余篇，在中央电视台、《人民日报》、中央人民广播电台等中央级媒体上稿18篇，省、市级媒体上稿226篇。成立了区网络安全和信息化领导小组，区政法各单位相应成立了网络安全监管领导小组、网络评论员队伍，制定了负面舆论引导应对方案。

（冷旻昱）

·政策研究·

【概况】 2016年，区委政研室深入贯彻落实区第十次党代会精神，突出“文稿起草、调查研究、深化改革”三大重点，围绕“服务提质、工作提效、满意提高”目标，以文辅政、以智辅政、以研辅政，积极为区委决策提供服务。全年起草领导讲话稿、汇报材料、区委文件等各类文稿80余篇、40余万字。

【文稿质量】 按照“思路清、高度够、观点新、特色明”的要求，把握上级精神，领会领导意图，结合浔阳区实际，写出一批立意较高、内容充实、文风清新的文稿。全年共起草领导讲话稿、汇报材料、区委文件等各类文稿80余篇。讲话稿起草方面，包括区委书记在中国共产党九江市浔阳区第十次代表大会上的报告、浔阳区召开城市管理“百日大提升”工作动员大会上的讲话以及区委重要汇报材料等。文件起草方面，参与拟制《中共浔阳区委常委会2016年工作要点》和《中共浔阳区委关于制定国民经济和社会发展第十三个五年规划的建议》等文件，较好的把区委、区政府的重大发展思路转化为具体的政策措施。

【调查研究】 紧紧围绕区委中心工作，通过专题调研、随同调研、联合调研等形式，围绕城市经济、城市管理、城市建设、城市福祉等工作重点，先后组织开展楼宇经济、社区建设等课题调研10多项，有效服务领导决策、推动部门工作。围绕起草好区委第十次党代会报告，开展多批次、多层级的研讨活动确保全会提出的发展思路、奋斗目标、工作举措符合上级精神、切合浔阳实际、体现社情民意。

【重大改革研究】 2016年是全面深化改革的关键之年。区委改革办充分发挥牵头抓总、统筹协调、跟踪督办等职能作用，积极组织开展全面深化改革重大课题调研，着力推动重大改革决策落地生效。负责牵头起草《区委全面深化改革领导小组2016年工作要点》《七个改革专项小组2016年工作计划》《区委全面深化改革领导小组2016年工作要点台账》等文件，及时调度全区改革创新工作进展情况，研究部署相关工作。

（周扬威）

·督查工作·

【概况】 2016年，区委督查工作紧紧围绕区委中心，服务大局，建立健全联合督查工作机制，认真组织开展决策督查、批办件督查和督查调研，重点对区委常委会年度工作要点分解事项、区委常委会议定事项、领导批办件的落实情况和重点工作、重大项目推进情况进行督查，促进了决策落地、工作落实，较好地发挥了督查工作“助推器”作用。

【党委决策督查】　围绕深入贯彻落实中共十八大，十八届三中、四中、五中、六中全会和习近平总书记系列重要讲话精神，省第十四次党代会、市委九届十次全会、市第十一次党代会和区第十次党代会精神开展督查工作，对基层落实区第十次党代会上提出的战略部署情况持续跟进，有力地促进了相关工作思路由文件文字转化为部门行动，使建设实力、活力、魅力、和谐浔阳的决策部署深入人心。抓好区委常委会决定事项的督查，对十届区委召开的常委会议定事项进行分解，制定督查工作方案，一抓到底，确保落实到位。深入开展全区重大项目、重点工作督查工作，全区43项重大项目、重点工作扎实有效推进。根据区委部署安排，对防汛抗洪工作任务落实情况进行专项督查，全区经受住了1998年以来最为严峻的大洪久汛考验。这些督查活动的开展，有力地推动了决策落实，维护了党委权威。

【领导批示督查】　在推动区委领导批办事项落实方面注重创新方式、规范督办，力求督办取得实效。2016年，立项督办区委领导批件10余件，办结率100%。以制度建设促工作规范，参照省、市出台的领导批件督办工作规范，制定完善督查督办工作规程，就何时督、何人督、如何督、督后如何办等一一进行明确，进一步规范督查督办行为。以工作创新促督查效果，综合使用电话督办、发函督办和实地督办等工作方式，不定期组织抽查、回头看，确保批件落到实处。对一时难以办结的批件，加强与承办单位沟通对接，注重听取承办单位意见和建议，形成良性互动，提高办理效率。就区委领导考察调研时的重要讲话和指示精神的贯彻落实情况开展回访复核，促进了工作落实。

【督查调研】　对一些进展较慢的事项、落实不到位的地方、工作中存在的薄弱环节进行重点督查，特别是围绕发展重点、民生热点、工作难点开展督查调研工作，力求总结经验有效、找寻路径精准，服务区委不断突破浔阳发展的瓶颈制约。督查部门先后独立或联合相关部门针对新工业十年行动、棚户区改造、城市环境“百日大提升”、中心城区菜市场升级改造等开展深入细致的督查调研活动，形成督查专报，为及时准确研判工作提供了准确信息。针对存在的问题，强调举一反三，促使同类问题解决。对现有制度和条件下无法解决或落实的，提出符合实际的意见建议。坚持实事求是，确保督办结果经得起时间的检验。

（凌　尧）

•信访工作•

【概况】　2016年，浔阳区信访局共接待上访群众211批863人次，其中集体访96批677人次，占来访总量的78.4%。收到来信22件次。共受理省长手机、党委、政府信箱、网上信访148件次，办结率100%。全区赴京非正常访登记3批3人次（上访人均为黄桂梅），无赴京集体访。赴省访16批38 人次。赴市访73批453人次。信访形势呈“一好转三提高三下降”良好态势，“一好转”即信访秩序全面好转；“三提高”即信访办结率、停访息诉率、群众满意率提高；“三下降”即越级访、重复访、集体访总量均明显下降。

【领导包案明确责任】　浔阳区认真落实市委办公厅、市政府办公厅《关于切实做好2016年领导干部接访下访和包案化解信访积案的通知》文件精神，结合实际印发了浔阳区《关于切实做好2016年领导干部接访下访和包案化解信访积案的通知》，明确了包案化解工作方案。2016年年初，浔阳区确定的领导包案信访件共8件，并已全部化解到位。换届后，浔阳区加强工作衔接，梳理出区内突出信访问题20件，也全部落实领导包案，并严格按照要求逐步化解到位。比如原浔建公司退休职工李凤琴等14人多年来上访反映企业改制后的医保问题，由于该问题属于历史遗留问题，且企业经过多次变卖，协调难度大。为此，浔阳区明确由常务副区长为包案领导，区建设局、区人社局、区公安分局等几家联合，帮助信访人享受到了医保，解决了困扰信访人多年的信访难题。

【规范信访秩序】 对于群众反映一些切实利益的急需解决的合理诉求，本着特事特办的原则，快速协调相关单位，及时解决信访人的合理诉求。例如，有群众来访反映小孩在公园玩耍时被狗咬伤，无人问理，请求政府协调解决。区信访部门一面做好信访登记、系统录入，一面与辖区街道和派出所了解情况、交办案件，经过协调，不到一周信访人的问题就得到解决。2016年，受理初信初访问题63件次，化解率100%。对于涉法涉诉问题，依据《信访条例》有关规定及时出具不予受理告知书，引导信访人通过法律途径解决。对于多年来不断上访，又没有新的诉求的信访问题，依法启动信访终结程序，推动信访积案“清仓见底”。2016年7—8月，中央第十一巡视组在赣期间交办浔阳区的信访件有9件，其中含涉法涉诉问题7件，这些信访问题除2件经由信访渠道解决以外，其余7件均涉及法院、检察院、公安等法律部门，经过区主要领导调度，分管领导多方协调，综治、信访、公安、街道紧密配合，已顺利导入法律途径并全部办结。全年引导进入法律程序的信访案件16起。启动三级终结程序的信访案件有3件，区政府均严格按照信访程序在规定时间内作出复查意见。全年，浔阳区根据信访人的实际情况，积极做好信访救助金申请、困难走访、协调落实政策等工作，为部分上访人解决了老大难问题。如信访人朱水生曾上访反映拆迁后生活困难，希望政府给予帮扶，浔阳区通过走访、调查，严格按照信访救助程序，帮朱水生申请到救助资金8万元。经梳理，全区因生活困难而信访的人员达34人次，浔阳区积极对这些“弱势群体”进行帮扶，促进历史遗留问题和“法度之外、情理之中”的信访疑难案件的解决，维护了辖区社会和谐稳定。

（张　群）

·档案工作·

【概况】 2016年，浔阳区档案局接收公证、土地确权颁证和烟草专卖执法档案4157卷（件），征集特色档案资料13册，对南湖社区档案室进行省三级档案规范化管理认定。对区民政局、甘棠街道办事处、白水湖街道办事处、金鸡坡街道办事处4家省三级档案规范化管理单位进行复查认定，馆藏各门类档案达4万余卷（册、件）。2016年，通过鉴定，新增开放档案23卷，接待查阅档案的人员127人次，利用档案、资料1131卷（件），解决问题87人（次）。

【档案馆建设】 2016年，区综合档案馆项目建设启动，扩大了综合档案馆建设规模，建筑面积由1472平方米增加到2300平方米，总投资从400万元增加到800万元。

【档案工作制度】 2016年10月，《中共浔阳区委办公室、浔阳区人民政府办公室关于进一步加强和改进全区新形势下档案工作的实施意见》的印发，标志着全区进一步完善档案工作体制、健全三个体系、加大支持力度提出了一系列明确而具体的措施。年末政府印发《浔阳区政府投资建设工程项目建设相关单位工作管理办法》，又对全区重点工程项目档案经费及移交工作做出具体安排，进一步规范了项目档案工作制度，强化工作职能。

【档案安全体系建设】 认真落实档案“八防”措施，按时更换防虫、防霉药具，做好库内温湿度监测记录、调节。2016年汛期，对档案库房及馆藏实体档案开展了一次大规模的档案安全排查及处置工作，重点对库房及存在的安全隐患进行了及时整改，确保了库房及馆藏档案实体的安全。

【档案宣传工作】 2016年举办多场宣传活动。做好档案法规宣传工作，在庐峰小区开展以浔阳文化、民生档案、家庭建档为主要内容的“档案与民生”主题宣传展。在柴桑小学举行了“雷锋精神主题展”。在梅绽坡社区开展以纪念建党95周年为主题党史档案宣传展。组织民间档案研究会成员开展“纪念红军长征胜利80周年”座谈活动。

【民间档案】 2016年，浔阳民间档案研究会继续深挖浔阳民间档案资料。会员陈尚秋、张惠光等参加央视老故事《故乡》栏目《浔阳旧梦》的拍摄，向栏目组介绍大中路、烟水亭、能仁寺等浔阳地名由来。编印《浔阳民间档案》第四期，开展口述档案收集整理工作。

【社区规范建档】 2016年4月21日，区档案局在南湖社区开展社区档案规范化管理试点工作业务培训，全区档案规范化管理工作试点社区的档案员参加了培训。对甘棠街道南湖社区档案室进行档案规范化管理指导和归档整理，整理出文书、科技、会计、声像等门类档案300余卷、件、册、张，并于年底通过档案规范化管理申报认定。

（甘　勇）

·机构编制工作·

【概况】 浔阳区机构编制委员会办公室成立于1984年，列党委序列，为区委工作部门。作为区机构编制委员会的常设办事机构，既是区委的工作机构，也是区人民政府的工作机构。内设监督检查股、事业单位登记管理局（副科），下设事业单位登记管理中心（副科）。编制8名，实有6人。2016年，区编办积极适应机构编制新常态，规范和创新机构编制管理，紧密围绕中心、服务大局，以深入推进行政审批制度改革、政府职能转变和机构改革、事业单位分类改革、机构编制管理工作等任务为重点，2016年获得全市超编专项整治和控编减编工作先进单位。

【控编减编工作】 在2015年控编减编工作的基础上，2016年继续细化了消化超编人员计划安排表，基本建立起编制、组织、人社、财政等部门相互协调配合、相互制约、相互促进的机构编制人员管理新机制。在编制管理方面，坚持“总量控制、内部调剂、动态管理”。凡涉及机构编制事宜，严格执行“机构编制部门一家承办、机构编制部门领导一支笔审批、机构编制部门一个文件下达”等，保证编制部门全面、准确、及时掌握全区机构编制总体状况及变动情况。

【超编整治工作】 2016年，全区采用多种手段，开展结构性超编整治工作。针对12个单位超编严重，经编委会研究，采取切实措施予以消化分流。严格遵守机关事业单位超编整治工作纪律，坚持“无空编不进人”的原则，严防超编进人。

【机构编制资源调剂】 对职能弱化，长期空编的单位进行核减编制，并将核减下来的编制增加到需要充实加强的单位，新增编制优先用于从超编单位选调人员或带编选调人员。结合政府机构改革，调剂集中行政编制34名，为10个行政部门增加了编制。一部分充实到信访局、建设局、发改委、教体局等任务繁重、职能增加的部门，另一部分充实到街道办事处等基层一线单位。在城市综合管理改革试点中，结合事业单位的整合，调剂集中事业编制45名，为13家事业单位增加了编制，用于市容整治、两违拆迁等一线、退伍军人安置、优秀村支书选聘、优秀大学生村干部安置、基层水利专业技术人员定向培养以及专业技术人员招聘等。

【行政审批制度改革工作】 2016年，区政府对各部门行政审批过程中涉及的中介服务事项进行了集中清理，决定依法保留行政审批中介服务事项19项，取消调整行政审批中介服务事项42项。全区已取消的审批项目已停止执行，下放管理层级项目由相关部门衔接到位。非许可审批事项已全部取消，确需保留的已纳入到相应的其他行政权力类别中。

【事业单位登记管理】 全年应年检事业单位91家，已年检事业单位91家，年检率100%。办理变更登记17起，新办设立登记1起，办理注销登记20起。打印事业单位法人证书正、副本38份。

【中文域名注册】 做好政务和公益中文域名以及网站挂标工作，2016年全区已注册域名数为53个，党政机关网站标识申请通过数量18个，事业单位网站标识申请通过数量34个，社会团体网站标识申请通过数量1个。其中，19家单位完成网站挂标。

【机关赋码】 区编办2016年6月8日下发《浔阳区机构编制委员会办公室关于开展区直机关编办直接管理机构编制的群众团体统一社会信用代码赋码工作的通知》（浔编办发〔2016〕2号），为组织机构代码证已过期或即将过期的单位优先赋码。全年，机关赋码22家，群团赋码3家。

附：2016年机构调整情况

2016年2月，区市场监管机构名称统一为区市场和质量监督管理局，加挂区食品药品监督管理局、食品安全委员会办公室牌子。增设食品药品监督管理局专职副局长1名（副科级），增设党委办公室（正股级），区市场监督管理分局的名称统一为市场和质量监督管理分局，加挂食品药品监督管理分局牌子。3月，事业单位登记管理中心升格为副科级机构。4月，区卫计委“医政医管药政中医股”分设为“医政医管药政股”和“中医药股”，并增设人事股。12月，设立区公务用车服务中心，为区机关事务管理局下属全额拨款股级事业单位。区法院增设内设机构环境资源审判庭（正股级）。区行政服务中心管理委员会督查股加挂区企业投诉中心牌子。

（游亚军）

·党校工作·

【概况】　浔阳区委党校成立于1986年8月20日，1996年3月与浔阳区行政学校实行“两块牌子一套人马”建制。现校委会班子成员有校长1人（由区委副书记兼任），常务副校长1人，副校长1人，校委1人，常务副校长主持日常工作。党校下设五个内设机构。定编15人，2016年实有在编在岗12人。其中高级讲师2人，讲师2人，馆员1人。2016年，党校积极发挥党校在干部培训中主阵地、主渠道作用，不断优化干部教育培训工作，提高科研咨政水平。全年的主要班次有：科级干部培训班1期39人次，为期半个月；入党积极分子培训班1期58人次，为期三天。

【抓好干部教育教学培训工作】　2016年，区委党校贴近区委、区政府中心工作，创新教学手段，改进教学方法，通过案例式、情景式、模拟式、体验式等多种教学形式，对党员干部进行培训。2016年10月26—28日，共有58人参加了入党积极分子培训。11月14—19日，在井冈山干部学院进行培训，课程内容涵盖中国特色社会主义理论、党的建设和党性教育、依法治国与管理创新、推进“四个浔阳”[1]建设、提高领导干部执政能力。

【办学模式推动教学科研融合】　区委党校创新党课办学模式，克服党校没有教学场地困难，开办“流动党校”课堂，把党课送入基层，并利用江西干部网络学院及时推送学习内容。引导党员利用“共产党员”“清风浔阳”“廉洁九江”“江西党建”等微信平台开展学习。以支部为单位建立党员微信学习群，实时分享每个专题的内容。为教师创造更加优秀的学习交流平台，送青年教师参加江西省党校师资培训班学习，鼓励青年教师参加省委党校研究生班深造，促进教师知识结构优化和知识更新。完善科研工作制度，加大科研经费投入。科学选题，组织实施相关社会调查，以浔阳区工业园津晶城高科技孵化园建设为调查对象，探索生产性服务业的发展，研究新型都市工业园发展模式，调研出科研精品、出成果。

【建章立制】　对全校教职员工进行岗位分工，对岗位职责进行了明确的细化，重新修订了校委班子、各股室工作职责等各项制度，做到制度与时俱进。并按照《中共浔阳区委党校2016年度绩效考核目标与任务》，把任务细化安排到人，增强

2016年10月，区委党校党支部全体党员和甘棠街道岳师门社区支部党员在岳师门社区举行“百日大提升，我能做什么”主题党组织生活会

区委党校供稿

全体教职员工的工作责任感。严格考察各项制度的执行，特别是在考勤、工作落实情况方面实行“一月一公布、一季一通报、半年一小结、年终总评定”，全校上下形成了一种风清气正、你追我赶、创先争优的氛围，有力推动了党校工作的开展。

【服务基层社区】 组织党支部和党员采取公开栏、召开会议的方式做出承诺，接受监督。2016年，组织党员到包挂社区甘棠街道岳师门社区党组织报到，主动加入社区党员志愿者队伍，认领志愿服务项目，主动参与社区党组织开展的文明劝导、义务宣传、志愿保洁、交通疏导、教育劝离、卫生巡查、组织关怀等志愿服务活动。为社区党员群众办好事、办实事。着力为社区干部出主意、想办法、谋发展，为基层群众排忧解难。积极参与区委“社区民意直通车”“百日大提升，党员争先锋”等特色党建活动。

（刘　强）

注释：

（1）四个浔阳：实力，活力，魅力，和谐浔阳。

·对台工作·

【概况】 2016年，浔阳区台办围绕全区的总体目标，努力打造区台办的“服务”品牌，服务于台商，服务于台声，服务于台胞台属等，开展台办工作。连续两年，区台办均超额完成了区招商引资任务，被评为全市对台工作综合先进单位。

【台商】 2016年4月，区台办组织台商到台商协会刘智远的振远实业有限公司调研，参观集茶叶生产、加工、销售于一体的百亩农业科技生产基地，探索引入生物科技概念，开发养生茶叶配方，拓展多样性、个性化茶叶市场的路子。5月实地参观了瑞昌市横立山新农村建设，发挥台资优势，把生态农业引入到城区产业经济中来。10月，区台办参加全省赣台经贸洽谈会，广交台商，为项目对接搞好服务，及时协调解决台资台属企业在生产生活中遇到的困难和问题。

【台胞台属活动宣传】 2016年，绮丽网、《浔阳乡情》上共报道15篇关于区台办开展工作的稿件。利用简报在台属服务对象中宣传区台办开展工作的情况，每一次组织台胞台属活动，区台办都会以简报的形式做一个通报，广泛地宣传政策，增强台胞台属的认同感。

【台胞台属联谊】 节日期间，组织台胞台属联谊团聚并对部分困难台胞台属进行走访慰问，为他们送去慰问金和生活必需品。2016年组织台胞台属参观中华贤母园、环保登山、观看电影、文化讲座等系列文体活动共10余次，为政府架起了联系台胞台属的桥梁。5月，台胞程琳因其丈夫（台湾籍）去世，女儿是台湾户口想要转到九江就学，区台办得知后立刻与教育局取得联系，经过协商沟通，解决了其女儿的就学问题，并减免了借读费。8月，由区台办出资5000元为部分特殊台胞和困难台属到一医院开展体检。协调处理台胞刘少向家庭纠纷、台属朱家烈房屋拆迁、台属王淑珍退休养老金等事宜。

（田钰萌）

·老干部工作·

【概况】 浔阳区有离退休干部1046人，离休干部22人，副县级以上退休干部57人。2016年，区委老干部局紧扣“为党的事业增添正能量”这条主线，紧抓提升老干部幸福指数这份责任，积极组织开展各种文体活动，关心关爱下一代，不断丰富老干部精神生活，认真落实老干部政治待遇和生活待遇。

【老干部活动】 2016年，搭建建言献策、服务发展的平台，鼓励和支持老干部积极发挥余热。全年，老干部围绕党委政府的中心工作，共提出30余条意见建议。开展科普报告会和科技咨询活动40余场。关工委大力开展“听党话、跟党走，万老圆梦”“三史”教育[1]、“三爱”教育[2]等主题活动60余场，结对帮扶帮教青少年1189对。结合纪念建党95周年、长征胜利80周年等重大节庆，举办了“弘扬正能量、共圆中国梦”区直离退休干部文艺演出、区老年大学纪念抗战胜利70周年文艺会演。2016年2月，开展全区老干部工作调研。6月，对正能量活动进行了重点安排。9月，召开全区老干部正能量活动专题座谈会，了解各单位的经验做法和存在的问题不足，研究讨论持续推进正能量活动的方法举措。

【老干部幸福指数提升】 及时将上级关于老干部的新政策、新要求落到实处，做好区直特困离退休老干部及遗孀补助金的发放、生活完全不能自理的离退休干部护理费审核等工作。坚持在春节、七一等传统节日走访慰问，对生病住院的老年人进行探视等，落实好老干部的各项生活待遇。区老干部活动中心、老年大学立足老年人的文化养老需求，开展了老年人兴趣爱好、科学文明的活动。2016年，区老年大学新迁至区少儿活动中心，拨付了经费65万元用于改建，学校面积增加了2500平方米。

【关心下一代工作】 与残疾、留守、特困、失业等各类困难青少年开展亲情结对、友情结对、邻里结对等帮扶结对，建立定期走访帮扶对象制度。落实帮扶资金共116余万元，帮扶特困青少年1871人次。2016年，区关工委深入浔阳小学、柴桑小学、外国语小学、东风小学及白水湖街道等五个街道开展“党史、国史、家乡史”教育，受教育青少年达1220人次。开展“三史”知识竞赛、唱红色歌曲比赛、组织青少年开展瞻仰烈士陵园、参观红色展览、游览革命圣地等教育活动。区、街道、社区（村）三级都建立了关工委组织，并不断向学校、企业、楼栋纵深发展，全区各小学校关工委组建率达到了100%。

（陈元乐）

注释：

（1）“三史”教育：党史、国史、家乡史教育。

（2）“三爱”教育：爱党、爱国、爱家乡教育。

·机关工委工作·

【概况】 2016年，机关工委学习贯彻中共十八大、十八届三中、四中、五中、六中全会及习近平总书记系列重要讲话精神，突出全面从严治党的主题，以“服务中心、建设队伍”为目标，扎实开展“两学一做”“百日大提升、党员争先锋”等活动，全面提高机关党的建设。

【“两学一做”学习教育】 2016年5月，举办“两学一做”学习教育专题培训班，全区220名基层党支部书记参训。定期召开支部党员大会学习党章党规知识，把每周五下午定为党员活动日，打造微信、QQ学习讨论群，组织党员上微平台，学微党课，讲微心得，做微先锋。组织200多名机关党员深入项目、企业、村居一线，服务发展。69个区直单位包挂69个社区（村），组织1000余名机关党员到包挂社区（村）党组织报到，每人认领1—3个志愿服务项目，集中开展困难党员帮扶、文明出行劝导、垃圾集中清理等活动。全年，全区各机关党组织对照“两学一做”学习教育四个专题，共查出问题485条，解决454条。

【机关基层党组织换届】 成立浔阳区基层党组织换届督导小组，规范换届流程，编制基层换届指导资料。建立不按期换届基层党组织“黑名单”并开展重点督查。2016年，浔阳区机关基层党组织全部完成换届任务。

【党费收缴与党员发展工作】 2016年，浔阳区机关党组织全部完成党费收缴专项自查自改上缴任务。组织党员认真学习《中国共产党党费收缴、使用和管理的规定》，教育引导广大党员严格履行党费缴纳义务，建立好党费收缴台账，如期足额上缴。落实民主评议党员制度，严格预审、谈话和党工委集体讨论等发展程序，把好“入口关”。10月，对浔阳区72名入党积极分子进行了为期三天的系统培训。全年，机关列为党员发展对象27名，接收预备党员27名，预备党员转正22名。

（陈元乐）

栏目编辑：蒋靖男

浔阳区人民代表大会常务委员会

浔阳年鉴 XUNYANG YEARBOOK 2017

·综 述·

【概况】 2016年是浔阳区人大常委会换届年，横跨第九、第十两届。全区共有各级人大代表214 人，其中省人大代表3人，市人大代表49人，区人大代表162人。

浔阳区人民代表大会常务委员会下设6个正科级工作机构：办公室、内务司法工作委员会、财政经济工作委员会、城市建设环境保护工作委员会、教科文卫工作委员会、选举任免联络工作委员会。办公室下设机关后勤服务中心。

浔阳区第十届人民代表大会常务委员会实有组成人员26名，其中，主任1名，副主任6名，委员19人；组成人员中驻会12名，不驻会14人。

区人大常委会认真贯彻落实区第十次党代会精神和区委的决策部署，依法履职，扎实工作。全年共召开常委会会议9次，主任会议22次，听取和审议“一府两院”专项工作报告15个，作出决议决定9项，组织执法检查、专题视察调研15次，依法任免国家机关工作人员45名，为坚持和完善人民代表大会制度，推进全区经济社会发展和民主法制建设做出了积极贡献。

（王　丹）

·重要会议·

【区九届人大六次会议】 2016年1月19—21日，区第九届人民代表大会第六次会议在九江青市少年活动中心举行。书面提请审查浔阳区2015年国民经济和社会发展计划执行情况与2016年国民经济和社会发展计划草案的报告。书面提请审查全区2015年财政预算执行情况和2016年财政预算草案的报告。书面提请审查浔阳区国民经济和社会发展第十三个五年规划纲要草案。会议以举手表决的方式，通过关于浔阳区人民政府工作报告的决议、关于浔阳区2015年国民经济和社会发展计划执行情况与2016年国民经济和社会发展计划的决议、关于浔阳区2015年财政预算执行情况和2016年财政预算的决议、关于浔阳区国民经济和社会发展第十三个五年规划纲要的决议、关于区人大常委会工作报告的决议、关于区人民法院工作报告的决议、关于区人民检察院工作报告的决议。

【区九届人大常委会议】 2016年，浔阳区第九届人大常委会召开常务会议6次。

1月15日，区九届人大常委会举行第三十二次会议。会议听取了大会秘书处关于区九届人大六次会议筹备情况的汇报。审议通过了浔阳区九届人大六次会议有关草案，并决定提请浔阳区九届人大六次会议通过。审议通过了《九江市浔阳区人大常委会2016年工作要点（草案）》以及《九江市浔阳区人大常委会2016年监督工作计划（草案）》。审议通过了区人大常委会工作报告（讨论稿）并决定提请区九届人大六次会议审议。审议通过了区人大常委会关于表彰“十佳”人大代表的决定（草案）。听取了区人大常委会视察组关于视察区人民政府2015年“十二件惠民实事”进展情况的报告。书面审议了区政府关于落实《区九届人大常委会第三十次会议关于〈浔阳区招商引资工作情况的报告〉的审议意见》情况的汇报。

3月15日，区九届人大常委会举行第三十三次会议。会议听取和审议了《区政府关于烟花爆竹安全管理工作情况》的报告，并以电子表决方式通过了报告。会议还书面审议了《区政府关于2014年度区本级预算执行和其他财政收支审计查出问题整改情况的报告》。

6月21日，区九届人大常委会举行第三十四次会议。会议听取和审议了区政府关于2016年财政预算支出安排情况的报告。会议听取和审议了《幼儿园办学情况的报告》。会议以电子表决形式通过了上述报告。会议书面审议了区政府关于落实《区九届人大常委会第三十三次会议关于〈浔阳区烟花爆竹安全管理工作情况的报告〉的审议意见》情况汇报，以及采用投票表决方式通过了相关人事任免议案。

8月23日，区九届人大常委会举行第三十五次会议。会议以投票表决方式任命了徐昭国为浔阳区人民政府副区长，并决定其为代理区长。会议听取和审议了区政府关于2016年上半年国民经济和社会发展计划执行情况的报告。听取和审议了区政府关于2016年上半年财政预算执行情况的报告。会议以电子表决形式通过了上述报告。会议还书面审议了区政府关于落实《区九届人大常委会第三十四次会议关于〈浔阳区2016年财政预算支出安排情况的报告〉的审议意见》情况的汇报，书面审议了区政府关于落实《区九届人大常委会第三十四次会议关于〈浔阳区幼儿园办学情况的报告〉的审议意见》情况的汇报。

8月24日，区九届人大常委会举行第三十六次会议。会议审议通过了区人大常委会关于浔阳区人民代表大会换届选举有关问题的决定草案。审议通过了区人大常委会关于设立浔阳区选举委员会的决定草案。审议通过了区选举委员会关于提请任命各选举指导组组成人员的报告。审议通过了区人大常委会关于浔阳区第十届人民代表大会代表名额分配的决定草案。

9月19日，区九届人大常委会召开第三十七次会议。会议审议和表决了区九届人大常委会代表资格审查委员会关于区十届人大代表资格的审查报告。审议和表决了关于召开区十届人大一次会议的决定草案。审议表决了关于召开浔阳区第十届人民代表大会第一次会议的相关事项。会议还任命了刘学武为区人民法院副院长，决定其为代理院长，任命了张云飞为区人民检察院副检察长，决定其为代理检察长。会议还通过了区人大常委会提请的人事任免议案。

【区十届人大一次会议】 2016年9月21—23日，浔阳区第十届人民代表大会第一次会议在九江市青少年活动中心举行。大会以无记名投票方式，选举产生浔阳区第十届人民代表大会常务委员会主任、副主任、委员，区长、副区长，区人民法院院长，区人民检察院检察长，选举产生林彬杨、宋细妹、徐昭国等49人为浔阳区出席九江市第十四届人民代表大会正式代表。

会议以举手表决的方式，通过关于区人民政府工作报告的决议、关于区人大常委会工作报告的决议、关于区人民法院工作报告的决议和关于区人民检察院工作报告的决议。

新当选的浔阳区十届人大常委会主任、副主任、委员，人民政府区长、副区长，区法院院长，在会场举行向宪法宣誓仪式。

【区十届人大常委会议】 2016年，浔阳区第十届人大常委会召开常务会议3次。

11月1日，区十届人大常委会举行第一次会议。区人大常委会主任王向东主持会议，副主任梅美华、易小慧、孔焙、曹文文、黄修勇、易晓剑及委员出席会议。区委常委、区政府常务副区长卢剑旺，区政府副区长、区财政局局长凌海，区法院院长刘学武，区检察院检察长张云飞，区直部门负责人，区人大常委会各工作机构负责人，部分区人大代表列席会议。会议听取和审议了《区政府关于2015年度财政决算的报告》《区政府关于2015年度财政预算执行及其他财政收支的审计工作报告》《区政府关于区九届人大六次会议以来代表建议、批评和意见办理情况的报告》《区政府关于建设工程质量管理工作情况的报告》。会议以电子表决的方式通过了上述各项报告，以及表决批准了2015年度财政决算的决议，以举手表决的方式通过了十届人大常委会代表资格审查委员会组成人员名单，区人大常委会各工作委员会委员名单。会议书面审议了区政府关于落实《区九届人大常委会第三十五次会议关于〈关于2016年1—6月国民经济和社会发展计划执行情况的报告〉的审议意见》情况的汇报、《区九届人大常委会第三十五次会议关于〈关于2016年1—6月 财政预算执行情况的报告〉的审议意见》情况的汇报。

11月18日，区十届人大常委会举行第二次会议。区人大常委会主任王向东主持会议，副主任梅美华、易小慧、孔焙、曹文文、易晓剑及委员出席会议。会议应到26人，实到23人，符合法定人数。区委常委、组织部部长徐礼文，区委常委、区政府常务副区长卢剑旺，区法院院长刘学武，区检察院检察长张云飞，区政府办、区人大常委会各工作机构负责人，部分区人大代表列席会议。会议审议了区人民政府区长徐昭国提请的人事任职议案，区委常委、组织部部长徐礼文作了有关人事任职情况的说明。会议听取和审议了区政府关于卫生和计划生育工作情况的报告；听取和审议了区检察院关于开展规范司法行为专项整治工作情况的报告。会议表决通过了上述各项工作报告，并以无记名投票的方式表决通过了区政府提请的人事任职议案，依法任命了18位新一届政府的工作部门负责人。

12月30日，区十届人大常委会举行第三次会议。区人大常委会主任王向东主持会议，副主任梅美华、易小慧、孔焙、曹文文、易晓剑、黄修勇及委员出席会议。区政府副区长、区财政局局长凌海，区法院副院长刘海泉，区检察院副检察长陈前华，区政府办、区科技局、区人大常委会各工作机构负责人，部分区人大代表列席会议。会议听取和审议了区政府关于科技专项经费使用和管理情况的报告。听取和审议了区政府关于2016年一般公共预算、政府性基金预算和社会保险基金预算调整方案（草案）以及2016年政府债务调整的报告。听取了区政府关于区十届人大一次会议以来代表建议、批评和意见办理情况的报告。听取和审议了关于召开区十届人大二次会议的有关事项。审议了《浔阳区人大常委会2017年工作要点》（草案）和《浔阳区人大常委会2017年监督工作计划》（草案）。书面审议了区人大常委会视察组关于视察“百日大提升”活动情况的报告。审议通过了《区人大常委会关于表彰2016年度先进集体和优秀个人的决定（草案）》。审议通过了《区人大常委会规章制度》。书面审议了区政府关于落实《区十届人大常委会第一次会议关于〈2015年度财政决算情况的报告〉〈浔阳区2015年度财政预算执行及其他财政收支的审计工作报告〉的审议意见》的情况汇报。书面审议了区检察院关于落实《区十届人大常委会第二次会议关于〈开展规范司法行为专项整治工作情况的报告〉的审议意见》的情况汇报。

（王　丹）

·重要活动·

【区人大集中视察“十二件惠民实事”】 2016年1月12日，区人大常委会组织常委会全体组成人员和部分省、市、区人大代表，对区政府年初工作报告中提出的“十二件惠民实事”落实情况进行了集中视察。视察组听取了区政府关于“十二件惠民实事”落实情况的汇报，实地察看了甘棠保障性住房、九江石化油品质量升级游岭居民点整体搬迁、京九国际商贸、孔家洼保障性住房、湓浦街道湓浦社区等项目。

【区人大常委会检查烟花爆竹安全管理工作】 2016年3月10日，区人大常委会副主任梅美华带领人大执法检查组，对区政府烟花爆竹安全管理工作开展专项执法检查。检查组先听取了区安监局书面汇报，随后抽查了4家烟花爆竹零售经营户，重点检查了经营户是否持证、亮证经营、烟花爆竹质量是否有保障、消防器材是否有效、安全警示标志是否明显。

【市人大调研组到浔阳调研贯彻“意见”落实情况】 4月14日，市人大常委会副主任熊起栋一行到浔阳区就浔阳区贯彻落实“省委八条”及市委“意见”情况进行调研座谈。调研组先后听取了区委、区人大和“一府两院”关于此次督查内容落实情况汇报，并就围绕贯彻落实“省委八条”及市委“意见”具体内容开展座谈调研。会上，与会相关部门结合各自工作实际，畅谈了学习“意见”的体会和贯彻落实的举措。

【区人大赴企业调研上市情况】 3月22日，区人大调研组一行先后考察了联盛集团、九江中煜程塑业有限公司、九江市钒宇新材料有限公司等企业的生产情况，与企业负责人交流座谈。

【省人大调研组调研浔阳区现代服务业发展情况】 4月15日，江西省人大财经委副主任委员高小琼一行到浔阳区就现代服务业发展情况进行专题调研。调研组一行先后深入津晶城科技园和京九国际商贸城，现场参观、面对面交流，同相关企业交流了企业的运行情况、在发展过程中遇到的困难以及享受到的相关政策。

【区人大视察调研幼儿园办学情况】 4月29日，区人大常委会副主任瞿畅带领部分区人大代表视察调研幼儿园办学情况。调研组一行分别视察了市委机关幼儿园、区第一幼儿园、小金星信华幼儿园以及在建的区第二幼儿园。代表们实地察看了各幼儿园的班级教室和活动功能室，认真了解了幼儿园的师资配备和保教情况，详细询问了幼儿园的食宿安全和防护措施。

【省人大到浔阳区调研生活垃圾分类工作】 6月17日，省人大常委会副主任冯桃莲率队到浔阳区，就生活垃圾分类工作开展调研。调研组深入浔阳小学认真听取生活垃圾分类工作介绍，仔细察看生活垃圾分类情况。

【市人大到浔阳区调研历史文化街区改造项目】 7月6日，市人大常委会主任冯静一行深入浔阳区，就庾亮南路历史文化街区改造项目推进情况进行实地调研。

【市人大到浔阳区开展“一法一条例”执法检查】 9月1日，市人大常委会副主任吕斌，市人大教科文卫委主任委员韩丰保率领市人大执法检查组，就《中华人民共和国体育法》和《全民健身条例》（简称“一法一条例”）贯彻实施情况到浔阳区开展执法检查。吕斌一行先后对龙山小学、浔阳小学、庐峰花园社区、区体育健身中心等地实地检查体育设施建设和各体育项目开展情况，了解全区贯彻执行“一法一条例”基本情况及取得的主要成绩和存在的主要问题；政府及其职能部门履行法律责任情况；社会体育活动、学校体育活动；竞技体育开展情况。

【区人大开展《江西省未成年人保护条例》执法检查】 10月21日，区人大常委会主任王向东率检查组对全区开展《江西省未成年人保护条例》情况和区法院少年审判工作情况进行执法检查。执法检查组听取了区政府关于全区贯彻落实《江西省未成年人保护条例》情况的报告和区法院《关于少年审判工作情况的报告》，并与区政府、区法院、区检察院、区公安分局、区司法局、区财政局、区民政局、区教体局、区文新局、团区委等部门的负责人进行了座谈。执法检查组还深入到区法院少年法庭、网萤网咖、区禁毒志愿者协会、浔阳小学等地展开实地检查。

【新一届人大代表培训班】 11月4日，浔阳区举办新一届人大代表培训班。特邀原省人大常委会选任联工委主任吴会清讲授了《充分认识人大代表的地位作用，切实加强人大代表作用》，市人大常委会选任联主任屈华东讲授了《人大代表履职的基本形式和要求》，使新一届区人大代表了解和掌握人民代表大会制度、人大工作的基本知识，提高依法履行代表职务的综合素质与能力水平，正确履行宪法和法律赋予代表的职权，充分发挥代表主体作用。

【区人大调研卫生和计划生育工作】 11月8日，区人大常委会副主任易小慧带领区人大教科文卫工作委员会成员及部分区人大代表到区人民医院在建工地、花果园社区、花果园社区卫生服务站、甘棠社区卫生服务中心等处对全区卫生和计划生育工作情况进行视察调研。

【区人大调研科技工作】 12月2日，区人大常委会主任王向东、副主任曹文文一行调研浔阳区科技工作。调研组听取了区科技局关于科技工作的开展及科技经费管理使用情况的汇报，实地察看了792创意园、津晶城科技园的建设和发展，观摩了部分科技项目生产情况，并在津晶城科技园召开座谈会，听取了津晶城科技园负责人相关情况的汇报，与会人员围绕浔阳区科技事业发展、“双创”工作等方面进行了座谈，就全区科技事业发展纷纷提出好的意见和建议。

【区人大视察区城市管理“百日大提升”工作】 12月13日，区人大常委会主任王向东率队对浔阳区城市管理“百日大提升”工作情况进行视察。视察组实地视察甘棠街道延支山社区、白水湖街道琵琶亭社区、金鸡坡街道姬公庵复建址、金鸡坡街道曹家山复建址、人民路街道整流器厂小区、湓浦街道九龙社区佑河巷的城市管理“百日大提升”工作情况。视察组一行在区市容局会议室召开了座谈会。会上，区委常委、统战部部长张小军介绍了浔阳区城市管理的一些经验、存在的一些问题与困难、下一步措施及建议。区政府副区长任佳佳介绍了区城市管理“百日大提升”工作开展情况和下步工作打算。

【人大代表集中走访】 12月28—29日，区人大常委会与“一府两院”领导分六组分别对市、区人大代表开展了集中走访活动。活动中，区人大常委会、区政府、区人民法院、区人民检察院负责人分别向代表通报本单位2016年工作情况。代表们在听取通报后，结合自身体会进行了讨论，畅谈了自己见解及工作建议。

（王　丹）

·监督工作·

【经济工作监督】 2016年，区人大常委会听取和审议国民经济和社会发展计划执行情况的报告、2015年度财政预算执行和其他财政收支的审计工作、2015年度财政决算情况、2016年上半年财政预算执行情况和一般公共预算、政府性基金预算、社会保险基金预算调整方案及举借债务情况的报告，依法对全区科技专项经费使用和管理情况进行审查。常委会领导认真落实区委重大项目和重点工作责任分工制度，封缸酒厂片区、老马渡菜市场改造等一批人大服务的重点项目基本完工，莲花池安置小区、“792”双创基地、战备路一期小区还房等项目建设有序快速推进。组织省、市、区人大代表视察中翰城东购物中心、烟草物流等民生重点工程，促进全区重大项目和重点工作快速推进。

【民生问题监督】 2016年，区人大常委会组织省、市、区三级人大代表对市容环境整治工作进行了视察调研，提出建立健全长效机制，全面提高城区管理法治化、精细化、协同化水平的建议。听取和审议关于浔阳区幼儿园办学情况的报告，针对性地提出大力发展公办幼儿园，积极扶持民办幼儿园等审议意见。听取和审议区卫生和计划生育工作情况的报告，从强化宣传教育、夯实基层基础工作、健全完善长效机制以及扩大受益覆盖面，拓宽传统医学资源圈等方面提出意见建议。听取和审议烟花爆竹安全管理、建设工程质量管理工作情况的报告。督促政府完善机制、强化监管。规范建设各方责任主体行为，加大建设工程质量监管，严把建设工程质量关。

【法律监督】 2016年，区人大常委会牢固树立法治思维，坚持方向引领，注重监督推动，强化跟踪问效，全面促进依法行政和公正司法。开展《江西省未成年人保护条例》执法检查。通过实地察看、听取汇报、座谈讨论等形式，全面了解全区贯彻执行该部法律的情况。听取区法院关于少年审判工作情况的汇报和区检察院关于开展规范司法行为专项整治工作情况的报告。认真做好规范性文件备案审查工作，做到“应报不漏，有文必备”。全年，向市人大常委会报备规范性文件7件。加强信访工作，全年共受理群众来信6件，接待群众来访16人次，做到事事有交代、件件有回音，有效化解了社会矛盾，促进社会和谐。

（王 丹）

·选举和任免工作·

【依法选举工作】 区第十届人民代表大会代表名额为171名。代表选举工作从2016年8月23日开始至9月18日结束。全区5个街道共划分92个选区。各选区采取召开选举大会、设立投票站和流动票箱的方式组织选民投票，共选举产生区第十届人民代表大会代表162名。

在9月23日区第十届人民代表大会第一次会议上，依法选举王向东为区人大常委会主任，梅美华、易小慧、孔焙、曹文文、黄修勇、易晓剑为区人大常委会副主任，选举万斌霞、万新华、马海园、王丹、毛求、朱闽、孙朝春、严勇、严永红、吴春锋、余斌、余启楼、贾涵清、徐艳婷、谈荣亚、桑志峰、詹训春、鲍巍芳、潘翼峰为区人大常委会委员。选举徐昭国为区政府区长，卢剑旺、胡迪、刘松、王健蓉、凌海、任佳佳为副区长。选举刘学武为区法院院长。选举张云飞为区检察院检察长。选举产生了浔阳区出席九江市第十五届人民代表大会代表49名。

【人事任免工作】 在6月21日区九届人大常委会第三十四次会议上，任命熊辉为区法院白水湖法庭副庭长，程海平为区法院官牌夹法庭副庭长，郑胜春、詹璧为区法院民事审判一庭副庭长，何凡为区法院民事审判二庭副庭长，夏娴为区法院东郊法庭副庭长，王犁雪为区法院行政审判庭副庭长，王茅为区法院审判监督庭副庭长，陈猛为区检察院检察员。免去袁春燕人民路街道人大工委主任职务，周围甘棠街道人大工委主任职务，黄玮白水湖街道人大工委主任职务，熊辉区法院民事审判二庭副庭长职务，程海平区法院民事审判一庭副庭长职务，夏娴区法院刑事审判庭副庭长职务。任命罗涌仙、陈亚鸣、龚志忠、曹德金、周庆启、陈铭、廖红英、詹敏、曾新娜、严峻、沈海英、钟玲、艾妮、沈爱、王芳芳、徐军明、张惠惠、叶江南、杨晓华、张群、张文宁、付小林、王华为区人民法院人民陪审员。免去郭国胜、陈新、李翠江、伍宏泽、汪正宏、吴祥富、夏克冰、何麟懿、冯国庆、龚娜、虞建群、陈尚硼、刘宇、熊燕西、许良霞、余剑平、胡丰、张旭区法院人民陪审员职务。

在8月23日区九届人大常委会第三十五次会议上，决定任命徐昭国为区政府副区长、代区长。

在9月19日区九届人大常委会第三十七次会议上，任命刘学武为区法院审判员、审判委员会委员、副院长，张云飞为区检察院检察员、检察委员会委员、副检察长，孙朝春为区人大常委会财政经济工作委员会主任，邢浔为湓浦街道人大工委主任，程红为甘棠街道人大工委主任，朱建春为人民路街道人大工委主任，陶韬为白水湖街道人大工委主任。

在11月18日区十届人大常委会第二次会议上，决定任命谌善龙为区发改委主任，吕松林为区工信委主任，居莉为区监察局局长，曹俊云为区教体局局长，陈革为区文新局局长，赵风林为区民政局局长，张勇为区司法局局长，凌海为区财政局局长，李军为区人力资源和社会保障局局长，杨明卿为区建设局局长，高荃为区商务局局长，张扬荣为区市场和质量监督管理局局长，程焕新为区市容局局长，周懿斌为区卫计委主任，张业为区审计局局长，王志宝为区科技局局长，游敏为区统计局局长，陈晓明为区安监局局长。

【任前法律知识考试】 为更好地掌握被提请任命的国家机关工作人员的法律、政策水平及业务知识，根据《浔阳区人事任免办法》有关规定，区人大常委会选任联工委对区人大常委会、区人民政府、区人民检察院分别提请任命的32名国家机关工作人员全部进行任前法律知识考试，考试采取闭卷方式进行。经区人大常委会选任联工委工作人员判卷，按百分制标准计算，32名参考人员全部取得合格成绩，符合提请任命条件。

（余启楼）

·代表工作·

【代表履职】 修订完善主任联系常委、常委联系代表、代表联系选民、机关联系基层“四联系”制度，坚持常委会领导定期走访市区代表，了解代表履职情况，向代表通报人大常委会和“一府两院”工作情况。试行代表履职登记制度，组织省市区代表参加常委会组织的执法检查、调研视察。加强代表培训工作，邀请省、市人大领导和专家作组织法、监督法、代表法和人大业务知识辅导讲座，及时对新一届区人大代表进行初任培训，较好提升了代表履职的基本技能。

【代表主题实践活动】 及时建立代表小组，要求代表小组每年年初制定工作计划，开展代表小组活动要与常委会的工作重点结合起来。探索市、区代表联合开展活动的新形式，安排代表参加政府工作座谈、旁听法庭庭审等活动，邀请区代表列席常委会会议。开展代表之家规范化建设调研，为代表察民情、听民意、解民忧搭建服务平台。开展代表主题实践活动，引导人大代表争做人民意愿的代言人、履行职责的明白人、科学发展的带头人、公益事业的热心人。

【代表建议办理】 重视代表建议办理工作，把督办代表建议作为代表工作的一项重要内容来抓。坚持重点督办，完善分工督办，优化联合督办，强化视察督办，建立问题销号台账，办理一件，核销一件。区九届人大六次会议、区十届人大一次会议期间代表提出的65件建议均在规定的时间内办结。建议人见面率、答复率、满意率、解决率均有提升。认真开展优秀代表建议评选表彰，激发了代表履职热情。

（余启楼）

附：人大代表名录

十二届省人大代表（3人）

左　延	张显旺	陶璐璐（女）

十五届市人大代表（49人）

万新华	王向东	方国栋
户　敏（女）	叶　宁	叶心林
冯　文	朱艺芳（女）	仲建文
刘　松	严　勇	李伟荣
杨金甫	肖　坤	吴春锋
吴照友	邹平力	汪海洋
宋细妹（女）	张　业	张　群
张朝富	陈和民	林彬杨
罗　云	罗智敏	赵风林

胡慧婷（女）	骆凯波	桂雁冰
夏　子（女）	徐　风	徐　勇
徐昭国	桑红霞（女）	黄迈进
梅晓波	曹明志	曹俊云
曹德金	揭东轲	韩丰保
鲁　岚（女）	童庆贵	詹训春
詹济英	潘俊俊	潘炳生
戴晓慧（女）		

十届区人大代表（162 人）

湓浦街道代表团（28人）

万新华	毛江平	叶　宁
田龙生	邢　浔	刘　啸
孙金星	严永红（女）	杨　彬
吴春锋	汪　琦	宋细妹（女）
张　群	张明霞（女）	欧阳珊（女）
周浔勇	郑德俊	赵　为
胡　勇	胡德喜	袁春燕（女）
谈荣亚	桑志峰	梅美华（女）
阙红勤（女）	廖　强	潘世文
薛东文		

甘棠街道代表团（30人）

万斌霞（女）	卢选勇	冯期洋
朱艺芳（女）	刘　松	刘凤林
刘彦瑰（女）	李献春	杨　云（女）
余启楼	邹平力	宋小勇
张扬荣	张新华	陈健斌
欧阳琳（女）	周　围	周庆吾
赵风林	徐大亮	徐昭国
徐艳婷（女）	陶璐璐（女）	曹　原
曹文文（女）	曹俊云	程　红
童建林	詹济英	戴　虹（女）

人民路街道代表团（28人）

马年青	马海园（女）	王　亮
王中财	王风雷	孔　焙（女）
冯　文	朱　闽（女）	朱建春
刘学武	吴汇孙	吴尊评
余辉霞（女）	张美莲（女）	陈朝明
易小慧（女）	罗光明	罗和华
金　剑	周小彬	周德武
贾涵清	徐礼文	梅　芳（女）
詹训春	蔡璟旗	熊　瑛
潘翼峰		

白水湖街道代表团（28人）

王　丹（女）	王向东	王顺德
毛　求	卢剑旺	严　勇
李　青	李华军	宋　琪
张　天	张　旋	张云飞
张仁宗	张信波	张显旺
陈　治	罗　韧	罗会晏
周晓明	饶　盛	夏　子（女）
陶　韬	黄　玮	黄修勇
雷云峰	雷礼芬（女）	鲍巍芳（女）
潘俊俊		

金鸡坡街道、驻军代表团（25人）

朱永凯	朱增文	仲建文
刘新春	孙朝春	李伟荣
余　斌	余文进	宋卫国
张小军	范初芳	易晓剑
周佐福	柯朝煌	聂道勇
徐玉强	郭剑锋	黄立桂
曹明志	曹德金	龚雪华
温光照	楼柏木	谭胜利
潘　潾		

开发区代表团（23人）

方　颖（女）	户　敏（女）	朱志达
刘　莉（女）	孙坤镜	李　伟
李　勇	李小华	李启林
李国龙	李锦霞（女）	杨伟忠
吴　磊	欧阳礼军	钟庆梅（女）
钟林君（女）	骆凯波	袁惠民
梅晓波（女）	盛晓燕（女）	游　曦
熊德金	潘世广	

栏目编辑：蒋靖男

浔阳区人民政府

·综　　述·

【概况】 2016年，在市委、市政府和区委的领导下，浔阳区人民政府上下团结奋进、真抓实干、勇于攻坚，较好地完成了全年各项目标任务，实现了“十三五”的良好开局。

全年完成地区生产总值408.51亿元，增长9.5%；完成固定资产投资27.49亿元，增长10.3%；实现社会消费品零售总额203.24亿元，增长11%；完成财政总收入32.3亿元，同口径增长12.1%，总量位居全市第二；城镇居民人均可支配收入34005元，增长10%；农村居民人均可支配收入18019元，增长11%。

区域经济稳中有进　坚持第三产业主导地位，大力推进服务业发展，加速创新转型，产业结构不断优化。全年服务业实现增加值279.83亿元，占GDP比重达68.5%；服务业税收13.8亿元，占财政总收入42.7%；规模以上服务业企业达78家，新增21家。楼宇经济活力显现。科学规划特色楼宇，在考棚、京九市场等改造片区集中规划了一批商务楼宇。建设楼宇项目，完成“792创意园”打造、津晶城商务大厦主体工程。提档升级老旧楼宇，完善了龙翔国贸、兴龙国际等楼宇周边配套设施。加大和汇长虹商务中心等新建楼宇招商推介力度，洽谈对接了武大科技园等知名园区创新型企业，吸引了“猪八戒网”、美国“一键房”等“互联网+”型企业入驻，全年楼宇新增入驻企业130余家，实现楼宇税收8000余万元。商贸物流繁荣发展。加大市场培育力度，京九仓储物流园一期、京九国际商贸城项目基本建成，九江烟草物流中心有序推进，广灵药业正在申报省级服务业龙头企业。文旅产业融合创新。加强旅游商品宣传推介，“浔阳送客茶礼套装”荣获江西旅游商品大赛金奖。全年接待游客571.1万人次，增长26.3%，实现旅游总收入46.5亿元，增长26.2%。工业经济稳健运行。积极策应“新工业十年行动”，推进“两化融合”，坚持以信息化引领带动工业化，全面打造绿色生态产业园。基本完成新立基沥青二期、中铁九桥产业园、齐鑫化工三期项目前期工作。全年完成规模以上工业主营业务收入26亿元，实现工业增加值6亿元。民营经济蓄势待发。积极培育民营经济主体，新增市场主体3384户，新增注册资本35亿元。积极扶持中小微企业发展，破解资金难题，通过“财园信贷通”平台，共帮扶178家企业发放贷款10.59亿元，名列全省第三、全市第一。

棚改工作有序推动　大力支持九江石化做大做强，克服重重困难，有序推进了省二建、省设备安装公司后续征收工作；完成九江石化厂际管廊安全隐患治理和油品质量升级卫生防护距离内房屋征收工作。紧紧把握棚户区改造工作重心，进一步规范征收程序，圆满完成了整流器厂、英租界、回民巷征收签约，启动了黄土坡、锁江楼片区征收，基本完成了考棚片区征收扫尾工作。全年改造棚户区25万平方米、3033户，超额完成年度棚户区改造任务。坚持“以人为本、安置先行”，全年安置房项目在建面积超过40万平方米，新建、续建战备路二期、莲花池等安置区，基本完成了殷家畈、德化二期、封缸酒厂、孔家洼等安置区项目建设，启动了战备路一期、琵琶亭等安置区分房工作。

城市环境明显改善　围绕城市环境综合整治“提升年”任务要求，按照“车多有序、人多有礼、街老整齐、路窄干净、房旧灯亮、城美宜居”总体目标，强力推进城市管理“百日大提升”活动。全年开展大型集中整治117次，发放宣传单10万余份，清理、清除和暂扣违法违规占道物品、杂物和车辆等共计12000余处，发现、制止“两违”建筑135起，拆除面积8500平方米，市容市貌得到根本改观。加大整治力度，着力完善管理制度，长效机制初步建立。坚持“属地管理”原则，健全督查考评机制，加大保洁冲洗力度，高标准筹建智慧城管平台，为打造智慧城市提供了有力支撑。加强市容环卫基础设施建设，升级改造了部分公厕、垃圾中转台，采购了一批道路冲洗车、垃圾清运车、保洁质检车，提高了环卫机械化水平，改善了环卫工人作业条件。

民生福祉持续增进　全区新增就业4780人，“4050”人员就业520人，零就业家庭安置率100%，新增小额贷款7630万元，新增担保基金300万元。全区参加城镇职工基本养老保险2.45万人，城乡居民社会养老保险5231人，城镇基本医疗保险12.06万人，征缴养老保险费7100万元。低保标准提至480元/月，人均补差356.54元。城乡大病医疗救助10527人次，发放医疗救助金514.7万元，为13754名学生免除学杂费和书本费共计933.36万元。积极创建省级慢病综合防控示范区，继续实施“光明·微笑”工程，为“儿童两病”、尿毒症患者、贫困家庭重性精神病患者等提供免费救治，共救治各类病人1050例。继续落实高龄老人补贴政策，共为6568名高龄老人发放补贴580.61万元。加大环卫工人、、“三无”人员和社区居干保障力度，全面落实环卫特困工人专项基金救助机制。强力推进江洲菜场、新一菜场、老马渡菜场等3个农贸市场改建，保障了市民日常生活需求。开展“爱满浔阳·慈善助学”活动，募集善款30万元，资助学生106名，得到了社会各界广泛好评。

社会事业统筹推进 加大社区建设力度，打造了“社区数字化综合管理服务系统”，进一步拓宽了社区服务功能，南司社区荣获“全国无邪教创建示范社区”，向阳闸社区荣获“全国防灾减灾示范社区”，湖滨社区荣获“全省人防工作先进单位”。全力构建“五位一体”养老格局，完成了金鸡坡、南湖、花果园等5个日间照料中心打造。加强科技创新，津晶城高新科技园获评国家级科技企业孵化器。加快学校标准化建设，全力推动浔东小学、龙山小学北司路校区、新村小学新校区、城东学校、城东中心幼儿园、湖滨小学新建、改扩建工作，办学条件进一步均衡，顺利通过了县域义务教育均衡发展国家督导评估。深入创建国家公共文化服务体系示范区，打造了“浔阳一家亲”文化品牌，浔阳文化馆演出的小品《面对》荣获第十三届华东六省一市戏剧小品大赛金奖。加快推进区人民医院整体迁建项目，实现了公立医院与基层医疗卫生机构协作联动。广泛开展全民健身运动，深入推进校园足球运动，湖滨小学足球队荣获全国“谁是球王”成都赛区第一名。积极构建区、街、社区三级出生人口监测网络，在全国计生信息化工作大会上作了经验交流。加大“三品一械”监管力度，日常监管检查率达100%。加强社会治安综合治理，严厉惩治违法犯罪活动，公众安全感和满意度进一步提升。扎实推进“七五”普法工作，“法治浔阳”理念深入人心。积极开展领导干部“接访听诉”活动，加强矛盾纠纷排查调处，落实领导包案制度，有效化解信访积案21件。加强全社会节能降耗工作，综合能耗同比下降4%。做好统计工作，完成了第三次全国农业普查前期准备工作。全面推行“河长制”，大力实施“清河行动”，生态文明示范区创建工作有序推进。不断完善安全生产责任体系，安全专项整治持续深入，隐患排查治理扎实有力，杜绝了重特大事故发生。完善应急预案体系建设，提高了应对突发事件的能力。加强双拥工作，荣获“全省双拥模范区”。国防、对台、防震减灾、民族宗教、外事侨务、物价、区志、档案等工作取得新进展。

政府建设全面加强 按照中央、省、市要求部署，以“四讲四有”为基础，以习近平总书记弘扬井冈山精神“四句话”为标准，进一步巩固“三严三实”专题教育成果，扎实开展了“两学一做”学习教育。全面落实从严治党主体责任和监督责任，严格落实中央“八项规定”精神，始终把纪律和规矩挺在前面。严格按照法定权限和程序行使权力，自觉接受人大法律监督和工作监督，充分发挥政协民主监督和参政议政作用，全年办理人大代表建议65件，政协委员提案146件，办复率100%。制定《浔阳区人民政府议事规则》《浔阳区政府投资建筑工程项目建设单位相关工作管理办法》等制度性文件，进一步规范了政府工作、项目建设流程。稳步推进公车改革，组建了浔阳区公务用车服务中心，完成首批公车拍卖工作。加大财政资金、重大建设项目、征地拆迁等领域的政府信息公开，提高了政府工作透明度。深化行政审批制度改革，规范行政许可行为，进一步推进“两集中，两到位”，公布了区本级行政审批中介服务事项目录，精简率达68.8%。深入推进“营改增”工作，启动实施“五证合一”“一照一码”登记制度，加快推进行政检查“双随机、一公开”，进一步实现简政放权、放管结合、优化服务。积极受理群众诉求，畅通民声通道，回复各类咨询、投诉、建议470余件。进一步规范资金使用，强化审计监督，严格支出管理，“三公”经费下降26.2%。

（区政府办供稿）

·重要会议·

【区政府全体会议】 2016年，召开区政府全体会议2次。

1月19日，召开九届区政府第6次全体会议，讨论《区政府工作报告》，区政府班子成员，区政府各部门和区直各单位主要负责人参加会议。

9月21日，召开十届区政府第1次全体会议，讨论《区政府工作报告》，区政府班子成员，区政府各部门和区直各单位主要负责人参加会议。

【区政府常务会议】 2016年，召开区政府常务会议12次。

1月7日，九届区政府召开了第45次常务会议。研究江洲农贸市场升级改造项目新增工程事宜、区人民医院迁建项目主楼基础设计变更、浔阳区东方神韵文化产业园项目整体搬迁补偿后续、关于建立健全保障农民工工资支付工资责任制的报告、关于延长浔阳宾馆租赁期、莲花池保障性住房建设项目招标工作、整流器厂片区旧城改造项目征迁改造、花果园安置小区有关房屋主体建筑工程审计问题等事宜。讨论《2016年政府工作报告（征求意见稿）》和《九江市浔阳区国民经济和社会发展第十三个五年规划纲要（征求意见稿）》。会议原则通过《九江市浔阳区国民经济和社会发展第十三个五年规划纲要》，会议最后还通过了相关人事任免。

3月11日，九届区政府召开了第46次常务会议。研究《浔阳区扶持企业上市工作办法》、游岭村居民点和省建二公司、省设备安装公司九江基地整体搬迁项目中期审计、莲花池保障性住房（棚户区改造安置小区）城建项目、浔阳楼棚户区改造项目二期房屋征收收购补偿、《浔阳区人民政府关于迎接2016年国家县域义务教育均衡发展督导评估的实施方案》《浔阳区加快推进学校建设项目计划》《浔阳区环保综合督查问题整改工作实施方案》、曹家山综合安置小区项目建设等相关事宜。

3月29日，九届区政府召开了第47次常务会议。传达国务院、省、市廉政工作会议精神并部署区政府廉政工作。听取《关于赴芜湖等地考察学习的情况汇报》。研究调整区直党政机关事业单位工作时间、公务用车制度改革、求实公司向区政府赠予幼儿园、战备路保障性住房综合安置小区二期建设项目招标、调整金鸡坡街道游岭村、金安湖社区行政区划及白水湖街道新成立社区、创建省级慢性非传染性疾病综合防控示范区等相关事宜。

4月18日，九届区政府召开了第48次常务会议。专题研究暂停李兵职务事宜，会议要求，区直各部门单位，要充分吸取经验教训，加大党风廉政建设，从严要求党员干部，以风清气正的环境保障全区换届工作的开展。

4月26日，九届区政府召开了第49次常务会议。研究莲花池保障房项目增加基坑支护、保护市政排水箱涵加固施工道路工程设计需要增加预算、重新安置三里村京九仓储中心、区政府部门行政权力及行政审批中介服务事项清理规范、《关于浔阳区鼓励拆迁居民优惠购买安置房的实施意见（讨论稿）》、浔阳区全面推开营业税改征增值税试点工作事宜、关于严格执行标准发放政府性奖励、《浔阳区2016年财政预算报告》等相关事宜。审议《浔阳区旧城改造庾亮南路片区房屋征收补偿方案（征求意见稿）》《浔阳区旧城改造九江租借（租界博物馆）片区房屋征收补偿方案》《九江石化厂际管廊安全隐患治理项目房屋征收补偿方案（征求意见稿）》《九江石化油品质量升级改造工程卫生防护距离房屋征收补偿方案（征求意见稿）》和《浔阳区城市建设投资有限公司与江西万升投资发展有限公司〈协议书〉》。

6月1日，九届区政府召开了第50次常务会议，研究环卫设施设备购置、花果园小区、战备路小区、姬公庵复建址（三期）三处国有资产处置、区国有资产经营管理中心国有资产（门面）公开租赁、浔阳区（曹家山）公租房户型改造、花果园棚改安置小区有关不动产权办理、成立九江市浔阳区财政实业有限公司、全区公务用车制度改革实施细则及公车处置、全区开展降低企业成本、优化发展环境专项活动、全区公务消费一体化监管等相关事宜。

7月11日，九届区政府召开了第51次常务会议。研究浔阳区公开选调教师相关事宜，会议要求，区直各相关部门，要高度重视，认真履职，规范操作，按照“公平、公正、公开”原则，确保圆满完成教师选调工作。

7月20日，九届区政府召开了第52次常务会议。研究战备路保障性住房综合安置小区二期施工招标控制价及付款方式调整事宜。

9月13日，十届区政府召开了第1次常务会议。会议听取了《九江市浔阳区人民政府工作报告》起草情况和主要内容的汇报。会议原则通过《九江市浔阳区人民政府工作报告（征求意见稿）》，在进一步修改完善后提交区委常委会审定。

9月18日，十届区政府召开了第2次常务会议。专题研究九江市钒宇新材料股份有限公司（简称钒宇新材料公司）续贷担保事宜。

10月11日，十届区政府召开了第3次常务会议。研究《浔阳区实施“河长制”工作方案》《浔阳区环卫设施管理办法》《环卫系统临时工人购买商业保险事宜》《区市场和质量监督管理局行政许可窗口及办公室改造项目事宜》《区国税、地税联合办证大厅事务管理工作》《补充完善预防接种冷链设备及卫生应急装备事宜》《推进公务用车制度改革事宜》《区机关事业单位养老保险工作事宜》《为792创意园入驻企业注册登记提供住所证明事宜》等文件。最后，会议还研究通过了区政府议事规则，通过了相关人事任免，通报了区政府领导分工安排。

11月16日，十届区政府召开了区政府第4次常务会议。会议研究原赣北化工厂码头（春江大观园）遗漏资产补偿事宜、浔阳区禁毒工作相关事宜、浔阳区道路交通安全“两站”“两员”建设等工作。讨论《浔阳区政府投资建筑工程项目建设单位相关工作管理办法（修改稿）》文件，并研究调整浔阳区城市建设投资有限公司董事会成员事宜、封缸酒厂片区棚户区改造等项目融资事宜。

【区长办公会议】 2016年，召开区长办公会议7次。

1月6日，集中收看全国、全省、全市安全生产电视电话会议后，区长在区政府三楼会议室立即主持召开了全区安全生产工作专题部署会。

4月22日，区长在区政府七楼会议室主持召开浔阳区工业园与九江市招商燃气有限公司所有0.14公顷产权道路地块进行同等置换协调会议。

5月13日，区长在区政府7楼会议室主持召开了金鸡坡街道范围内各房屋征收项目的专题调度会。

6月27日，区长在金鸡坡街道4楼会议室召开九江石化厂际管廊安全隐患治理和油品质量升级800米卫生防护距离内房屋征收项目专题调度会。

8月21日，区长在区政府7楼会议室传达一下省、市政府全体会议精神，并对下半年工作进行了部署。

9月4日，区长在区政府7楼会议室传达严“准则”“条例”“中央八项规定”，以及省委、市委相关规定要求，并就廉政建设工作进行了部署。

10月27日，区长在区政府七楼会议室主持召开了全区教育工作专题办公会。

（刘水金）

·重要施政·

【概况】 2016年是“十三五”规划的开局之年，也是浔阳区实施“3785”目标，实现率先发展的收官之年。全区紧盯“昌九一体、做大九江”不动摇，聚力“3785”目标不放松，努力建设“美丽、实力、文化、幸福”新浔阳。

【第三产业】 培育壮大楼宇经济。全力推进广东商会大厦、繁都商务中心、京九电子商务大厦等重点楼宇项目。在考棚、浔阳楼、老京九市场等改造地块，引进一批高端商务楼宇项目。加强新建楼宇、空置楼宇招商帮扶，建立企业入驻楼宇动态管理体系，切实提高楼宇项目的企业入驻率和税收贡献率，力争全年楼宇税收突破1.2亿元。进一步规范提升商业零售、餐饮娱乐、文化旅游、医疗保健等传统服务业。全力推进九江烟草物流中心、花果园购物中心等市场项目，妥善完成老京九市场搬迁工作，支持联盛商业在新三板上市。加快沿江仓储冷库、货运配载、综合码头等配套设施建设，利用城东片区空置土地规划建设生产性服务业物流园区，引进培育一批物流龙头企业，促进第三方物流和中小微物流企业发展，打造辐射全省、带动周边的沿江智慧型物流产业带。以京九“阿里巴巴·九江产业带”和联盛集团易佳购线上平台建设为契机，吸引网商、电商和大中路、浔阳路商户进驻平台。出台零售电商、服务电商、产业电商、金融电商等奖励扶持政策，鼓励传统商贸企业开发线上线下营销平台，积极引进各类优质电商企业。编制《浔阳区电商产业发展规划》。全年全区新增规模以上电商企业20家，电子商务交易额突破100亿大关。做好《春江花月夜》文化旅游项目延伸开发。积极包装沿江、沿湖等城区景观资源，大力开发文化娱乐、度假休闲、商务会展等新型旅游模式，支持帮扶一批重点文旅企业，激活城区文旅产业。启动庾亮南路历史文化街区改造工程，着力推动浔阳历史文化古城向历史文化名城的转变。

【工业项目建设】 全面完成游岭、省二建片区征迁扫尾，启动油管线改造征迁工作，保障九江石化800万吨/年油品质量升级项目投产达标。推进齐鑫化工三期等项目建设，积极推动和支持中煜程塑业、钒宇新材料、新立基沥青等项目在新三板挂牌上市。不断延伸石化产业链，做精做优工业园区。依托津晶城高科技产业园平台，积极引入一批科技企业项目，力争入驻企业达到100家，努力培育省市知名的科技孵化创业基地。坚持以信息化引领带动工业化，推进“两化融合”，提升园区企业管理水平和产出效益。加强“财园信贷通”工作，破解企业融资难题。加强园区企业排污监测，打造绿色、环保、优质园区。

【旧城改造】 坚持实行“两优先、三公开、四结合、五同步”工作模式，加快推进锁江楼、老京九市场等片区征迁，适时启动整流器厂、黄土坡等片区改造，全年完成征迁改造30万平方米。加快推进孔家洼、莲花池、战备路二期、曹家山三期、甘棠保障性住房等安置小区建设，全面完成琵琶亭、殷家畈、战备路一期、德化二期等安置小区配套建设和分房工作，确保全年安置房竣工面积32万平方米。引进知名战略投资企业对考棚、老京九市场等片区进行整体开发，规划建设集写字楼、购物体验、娱乐休闲、金融服务、文化创意、品牌餐饮于一体的大型城市综合体。

【城市环境】 开展“城市管理提升年”活动，着力打造智慧城市。健全区、街、社区三级管理体制，建立并运行“数字化城管平台”，逐步实现市容环卫、城管执法网格化管理，切实提高城市管理现代化、科技化和信息化水平。大力推广开放式无物业小区管理模式，逐步实现老城区住宅规范化管理。推进长虹北路、长虹东大道整体环卫保洁市场化运作，加快形成“统一开放、有序竞争、运转高效”的城市管理市场化机制。大力推进“两湖”周边、农贸市场、商业街区等专项整治，切实解决城区“脏、乱、污、散、堵、差”等问题。加大“两违”建筑查处力度。继续新建改造一批垃圾中转台、一类公厕和环卫工人休息室，基本完成城区边街小巷和院落小区改造任务，合理布局一批农贸市场、健身场所、街区景观、文化活动中心等公共服务设施。以创建国家森林城市、省级文明城市为契机，积极开展城区植树增绿行动，提升城区生态宜居水平。加强舆论宣传，培育市民生态文明观念，引导市民绿色出行、低碳消费。

【民生工程】 健全就业创业服务体系，大力开发就业岗位，积极鼓励自主创业，确保新增城镇就业3500人，实现“4050”人员就业400人，零就业家庭就业安置率100%。推进“多险合一”与社保覆盖面拓展工作相结合，健全完善以社会保险、社会救助、社会福利、社会慈善、社会养老为重点的社会保障体系，力争低保标准提至480元/月。完善养老服务体系，鼓励民间资本兴办社会福利机构。继续推进疾病应急救助、失独家庭再生育技术服务、免费孕前优生健康检查等工作。落实“光明·微笑”、儿童“两病”、尿毒症患者免费血透等救助政策，保障困难群体基本生活。开展“慈善助学·爱满浔阳”捐资助学、“慈善一日捐”等活动，建立多层次、多渠道救困济贫体系。

【社会治理】 深入开展社会治安专项治理，健全完善“天网”工程，严厉惩治各种违法犯罪活动，不断提升公众安全感和满意度。继续落实领导定期接访和包案制度，充分发挥“网上信访”平台作用，进一步畅通群众信访渠道，有效解决群众合理诉求。严格落实“党政同责、一岗双责”制度，有效防范和坚决遏制重特大安全事故发生。健全食品药品监管体系，确保人民群众饮食用药安全。加强城区消防队伍建设，不断提高消防工作水平。推进法治浔阳建设，着力营造良好的法治环境。

（柯凯敏）

·综合政务·

【概况】 2016年，区政府办在区委、区政府的正确领导下，始终坚持“融入中心、服务大局”工作思路，认真履行参谋、协调、服务职责，同心同力，共识共为，班子展现新风貌，队伍焕发新活力，工作取得新进展，先后荣获市文秘先进集体、电子政务先进单位等多个奖项。

【材料撰写工作】 始终坚持精品办文，通过吃透上情、结合区情、把握实情，不断增强文稿的思想性、针对性和指导性，顺利完成年度政府工作报告、经济工作会、经济形势分析会等各类材料撰写工作。严把发文政策关、格式关、文字关、内容关，从源头上控制发文数量和质量，切实做到能不发的文不发、能少发的文少发、惠民利民的文件及时发。始终坚持精简会议，认真做好各项会议的人员通知、会场布置等前期工作，合理安排会议时间、会议议程，严格按照办会的规范流程进行操作，确保会议质量的有效提升。全年报送各类信息近1000条，被浔阳网、《九江政务》采用信息上百条。

【学习制度】 制定区政府办学习方案，坚持科室每周学、全办每月学等制度，先后学习了财税工作、土地运作、项目报批等知识。建立健全工作调研制度，通过深入街道、部门、项目建设现场调研，切实做到情况在一线掌握、作风在一线锤炼，以求真务实的精神确保政府办工作的顺利开展。重新修订《政府办公室管理制度汇编》，进一步明确办文办会、信息调研、财务管理、督查工作、应急管理、职工考勤等29项制度，有效促进区政府办工作的规范化、操作的精细化和执行的高效化。

【效能建设】 区政府办是个综合协调部门，工作内容多、标准要求高。在办理人大代表建议和政协委员提案工作中，坚持做到接受任务、组织领导、责任分工、组织办理、负责实施、答复代表、质量监督七个“一抓到底”，区政府办全年办理人大代表建议37件，政协委员提案102件，回复率、满意率均为100%。在办理民声直通车群众诉求过程中，坚持“5个工作日”制度，从接到信访件、联系相关责任人到完成办理情况回复，全部在5个工作日内完成，使群众诉求回复率100%，群众诉求得到了妥善解决。在推进政法综治工作中，推行“目标管理责任制”和“岗位责任制”，按照“细化、量化、标准化、科学化”的要求，把各个环节的工作内容、要求、标准全面细化分解，明确到每个岗位、每个人，确保综治维稳工作的顺利完成。

【廉政建设】 推行首问负责制、限时办结制、失职追究制等“六项制度”，健全了承诺制度和公示制度，使区政府办廉政建设有章可循、有规可依。结合“两学一做”学习教育，通过实行自查自纠、整改落实、建章立制、强化纪律等，坚决反对各种不严不实、作风不优等问题的发生。严格执行中央八项规定和省、市相关廉政要求，最大限度压缩“三公”经费开支，做到接待上级领导严控陪餐人数和菜品，外出学习考察按照相关规定执行。高度重视发挥群众监督作用，对群众举报的问题认真调查核实，发现有吃、请、索、卡、要，以及服务质量、服务态度等方面问题，坚决做到严肃处理，决不姑息。

【领导班子建设】 以“三严三实”学习教育为契机，进一步加强区政府办领导班子建设，建立健全领导带头示范工作机制，切实做到“一级做给一级看，一级带着一级干”，形成上行下效的良性示范效应。严格执行民主集中责任制，坚持集体领导与个人分工负责相结合，充分发挥班子成员作用，对区政府办人事、财务等重大决策事项，全部提交区政府办班子会议进行讨论，使各项决策更加科学化、合理化、民主化。建立健全支部民主生活会制度，坚决落实“三会一课”谈心谈话等制度，充分利用民主评议会、组织生活会等平台，提高党内政治生活质量。强化领导班子职能分工，正确处理正职与副职，分工与协作的关系，不断提高班子成员的素质和能力，努力把班子建设成团结拼搏、开拓创新、率先垂范、廉洁高效的领导集体。

（柯凯敏）

·督　　查·

【概况】　区政府督查室紧紧围绕区中心工作，以服务领导决策为宗旨，以推动各项工作落实为目标，积极适应新形势的发展需要，不断创新工作思路，努力提高督查工作质量和服务水平。全年共组织开展各类专项督查30余次，印发《督查通报》25期，办理各级领导批示件120 余件，转办人大代表建议和政协委员提案212件。

【重点工作、重大项目现场督查】　对《政府工作报告》中确定的楼宇经济、商贸物流、文旅产业、工业经济、棚户区改造、城市管理、民生工程、社会事业等重点工作，进行详细分解，明确责任单位，实行台账管理，按季度督查问效。严格执行通报制度，对工作落实情况以《督查通报》的形式向全区通报。对防汛工作、棚户区改造、安置小区建设、“城市管理百日大提升”活动、农贸市场改造等重点工作开展专项督查，深入现场掌握第一手资料，及时印发督查通报。

【办理领导批示件】　把领导批示件办理工作摆在重要位置，当作一项上为领导分忧、下为群众解难的重要工作来抓。进一步规范区委、区政府领导的批示件办理工作流程，采取逐件登记、迅速转办、限期办理、定期催办等措施，做到批则必查、查则必果、果则必报、报则必准，把好事实关、定性关、处理关、文字关和时间关。全年共办理领导批示件120 余件，办结率 100%。

【人大建议和政协提案】　2016年，共办理人大代表建议和政协委员提案212件，其中人大代表建议66件，政协委员提案146件，212件建议提案全部办理完毕，满意和基本满意率100%。建立承办工作“一条龙”负责制、“一站式”服务制，要求承办单位专人负责起草答复件，在规定的时间内答复完毕，督查室定期汇总、重点建议上门了解或现场督查，加强了办理工作的跟踪问效力度，取得了明显成效。

（胡文博）

·法治建设·

【概况】　2016年，区政府法治建设工作以贯彻国务院《全面推行依法行政实施纲要》为主线，按照《浔阳区2016年法治政府建设工作要点》的工作部署，以建设法治政府为目标，全面推行依法行政，为全区经济社会发展打造良好的法治环境。

【行政审批制度改革】　2016年，对全区36个部门衔接实施的行政审批事项进行梳理审核，最终审定责任事项2959项。取消和调整行政审批事项2352项，取消审定责任事项190项，合并11项，行政审批项目精简率达70%。经审定后的行政审批权责清单按规定在政府门户网站上公布。

【规范性文件管理以及执法专项检查工作】　对区政府各部门出台的规范性文件进行清理，共清理出继续有效的文件共273件，废止文件143件，并将清理结果通过政府网站向社会公开。组织开展环境大检查，清理违规建设项目，清理废除阻碍环境执法“土政策”。区法治办会同区检察院联合开展行政执法调研指导工作，对生态环境保护的国土、环保、农林水务等行政执法部门进行执法检查，探索建立健全行政司法衔接联动机制。

【行政检查“双随机、一公开”工作】　2016年，浔阳区积极探索“双随机、一公开”抽查工作机制。区各相关部门行政管理监管部门结合各执法领域，执法能力实际，相继完成“一单两库”(1)的创建工作。区各相关部门行政监管部门严格按照工作方案组织执法检查，合理确定随机抽查的比例和频率，既保证必要的抽查覆盖率，又要防止检查过多和执法扰民。随机抽查结果及时向社会公布。

【依法办理行政复议案件】　2016年，区法治办共受理行政复议案件3件，主要涉及政府信息公开、消费者权益保护、公民人身权保护等纠纷。通过行政复议工作，纠正一些部门违法或不当的行政行为，规范执法活动，维护行政管理相对人的合法权益。

【行政调解工作】 2016年，浔阳区认真贯彻落实江西省《关于做好行政调解工作的意见》，把与群众利益密切相关的医疗、劳动人事和社会保障、环境、教育、住房、交通、消费者权益等重点民生领域纠纷作为工作重点。全区共调解处理各类矛盾纠纷1000余件，调解成功率达90%以上。全年全区已建成劳动争议、医疗卫生、学校意外伤亡事故、山林土地水利、环境保护、物业管理等领域的专业性、行业性调解平台，制定完善的调解制度、程序、机制。明确各部门的职责和任务，梳理各部门行政调解依据并予以公告，严格按照规定流程及文书格式进行登记，办理和归档，保证程序合法规范。

（陈　克）

注释：

（1）一单两库：行政检查事项清单、市场主体名录库和执法监察人员名录库。

·经济研究·

【概况】 2016年，区政府经济研究室紧扣中心，把握全局，主动参与，超前谋划，深入开展调查研究，主动提出对策建议，当好领导的参谋助手。全年共完成政府领导重要讲话等各类文字材料近百篇，撰写大型调研文章10余篇，编辑《浔阳区政府办调研文章合集》。

【文稿写作】 始终把参谋服务的立足点放在文稿起草上，在时效和质量并重且人手不足情况下，高标准高质量完成各种文字材料的起草工作。先后承担起区政府工作报告、区经济工作会议讲话、政府全体会议讲话、经济形势分析会讲话等大型文稿，没有出现一起差错。

【审核文件】 在做好经济研究工作同时，区政府经济研究室还承担着区政府、区政府办制发文件起草、审核、把关等任务。2016年，区政府经济研究室按照严谨、细致、零差错要求，先后制发文件30余个，审核把关各类文件上百个，做到让领导满意、让群众满意。

【撰写信息】 2016年，区政府经济研究室紧扣区委、区政府中心工作，深挖区政府工作特色和亮点，全面总结浔阳区工作经验做法，先后在中国浔阳网、《九江政务》等上报各类信息1000余条，全年采用近百条，进一步宣传浔阳区工作成绩，展示全区发展面貌。

【调查研究】 2016年，建立健全学习考察制度，经常性到基层单位，到棚改现场、执法现场、城管现场等开展调查研究，及时摸情况、找问题，随时掌握基层动态，把握基层情况，并高质量撰写调研文章，为领导提供各类有助于决策的信息。全年区政府经济研究室先后撰写了10余篇调研文章，涉及楼宇经济建设、棚户区改造、城市建设和管理、民生事业发展等各方面。同时，对各类调研文章，区政府经济研究室汇编成册，印发给区政府全体领导，进一步发挥参谋助手的职能作用。

（柯凯敏）

·应急管理·

【概况】 2016年，按照省、市有关加强应急管理工作的要求，浔阳区政府应急管理办公室，全面履行应急管理职能，努力提高保障公共安全和处置突发事件的能力，预防和减少突发事件及其造成的损失，对做好新形势下应急管理工作进行有益的尝试和探索，全区应急管理工作得到了有效推进。

【应急值守】 2016年，专门设置应急值班室，值班室配备了电话、传真机、电脑、复印机等办公设施设备，值班电话通过报纸和网络及时向社会公布，同时制定《应急值守制度》，落实24小时值班制度。各街道、相关单位各确定1名专职信息员，专门负责单位突发事件的信息报送。在全年的重大节假日、活动期间值守应急中，采取现场督查和电话抽查的方式，督查各单位应急值守及信息报送处置情况，并将情况予以通报。

【应急预案修订】 始终将专项应急预案修订工作列入应急管理工作的重要议事日程。在预案修订中，明确分管领导，落实专人，集中时间，认真修订，并及时和市政府应急办衔接相关工作，使预案的修订既简明扼要，又便于记忆。2016年，共修订各街道、相关单位、居（村）委会应急预案86份。

【应急知识宣传】 5月12日，为使全区人民了解防震、疏散等应急避险知识，提高紧急避险、自救自护和应变能力，掌握地震来临时最有效的逃生方法，区政府应急管理办公室在区行政服务中心举行了防震减灾宣传。

【应急平台建设】 应急平台建设是应急管理的一项基础性工作，对于建立和健全应急机制，预防和应对突发公共事件，减少灾害损失，具有重要意义。因此，2016年，浔阳区就大力开展应急平台的建设工作，按照既考虑突发公共事件的处理，又满足日常工作应急管理工作需求的要求来建设。

（郑　伟）

·外事与侨务·

【概况】 2016年，浔阳区外侨工作在省市两级的正确领导和关心帮助下，主动服务经济社会发展大局，努力提高浔阳经济、文化、科技等方面的外向度和社会开放度，充分发挥好外事侨务工作的优势，努力作为，奋力开拓，认真完成省市两级布置的各项工作任务。

【因公出国（境）管理】 认真贯彻落实中央、省市有关因公出国（境）管理的有关规定。围绕《关于开展制止党政干部公款出国（境）旅游专项工作的实施方案》要求，在全区开展“两办规定”[(1)]专项工作，建立区制止党政干部公款出国（境）旅游专项工作联席会议机制，严格执行“两办规定”中的明确审批原则，对各街道、各部门落实“两办规定”，制止党政干部公款出国（境）旅游专项工作情况进行监督检查，把好初审关，有效地规范了出访的秩序，提高了财政资金的利用率。

【涉外突发事件应急预案】 学习和熟悉涉外突发事件应急预案。认真办理APEC商务旅行卡申办工作。对在浔阳区务工和商务交流的人员，加强了管理，建立联络员联席会议制度的运作，以制度协调部门工作，做好配合和协作，确保工作落实。境外非政府组织在浔阳区内活动的管理工作，按照上级的要求，与相关部门进行沟通、交流，进行了有益的探索。

【为侨服务工作】 由区外侨办牵头，对全区困难归侨开展调查，逐步完善资料库。对全区的侨资企业开展调查，逐步完善资料库。同时认真分析辖区内侨资企业的现有情况，提出建设性的意见，完善侨资企业联络网建设，进一步为侨资企业服务，为区委、区政府的决策提供依据和参考。按照《江西省外事侨务办公室转发〈国务院侨办信访工作规定〉的通知》要求，认真做好侨务信访工作。建立信访工作责任制，强化信访工作程序，提高信访案件的办结率。

【友城工作】 搞好城区外事侨务工作，坚持在工作形态上，礼宾接待和日常联络联谊相结合；工作对象上，辖区内和辖区以外相结合，老朋友和新朋友相结合；工作渠道上，致力创建交流平台，开展友城建设，以不断扩大工作视野，扩大工作覆盖面。积极协助配合市外侨办安排的外事接待工作。一方面做好已有缔结意向城区的重点跟进，另一方面利用海外资源，积极在国外寻找友城缔结的意向城市，根据浔阳区的实际情况和发展方向，将美国、加拿大、澳大利亚、日本作为友城工作的方向和重点。

（刘　继）

注释：

（1）两办规定：中共中央办公厅、国务院办公厅《关于进一步加强因公出国（境）管理的若干规定》。

·民族与宗教事务·

【概况】 浔阳区民宗局2009年列入政府序列，负责全区民族、宗教事务。2013年9月升格为正科级单位，为区政府办的内设机构。2016年，全区少数民族常住人口约3800人，有35个少数民族，人数较多的少数民族有回族、满族、土家族、壮族、蒙古族、畲族等。少数民族流动人口约900人，主要以回族、维吾尔族、撒拉族为主。浔阳区五大宗教齐全，是九江市佛教协会、九江市伊斯兰教协会、九江市天主教爱国会的驻地。经浔阳区登记备案的各类宗教场所14处，其中佛教能仁寺是全国重点寺院，道教三圣宫、万寿宫是省级重点宫观。登记备案的宗教教职人员有48人。

【民族政策】 学习贯彻执行国家民委、公安部联合下发的《中国公民民族成分登记管理办法》。2016年为群众办理符合规定的民族成分变更1例。落实少数民族考生政策，全年核实认定少数民族考生民族成分31例，按时上报省、市民宗和教育部门。

【城市少数民族流动人口服务管理体系建设省级试点工作】 省级试点工作自2014年开展以来，浔阳区结合实际，突出特色，大胆探索，总结出浔阳“四化模式”。2016年1月，浔阳区委在省委改革创新督查工作会上，以此为题作经验介绍。9月13日，省民宗局民族社会事业处处长罗光泉一行代表省民宗局检查验收浔阳区城市少数民族流动人口服务管理体系建设省级试点工作，并给予高度评价，区政府圆满完成该试点工作。12月28日，省委统战部、省民宗局在宜春市召开全省城市民族工作连心共建活动经验交流会，区委统战部副部长、区民宗局局长桂晨笑作为唯一县区代表参会，并代表浔阳区在大会发言，作经验介绍。

【庾亮南路历史文化街区改造项目】 区民宗局作为庾亮南路历史文化街区改造项目单位，积极参与协调项目服务工作。九江市委书记杨伟东、市人大常委会主任冯静、副市长孙金森、副市长卢天锡先后深入能仁寺、天主教修道院、天主教堂调研庾亮南路历史文化街区改造项目。

【宗教界和少数民族代表人士参与慈善公益活动】 能仁寺组织筹集资金、教学物资等赴德安山区小学捐资助学，合计10万元。市隐庵帮扶贫困大学生家庭3户，资助资金7000元。防汛抗洪期间，维吾尔族青年塔森组织10名少数民族同胞慰问城区抗洪值班点，并送去价值1余万元的哈密瓜、矿泉水等物资。

【民族、宗教人士慰问活动】 争取省级专项资金走访慰问少数民族困难户，经调查摸底、社区公示，共帮扶13户。走访慰问全区宗教场所和宗教界代表人士，送去党和政府的关怀。为少数民族同胞办实事，改造九江市清真寺外墙立面，按照伊斯兰风格维修出新，并协调将该工程纳入到区政府项目实施，为九江市伊斯兰教协会节约资金20余万元。

（黄　政）

·地方志工作·

【概况】 2016年，浔阳区志办在区委、区政府的正确领导下，认真落实《地方志工作条例》和《江西省贯彻〈地方志工作条例〉实施办法》，紧紧围绕年初工作目标，结合浔阳实际，勤勤恳恳做事，兢兢业业奉献，默默无闻修志，较好地完成各项工作任务。

【《全国、全省地方志事业发展规划纲要（2015—2020年）》学习活动】 2016年，区志办继续组织地方志工作人员认真学习纲要，组织力量展开对《纲要》的广泛宣传，并结合全区情况向主管领导进行汇报。按照《纲要》要求分析本地方志工作现状，以优质高效，提前完成任务为导向，查找问题、寻找破解之道，研究如何将《纲要》的各项要求落到实处。加强与政府办的沟通，由政府办组织落实事关全局的重要区志工作，增强全区各单位对区志工作重要性的认识，提升区志工作的地位。

【省市年鉴编撰工作】 2016年，区志办积极做好省市年鉴编撰工作。按照省市年鉴编辑部的要求，区志办及时组织人员撰写省市年鉴浔阳区的文稿编写。经编委领导审定后，及时予以报送。

【《浔阳年鉴》筹备工作】 从11月开始，学习地方综合年鉴理论知识，参加省方志办业务培训，广泛阅读外地年鉴，集思广益，构思《浔阳年鉴2017》（创刊号）框架，设计工作流程，起草编纂方案、篇目提纲、培训讲义等材料。按照一年一鉴的要求，浔阳区创刊号年鉴将收录2016年全区自然、政治、经济、文化和社会发展各方面的内容。

（郑 伟）

·电子政务·

【概况】 2016年，浔阳区电子政务围绕政府职能转变和服务公众需求，以强化重点领域信息公开、完善门户网站建设为重点，积极推进电子政务建设。区信息办获得江西省电子信息技术应用先进单位、全市政府信息公开工作先进单位。

【电子政务管理机构】 浔阳区电子政务和电子监察工作领导小组负责综合协调建设，整合全区电子政务网络资源。全区电子政务工作在领导小组的统一部署下，按照“主要领导亲自抓，分管领导具体抓，专门机构抓落实”的工作要求，区政府各职能部门也相应明确了负责本部门电子政务工作建设的专门机构，确立由主要领导负责、分管领导具体抓、专门机构承办、其他处室配合的组织推进体系。

【电子政务专栏】 区电子政务专栏共开辟十一个栏目，通过“工作动态”“业内资讯”“法规文件”“知识文献”“项目建设”等知识性栏目，向社会公众，特别是区机关工作人员，宣传信息化在政府工作中所发挥的重要作用，传递信息化各个领域的专业知识及前沿讯息。同时，网站还开设“通知公告”“操作解答”“信息公开”等服务性栏目，在网上发布相关通知，搭建起区信息办与区直各部门的信息桥梁。利用“操作解答”栏目，规范各单位信息员上传相关信息，从而更加高效、便捷地开展相关工作。

【浔阳区智慧城管建设】 按照浔阳区“十三五”规划要求，根据中心城区经济社会发展的特点，统筹一个中心（智慧城区指挥中心）、两个平台（公共服务平台、社会管理平台），建设以行政服务专网、数字城管、智慧社区项目为支撑的智慧城区体系。浔阳区坚持网格化为主要方法，社会服务管理为重点，社区建设为主战场，中心城区智慧城市建设特点突出。以互联网+思维，既要建设新的智慧城区功能框架，还要整合原有自建的应用系统，又要打破壁垒对接条管部门的信息平台，实现数据共享。前期进行4次专门调研考察，组织2次专家研讨。

【综治“三项建设”】 积极为综治“三项建设”(1)出谋献策，联系监督运营商，做好技术支撑和保障。新设置了电子政务网的分机房，建设拼接大屏，接入相关“天网工程”视频信号。横向连接40余家综治成员单位，纵向连接5个街道，为70余个社区的VPDN连接提供服务。

【“三单一网”建设】 根据省市统一部署，安排105万元专项资金，采取统建模式建设政务服务网浔阳分厅，升级改造网上审批系统，并组织专项培训。行政权力、部门责任、行政事业性收费、中介服务事项、便民服务事项，均按要求在浔阳网和政务网浔阳分厅里予以规范录入和及时公布。

【信息公开工作】 2016年，全区信息公开平台年度发布信息4296条，累计发布信息49978条。信息公开平台收到依申请公开1件，书面依申请公开1件，均已回复并建有依申请公开台账。在全面推行政府信息公开的基础上，重点加强对“五公开”“重点领域公开”事项的监督管理。行政权力清单共公布41家部门，录入信息2997条。共公布42家部门责任清单，录入信息58条。将涉及需公开的重大政策类政府公文进行梳理汇总，统一在“中国浔阳网·法规公文”栏目发布，全年共发布信息31条。加大对市场监管、重大项目、公共资源、减税降费、就业创业、社会救助、棚户区改造、环境保护、教育、卫生、食品药品、财政信息等领域的政府信息公开，并及时对相关栏目进行调整，督促职能部门更新信息。全年共发布重点领域信息245条，政策解读信息1条。积极拓展信息公开的途径，扩大信息公开的受众面，除信息公开平台和浔阳区“政务公开”栏目，还在行政服务中心、图书馆、档案馆开设信息公开查阅点，同步更新信息。利用网站官方微博、短信平台等多种形式主动向公民推送发布政务信息。2016年，网站官方微博累计发布信息230条，短信平台累计发布信息40条，受众700余万人次。

【电子政务宣传培训】 为保证浔阳区电子政务工作正常运行，落实网站内容保障工作，浔阳区不定期组织举办区直各部门、各街道办事处IT技术员、信息员的电子政务工作培训班。培训通过多媒体、上机操作等多种方式开展，内容以网站操作使用、信息采集方法、信息公开平台的填报方法、信息化工作专业技术技能为主。2016年，浔阳区组织电子政务培训学习，对“十佳网络信息员”“政府信息公开工作先进个人”进行了表彰，通报各部门电子政务工作开展完成情况。组织工作人员参加各类业务培训。年初，参加全市政府网站绩效评估培训。7月，参加全市“三单一网”[(2)]业务培训。11月，开展了网上审批专项培训。同时，派出业务骨干多次参加省、市各类专业技术培训。

（盛　洁）

注释：

（1）三项建设：其一，加强法制体制机制建设——以全面落实安全生产责任制为核心，着力推动责任落实和长效监管。是加强安全监管、监察体系和工作机制的建设。其二，加强安全生产保障能力建设——以重点骨干企业为主体，着力强化安全生产基础和安全生产法制建设。其三，加强安全生产监管队伍建设——以开展深入学习实践科学发展观活动为契机，着力提高安全监管监察工作的执行力和公信力。努力建设一支“政治坚定、业务精通、作风过硬”的特别能战斗的安全监管和监察队伍，为履行职责提供可靠的组织保证。

（2）三单一网：省委省政府部署推行的政府权力清单、企业项目投资负面清单、政府部门专项资金管理清单以及建设省市县三级联动的行政审批和便民服务网。

·行政服务·

【概况】 2016年，浔阳区行政服务中心本着“一心为民，方便群众，廉洁服务，优化政府形象”的理念，以推进行政审批制度改革、提高办事效率为目标，抓作风建设，重创新服务，优化办事流程，不断提高行政服务效能。进驻中心服务大厅的窗口有17个，共有工作人员43名。全年，行政服务中心大厅共办理各项审批事项35888件，五个街道便民服务中心共办理业务6655件。

【行政审批制度改革】 按照省、市建立权责清单要求，浔阳区继续深化审批项目梳理工作，进一步简政放权，推进行政审批制度改革，加快政府职能转变，优化经济社会发展环境。经区政府常务会议研究通过，决定保留区本级行政许可项目117项（其中承接下放行政许可52项），取消调整行政审批事项共133项（其中调整行政审批事项105项，取消24项，合并4项），区本级行政审批项目精简率达67%。2016年，中心大厅以便民服务事项为主，其中社保局共进驻7个窗口，分别为老百姓提供养老、医疗、退休、工伤等多方面服务。

【网上行政审批】 2016年，按照江西省统一部署，区行政服务中心认真实施网上审批和电子监察系统，并充分运用好电子监察系统，结合数据监察和音视频监察，确保每一个办件公正、透明、及时，方便群众办事。其间，因系统终端的服务器供应商变化，系统一直处于无法操作，各窗口工作人员都结合自身业务实行纸质办件。区行政服务中心完善对全区五个街道便民服务中心的基础设施规范建设和窗口服务事项的监督指导。

【政府采购机制】 2000年9月，区政府采购中心成立，到2012年7月政府采购职能在区行政服务中心管理委员会正式运转，政府采购管理职能与操作职能分离，政府采购管理机构和集中采购机构分别设置，做到“管采分离”，从而形成监督管理部门对执行机构有效指导和监督的机制，解决政府采购部门既是运动员又是裁判员的问题。2016年共完成2次政府采购。6月，在区行政服务中心办公设备竞争性谈判招标中，采购预算80万元，实际支出68.2万元，节约资金8.8万元，节约率1.5%。9月，在区教体局办公设备公开招标中，采购预算82万元，实际支出61.9万元，节约资金8.8万元，节约率2.5%。

【项目联审联批服务】 据《浔阳区旧城改造建设项目规费联审联批操作办法》（浔府办字〔2013〕24号）文件要求，凡在浔阳区旧城改造范围内的建设项目，实行联审联批，浔阳区旧城改造范围内的建设项目规费，一律在区行政服务中心大厅缴纳。具体操作流程：区行政服务中心收到报建单位（个人）的规划批复后，负责填写《图审通知书》，区建设局收到《图审通知书》后负责做好图纸审核工作，并将图审结果反馈到区行政服务中心，区行政服务中心对图审符合条件的建设项目发放《运行表》和《缴费通知书》。各相关单位按图审面积和收费标准进行审核，区行政服务中心审核后进行复核并打印缴费通知单，报建单位（个人）到银行缴费，凭缴款单到财政窗口开具收费票据。区行政服务中心凭《运行表》和财政部门签署的收费票据向市规划局开具《关于办理规划相关手续的函》。建设项目规费联审联批的时限为7个工作日。2016年，共办理联审联批件2项，收取相关规费7.22万元。

【浔阳区国、地税联合办证大厅场所建设】 2016年，区国税局、地税局在原市行政服务中心建设一个五星级的联合办证服务大厅，区行政服务中心为其前期筹备工作提供服务。该项目4月启动，8月正式建成投入运行。共设有25个窗口（其中国税16个窗口，地税9个窗口），工作人员26名（其中国税工作人员17名，地税工作人员9名）。联合办证大厅建成后将以前“一厅、一窗、双人、双机”的服务模式进化到“一厅、一窗、一人、一机”，真正做到“一窗受理、即时办结、当场反馈”。

（刘永鸿）

栏目编辑：蒋靖男

中国人民政治协商会议浔阳区委员会

浔阳年鉴
XUNYANG YEARBOOK
2017

·综　　述·

【概况】　2016年，浔阳区政协紧紧围绕区委、区政府决策部署，积极推进三大职能创新发展，政协事业呈现和谐向上、务实进取的局面。

强化责任、提升意识，不断巩固政协事业基础　按照中央和区委统一部署，在党员干部中开展“两学一做”学习教育，努力打造“讲政治、有信念，讲规矩、有纪律，讲道德、有品行，讲奉献、有作为”的政协党员干部队伍。系统学习《政协章程》和区委《关于切实保障人民政协充分履行职能加强人民政协协商民主建设的实施意见》等业务知识，打造一支“懂政协、会协商、善议政”的委员队伍。加强与各民主党派、工商联、无党派人士以及社会各界人士沟通联系，团结一切力量，调动一切积极因素，为建设“四个浔阳”、决胜全面小康凝聚发展合力，营造和谐氛围。积极宣传党的路线方针和惠民政策，同时利用各类新闻媒体，宣传区政协的新举措、新气象。2016年共上稿400余篇，《人民政协报》上稿21篇，《光华时报》87篇（其中，头版头条3篇）。区政协荣获“全市政协系统宣传工作先进集体”称号。

注重实效、突出重点，不断扩大协商议政成果　2016年，共审查立案167件提案（其中八届一次会议58件），办复率100%。组建了一支38人的信息员队伍，明确每月一期《社情民意》专刊任务，推动社情民意工作的制度化、规范化、经常化。区政协荣获“全省反映社情民意工作先进单位”。运用好网络问政直通效果。主动顺应“互联网+”时代对协商议政工作新要求，大力推进网络议政和远程协商。有效利用微信平台，建立八届政协委员微信群，不定期在群里发布事关经济发展和民生热点议题，让委员们在宽松环境中协商讨论。共收到16名委员28条建议。全年，开展民主监督活动19次，提出意见建议56条。

凝心聚力、主动作为，不断增强服务大局意识　2016年，区政协成员挂点服务的孔家洼安置小区项目基本完成了主体工程，战备路二期保障性住房项目正在抓紧基础工程施工，新立基二期项目基础工程基本完工，区档案馆新址建设完成了招投标，新村小学新校区《建设项目选址意见书》核发到位。积极宣传浔阳招商政策，推介招商项目，引导委员树立“项目落地浔阳、履职服务浔阳”的大局理念。加强入驻“792”创意园委员企业跟踪服务，协助解决企业运营中的难题。区政协班子成员深入包挂社区，给予指导与帮助。区政协委员或加入交通疏导队伍，或参加社区劳动，以实际行动投身市容整治活动中。编辑出版了《浔阳记忆》，分浔城旧貌、古迹名胜、往事掠影等三个篇章，以265张浔阳老照片记录浔阳历史变迁。引导委员对全区党风廉政建设、义务教育均衡发展等民意调查作出公正客观的评价，为助推浔阳发展凝心聚力。

强基固本、提质增效，不断激发自身建设活力　2016年，推荐产生了171名新一届政协委员，选举产生了新一届政协班子。加强机关党组织建设，对党总支、机关和老干部支部进行换届改选，配齐配强了总支和支部班子。加强专委会建设，建立专委会与党政职能部门对口联系制度，强化了专委会基础作用。加强街道政协联络处建设，建立了主席会成员联系联络处机制，实行联络处主任年终向常委会述职制度，基层政协组织化水平进一步提升。建立健全党组会、常委会、主席会工作规则，制定完善了调查研究、社情民意、新闻宣传等工作机制，编印《八届区政协制度汇编》，汇集会议、工作、管理等23项制度，确保政协工作有章可循。强化纪律教育，始终把纪律和规矩挺在前面，引导党员干部树立道德高线、守住纪律底线。加强与统战、民族宗教、科协等部门和参加单位的协作交流。加强与县区政协工作交流，先后就重点调研课题赴重庆市渝中区、广州市天河区、合肥市庐阳区等地学习考察，热情接待湖南省资兴市、南昌市西湖区、湖口县等地政协到浔阳区交流座谈。

（干锦娜）

·重要会议·

【区政协七届六次全会】　2016年1月19—

20日，区政协七届六次全会在九江市青少年活动中心举行。会议表彰2015年度政协工作先进集体和优秀个人。会议通过了《政协第七届浔阳区委员会第六次会议决议》《政协第七届浔阳区委员会第六次会议关于提案审查情况的报告》。

【区政协七届常委会】 2016年，区政协七届常委会召开会议3次。

1月20日，召开区政协七届二十三次常委会。会议听取各组讨论情况汇报；协商讨论区政协七届六次会议决议（草案）；协商讨论区政协七届六次会议提案审查报告（草案）；协商通过关于干锦娜任职的决定。

4月8日，召开区政协七届二十四次常委会。会议传达学习全国政协十二届四次会议精神；协商讨论区民政局、区教体局、区金融办等相关承办单位重点提案办理工作安排；协商讨论区安监局关于《中华人民共和国安全生产法》贯彻执行情况通报；协商讨论区审计局关于专项资金审计工作情况通报。

9月14日，召开区政协七届二十五次常委会。会议协商讨论政协第八届浔阳区委员会委员名单；协商通过关于召开政协第八届委员会第一次会议的决定（草案）；协商通过政协第八届委员会第一次会议议程（草案）；协商通过政协第八届委员会第一次会议日程（草案）；协商讨论政协第七届浔阳区委员会常务委员会工作报告（讨论稿）；协商讨论政协第七届浔阳区委员会常务委员会关于提案工作情况的报告（讨论稿）。

【区政协七届主席会议】 2016年召开区政协七届主席会议10次。

1月8日，召开区政协七届四十五次主席会。会议协商表彰2015年度优秀委员、优秀调研报告、优秀提案和提案办理先进单位事宜。协商通过区政协党组“三严三实”专题民主生活会日程和议程。

2月19日，召开区政协七届四十六次主席会。会议传达学习全区党员干部参与赌博问题专项治理工作动员部署会会议精神。部署安排2016年调研视察、民主监督和《浔阳区政协志》编辑等工作。

3月10日，召开区政协七届四十七次主席会。会议传达学习区九届六次纪委全会会议精神、全区计生工作会议精神和全市“新工业十年行动”动员大会暨经济目标考评会议精神。研究部署区政协招商引资工作。

3月28日，召开区政协七届四十八次主席会，会议专题协商2016年财政预算支出安排。

3月30日，召开区政协七届四十九次主席会。会议传达全区公车改革会议精神；研究部署区政协公车改革相关事宜。

4月27日，召开区政协七届五十次主席会。会议传达学习区政府常务会关于公车改革工作相关精神、区纪委《关于对原安监局局长姚闪星违规兼职取酬问题进行全区通报》和《关于严格执行标准发放政府性奖励的通知》等文件精神。

6月30日，召开区政协七届五十一次主席会。会议协商讨论区政协七届二十五次常委会会议议程；听取《诗画浔阳》编辑工作情况汇报。研究部署近期主要工作。

7月5日，召开区政协七届五十二次主席会。会议传达全区防汛工作会议精神；研究部署区政协责任堤段防汛工作安排。

8月26日，召开区政协七届五十三次主席会。会议研究部署区政协八届一次会议筹备工作，成立大会秘书处，落实责任分工；研究讨论区政协第八届委员会委员推选名单。

9月8日，召开区政协七届五十四次主席会。会议协商讨论区政协第八届委员会委员名单；协商讨论区政协八届一次会议大会议程（草案）、日程（草案）、常委会工作报告（讨论稿）和提案工作报告（讨论稿）。

【区政协八届一次全会】 9月20—22日，区政协八届一次全会在九江市青少年活动中心举行。区政协党组书记、八届区政协主席候选人范初芳，七届区政协主席文建华，八届区政协副主席候选人周华、瞿畅、朱少芬、廖济煊、秦永红、骆泽君、高荃，八届区政协秘书长候选人龚前旺，七届区政协副主席刘宗强、张华桥，七届区政协秘书长韩万金在主席台就座。会议听取和审议七届区政协主席文建华所作《政协第七届浔阳区委员会常务委员会工作报告》、七届区政协副主席张华桥所作《政协第七届浔阳区委员会常务委员会关于提案工作情况的报告》。列席区十届人大一次会议，听取和讨论区《政府工作报告》及其他重要报告。选举范初芳为八届区政协主席，周华、瞿畅、朱少芬、廖济煊、秦永红、高荃为八届区政协副主席，龚前旺为八届区政协秘书长。选举产生八届区政协常务委员33名。会议通过《政协第八届浔阳区委员会第一次会议决议》和《政协第八届浔阳区委员会第一次会议提案审查情况的报告》。

【区政协八届主席会议】 2016年，区政协召开区政协八届主席会议4次。

9月27日，召开区政协八届一次主席会，区政协主席范初芳，副主席周华、瞿畅、朱少芬、廖济煊、秦永红、骆泽君、高荃，秘书长龚前旺出席会议。区委常委、统战部部长、区政协党组副书记张小军应邀出席会议。会议协商通过新一届政协领导班子分工。研究部署委员管理、提案办理、社情民意、课题调研、文史宣传、招商引资、街道政协联络处建设和机关自身建设等各项工作。

11月8日，召开区政协八届二次主席会，区政协主席范初芳，副主席周华、瞿畅、朱少芬、廖济煊、秦永红、骆泽君、高荃，秘书长龚前旺出席会议。会议听取各专委会2016年调研课题和调研方案情况汇报；听取各副主席换届以来工作情况汇报；协商讨论聘请社情民意特邀信息员和信息员工作；研究部署委员走访、大会发言、委员活动平台搭建和机关支部建设等工作。

12月16日，召开区政协八届三次主席会，区政协主席范初芳，副主席周华、瞿畅、朱少芬、廖济煊、秦永红、骆泽君、高荃，秘书长龚前旺出席会议。会议研究部署八届二次全会筹备工作，落实责任分工；协商讨论大会日程安排；协商讨论大会优秀提案、优秀调研文章、优秀政协联络处等奖项设置事宜。

12月27日，召开区政协八届四次主席会，区政协主席范初芳，副主席周华、瞿畅、朱少芬、廖济煊、秦永红、骆泽君、高荃，秘书长龚前旺出席会议。会议听取各副主席换届以来工作汇报和2017年工作设想；协商通过《浔阳区政协机关新闻宣传工作奖励办法》；协商讨论八届一次常委会议议程；协商讨论区政协八届二次会议大会议程（草案）、日程（草案）、常委会工作报告（讨论稿）和提案工作报告（讨论稿）；协商讨论八届二次会议大会发言的安排意见和大会发言稿。

（干锦娜）

·重要活动·

【杨小华调研企业】 2016年2月14日，市政协主席杨小华一行到区工业园齐鑫化工有限公司走访调研企业工作。杨小华代表市四套班子向企业送上新春祝福，并与企业负责人进行详细交谈，了解企业的发展现状及当前存在的实际困难和问题。市区两级政府及相关单位要采取有效措施切实帮助解决企业实际困难，助力企业发展，要做好服务工作，为企业发展和项目建设创造良好的环境，共同为建设五大九江贡献力量。

【李军到浔阳区调研省市相关文件精神贯彻落实情况】 3月9日，市政协副主席李军一行到浔阳区，就浔阳区贯彻落实省委、市委加强政协工作相关文件精神情况，在湓浦街道办事处濂溪社区政协委员之家开展调研座谈。市政协充分肯定了区政协在加强政协基层组织建设、完善政协工作机制、发挥委员主体作用、强化政协自身建设等方面所取得的成绩，并就贯彻落实省委、市委文件精神过程中存在的问题与困难，以及加强协商民主工作建议与区政协进行了座谈交流。

【杨小华到浔阳区调研政银企对接工作】 4月1日，市政协主席杨小华率调研组到浔阳区就政银企对接工作进行调研。杨小华一行走访位于区工业园内的钒宇新材料有限公司与广灵药业有限公司，与企业负责人及干部职工亲切交谈，详细了解企业生产经营和建设情况，倾听企业在发展中面临的问题和困难。随后调研组一行来到中煜程塑业有限公司与多家企业及银行代表进行对接座谈。杨小华代表市委、市政府向为九江市经济发展、金融繁荣做出贡献的金融机构、企事业单位和社会各界表示感谢。

【市政协理论研究会到浔阳区调研基层政协协商能力建设】 4月13日，市政协理论研究会副会长、市委宣传部常务副部长陈则仁一行到浔阳区，就推进基层政协协商能力建设开展专题调研。调研组视察了湓浦街道政协联络处组织建设情况，听取了区政协关于推进基层政协协商能力建设及湓浦街道政协联络处履职情况汇报。

【朱忠玲到浔阳区开展专题协商】 5月26日，市政协副主席朱忠玲带领市政协专题协商组成员到浔阳区，就“挖掘浔阳文化，加快推进九江市创建国家历史文化名城”开展专题协商。朱忠玲一行认真听取了浔阳区和有关部门关于市区历史文化遗存的总体情况和创建国家历史文化名城的总体规划、遇到的困难和问题等情况介绍及意见建议。

【杨小华到浔阳区召开政企茶叙会】 8月24日，市政协主席杨小华到浔阳区，主持召开政企茶叙会，就园区企业反映的困难和问题进行现场调度，协调解决钒宇新材料、津晶城科技园等企业反映的用电用地问题，并要求相关部门现场提出解决方案。

【宋细妹调研政协工作】 9月7日，区委书记宋细妹来到区政协机关调研区政协工作。宋细妹听取了七届区政协的人员组成概况、工作开展情况、贯彻落实区党代会精神和区政协换届选举工作情况的汇报。宋细妹对区政协的各项工作给予了充分肯定。就如何做好下步工作，宋细妹指出，区政协要继续依照政协章程，按照政协工作规则，突出政治协商、民主监督、参政议政的重点职能，做活、做特区政协工作。

【区政协开展委员走访座谈活动】 10月16—30日，区政协按照委员分组安排，主席会成员分别率队深入各街道政协联络处，召开政协委员、街道负责人和群众代表座谈会，听取委员对加强政协工作、促进浔阳经济社会发展方面的建议意见。

【区政协召开社情民意信息员培训暨工作会议】 11月10日，区政协社情民意信息员培训暨工作会议召开。区政协主席范初芳，区政协副主席朱少芬、骆泽君，区政协秘书长龚前旺出席会议。此次培训特邀市政协文教卫体委员会主任潘浔作专题辅导。培训会上，还为特邀信息员和信息员颁发聘书。

【区政协召开界别工作部署会】 11月24日，区政协召开界别工作部署会，区政协主席范初芳出席会议，区政协各专委会主任，各街道政协联络处主任以及23个界别召集人参加会议。会议宣读区政协办公室印发的《关于进一步发挥界别作用的通知》。范初芳作总结讲话，并指出，要进一步强化思想认识，增强界别活动的主动性。要强化组织功能，增强界别活动的针对性。要强化创新实践，增强界别活动的实效性。要强化服务指导，增强界别活动的经常性。

（干锦娜）

·协商监督·

【概况】 2016年，区政协进一步加强民主监督工作，不断完善监督机制，拓宽监督渠道，创新监督方式，提高监督质量，民主监督成果明显。

【协商民主监督】 2016年，区政协把政协民主监督工作列入履职重点，为浔阳加快发展减少阻力、增加助力、形成合力。

【民主监督机制】 2016年，区政协坚持将民主监督与协商议政相结合，与决策服务、参与中心相结合，在监督中参政、在监督中提供支持和服务。与区纪检监察部门共同选派18名政协委员组成6个民主监督小组，分别委派到区检察院、民政局、教体局、司法局、行政服务中心、社保局6个部门开展民主监督活动，6个民主监督小组以问题为导向，全年开展民主监督活动19次，提出意见建议56条。坚持日常监督和重点监督相结合，探索开展会议协商监督、法院庭审监督、委员视察监督和检察院旁听监督等有效形式。

（龚前旺）

·提案工作·

【概况】 2016年，共收到提案207件，经审查立案167件，对所提事由超出浔阳区事权物权范围的40件提案，已委托驻区的市政协委员在市政协召开全会期间提出并转送市级相关部门办理。按内容分类，有关经济建设方面的提案21

件，占总数的12.57%；有关城市建设、城市交通方面的提案46件，占总数的27.54%；有关市容管理方面的提案25件，占总数的14.97%；有关文化旅游方面的提案7件，占总数的4.19%；有关科技教育体育方面的提案15件，占总数的8.98%；有关医疗卫生、食品安全方面的提案18件，占总数的10.77%；有关民生和社会保障方面的提案25件，占总数的14.97%；其他方面的提案10件，占总数的6.01%。

在规定期限内，所有提案均答复完毕，办复率100%。其中，提案所提问题已经解决和基本解决的（A类）有104件，占总数的62.3%。提案所提问题正在解决和已列入计划逐步解决的（B类）有52件，占总数的31.1%。提案所提问题因条件限制和其他原因暂不能解决的（C类）有11件，占总数的6.6%。

【提案办理机制】 按照区委办、区政府办联合下发的《关于区党政领导督办政协重点提案的通知》文件要求，对事关改革发展稳定全局、涉及人民群众切身利益、社会普遍关注、建议措施可行的一批重点提案，由区委、区政府主要领导亲自领衔重点研究、重点办理、重点督办。区委书记宋细妹亲自审阅政协提交的重点提案，并批示《关于加快浔阳区商业转型的建议》等7件重点提案由5位区委常委、2位政府副区长领办督办。为落实办理工作责任，区政府及各承办单位建立主要领导督导、分管领导负责、专人具体承办的三级办理责任制，对涉及多个部门单位联合办理的提案，区政府首先确定主办单位和协办单位，由主办单位牵头负责，协办单位予以支持配合，共同完成提案办理任务；按照时间节点，要求各办理单位定期反馈办理结果，及时将办理过程中存在的困难和问题提交区政府进行协调解决。

【提案办理实效】 为进一步提升提案工作科学化水平，全会召开后，区政协提案委立即组织召开提案立案审查会议，邀请提案委全体成员、各民主党派、区政协各专委会负责人，对大会收集的提案逐件审查筛选，并提出审查立案、重点提案目录，报区政协主席会议审定。在提案立案审查过程中，对同类别提案作并案处理，提高承办单位的办复效率。对一些有价值的提案建议但撰写质量不高、格式不规范的提案，要求委员修改后继续立案。推行提案工作“双向评议”制度，通过面对面办理，背靠背评议成效的做法，使委员和承办单位对提案质量都有“发言权”。根据优秀提案评选表彰办法，通过承办单位推荐，区政协提案委、主席会议、常委会议评议协商，确定5件优秀提案予以表彰奖励，引导委员进一步提高提案撰写质量。

（干锦娜）

·文史工作·

【《那年那月——九江知青谈忆录》编辑出版】 1月，编辑出版《那年那月——九江知青谈忆录》。全书共计40万余字，分上、下两个篇章，上篇“经历·故事·风采”，主要是再现作者当年知青劳动生活、思想情感、成长历程的点滴故事；下篇“艺苑·文摘·附录”，主要是收录当年知青创作的小说、散文、报告文学等文艺作品以及当年报刊、书籍、宣传材料上刊登的文稿、史证资料。

【《诗画浔阳》编辑出版】 8月，编辑出版画册《诗画浔阳》。《诗画浔阳》由文建华主编，由江西美术出版社出版。全书共收集了110幅书画作品，分为“古韵风情”和“新颜胜景”两个篇章，上篇呈现古浔阳的古韵盛景、民风民俗和人杰地灵，下篇描绘新浔阳的城市建设、经济发展取得的辉煌

2016年6月1日，浔阳区政协邀请市中医院专家开展“老年人健康与养生”知识讲座

区政协办供稿

成就和浔阳人民幸福安康的美好生活。

（干锦娜）

·委员工作·

【平台建设】 强化专委会平台建设，对各专门委员会组成人员进行优化调整，按照委员工作性质，将所有委员分配到专委会开展活动。强化街道政协联络处平台建设，争取区委重视，配齐配强街道政协联络处专职主任，根据就近原则，结合委员个人意愿，将委员划分到街道政协联络处和社区（村），拉近委员服务群众的距离。制定出台了《关于进一步发挥界别作用的通知》，明确界别活动制度、活动形式和组织领导。

【委员公益活动】 2016年，开展“关爱环卫工人，助力城市管理‘百日大提升’”活动，向环卫工人捐献羽绒服、保温杯等价值8万元防寒保暖物品。开展“千副老花镜、浓浓敬老情”活动，为1000名视力老花的群众免费验光配镜。开展“慰问一线防汛干部和抗洪部队”活动，数十名委员自发捐赠价值20余万元的慰问物资。开展“社区老人看电影”活动，邀请150名老人走进影院观看新影片。全年共开展各类公益活动80余次，惠及群众2000人次，受到社会好评和群众点赞。

【服务管理】 加强委员服务，对新任委员及时进行理论和业务集中培训，增强委员履职责任感和主动性。坚持委员走访制度，深入委员企业和单位，全面了解委员工作或企业经营情况，主动关心并协调解决委员及其企业生产生活中的困难，增强委员归属感。规范委员管理，完善《浔阳区政协委员守则》，建立委员履职档案，健全委员自评，专委会、街道政协联络处和界别综合评价，委员工作委员会复核，主席会审定的考核机制，对20名履职积极的委员进行表彰。

（干锦娜）

附：政协委员名录

市政协十五届委员（19人）

范初芳	张小军	朱少芬（女）
余鸿斌	魏晓宏	徐爱林（女）
唐平钧	程焕新	陶璐璐（女）
张恒颖	谭国强	朱建乐
钟　玲（女）	聂道勇	田理心
程　晓	陈　革（女）	陈健斌
吴　婷（女）		

区政协八届委员（171名）

一、中共（11名）

范初芳	周　华	廖济煊
骆泽君	龚前旺	张　巍
李　军	何麟懿	王黎君（女）
何　君（女）	陈　婕（女）	

二、民革（5名）

陈祖训	罗　列	杨　亮
李洪琳（女）	王　煜（女）	

三、民盟（7）

瞿　畅（女）	魏晓宏	李　泱（女）
王　毅	刘俊文	胥　晟
周　华（女）		

四、民建（6名）

高　荃（女）	徐爱林（女）	秦贵安
田理心	李　虎	冷运岚（女）

五、民进（6名）

朱少芬（女）	鲁　岚（女）	朱　棣
蔡　沛（女）	游云凯	戴可可（女）

六、农工党（5名）

唐平钧	卢育敏（女）	陈　勇
徐　凯	黄红恩（女）	

七、九三学社（4名）

陈和周	陈典锋	杨光明
邱益莲（女）		

八、工商联（15名）

秦永红（女）	张　勇	陈和平
余　辉	李欠明	苏逸智
应万来	何先池	周春柏

范洪伟 姚华仟 胡胜乔
刘源远 章海香（女） 廖雪娇（女）

九、无党派、知联人士（7名）

钟　玲（女） 肖　莉（女） 董春霞（女）
李　玮 郭静子（女） 安　丽（女）
柯　崎（女）

十、总工会（4名）

袁　猛 胡　晶（女） 谭兴铭
朱齐敏

十一、共青团（5名）

于　晓 田玮琅 林一宏
贾涵清 蔡奇言

十二、妇联（4名）

丁　琪（女） 吴　敏（女） 余慧娜（女）
黎　凌（女）

十三、科协（4名）

兰　平 李建平 张新润
程　晓

十四、台联（4名）

单升立 袁刘仙（女） 晏　飞
魏海燕（女）

十五、文艺教育体育新闻医卫（7名）

王雅文（女） 江　慧（女） 陈　珑
李宗华 张　维 童明芳（女）
蔡　慧（女）

十六、科学技术（3名）

王志宝 潘晓翡（女） 潘炳生

十七、经济（20名）

李叶红（女） 谭　忠 黄青松
曹慧昀 曹明洋 曹开喜
聂小红（女） 徐从儒 高　雄
赵　敏（女） 查林贵 周光辉
陈龙骏 吴浔新 吴义全
杨金甫 任小红 吕松林
朱云峰 刘永祥

十八、安全稳定（6名）

万义振 周　莹（女） 夏　晖
徐　璨（女） 晏　疆 舒钟坤

十九、社会福利（5名）

代建国 许方友 黄慧声（女）
辜钦剑 罗仙红（女）

二十、侨联（4名）

刘　继 张国仁 凌宗圣
梁胜军

二十一、民族宗教（5名）

丁　玲（女） 马书保 陈仙平（女）
桂晨笑 释普钰

二十二、社会管理（5人）

朱　瑜（女） 向　菲 冷　彧
杨利秀（女） 张传南

二十三、特邀（29名）

文建华 刘宗强 张华桥
唐冬冬 方国栋 费亚军
王红霞（女） 应灵君（女） 任顺旦
王跃辉 张相林 李达生
张力萍（女） 陈小平 何盛炎
张　廷 王九珍（女） 郭庆敏
刘泰初 张恒颖 戴卓人（女）
戚亚俊 叶　伟 李前锋
黎璇如（女） 陆惠平 田俊峰
梅纪华 宗海娟（女）

栏目编辑：蒋靖男

中国共产党浔阳区纪律检查委员会

浔阳年鉴
XUNYANG YEARBOOK
2017

·综　述·

【概况】　浔阳区纪委监察局有编制36个，其中行政编制32个、工勤编制和事业编制4个。机关内设机构8个，分别是办公室、组宣室、党风政风监督室、信访室、监管室、第一纪检监察室、第二纪检监察室、案件审理室。设纪工委监察分局3个，行政编制12个。设5个街道纪工委。设公安局、检察院、法院、司法局4个派出纪检组。

2016年，区纪委监察局紧紧围绕区委、区政府的战略部署，严格落实全面从严治党政治责任，坚持把纪律挺在前面，扎实推进党风廉政建设和反腐败工作，全面完成年初确定的各项目标任务。提请区委审议并印发相关文件12件，立案审查30件31人，问责108人次，通报18起61人，诫勉谈话12人次。执纪审查工作排名全市第6位。党风廉政建设社会评价工作排名全省第60位，前进10位。

（胡乃宽）

·重要会议与活动·

【“违插”专项治理工作推进会】　1月29日，浔阳区召开领导干部违规插手干预工程项目问题专项治理工作推进会，重点推进省发改委等单位项目排查检查组反馈意见的整改工作、“违插”专项治理第一、二阶段回头看工作及扎实推进第三阶段工作等。

【党员干部参与赌博问题专项治理工作动员部署会】　2月17日，全区党员干部参与赌博问题专项治理工作动员部署会在区十楼会议室召开。会上，区委领导领学重温《中央纪委、中央组织部关于严肃查处党员和干部参与赌博的通知》，宣读了《浔阳区开展党员干部参与赌博问题专项治理工作方案》。

【学习贯彻“准则”“条例”首场宣讲会】　3月3日，区纪委在甘棠街道举办学习贯彻《中国共产党廉洁自律准则》和《中国共产党纪律处分条例》首场宣讲会。区纪委副书记为全区各街道纪工委书记、宣讲报告团成员以及甘棠街道全体机关干部等共计80余人作专题宣讲报告。

【纪委九届六次全会】　3月7日，中共浔阳区第九届纪律检查委员会第六次全体会议召开，学习贯彻十八届中央纪委六次全会、省纪委十三届六次全会和市纪委十届六次全会精神，回顾总结2015年全区纪律检查工作，研究部署2016年任务。会上，区内十家单位主要负责人向区委签交了2016年党风廉政建设主体责任书。

【党外代表人士学习“准则”和“条例”专题报告会】　3月25日，浔阳区举办党外代表人士学习“准则”和“条例”专题报告会。浔阳区各民主党派成员、无党派代表人士、宗教人士、非公企业代表人士、非公经济党组织负责人，区纪委、统战部、工商联机关干部共计150余人聆听了报告。

【省《党风政风热线》直播节目走进浔阳区】　3月31日，由省廉政办、省纠风办、江西广播电视台和区委、区政府共同主办的，江西综合新闻广播、九江新闻广播、江西网络广播电视台全程直播的《党风政风热线》节目走进浔阳区。区政府各职能部门负责人参加直播节目，倾听群众心声，回应百姓关切问题，就党风政风建设、民生和经济社会发展等问题与市民进行交流。

【学“准则”“条例”在线访谈活动】　5月5日，五位街道党工委书记和区财政局、区国税局、区地税局三家单位的“一把手”受邀来到浔阳区新闻报道中心，分别参与了在线访谈活动，访谈嘉宾围绕学习“准则”“条例”，就“把纪律挺在前面”这一主题畅所欲言，对主持人提出的问题进行了耐心细致地解答，向网友充分展示了本单位加强纪律教育和作风建设的相关情况、特色做法、具体成效和下一步工作打算，并就学习“准则”“条例”，落实“把纪律挺在前面”谈认识、说体会、讲思路。

【机关作风专项治理活动】　4月25日—6月30日，区委、区政府决定在全区开展机关作风专项治理活动，成立专项治理工作领导小组，由区纪委领导任组长，区纪委、区委办、区政府办、区委组织部、区委宣传部、区人社局和区行政服务中心等部门为成员单位，领导小组办公室设在区纪委党风政风监督室，负责专项治理活动的日常工作。

【集中整治和查处基层侵害群众利益不正之风和腐败问题动员部署会】 7月1日，浔阳区集中整治和查处基层侵害群众利益不正之风和腐败问题专项治理动员部署会召开。

【“微腐败”集中整治工作调度会】 7月5日，浔阳区召开集中整治和查处基层侵害群众利益不正之风和腐败问题调度会，会上对各职能部门集中整治的任务分工进行了部署。

【防汛工作专项督查】 7月5日，浔阳区就下发的《关于开展防汛工作专项督查》的通知，重申政治纪律和工作纪律，严明主责问责规定，并组成两个防汛专项督查组，由区纪委副书记带队，深入到全区各闸口督查防汛纪律。重点督查防汛责任落实、防汛制度健全、值班到岗执行情况，督查做到全员、全时、全域、全方位，对违反防汛纪律的将严肃追究责任，确保区委、区政府防汛重大决策部署的贯彻落实，保障人民群众生命财产安全。

【中共浔阳区纪律检查委员会第一次全体会议】 9月1日，中国共产党九江市浔阳区第十届纪律检查委员会第一次全体会议召开。市纪委副书记、监察局局长李小林，市委组织员办副主任陈莉、市纪委党风政风监督室副主任陶锂到会指导。会议通过《中国共产党浔阳区第十届纪律检查委员会第一次全体会议选举办法（草案）》。选举产生中共九江市浔阳区第十届纪律检查委员会常务委员会委员9名，选举产生区纪委书记、副书记，孙金星当选为新一届区纪委书记。

【纪律审查暨集中整治“微腐败”工作推进会】 9月13日，浔阳区召开了纪律审查暨集中整治“微腐败”工作推进会，区委常委、区纪委书记孙金星出席并讲话。会上，区纪委副书记就各自分管的工作作出通报和安排部署，部分街道纪工委书记、单位分管纪检工作领导作了交流发言。

【市党风廉政建设责任制检查考核工作部署会】 11月16日，浔阳区召开迎接市党风廉政建设责任制检查考核工作部署会。区委常委、区纪委书记孙金星主持会议，区委副书记王风雷出席会议并讲话，各考核牵头单位主要负责人共30余人参加会议。

（胡乃宽）

·廉政建设·

【概况】 区纪委监察局始终坚持把纪律挺在前面，坚决落实全面从严治党的政治责任，扎实推进党风廉政建设和反腐败工作，做到履职上有担当，工作上有成效，各项工作取得新进展、新成效。

【监督责任】 健全党风廉政建设责任落实体系，以区委名义印发《浔阳区党风廉政建设和反腐败工作任务分工》，进一步明确各级党组织的主体责任和纪检机关的监督责任。深入贯彻全省深化落实全面从严治党“两个责任”视频培训会议精神，坚持用问责强化责任压力传导，以问责倒逼“两个责任”落地生根，6名党员领导干部因落实主体责任不力被问责。

【挺纪在前】 以区委名义印发《关于把纪律挺在前面的实施办法》（以下简称《实施办法》）《关于建立健全挺纪在前协调保障机制的实施意见》（以下简称《意见》），推动“挺纪在前”落地落实。成立三个督查组，对全区贯彻落实《实施办法》《意见》及党组织生活会开展情况进行监督检查，并将检查情况纳入各单位落实党风廉政建设责任制年度考核。

【作风建设】 认真贯彻落实中央八项规定精神，持续推进正风肃纪。共开展各类明察暗访50余次，发现违规问题44起，通报28起。深入开展“红包”“违插”“参赌涉赌”“微腐败”等专项治理，党员干部主动向廉政账户上缴资金7.05万元，查处涉赌公职人员13人，查处违规插手工程和“微腐败”问题63起，给予党纪政纪处分25人。

【廉政教育】 结合“两学一做”学习教育，积极开展党规党纪知识学习。免费发放《关于新形势下党内政治生活的若干准则》《党内监督条例》等学习宣传资料500余册，组织参加全市党章党规知识网络考试和党规党纪知识竞赛，开展党规党纪教育进家庭、《中国纪检监察报》进社区、“挺纪在前”知识考试等活动。以典型案例、违纪违法领导干部忏悔录、违纪问题通报、专题教育片等为题材教材，大力加强警示教育。转发违纪问题通报8次，组织党员干部观看《蝇贪》《造绿之殃》等警示教育片和《永远在路上》《打铁还需自身硬》等电视专题片。坚持每日推送廉政教育微信“清风浔阳”微信公众号关注人数达3.2余万人，累计阅读量达210余万次。

【区委中心督查工作】 紧紧围绕区委、区政府重大决策部署的执行落实，紧贴项目建设和征地拆迁等中心工作，全力做好跟踪监督。特别是在城市管理“百日大提升”活动中，牵头组织开展督查工作，坚持一日一督查、一周一通报、一月一评比，共开展督查100余次，下发督查通报19期，有力推动各项重点工作任务的落实。

【组织机构建设】 在完成委局班子换届工作的同时，严格按照1名书记、1名专职副书记、3名委员的要求，进一步配齐配强街道纪工委班子。深入开展“两学一做”学习教育，共集中组织学习28次。加强干部培训教育，组织参加各类培训60余人次。规范委局机关内部管理，制定机关干部考评管理办法、纪检监察干部监督暂行规定等11项制度。强化风险防控，全年办案无事故。

（胡乃宽）

·案件查处·

【概况】 2016年，共开展执纪审查30件31人，其中大要案15件，科级干部15人，移送司法机关4人，收缴违纪款额100余万元。协助中央、省、市纪委查办大要案涉及21人，其中涉及处级以上干部5人，科级干部11人。完成上级纪委纪律审查工作任务，消除纪律审查“空白点”，实现街道纪工委纪律审查全覆盖。畅通信访渠道，共受理信访举报60件，了结56件，办结率93.3%。准确把握监督执纪“四种形态”，尤其注重运用“第一种形态”，共函询26人次，约谈提醒4人，批评教育3人，诫勉谈话12人次，通报批评52人次，责成作出书面检讨11人次。

【典型案件查处】 查办区政府办原副主任李某某对抗组织调查、违规插手工程、收受贿赂案。查办区机关事务局原副局长赵某某违规插手工程、收受贿赂案。查办区房产局原局长罗某某对抗组织调查、收受礼品礼金、收受贿赂案。查办区统计局原副局长向某某嫖娼案等。

（胡乃宽）

栏目编辑：蒋靖男

民主党派和社会团体

·中国国民党革命委员会九江市委员会浔阳区支部·

【概况】　中国国民党革命委员会九江市浔阳区支部（简称民革浔阳区支部）是2007年12月17日成立的基层组织。到2016年，党员人数已发展到30人，入党积极分子2人。支部委员会由6人组成，分别为主任委员程候锋、副主任委员刘炳华、王颖、吴天兵，组织委员王飞炎，宣传委员郑姗姗，祖统委员徐金燕。支部党员30人中，全部为大专以上学历，中级以上职称8人，企业法人代表8人。

【社会服务】　2016年5月，支部组织党员到特殊教育学校慰问残障学生，并为所有学生赠送床单、被套，价值2.5余万元。重阳节前，支部走访慰问浔安社区老人，并赠送慰问金、食品等，价值1余万元。2016年9月，支部联合九江中山口腔医院，在烟水亭广场开展口腔保健护理活动，并向市民免费赠送口腔保健护理药品。

【学习型支部建设】　2016年3月，召开支部工作会议，支部全体党员一起讨论2016年支部工作计划，主委程候锋传达区人大、政协两会及全区经济工作会议精神。5月，支部又组织全体党员一起传达学习民革九江市委会《2016年支部工作要点》等文件精神及相关内容。10月，支部党员徐传经参加省社会主义学院组织的民革中青年党员学习班。

【参政议政】　2016年，支部党员中有1人担任市人大代表，3人担任市政协委员，1人担任区人大常委，5人担任区政协委员。另外还有6名党员担任市、区行风评议员、效能监督员等职务，支部党员通过参加市、区各级召开的民主协商会、情况通报会、征求意见等会议，就九江市和浔阳区经济发展和社会进步中的大政方针、经济建设等问题，认真听取通报、坦诚发表意见、积极提出政协提案9件，人大建议3件，社情民意11件，充分履行参政党的民主监督职能。

【支部活动】　2016年6月，支部组织全体党员到庐山市开展联谊活动，支部联合九江中山眼科医院在庐山市开展眼科保健护理义务咨询和诊疗，并免费发放眼科保健护理资料和药品计500余份，总价值3000多元。10月，支部组织全体党员到修水县开展红色革命联谊活动。

（程候锋）

·中国民主同盟九江市委员会浔阳区支部·

【概况】　2016年，民盟浔阳区支部有盟员19人，大专以上学历占94.73 %，中级以上职称占37.5 %，平均年龄45岁。担任市政协委员1人，区政协委员8人，副科级以上干部7人，副处级干部1人。

【盟务活动】　2016年，民盟浔阳区支部紧紧围绕九江市和浔阳区经济与社会的热点和难点问题，认真调研，撰写提案、报告，反映社情民意，在服务大局、参政议政、社会服务等履职尽责，努力建设高素质的参政党。2016年完成市级、区级调研课题各1个，形成《完善行政事业单位资产管理制度、确保资产保值增值》《推广PPP模式有效化解债务风险的建议》两篇报告；提交提案10件。王毅的提案获得区领导的批示被评为优秀提案。报送社情民意信息共15条。《新建小区应同步落实“归属”的建议》被省政协采用。积极开展社会服务，组织盟员在重阳节到花果园社区慰问高龄老人。盟员梁胜军多年积极为贫困大学生捐资助学。

（魏晓宏）

·中国民主建国会九江市委员会浔阳区支部·

【概况】　2016年，民建浔阳区支部有会员22人，分布在监察、工商、税务、卫生、教育、国土等各政府经济职能部门以及从事电力、广告、房产等行业的企业之中。

全年参与协商2次，其中政协全委会协商1次，专题调研协商1次。组织开展和参与各项专题调研视察3次，其中对全区如何借助“三湖”优势、做特楼宇经济开展专题调研，所撰写调研报告得到肯定，在区政协八届二次会议上作题为《放大优势，彰显特色，全力打造“三湖”楼宇经济圈》的大会发言，并评为年度优秀调研报告。大力开展社会服务活动3次。支部获民建九江市综合先进荣誉称号。

【宣传报道】 鼓励引导会员积极撰写动态信息，及时反映支部工作开展和支部活动情况，在民建九江市委、区委和区委统战部网站上刊登信息10篇。

【社情民意】 召开专题会议进行研究和部署且逢会必强调，增强会员提交社情民意的主动性与质量。全年提交数量达32条，数量和质量创历史新高。胡迪提交的《关于恢复庐山海会国民党军官培训团景区的建议》获市委书记批示。田理心提交的《关于在我市滨江路规划建设若干立体停车设施》、秦永红提交的《关于尽快开通姚家洼片区天然气的建议》、张唐慧提交的《建议对九威大道破损处进行修复》等12条社情民意被市政协的《社情民意信息》和《社情民意信息参考》选登。此外，高荃、秦贵安等提交的6条社情民意均被上报为省级社情民意。

【支部主委参与九江基层会员座谈会】 5月25日，全国人大常委会副委员长、民建中央主席陈昌智在江西省共青城市出席“2016年职业教育与城市发展高层对话会”，听取九江市委会的工作汇报，并与基层支部主委代表进行座谈。支部胡迪主委、徐爱林主委参加座谈发言，介绍支部建设情况。陈昌智为支部工作汇编册《十年见证》题名。

【三湖楼宇经济专题调研】 11—12月，区政协港澳台侨委与民建浔阳支部成立联合调研组，通过座谈协商、“网络问政”、外出学习等多种形式，对全区如何借助“三湖”优势、做特楼宇经济开展专题调研。形成调研报告《放大优势彰显特色——全力打造“三湖”楼宇经济圈》，并在区政协八届二次会议上作大会发言。

【社会服务活动】 2016年，支部先后开展10次活动，促进会员交流和学习。坚持开展三八节、重阳节走访慰问，会员住院生病及时探望，会员生日组织祝福等，把组织温暖送到会员心中。春季开展户外踏青摄影活动，组织参观会员企业。坚持召开支部工作例会，学习交流业务知识，强调参政党的权利、义务和责任意识。

7月22日，支部组织慰问防汛守堤值守点，购买矿泉水、牛奶等物资慰问坚守在长江防汛堤坝上的值守点人员。12月5日，九江民建工商二支部和民建浔阳支部共同组织开展“关爱环卫工人、助力城市管理百日大提升”的活动，向白水湖和金鸡坡环卫所243名环卫工人捐赠价值8万元的爱心羽绒衣和保温杯。潘炳生长期出资为太阳村孩子们购买生活必需品，企业家会员田理心自发组织公司员工慰问福利院老人。并出资参与民建市委向濂溪区捐水泵活动。

（徐爱林）

· 中国民主促进会九江市委员会浔阳区支部 ·

【概况】 民进浔阳区支部成立于1989年，是浔阳区各民主党派中最早成立的支部。2016年，支部有会员25人，其中在职7人，私企业主2人，退休人员16人。支部现任主委鲁岚，副主委朱棣、蔡沛，委员游云凯、李静。

【参政议政】 支部围绕区委、区政府的中心工作，充分调动会员的积极性，集思广益、思行并举，建务实之言，献可行之策。2016年，支部和会员共向各级人大、政协提交40多篇提案，其中《推进文化浔阳建设 打造文化产业商圈》《边街小巷改造及管理问题思考》《加快电子商务发展 形成新经济增长点》等五篇集体提案，连续5年作为浔阳区政协大会发言材料。《关于进一步提高社区卫生服务水平的建议》《有关解决规范停车问题的几点建议》《关于缓解庾亮北路及四码头十字路口交通拥挤问题的建议》等多篇社情民意得到相关职能部门的认可和采纳。《推进文化浔阳建设 打造文化产业商圈》《打造社区群众文化阵地 活跃市民精神文化生活》

等多篇调研报告，为政府研究政策提供参考。《尽快整治十里河道，大力造福九江人民》一文被评为市人大十大优秀建议。

【社会服务】 2016年，支部充分发挥人才和智力优势，以服务社会为宗旨，积极开展社会服务工作，鼓励会员建功立业，树立民进会员形象，取得良好的社会效益。支部会员鲁岚、朱棣荣获民进省委会颁发的2016年度“全省优秀民进会员”称号。支部组织会员赴共青城中心小学，开展“送教下乡”活动。开展“尊敬老人·温暖人心”活动，为新港敬老院捐赠棉袄50套，价值人民币6000余元。支部在广东狮子会橙光服务队开展的“扶志助飞——江西行”助学活动中资助6名儿童的过冬棉衣。支部与民进市委会联合开展“1%工程爱心图书送学校”捐赠活动，向琵琶亭小学捐赠图书1200册。

（鲁 岚）

·中国农工民主党九江市委员会浔阳区支部·

【概况】 2016年，中国农工民主党浔阳区支部党员总人数已达20人，另有正在培养的入党积极分子2人。现有副处级退休干部1人，在职正科级2人，高级职称8人，企业法人2人。

支部在2016年获得农工党九江市委会颁发的“2015年度参政议政，宣传报道优秀集体”；支部党员撰写的3篇调研报告在2016年度被区政协评为优秀调研报告，都得到前后两届区委、区政府主要领导的批示；支部主委唐平钧获得市政协颁发的“优秀政协委员”“优秀社情民意信息员”等5项荣誉，支部党员徐凯全年三次捐助公益事业，被评为区政协“优秀政协委员”，党员王红霞负责的人民路街道政协联络处被评为“2016年度先进街道政协联络处”。

【参政议政】 2月1日，农工党浔阳区支部主委唐平钧在九江市政协十四届六次全会联组讨论时发言，提出全市要关注中心城区旧城改造工作，凝聚更多力量，共同破除拆迁工作中的难题。支部3名政协委员通过开展委员社区约访活动，了解到姚家洼一带很多居民尚未用上天然气的问题后，写成提案向市区两级反映。5月9日，又带着姚家洼社区的居委会干部和群众代表到市深燃天然气有限公司进行现场协商，引起该公司领导层的重视，提出解决方案，得到群众的理解和认可。10月25日，支部主委唐平钧参加九江市政协第十五届一次换届大会，并在联组讨论会上提出整治白水湖周边环境，做好规划定位，发展高端商务区，为促进中心城区发展寻找商机和潜力的发言。

【社区活动】 1月28日，支部书法界党员明启猛在甘棠街道浔安社区免费为广大居民书写、赠送春联。5月19日，支部联合人民路街道政协联络处在新东方社区开展“防治骨质疏松”健康知识讲座，邀请到九江市三医院内分泌科专家刘丹锋作主讲。6月10日，农工党浔阳区支部医疗卫生界9名党员到区金鸡坡街道大塘村村民复建址，开展送书送健康等科普宣传服务活动。为上百位村民提供健康咨询，发放书籍100多本、防灾减灾等宣传资料500余份。

【抗洪救灾送药活动】 7月18日，支部的2名非公经济党员踊跃支持防汛抗洪工作，捐款购买3000多元的食品、防蚊药、消毒液、毛巾、防护手套等物品。支部党员们带着这些慰问品走访看望长江防洪堤上的值勤干群，向他（她）们送去来自农工党基层支部的问候，同时现场还为部分值堤人员提供常见病的诊治和预防宣传。

【学习和培训】 3月19日，召开支部学习会，全体党员一起商讨2016年支部工作计划，主委唐平钧传达了全区人大、政协两会及经济工作会议精神。10月11日，在支部党员汪雁所在企业的小会议室，支部组织全体党员传达学习九江市委会《关于学习中共十八届六中全会精神和全市领导干部会议精神的通知》等文件精神及相关内容。11月10日，主委唐平钧参加全国政协在北戴河举办的第90期地方干部（委员）培训班。

【组织活动】 1月，农工党浔阳区支部负责人走访慰问钟文鸿等3户困难学生家庭，看望熊杰等5名支部老党员，并送去春联和祝福。

11月20日，支部志愿者参与到全区“百日大提升”活动中来，利用“双休日”到甘棠、南门两湖捡拾“白色垃圾”，清理卫生死角12处。

（唐平钧）

·九三学社浔阳区支社·

【概况】 2016年，九三学社浔阳区支社考察发展社员1名。至12月，共有社员36名，其中在职20名，离退休16名，主要分布在文化、教育、卫生、环保、金融、城建等各系统。

2016年，九三学社浔阳区支社牢记参政党职能，坚持中共浔阳区委的领导，紧紧围绕区第九次党代会确定的各项目标任务，积极参加各项活动，履职尽责，荣获九三学社九江市委会颁发的“2016年综合考评先进单位荣誉称号”。三年来，全体社员认真学习中共十八大及十八届历次会议精神、习近平一系统重要讲话，学习《中国共产党廉洁自律准则》《中国共产党纪律处分条例》及市、区重要会议精神，积极参加区政协、区统战部、九三学社九江市委会组织的各项活动。深入基层开展专题调研，向区政协八届一、二次会议提交集体提案2件，在会上进行交流；提交个人提案8件，其中1件获区政协八届一次会议优秀提案；社情民意2篇；向九三学社九江市委会提交调研报告1篇，社情民意1篇、宣传报道4篇，其中1篇入选省统一战线。大力开展社会服务，全年开展送医送药活动1次，健康宣传1次、社会公开课4场。组织全体社员到永修进行农业考察。

【参政议政】 社员付晓文、李江当选为政协九江市第十五届政协委员，陈和周、杨光明、邱益莲当选为政协浔阳区第八届政协委员，杨光明聘任九江市卫计系统行风监督员。各位社员充分利用在基层的特点，发挥科技知识分子的优势，紧紧围绕区委、区政府的中心工作，把握各种渠道，认真开展学习调研，集体提案《促进医养融合发展，实现政府、社会、家庭共赢——大力推进医养结合型养老建设》，在区政协第七届六次会上作大会发言。在区政协八届二次会议讨论会上全社社员积极发言，邱益莲委员分别作出“与时俱进，打造大数据社区平台，让建设和谐浔阳的工作落到实处”“发掘浔阳文化内涵，打造魅力浔阳”的发言。

【送医送药活动】 7月23日，九三学社浔阳区支社与九三学社医卫支社联合，到九江市社会福利院开展送医送药活动，为老人们进行健康体检，举办老年健康知识讲座，送去价值1000元的药品。

【口腔健康宣传活动】 9月20日（全国第28个爱牙宣传日），支社与奇圣口腔门诊部，在烟水亭广场举办“口腔健康，身体健康”宣传活动。活动现场通过展示知识宣传板、发放宣传单、现场免费检查、咨询、有奖口腔知识问答等方式进行宣传。

【“学文件、迎新年”活动】 12月29日，举办“学文件、迎新年”茶话会活动。会上分别传达区第十次党代会、区政协八届一次会议、市政协十五届第一次会议精神，针对如何提高参政议政能力、加强自身建设、开展社会服务活动及宣传工作展开热烈讨论，对社员撰写提案及社情民意提出要求，明确社员的职责。

（陈和周）

·浔阳区党外知识分子联谊会·

【概况】 2016年，浔阳区党外知识分子联谊会（简称知联会）考察发展会员4人，其中新社会阶层代表人士3人，教育系统1人。区知联会共有会员26人。会长钟玲，副会长肖莉，委员李玮、董春霞、黎璇如，其中大专以上学历占99%，中级以上职称占86%，平均年龄36岁。有1人担任正科级领导职务，有2人担任副科级以上领导职务。区政协委员8人（区政协常委2人）。

【政协全委会专题协商】 2016年，组织参与知联会省、市委会举办的培训班学习和演讲比赛等。参加民主协商会、区四套班子联席会、情况通报会等，全年参与协商5次，其中政协全委会协商1次，专题调研协商1次，重点提案督办协商3次。组织开展和参与各项专题调研视察6次，

2016年6月，区知联会组织会员赴都昌伏羲学校扶贫助学
区知联会供稿

《社区矫正，高墙之外塑新生》《浅议基层人民调解工作存在的问题与对策》《抓住症结，治愈九江交通"肠梗阻"》《关于构建平安社区综合体制的建议》《关于打造"文化浔阳"的建议》《关于减轻中小学生书包重量的建议》《关于进一步加强我区义务教育均衡发展的提案》等意见建议被相关部门采纳。

【慈善活动】　会员安丽自主创建九江市唯一的民间义工组织，为社会弱势群体的帮扶工作提供平台，以爱心助学为主线，关爱城乡贫困学校与贫困失学儿童，对贫困学校基础教育设施，贫困学子生活、学习、心理等全方位利用社会一切资源给予帮助。副会长田理心设立新东方扶残、济贫助学基金会，每年对残疾人及特困家庭子女就学予以援助。赞助浔阳区成立"活力足球队"。向市儿童福利院捐助冰柜和冰箱。捐助贫困大学生等社会公益活动。会员李玮所在公司多年来义务承担着市特殊教育学校的校园网络、校园广播、校园安全监控等多系统的免费维护和维修工作。2016年，引导会员参与"爱满浔阳，慈善助学""感恩九江行"活动，共捐款捐物26万元。救助贫困学生，捐助白血病患者，辅助福利院老人、支持社区建设、安装健身器材和改善办学条件。倡议和组织会员向雅安地震灾区捐献款物8万元。资助贵州贫困学生返乡30人次。

【"双建"品牌推广】　2016年，区知联会大力实施"四大工程"，致力打造"四个提升"，逐步形成区党外知识分子联谊会"同心、同智、同力"的"三同"模式，区知联会的"双建"品牌（建功立业、建言献策）向各县区推广。

【会员企业吸纳再就业人员】　会员黎璇如所在的汇通电器，为国家创收税费每年70万元，公司在职员工达300人，其中吸纳再就业人数17人，残疾人2人。会员黎璇如所在的浔城十三香餐饮实业有限公司职工达180人，每年上缴利税达80万元。会员李玮所在的九江宏宇贸易有限公司，注册资金50万元，年纳税20万元，现有员工12人，安置下岗人员6人。副会长田理心所在的九江新东方广告有限公司每年的利润都是以10%—15%的幅度稳定增长，2016年，已实现产值1000万元。

（钟　玲）

·浔阳区工商业联合会·

【概况】　2016年，浔阳区工商联召开七届二次执委会，坚持好中选优的原则，增补12名执行委员。会员中现有省、市、区人大代表15名，政协委员42名，领导班子成员中的非公人士占人大代表和政协委员的95%。共有直属分会6个，编内机关工作人员2名。2016年，区工商联被评为全国"五好"县级工商联、九江市工商联目标管理综合工作先进单位、九江市非公经济组织党工委目标管理考评"基层党建示范点"先进单位、浔阳区直单位业务工作先进单位。

【参政议政】　2016年，深入基层，围绕非公经济发展方面的重点问题，开展规模企业、"劳资关系"等课题调研，组织撰写了《浔阳区非公企业存在突出问题典型案例》《重庆走马国际建材市场案例》等调研文章。2016年，组织会员向区政协报送《开展成立立体绿化，着力打造宜居城市》《发掘传统城区改造潜能，打造浔阳区城建精品空间的建议》《打造青年路青少年成长文化街，建设美丽浔阳》等提案。

【信息宣传】 2016年续办《浔阳区工商联（总商会）工作简报》6期，全年向中国浔阳网、市联等各类媒体报送信息20余篇。开辟宣传工作新渠道，创办“九江市浔阳区总商会微信平台”，及时报道商会活动，宣传会员企业，引导积极向上的企业文化。

【企业家培训】 加强对企业家的培训工作。围绕促进非公经济人士健康成长主题，坚持“团结、服务、引导、教育”方针，实施非公经济人士素质提升培训工程。全年组织会员代表参加浔阳区精品文化论坛《浔阳讲坛》《经济形势与热点解读》《“互联网+”时代的浔阳产业转型与融合发展》《经济热点分析与企业应对之道》等各类教育培训活动。

【招商引资】 重视招商引资工作，积极参加市、区组织的各项招商活动。2016年完成6000万元招商引资任务。组成浔阳区柬埔寨境外考察团，开展境外经贸考察；组织执委到重庆走马镇国际建材批发物流市场、江西仙客来生物科技有限公司、都昌县苏山乡和谐碎石采石场等多家企业参观学习，详细了解企业发展、经营状况，使会员之间加强沟通学习，促成资源共享互利，促进企业发展壮大。

【公益活动】 九江虹能电力建设有限公司先后拨款100万元，结合“精准扶贫”活动，为都昌县大港镇丹山村修路、清洗池塘、修建堤坝、维修祠堂。九江晟邦贸易有限公司先后向九江县涌泉乡希望小学及学校贫困学生捐资50多万元，2016年再次捐赠教师服装和孩子们过冬的衣物，并为品学兼优的学生创立奖学金。九九重阳佳节，区工商联组织执委代表30余人，准备50袋大米、5箱食用油、10公斤糕点等生活物资，走进浔阳区福利院，为老人们送去节日的问候和祝福。

2016年10月8日，区工商联走访区福利院，为福利院的老人们送去了大米、食用油和生活物资等

区工商联供稿

【非公企业党建】 浔阳区非公企业党的组织建设，通过区工商联覆盖19个副主席（副会长）和47个执委企业，通过区个体私营经济组织联合党支部覆盖7个副会长和22个常务理事企业，通过大中路商圈党委基层党组织覆盖大中路商会47个会员企业，覆盖面为100%。组织非公企业党组织书记，参观考察津晶城党员活动中心，组织新党员在中翰集团有限公司党支部商务中心竣工典礼仪式上宣誓。在大中路商圈党委开展“三亮三建，争创顾客满意的党员示范店”创建活动。

（李　智）

·浔阳区总工会·

【概况】 浔阳区总工会是浔阳区委领导的职工自愿结合的工人阶级群众组织，是党联系职工群众的桥梁和纽带，是会员和职工合法权益的代表者和维护者。区总工会成立于1980年，内设办公室、互助保障部、经技部、财务部、经审会、职工服务中心。机关干部职工14人，其中在职9人，离退休5人。2016年，区总工会充分发挥工人阶级主力军作用，努力在推动科学发展厚植优势中挖掘潜能，在补齐短板中增强后劲，在继承发展中拓展空间，努力开创切合浔阳区工运事业发展实际的新路子，为浔阳区经济发展做出应有的贡献。

【职工文化建设】 2016年，自筹资金6万元用于区职工服务中心和区金鸡坡街道新塘社区职工书屋的建设，共计新增图书达2000多册，给干部职工和社区居民营造一个温馨的文化阵地。加快九江市职工龙卡的发行工作，首批发放的800张分别赠送给互助保障的困难职工、意外保障的困难职工以及浔阳区内5个街道的所有干部职工，把职工龙卡打造成区总工会帮扶体系转型升级的重要载体和平台。

【进园区活动】 2016年，以园区工会组建为重点，全面做好园区建会、职工入会工作。全年，全区范围内园区现有开工投产企业26家，主营业务收入27亿元，职工1200余人。园区企业全部依法成立工会组织，实现工会组织全覆盖，并配备专职工会主席或副主席。江西津晶城科技实业有限公司内设有职工之家、职工书屋、创意大学等活动场所，为企业员工提供强有力的文化平台和学习支撑。园区26家企业还成立工业园联合工会和职工之家，聘请江西省劳动模范毛定民为党群服务中心专职书记和工会主席，并投入5万元资金建设工业园职工书屋，聘请法律援助师、集体协商指导师、职工健康工程师进驻工业园区，随时为职工提供各方面的支援与服务。

【困难职工帮扶和职工互保工作】 进一步完善困难职工生活救助、重大疾病救助、困难学生资助等相关制度，通过开展金秋助学、送温暖等精准帮扶活动，对835名困难职工共发放帮扶资金51.4万元（其中中央财政帮扶资金39.4万元）。全区共有81个单位和企业的6163名职工参加了职工互助保障，参保金额31.15万元。区总工会还向全区841名一线清洁工和904名困难职工赠送团体意外和大病综合互助保险。区总工会已经为52名职工办理理赔手续，理赔金额32.96万元，

【基层工会组织】 以浔阳区“三全两化”三级党工共建为依托，加强基层工会组织建设。形成“街道（区域）工会——社区工会——非公企业工会”的组织架构，以重点打造的五个街道职工服务中心为支点，实现工会的组织、会员教育管理、会员服务三个全覆盖。着力推进规范化建设，2016年，全区所有街道、社区和规模以上非公企业工会基本做到了“六有”（有班子、有牌子、有章子、有场所、有经费、有活动）、“四归档”（会员档案，困难职工档案，活动资料，会议记录归档）、“二上墙”（班子、职责上墙）。做到组织机构健全，经费保障到位，工作开展有力。

【劳模精神】 推动完善劳模管理服务工作，对各级劳模和先进工作者的情况进行摸底调查，对困难劳模进行救助。打造杨云劳模创新工作室，切实发挥劳模志愿服务队的作用，开展“劳模志愿者”进社区活动。和困难职工签“连心卡”，定期走访慰问。

【女职工护益维权】 加强工会女职工组织规范化建设，“三八”期间，和区妇联一起组织女职工登山比赛。参加区妇联举办的礼仪培训班。在全区开展以“维护女职工权益、关注女职工健康”为主题的妇科病普查活动。10月，组织女职工参加区职工拔河比赛。在“送温暖”活动中，全区4000多女职工参加女职工幸福险，参保金额达93585元，共有18名患病女职工得到互助保障赔付金及慰问金，赔付金额达197025元。为女职工的健康提供保障。

【工会活动】 11月4日，区总工会举办浔阳区“职工杯”拔河比赛。11月19日，举办“2016年浔阳区干部职工羽毛球比赛”。协助区集邮协会以各级工会组织为载体，开展集邮进企业、进社区、进学校活动累计4次，活动展出邮票、纪念封、邮册等展品共计数千件，开展各种集邮讲座6次。

（陈　薇）

·共青团浔阳区委员会·

【概况】 共青团浔阳区委会1980年成立，内设组织、宣传、少先队等部门。设立18个区属团组织。其中，基层团委6个，直属总支7个，直

属支部3个，全区共设立67个基层团支部，全区共配备团干89名。

【服务“792创意园”青年众创平台】 2016年，团区委切实将创业青年的呼声诉求，形成提案带到区“两会”，为解决青年创业实际困难打下坚实的政治基础。在“792创意园”成立团总支，下辖九次元文化创意公司、尚校教育文化公司等企业团支部，积极跟进园区团员青年就业创业情况、精神文化生活情况，并勉励大家要充分发挥团组织和团员青年的优势，树立典型，为青年成长成才创造条件，努力为浔阳区的经济建设贡献力量。

【系列主题教育实践活动】 围绕“不忘初心跟党走”主题，以“红色基因代代传工程”为统揽，广泛开展“少年演说家”“青春井冈行”“小小志愿者”等主题活动。组织开展“喜迎十九大——我向习爷爷说心里话”专题活动，把少先队活动与中国特色社会主义宣传教育相结合，与社会主义核心价值体系建设相结合，与弘扬全区精神文明建设相结合。

【共青团网络新媒体工作】 以“青年之声”互动平台为服务载体展示共青团工作，积极反映青年呼声、回应青年诉求。提升团属微信、微博阵地内容质量，增强传播力和影响力，针对党政关心，社会关注的重大舆情事件果敢出击，努力在网络空间传播青春正能量，建立“互联网+移动”联系青年的机制，完善“1+100”联系机制，完成信息录入工作，实现将团的各项工作和活动通过线上和移动终端与青年共享。

【预防青少年违法犯罪专项工作】 下发《浔阳区重点青少年预防犯罪和服务管理工作实施方案》。全区青少年法制教育基地进入常态化工作，通过定期开展法律宣传、法律咨询、法律援助、纠纷排解等活动，为弱势青年群体提供法律援助。尽力为返乡农民工、大学生和城市下岗失业青年的创业就业提供服务。组织青少年参与“体验义工”活动和“手拉手”互助活动，让他们在实践中培养助人为乐的精神。开通青少年心理咨询热线，帮助特殊青少年解决心理困惑。走访希望小学，慰问困难儿童，帮助20名孩子实现“微心愿”。联合浔阳义务禁毒志愿者协会，在学校、社区开展大量禁毒宣传活动，在浔阳小学、三里小学及余家垅社区开展“拒绝毒品、呵护生命”禁毒知识讲座，引导青少年自觉抵制毒品、倡导健康文明的生活方式。

【青年志愿服务】 组织“小红帽”志愿服务队以结对帮扶、环境保护、医疗义诊、义务理发、宣传咨询等便民服务为内容，着眼建设美丽浔阳城，做文明浔阳人主题，开展志愿为民社区行系列活动32次，利用节假日，开展青年之声志愿行学雷锋广场活动6次。组织全区广大青少年积极行动，开展安全生产青年当先活动，在和中广场、烟水亭等人流集中地摆放展板、发放宣传资料，并举办全区安全生产 青年当先演讲比赛。

（潘泽云）

• 浔阳区妇女联合会 •

【概况】 浔阳区妇女联合会具有完整的组织网络，区、街道设妇联，社区（村）设妇代会，机关、事业单位设妇委会。全区有街道妇联5个，社区（村）妇代会76个，机关、事业单位妇委会15个。2016年，区妇联以维护妇女群众的根本利益为己任，以做好党联系妇女群众的桥梁纽带为使命，引导广大妇女同胞为建设实力、活力、魅力、和谐浔阳添砖加瓦。

【三八妇女节活动】 为庆祝2016年“三八”国际劳动妇女节，与区人社局、区医保局联合开展“关爱女性生殖健康”体检活动，全区1700名女性干部职工参加体检。组织全区100名妇女参加免费子宫颈癌病变筛查。3月7日，联合区法院在烟水亭广场开展法律咨询活动；邀请花艺老师为人民路街道辖区内20名女性党员、群众代表们上花艺课，让她们在鲜花中共度“三八”妇女节。3月8日，在白水湖村少儿活动中心举办“三八”国际妇女节庆祝活动；在幸福里社区活动中心，组织社区妇女参加以反“家庭暴力”为主题的知识讲座；在庐南妇女之家开展一场关于反家暴内容的维权讲座。3月9日，在向阳闸社区妇女儿童之家组织辖区内“妈妈们”开展登庐山活动。

2016年11月4日，区妇联在浔阳小学举行儿童预防意外伤害活动。图为区委副书记王凤雷为学生发放了安全教育手册

区妇联供稿

【典型引领】 2016年，湓浦环卫所桑红霞被评为“全国三八红旗手”。辖区内温爱萍家庭获“全国最美家庭”“全国五好文明家庭”两项荣誉。经区妇联推荐，区法院朱浔春获“九江市铿锵玫瑰”荣誉称号；区财政局冷青获“九江市三八红旗手”荣誉称号；区疾控中心获“九江市三八红旗集体”荣誉称号；区民政局婚姻登记处、地税局纳税服务分局、就业局小额贷款担保中心被授予“九江市第十届巾帼文明岗”称号；区卫计委陶淑英、湓浦街道办事处李志红被评为“九江市第十届巾帼建功标兵”。蔡梅薇靖家庭被提名为2016年度江西省“最美家庭”。区妇联被评为2016年度全省妇联系统宣传舆论阵地建设先进单位。

【妇女维权】 2016年，区妇联共接待和办结来信来访妇女50人，及时帮助她们处理问题，化解矛盾，维护小家庭稳定，也维护大社会的和谐。在全区范围内开展慰问困难妇女、困难村妇代会主任、春蕾助学、红雨伞金秋助学、恒爱行动等爱心活动。

【开展妇女儿童保护活动】 2016年，在浔阳小学举办预防儿童意外伤害工作启动仪式，并现场授课，通过对防震、防火、防交通事故、防溺水、防食物中毒及防盗、防煤气中毒等意外伤害知识的讲解，让学生们深刻地认识到生命的可贵，自觉树立安全意识和自我保护意识。还在浔阳小学开展校园安全及女童保护主题活动，开展学生校园安全防暴演练及培训教育，提高针对校园安全突发事件的应急能力，防范校园欺凌及女童侵犯，增强学生自我安全保护意识。

（吴　敏）

·浔阳区文学艺术界联合会·

【概况】 2014年8月，区文学艺术界联合会（简称区文联）挂牌成立。2015年12月召开浔阳区文学艺术界联合会第一次代表大会。区文联有作家、书法、美术、摄影、音舞曲、收藏6个文艺家协会，行业文联有政法、中石化文联2个。区文联为正科级事业单位，为区委宣传部内设机构，有专职干部2人，编制3人。

【文化艺术类竞赛】 2016年，区文联组织开展一系列文艺活动，促进浔阳文化艺术水平提升。5月1—4日，开展“学党章、庆七一”“勤学习、敢担当、建新功、展风采”知识竞赛。5月7日，区摄影家协会主办“2016信华映日荷花 • 宜居仙境”摄影大赛。6月10—11日，参加九江市庆祝中国共产党成立95周年大型群众歌咏比赛。6月26日，区摄影家协会在“浔阳之眼”历史文化展示馆临展厅举办庆祝中国共产党成立95周年摄影作品展。6月29日，区音舞曲协会在九江青少年活动中心剧场举办庆祝中国共产党成立95周年文艺晚会。6月29日—7月1日，区书法、美术协会在烟水亭广场举办庆祝中国共产党成立95周年书画作品展。7月1日—8日，区音舞曲协会开展“浔阳一家亲”广场舞比赛活动。7月5日，区文联在区政府大楼举办“光辉的历程，永远的丰碑”书画作品展。8月13日，区收藏协会举办“重走长征路、弘扬长征精神”体验采风活动。9月21日，区文联在九江青少年活动中心举行“和美家风魅力浔阳”书画作品展览。

【文艺家协会队伍建设】 1月16日，浔阳区摄影家协会第一届一次理事会在市财政局干部学校召开。3月5日，区作家协会召开第一次会员大会，成立区作家协会微信群。8月3日，出台《关于区文联成立第一届相关协会的通知》，明确作家、书法、美术、摄影、音舞曲、收藏、政法文联、中石化文联八个协会的具体组成人员。

（扶松华）

·浔阳区社会科学界联合会·

【概况】 2014年8月，区社会科学联合会（简称区社联）挂牌成立，与区文联两块牌子一套人马，有专职干部1人，编制1人。2016年，区社联组织9次区委中心组学习，开展3次浔阳讲坛。围绕省市区党代会精神、“两学一做”、“三团六进全覆盖”宣讲区两会换届等大局工作。通过报告会、研讨会、座谈会等形式多样的学习活动，让理论学习深入人心，氛围浓厚。

（扶松华）

·浔阳区科学技术协会·

【概况】 2016年，浔阳区科协认真贯彻《全民科学素质行动计划刚要》，下基层，进学校、进社区、突出科普品牌建设，组织开展多种形式的科普活动，科普益民取得成效。

【社区科普】 社区科普示范创建工作取得新成效。金鸡坡街道大塘社区被中国科协、财政部评为2016年基层科普行动计划奖补单位，并荣获“全国科普示范社区”称号。人民路街道幸福里社区和庐南社区同时被省科协授予2016年“江西省优秀科普示范社区”称号。

社区“站、校、园”和“组、会、员”建设取得新突破。2016年，成立社区科普益民服务站，建立和完善科普图书室，科普宣传长廊和各项管理制度。建设和完善社区科普学校，配备大屏电视、投影仪等电子设备。

社区科普活动取得新进展。2016年，大塘社区组织开展“科普之春”暨学雷锋科普志愿服务月活动，在社区科普学校举办一场“水产养殖技术”科普讲座。沿江社区在科普文化广场承办2016年全区科技活动周暨防震减灾宣传教育活动周开幕式。10月，幸福里、东盟、湖滨、庐南等社区分别开展应急救灾科普知识专题讲座。幸福里、向阳闸等社区不同形式开展“防震避险疏散技能”“消防安全技能”演练。社区科普宣传覆盖面达到100%，社区重大科普活动参与率达到100%。

创新社区信息化科普工作。2016年，区科协逐步建设以互联网、移动通信、新媒体等新型终端和现代化的科普设施，加强科普有效传播。开辟《生活小百科》《社区科普之窗》等科普公众号、栏目，并按照专人定期更新，使居民通过手机掌握科普。利用社区LED显示屏传播科普，定期向居民播放科普。利用电子科普终端显示屏传播科普。虚拟翻书电子科普屏，利用图像识别技术及计算机多媒体技术实现的一种虚拟翻书视觉效果。社区科普馆实现全年正常性向市民开放。2016年，共接待群众4000多人次。

【科普品牌】 2016年，充分利用“全国科普日”“科技活动周”等科普品牌，科普活动影响力和辐射力明显增强。由区科协、区科技局、区委宣传部联合举办的2016年浔阳区科技活动周暨防震减灾宣传教育活动周启动仪式在沿江社区科普文化广场举行。发放科普宣传资料5000多份，科普展板30多块，科普挂图30多幅，科教氛围浓厚。区科协被中国科协、教育部、科技部评为“2016年全国科普日活动优秀组织单位”称号。

【青少年科普】 2016年，按照区科协、区青科普协会等单位和各小学要求，针对不同年龄段学生，开展不同内容和方式的青少年科普工作，打造许多青少年科普工作亮点。开展学习科普讲座12场（次），参与学校10所，受教师生达5000人次。开展科学体验50场（次），参与学校11所，受技学生近万名。部分学校参加九江市第三十一届青少年科技创新大赛和第二十二届青少年信息学（计算机）奥林匹克联赛，荣获一等奖15名、二等奖29名、三等奖41名，优秀辅导员7名。参加九江市青少年科技辅导员论文征集评选活动，共14篇优秀论文获奖，一等奖7篇，二等奖3篇，三等奖4篇。

（曾乘风）

·浔阳区残疾人联合会·

【概况】 浔阳区残疾人联合会（简称区残联）是政府职能部门，是管理、服务残疾人的常设机构。理事会设理事长、副理事长、理事。区残联归口区委管理，内设办公室、组宣维权股、康复股，承担区政府残疾人工作委员会的日常工作。2016年，有在职职工11人，领导职数1正2副。

经区残联组建并领导的二级机构：残疾人就业服务站、残疾人康复服务指导站、残疾人用品用具供应站。经区残联组建的残疾人民间团体主要有肢残人协会、聋人协会、盲人协会、精神残疾亲友会、智力残疾亲友会。按照中、省、市残联的要求，加大基层组织规范化建设力度，浔阳区各街道、社区（村）残联组织建立率达到100%。

【残疾人康复服务】 2016年，免费为180名“0—7岁”脑瘫儿童、智力残疾儿童提供每人为期6个月的价值1.2万元康复训练服务，投入资金216万元。免费发放精神病服药救助卡182张，补助资金4.04万元。完成贫困残疾人假肢装配8例，其中大腿5例，小腿3例。进行年度康复工程实施需求调查摸底，康复服务建档700人次。加大辅助器具供应，共发放护理床、听书机、轮椅等辅助器具164件，配发助听器11台。继续完善精神障碍患者社区康复试点工作，在社区卫生服务站原有基础上进行硬件、软件的升级，达到建立康复站的要求。2016年，完成调查录入持证残疾人2954人，死亡注销149人。

【残疾人就业培训】 2016年，区残联推进全区分散按比例就业、巩固集中就业、指导和扶持残疾人个体从业，帮助残疾人实现自强自立。上门入户调查，完成残疾人就业状况实名制录入，将2250人的调查情况录入中残联就业与培训系统。加大创业扶贫力度，为2名残疾人发放自主创业扶持资金4万元，为1名扶贫基地大户发放资金4万元。加大培训力度，完成就业培训民生工程任务，城乡职业培训40人，公益性岗位22人，农家书屋图书管理员50名。11月，举办为期两个月的残疾人就业机动车机电维修培训班，40人参训。

【残疾人教育】 区委、区政府重视特教工作，区内各学校保障适龄残疾儿童、少年随班就读。2016年，6—15岁残疾儿童中有134人就读九江市特教学校，有17人随班就读。为18名应届残疾大学生和贫困残疾家庭子女发放助学金3万元。12月，协助区教育局迎接国家对县域义务教育均衡发展进行的督导评估。

【社会保障】 2016年，共为2285名困难残疾人发放生活补贴和重度残疾人护理补贴122.1万元。979户残疾人家庭享受低保金230余万元。为84名残疾人发放居家托养补贴7.58万元。解决下肢残疾人出行难问题，为有机动轮椅车的190名下肢残疾人发放4.9万元燃油补贴。重度残疾人参加城镇居民医疗保险、养老保险个人缴费部分全部由财政负担。九江市中心城区公租房的申请、分配也优先照顾残疾人。

【宣传工作】 开展“全国助残日”“国际残疾人日”“爱耳日”“爱眼日”等活动，宣传残疾人保障法，宣传社会扶残助残的先进单位和个人，宣传残疾人中身残志坚、拼搏进取的典型事迹，营造关爱残疾人的氛围，引起社会各界的关注。2016年完成征订《中国残疾人》《三月风》等任务，在政府网站、市级报刊采用信息12篇。

【信访维权】 区残联以区法律援助中心为依托，以区残疾人法律援助工作站、康翼助残服务站为主导，构建残障人援助绿色通道。加强不安定因素隐患排查，全年共接待来信来访146件（次），办结率达100%，未出现越级上访和群访事件。

【第二十六次全国助残日活动】 2016年5月15日，第二十六次法定全国助残日主题为“关爱孤残儿童，让爱洒满人间”，全区结合实际开展各种形式的助残日活动。5月12日，区委、区政府四套班子领导对九江阳光儿童康复训练服务中心和孤残儿童及困难残疾家庭进行走访慰问献爱心，送去慰问金共计5.8万元。5月14日上午，区残联在和中广场举行助残日宣传活动，现场免费发放用品用具，举行义诊服务，并对惠残政策进行宣传，还有残疾人组成的感恩服务队，为大家提供擦鞋、按摩、手机贴膜等免费便民服务。5月

14日下午，在区政府大院里为残疾人免费发放护理床、轮椅、腋拐、助行器等辅助器具120件。

【二代残疾人证发放】 2016年，浔阳区核发二代残疾人证3137份，其中视力残疾330份、听力残疾162份、言语残疾28份、肢体残疾1359份、智力残疾384份、精神残疾609份、多重残疾265份，一、二级重度残疾人证1142份，为保障残疾人共享社会发展成果提供依据。

（刘　莉）

·浔阳区红十字会·

【概况】 浔阳区红十字会为正科级单位，列群众团体序列。区红十字会现设正科级常务副会长1名，副科级专职副会长1名。

【应急救护体系建设】 2016年，区红十字会推动全区应急救护培训进社区、进学校、进机关、进企事业单位，共培训红十字救护员200人，普及应急救护知识5000人。11月区红十字会在人民路街道向阳闸社区组织“用生命呼吁、增强减灾意识、减少人员伤亡”演练活动。

2016年12月29日，区红十字会开展城市管理“百日大提升”活动，常务副会长到锁江楼社区清扫路面

区红十字会供稿

【救灾救助活动】 2013年，经国家红十字会批准，余家垅社区“博爱家园”人道公益项目建立。2013年四川雅安地震，区红十字会发动各方力量向灾区捐款2.3万元。2016年年初，区红十字会开展“红十字博爱进万家”活动，为社区70户困难家庭送上价值3.5万元的大礼包。年中，区红十字会争取到15万元的“小天使”基金资助白血病患儿。此外，区红十字会还向相关企业争取到价值6万元的奶粉，全部用于对困难家庭儿童的救助。

【遗体与器官捐献工作】 2012—2016年，区红十字会发展遗体捐献志愿者63人，其中实现器官捐献6例，眼角膜捐献3例，造血干细胞捐献4例。2016年，区红十字会受理新申请登记遗体器官志愿捐献12人，实现捐献2例。

（邹　琦）

·其他社会团体·

【概况】 2016年，全区共有各类社会组织623个，登记注册的社会组织共有131个，其中社会团体组织20个，民办非企业单位111个，办理法人变更手续2例。2016年5—7月，对区属124个社会组织进行年度检查并换发法人登记证书。

【组织孵化】 2016年，区志愿者之家承接省民政厅公益创投项目，对全区范围内具备条件的社会组织进行孵化培育，已孵化培育社会组织15个。

【社会组织登记管理】 2016年，社会组织登记管理工作纳入到区政务服务网、数字民政网，建立两随机一公开机制，使登记管理工作更加规范。

（高志刚）

栏目编辑：蒋靖男

军事

浔阳年鉴 XUNYANG YEARBOOK 2017

·浔阳区人民武装部·

【概况】 2016年，浔阳区人武部党委以习主席“五个深入推进”重要指示为指导，坚决贯彻军分区党委扩大会决策部署，着眼履行“五部”职能，积极适应新体制、新要求，加强军事斗争动员准备研究，筑牢安全稳定基础，在新的起点上推动武装部全面建设再上新台阶，确立了“信仰坚定、核心坚强，使命为要、标准一流，分工协作、职责明确，学习创新、公正规范，制度落实、成效显著，令行禁止、遵规守纪，内外协调、和谐稳定”的部训。

加强理论学习，深入学习贯彻习主席系列重要讲话精神。组织全体人员学习《习近平关于深化国防和军队改革重要论述摘编》《习近平总书记系列重要讲话读本》等书籍，把习主席一些新观点、新论断摘抄到教育读本上。利用广播、电视、网络等渠道收听收看相关新闻报道，尤其是组织收听收看习主席亲临江西视察接见驻赣部队领导干部时的重要讲话，强化履行使命的责任担当。利用党日活动时间，结合学习教育剪贴本收集整理的相关报道和解读文章，采取精神宣讲、讨论交流等方式，组织深入学习习主席重要讲话精神。

（刘竹宝、刘　南）

【安全管理】 首先是抓机制。把安全教育纳入政治教育内容，广泛开展“学条令、明法规、严纪律、正秩序”活动，突出抓好《安全条例》《保密条例》《生命的关口》等条规学习，把“8·06”事故作为警示教材。其次是抓规范。把从严治军作为根本性、全局性、经常性工作紧抓不放。坚持疏堵结合，以人为本，实施科学管理、规范管理、人性管理，构建和谐人武部。再次是抓重点。结合工作任务、季节特点和上级要求，紧紧摁住人、车、枪、弹、密、毒、火、电、气、油等十个重点，切实加大对要害部位、核心部位、特殊时期和重点目标的管控，严防失泄密事件和各类事故案件的发生。最后是抓责任。严格落实各项安全管理规定，严格安全工作责任追究，强化安全管理措施，坚持在重大节假日、重大活动或军事行动中进行安全形势分析和风险评估。明确组织领导、具体责任人，有针对性地做好防范措施，确保人武部的安全稳定。

（刘竹宝）

【征兵工作】 2016年2月，区人武部及时与公安户籍部门、地方高招办和各高校加强联系，认真做好兵役登记。通过“发一发、播一播、扫一扫、看一看”等形式深入学校、社区进行征兵宣传。“发一发”即运用区民生通道群发短信宣传；“播一播”即租用地方电子宣传车播放宣传片；“扫一扫”即利用建立的浔阳征兵微信平台发动广大青年扫描浔阳征兵微信客户端；“看一看”即摆放国防教育展板，吸引广大青年驻足观看。2016年征兵工作经过全区各级、有关部门的共同努力，圆满地完成任务。

（赵海斌）

【战备工作】 2016年年初，对区人武部9类方案进行修订完善。3月，对辖区内三级以上重要目标进行现场勘察，与目标单位进行任务对接，着力把重要目标“防什么、谁来防、怎么

2016年5月18日，省“抗洪抢险-2016”军地联合演习。图为演习开幕式现场

区人武部供稿

防”等问题搞清、搞准、搞细，对多个重要目标要素进行数据采集。4月，修订完善“五战”方案计划，组织力量对每个方案的针对性、合理性、可行性进行细致推敲，确保方案能拿得出，用得上。重点对城防堤和永安堤进行防汛勘察，对防汛应急预案进行修订，进一步明确职责分工，防汛针对性、有效性得到加强。

【防汛抗洪】 2016年6—7月，区人武部全体干部职工参加防汛，并迎接某团到辖区共同抗洪。先后组织民兵2400余人次，清障15万平方米，运送沙石7000余吨，处置险情9处。经过共同努力，确保辖区大堤安全度汛，确保人民群众生命财产安全无损失。

【国防教育】 6月，组织在辖区江西财经职业学院开展征兵宣传进高校活动，结合征兵咨询、国防教育宣传板展览、播放国防教育公益片等形式，使近千名大学生增强了国防观念，提高国防意识，激发参军热情。

【党管武装】 9月，在区少儿活动中心召开了基层武装部政治教导员任职大会，并组织民兵营（连）书记120人的业务培训，安排国际国内形势分析、民兵党组织建设规范、民兵工作基本法规知识、党支部书记应具备的素养四个专题进行授课辅导，建立挂钩帮带制度，进一步强化基层党管武装意识和责任担当，夯实基层党组织建设的根基。

（刘　南）

·武警浔阳区中队·

【概况】 中国人民武装警察部队九江市支队浔阳区中队主要担负九江城市武装巡逻勤务、上级首长来九江或举行各种大型会议时的警卫任务。武警浔阳区中队2012年1月迁至金鸡坡街道社会福利院旁，营房占地6986.3平方米，建筑面积1304平方米。2016年，中队按照“建强思想铸忠诚、紧贴任务练打赢、提升能力保中心、依法抓建促规范、内涵建队厚底蕴、创新发展求突破”这条主线，坚持按纲建队，强力推进中队正规化建设。

【武装巡逻执勤任务】 2016年，武警浔阳区中队共出动兵力1200余人次，完成春节、两会、“3·14”敏感期、劳动节、“6·4”“7·5”敏感期、G20杭州峰会、国庆、“南昌会议”、圣诞节以及元旦等重要期间的武装巡逻勤务。执勤官兵始终严格要求自己，时刻保持高度戒备和旺盛斗志，坚持依法执勤、文明执勤，有效维护社会安全稳定。其间，圆满完成九江市两会及第十一届党代会安全保卫执勤任务，官兵良好的警容警姿、扎实的作风纪律得到领导的高度赞誉。7月，中队出动的18名官兵在支队带领下，历时28天，完成抗洪抢险任务，得到支队党委、区政府以及人民群众的好评。全队官兵思想稳定，工作热情高涨，内部关系密切，部队秩序正规，中队全面建设稳步发展。

【政治教育】 武警浔阳区中队认真抓好思想政治教育，确保中队政治坚定。中队党支部坚持以正面教育为主，加强教育引导，深入开展以树立正确的人生观、价值观为核心的思想政治教育。组织收看警示教育节目，对照自身情况，找教训、论危害，强化官兵遵纪守法意识，让官兵懂得什么是正确的理想和追求，明白立身做人的基本道理，增加辨别是非和自我约束的能力。针对部队任务重、心理期望与现实有距离、易受挫折等现象，中队党支部积极开展提升官兵幸福指数的“幸福警营”主题实践活动，引导官兵观看各类健康向上的书籍、讲座，努力营造“心情舒畅，健康向上”的氛围。

【勤务工作】 2016年，结合任务实际认真拟制训练计划和教案，认真分析、判断当前巡逻勤务面临的复杂形势，周密部署武装巡逻勤务训练计划。参训官兵严格遵守处置原则，采取情况诱导方式，对不同情况处置的方法，进行针对性训练。执勤过程中，中队严格做到出发前有要求，结束后有讲评，及时指出存在不足，加以改正，最终圆满完成任务，有效防范和遏制危害社会安全稳定事件的发生，确保巡控辖区内社会安全稳定。

（陈柄言）

·浔阳区公安消防大队·

【概况】 2016年，浔阳区公安消防大队紧紧围绕年初支队党委提出的“一年强基础，两年求突破，三年大变样”思路，坚持一手抓队伍正规化和业务规范化建设，一手抓装备和基础设施建设，使部队建设水平稳步提高，完成各项任务，确保火灾形势和部队内部安全稳定。区公安消防大队全年接警出动430起，出动车辆670辆，出动警力4670人，抢救被困人员93人，疏散被困人员1065人，抢救财产价值905.8万元。

【公安消防大队人员装备】 2016年，区公安消防大队加强人员、装备建设。完成30名合同制消防员征召任务，落实合同制消防员经费100余万元，购置18吨重型水罐消防车，对滨江路中队新搬入的营房及训练塔进行修缮，对2个“红门影院”进行升级，美化亮化营院，添置会议室桌椅等办公设施，兴建湖滨小学消防科普教育馆，官兵警营环境逐步达到正规化建设标准，人员战斗力和装备水平得到明显提升。

【火灾防控】 2016年，区政府、区公安分局统一部署开展冬春火灾防控、夏季消防检查、仓储物流场所和易燃易爆场所等专项整治活动，圆满完成一节两会、清明、五一、全国综治南昌会议以及G20杭州峰会等重要时期消防安保工作。尤其在夏季消防检查工作中，区公安消防大队提请区政府部署“利剑斩火患”行动，统一开展易燃易爆危险品场所、超大城市综合体等五类单位场所及工业园区、电气火灾防范等专项整治。区公安消防大队共检查单位1787家，发现并消除火灾隐患1393处，下发行政处罚决定书117份，临时查封25家，责令“三停”15家，罚款22.95万元，及时整改、消除一批火灾隐患。

【派出所消防执法规范化建设】 2016年，区公安消防大队提请区公安分局将派出所的消防工作纳入全面的工作绩效考评体系，以文件的形式明确了12个派出所消防专（兼）职所长、民警和挂点指导派出所消防监督人员。辖区的所有派出所消防规范化、信息化等硬件设施建设全面推动。通过大数据、信息化、智能化手段创新三级重点单位和九小场所消防监管，派出所消防工作探索出一条具有九江特色的公安派出所消防执法规范化建设新模式，并召开全市现场会，得到各级领导的肯定。

【档案管理】 扎实开展各项行政管理基础工作，尤其是档案管理工作程序规范，分类合理，管理科学。2016年，区公安消防大队续评为省一级档案管理单位，在不断探寻档案管理的科学化、电子化、实用化的基础上使档案工作步入标准、规范、科学的管理轨道。

【荣誉丰硕】 2016年，区公安消防大队荣获多项集体和个人荣誉，被续评为全市文明单位，获区“五四红旗团支部”、“青年文明号”称号，推出最美消防员彭文作为大队先进典型宣传，大队3人荣立个人三等功，1人被表彰为“全省十佳消防卫士”。

（陈亮亮）

·人民防空·

【概况】 浔阳区人民防空办公室为区政府办公室内设机构，属正科级单位。机关行政编制5名，机关工勤人员事业编制1名。领导职数：主任1名、副主任2名。内设机构包括：人秘股、指挥通信股、综合执法股。2016年，辖区内人民防空战备水平、城市整体防护能力和应付突发公共事件能力明显提升。

【指挥通信专用网】 2016年，区人防办严格执行人防三、四级指挥信息系统联调联试制度，确保与省、市人防指挥信息系统的互联互通。组织开展社区人口基数和人防工程底数的调查统计工作，为建设人防指挥信息系统战备数据库奠定基础。初步建立起互联互通的指挥通信专用网。

【组建人防信息防护专业队】 新组建由30名专业人员组成的人防信息防护专业队。6月

20—24日，区人防办开办市人防信息防护专业知识培训班，区人防信息防护专业队30名成员，6名技术人员，及16名各街道人防骨干，共计52人，进行为期四天的理论培训和实际操作演练。

【地震应急演练活动】 5月12日，区人防办会同区民政局、区科技局、区防震减灾局、区教体局、区卫计委和区应急救援中队等10多家单位在浔阳小学举行第八个“全国防灾减灾日”主题宣传教育活动。浔阳小学全体师生开展地震应急演练活动。

【人防示范社区】 10月，区人防办按照“摸清辖区情况，基层参与监管”的工作思路，在全区范围内遴选九针社区、庐峰花园社区、南湖社区三个社区，重点打造“人防宣传教育、人防工程维护管理”示范社区。同时，在全市率先建成区级基层人防工程维护管理工作站，为配合市办开展人防工程管理改革进行有益的探索和创新。

【人防宣传教育】 2016年，将辖区全部109个社区分到区人防办每个工作人员手中，并要求工作人员要学会指导和帮助社区开展人防工作档案填报、人防工作方案编制等相关工作，把“人防进社区”工作做细做实。11月4日，区人防办以“11·9全国消防日”为契机，在所辖希望学校开展为期一周的防空防灾宣传教育活动。

【防灾减灾日主题宣传活动】 5月11日，区人防办在信华城市花园社区举办第八个“防灾减灾日”主题宣传活动。现场举行的“增强人防意识，共享社区安宁”专场文艺演出、人防知识有奖抢答、“浔阳区人防知识图片展”等系列活动吸引广大社区居民参与。活动现场还向过往居民发送《江西省城市居民应急手册》600余份。

【宣传报道工作】 2016年，区人防办在各级新闻媒体上稿数为48篇。其中，国家人防网3篇，江西人防网17篇，《九江人防信息》3 篇，九江电视台1篇，中国浔阳网21篇，《九江日报》1篇，《浔阳晚报》2篇。

（曾志伟）

栏目编辑：蒋靖男

法治

浔阳年鉴 XUNYANG YEARBOOK 2017

·综　　述·

【概况】　2016年，浔阳区政法系统紧紧围绕“构建平安浔阳”这个目标，政法各部门发挥职能作用，社会政治持续稳定，社会治安秩序良好，公众安全感稳步提升，社会治理创新成效凸显，综治基层基础稳固扎实。

维护社会安全稳定　始终保持对刑事犯罪的高压态势和凌厉攻势，开展一系列社会治安整治活动，公众安全感指数列全省第51位，上升26位，在江西省17个中心城区中列第4位。2016年，指导街道成立国家安全小组，加强国安信息搜集，及时、准确、全面地掌握涉军、涉稳、涉外、涉宗教人员情况。在消防安全领域深入开展火灾防控工作，共检查各类场所1953家，督促落实火灾隐患整改959处。在食卫安全领域，开展各类食品安全整治活动，检查食品经营户7965户，下发整改通知书15份，行政提醒书319份。开展小药店、小诊所药品购销专项整治活动，维护群众健康权益。在安全生产领域加大对危化企业、液氨制冷、烟花爆竹等生产经营单位的监管，防范和遏制较大安全生产事故的发生。

纵深推进“三项建设”　浔阳区、街、居（村）三级综治中心均全部建成并启动运行。构建上联中央、省、市，下联街道、社区（村）5级，横向连接40家区级综治委成员单位和32家行政调解职能单位的综治信息化系统，区、街两级综治中心已分别联通区公安分局、辖区派出所的社会治安视频监控系统。社区以200—300户或者1000人左右、农村以一个村民小组或自然村作为一个网格，全区划分298个网格，每个网格配备一名网格员，网格员采集的信息统一通过综治专线网络上报综治信息平台。全年共采集、比对、录入网格数据458712条。

提升普法、依法治理水平　在认真总结“六五”普法经验的基础上，积极做好“七五”普法启动工作。深化“法律六进”，推进法治宣传教育向纵深发展。深化各领域平安建设，积极预防青少年违法犯罪，着力打造“一校一特色”青少年法制教育体验基地。开展“安院护校”行动，全面加强平安医院建设和“护学岗”工作。针对未成年人刑事案件，实行庭前调查、圆桌审判、封存保护、联合帮教的审判教育模式，打造少年审判司法品牌。

（冷旻昱）

·公　　安·

【概况】　九江市公安局浔阳区分局成立于1980年，原隶属于浔阳区，2004年7月划归市局直接管理，核定编制389名（其中政法专项编367名，工勤编22名）。2016年共有在岗警力375名，其中派出所警力177人、机关科室警力79人、六个实战大队警力119人。内设13个机关科室（办公室、政工、督察、警保、法制、通信、指挥调度、户政、信访、出入境、情报、纪委、中心办），13个派出所（甘棠、湓浦、人民路、庐山南路、三里街、浔阳楼、白水湖、南湖、金鸡坡、滨江、琵琶亭、金安湖、市场），6个实战大队（治安、刑警、禁毒、国保、特巡警、经侦大队）和1个站（治安查报站，2015年市局局长办公会讨论通过，九江市公安局长江治安查报站正式下放浔阳区公安局管理）。

【维护社会稳定】　完成中共十八届六中全会、G20杭州峰会、全国综治“南昌会议”、省市党代会等警卫安保任务18次，妥善处置九江石化扩能项目拆迁、“3·20”导游滋事、游岭村拆迁安置、民生集团业主及债权人闹事、医患纠纷等引发的群体性事件19起，有力地维护了社会稳定。

对邪教深度经营活动进行精确惩治，全年共立国保案件13起，破案13起，刑事拘留14人，行政拘留11人，教育训诫3人，监视居住1人，破获社会各界高度关注的“4·23”公务员考试舞弊案，刑事拘留5人。

【打击各类违法犯罪】　紧扣浔阳区治安特点，在全力侦办大要案件的同时，以提升公众安全感和公安满意度为重点，突出抓好侵财类案件攻坚，打出平安浔阳的声威。全年共立刑事案件

3563起，破案1433起，刑事拘留558人，逮捕386人，起诉441人。全年受理行政案件5990起，查处4199起，行政处罚1418人。

对非法集资、诈骗、传销、食药环等经济类案件展开重拳惩治，先后破获湖南省南亚大融非法吸收公款案、国玺实业（江西）有限公司非法组织领导传销案、李某某非法集资诈骗案等15起经济案件，刑事拘留34 人，逮捕12人，挽回经济损失1800余万元。

【命案快破必破】 2016年，辖区发生命案1起，侦破1起，连续6年保持命案100%破案率。

【“盗抢骗”专项惩治行动】 深入开展惩治“盗抢骗”专项行动，先后破获彭某某系列盗窃沿街店铺案、王某某系列砸车盗窃案、张某某系列流窜入室盗窃案等。特别是针对辖区实际情况，组织开展惩治盗窃“两车”犯罪和反扒窃行动，有效压降发案率。全年共破获侵财案件943起、系列案15起，打掉盗窃团伙13个。

【“百日扫毒”专项行动】 2016年，推进“百日扫毒”专项行动，共破获各类涉毒刑事案件 113 起，刑拘123人，强制戒毒95人，行政处罚 320人，缴获毒品冰毒592.78克。

【追捕逃犯工作】 参与抓获公安部A级逃犯李某某；参与侦办“徐某某电讯诈骗案”，并协助查明该案四名涉案人员身份（均为公安部A级逃犯）。全年共抓获各类逃犯379人。

【社会治安专项整治】 持续对拉客招嫖、卡片招嫖以及洗浴足浴休闲场所卖淫嫖娼等涉黄问题开展专项整治，严肃查处党员干部参与赌博问题和社会聚众赌博、摆放赌博机等涉赌违法案件，全年共查处黄赌案件122起，惩治处理428人，收缴赌博机126台，捣毁赌博窝点10个、卖淫窝点13处。

【缉枪治爆专项行动】 5月5日，区公安分局成功破获2016年全国缉枪治爆专项行动涉枪8号督办案件，抓获12名犯罪嫌疑人，缴获自制枪支13支，公安部缉枪治爆专项行动领导小组办公室专门发出贺电，对区公安分局予以褒奖。全年共收缴各类枪支24把，收缴各类子弹1742发、炮弹1发、雷管29枚。

【消防安全】 研发“全警情录入+消防监督管理平台”，建立网格化管理机制等举措，实现消防工作监督智能化、巡查常态化、管理户籍化、宣教信息化、联动多元化发展，提高消防监管效能。全年检查各类场所2185家，发现各类火灾隐患1768处，已督促落实整改1545处，下发责令整改通知书802份、处罚决定书139份。

【执法规范化建设】 开展执法培训，举办培训活动8次，培训民警400余人次，组织参加法院庭审旁听350人次。坚持规范执法，严格落实“六个要”[1]“两个无论”[2]“四个一律”[3]“七个必须”[4]要求，在所有基层单位的出警车辆上安装北斗定位系统，进一步强化执法记录仪、单警装备的使用，促进执法规范。坚持刑事案件“两统一”，全面落实刑事案件“统一审核、统一出口”工作机制。

【“千眼万刺”工程】 筹资120余万元启动“千眼万刺”工程，重点在“三无”小区和高发案区域安装1000个“警眼”探头和10000根“防爬刺”，有效压降发案，提升安全感。原省委常委、政法委书记周萌，副省长、公安厅厅长

2016年4月25日，在2015年度全市公安机关“民调评警”工作总结表彰电视电话会议上，区公安分局受到表彰

区公安分局供稿

郑为文，副市长、公安局局长张荣先等各级领导均对“千眼万刺”工程给予高度评价。

【“两车”打防控工作】 通过自主研发“两车”[5]打防控平台、加强情报研判开展重点防范、强化区域警务合作等手段，全面推动“两车”打防转型升级。2016年共破获“两车”案件109起，抓获犯罪嫌疑人101人，“两车”被盗案件警情同比下降67.65%，“两车”案高发态势得到根本遏制。

（张　伟）

【道路交通安全管理】 2016年，浔阳区交警第一大队加强路面巡逻监控严查交通违法行为。严格落实“五定”[6]巡逻责任制，加强路面巡查监控的密度和力度，切实提高路面管控和快速处置各种公路治安案件的能力，对重点路段实行重点巡查，严查超载、超速、超员以及酒后驾驶、疲劳驾驶等严重交通违法行为。2016年，累计纠处超载、超速、超员、涉牌涉证、疲劳驾驶等违法行为968起，查扣机动车63辆，三轮摩托车42辆，无牌无证机动车28辆。大力开展集中整治酒后驾车专项行动，查处酒后驾车12人，极大地震慑交通违法者，酒后驾驶行为大幅下降。

（王　晗）

【户籍管理】 2016年，办理二代居民身份证12980份、制发临时身份证3650份，办理户口准迁手续4647人，办理户籍变更手续388人次。积极开展户籍清理整顿工作，清理重户22人，办理无户口人员登记落户12人，组织各派出所完成496人次无相片人员清理核查工作。

【出入境管理服务】 2016年，受理出入境证件申请15703人次，其中护照7561人次，港澳通行证及签注8135人次，定居7人次。

【为民服务平台】 以网上公安局为依托，搭建为民服务平台。2016年，通过网上公安局办理各种事项31件，回复在线咨询4571件，办理《局长信箱》来信31件；同时，积极借助网络微信拓展服务平台，共在“浔阳公安”“浔阳户政微笑女警”“社区警民交流群”等微信公众号上发布各类温馨提示、“微警情”信息2700余条。

（张　伟）

注释：

（1）六个要：着装要整齐、装备要带上、说话要严谨、程序要到位、过程要记录、财务要管好。

（2）两个无论：无论事情多么紧急，该带的装备一定要带上；无论事情多么简单，该履行的手续一定要履行。

（3）四个一律：违法犯罪嫌疑人被带到公安机关后，一律直接带入办案区，严禁违反规定带出办案区讯问询问；进入办案区后，一律先进行人身检查和信息采集；违法犯罪嫌疑人在办案区内，一律有人负责看管；在办案区开展执法活动，一律要有视频监控并记录。

（4）七个必须：必须把维护稳定作为第一警务；必须把服务发展作为第一责任；必须把严打严治作为第一举措，必须把公平公正作为第一准则；必须把从严治警作为第一要求；必须把保障有力作为第一后盾。

（5）两车：摩托车和电动自行车。

（6）五定：定人、定时、定点、定岗、定线。

·检　察·

【概况】 浔阳区人民检察院坐落于长江之滨、白水湖之畔，管辖浔阳区和九江市经济技术开发区及八里湖新区等地域。全院内设16个机构，派驻二个街道检察室。即政治处、办公室、侦查监督科、公诉科、反贪污贿赂局、反渎职侵权局、民事行政检察科、控告申诉检察科（举报中心）、监所检察科、检察技术科（信息中心）、职务犯罪预防科、法警大队、未成年人犯罪检察科、案件管理中心、监察室、机关后勤服务中心、驻金鸡坡街道检察室和驻湓浦街道检察室。现有在职检察人员共74名，班子成员12名。在浔阳区委和九江市人民检察院的领导下，区人民检察院以打造一流检察院为目标，紧紧围绕区委战略发展目标和服务大局，以及不断强化法律监督，强化自身监督，强化队伍建设的总体思路，认真履行检察职能，各项检察工作健康平稳发展，2016年在全市基层检察院目标管理考评中位居第一，并荣获“全国检察宣传先进单位”“全市检察机关规范执法先进单位”等多项荣誉。

【打击刑事犯罪】 受理公安机关提请批捕案件542件680人，经审查，批准逮捕526件591人。受理侦查机关移送起诉案件664件900人，经审查提起公诉520件631人，移送他院42件55人，报送市院6件14人。依法加大对群众反映强烈的多发性侵财犯罪的惩治力度，加强提前介入、引导取证，批准逮捕盗窃、抢夺、诈骗等刑事案件127件169人，提起公诉109件140人。积极参与整顿和规范市场经济秩序，依法批准逮捕强迫交易、非法经营、串通投标等扰乱市场秩序刑事案件25件37人，提起公诉21件29人。

【社会矛盾纠纷调解】 妥善运用刑事和解、检调对接、文书说理等制度，积极促成轻微刑事案件当事人和解，依法作出不批捕决定87人，不起诉决定108人。延伸检察职能触角，在挂点社区建立检察联系点，深入群众发挥政策法规宣传、矛盾纠纷调解、党建工作指导等作用。强化与公安、法院协调配合，完善涉法涉诉信访工作机制，落实“诉访分离”工作要求，构建信息共享、共同息诉等工作机制，妥善处置重大疑难信访事项，节约司法资源。

【服务绿色崛起】 2016年，区检察院与区法院、长航公安局九江分局召开“关于保护长江生态环境加强生态检察服务绿色崛起”刑事司法协作联席会，并会签协作意见，严厉惩治破坏生态环境的刑事案件。共审查逮捕在长江水域非法捕捞案件3件7人，全部批准逮捕，提起公诉5件12人，立案监督2件3人。加强与有关行政机关的联系协作，分别与区农林水务局、区环境保护局会签印发《关于“加强生态检察，服务绿色崛起”专项监督协作意见》，确立联席会议制度、日常联络制度、信息共享制度等各项协作机制，促进检察监督与环境执法的有效对接。为实现市委提出的推进T型崛起、打造山水名城、率先实现小康、建设五大九江的战略目标做出应有的贡献。

【查办职务犯罪】 保持反腐高压态势，认真总结新时期职务犯罪的新特点和新规律，共立案查处贪污贿赂案件9件12人，渎职侵权案件1件1人，大案比例100%。办案过程中注重深挖线索，以案带案，加大对窝案、串案的查处力度，立案查处原星子县委常委、常务副县长李某某受贿窝案1件3人和德安县市政工程公司受贿窝案1件2人。积极构建多元化预防网络，形成查办和预防相互促进、互为补充、整体联动的工作格局。结合办案，先后形成案例分析12份，向发案单位、相关部门提出预防建议10份。积极开展职务犯罪预防工作，共开展行贿档案查询2800余次，到市公安局八里湖分局、中铁大桥局集团九江船舶分公司等单位开展职务犯罪预防专题讲座，取得良好效果。

【法律监督工作】 深入开展民生领域专项监督活动，加大立案监督工作力度，对应当立案而未及时立案的，督促立案5件7人；健全对“另案处理”人员的跟踪监督机制，依法追加逮捕2人、追加漏罪漏诉24人，改变案件定性5件7人。依法加强刑事审判监督，健全“判前建议、判后审查”工作机制，着力加强量刑建议工作，向法院发出量刑建议书200余件；着力加强对刑事判决的监督审查，提出刑事抗诉5件。由区检察院提请抗诉、市检察院支持抗诉的谢全山强奸抗诉案被最高人民检察院评为“全国优秀刑事抗诉案件”。认真履行民事行政检察监督职能，联合法院建立虚假诉讼信息共享机制，共同惩治虚假诉讼行为，受理虚假诉讼案2件，经审查，其中1起向区法院发出再审检察建议并得到采纳，区法院已裁定再审，另一起向市检察院提请抗诉。强化刑事执行监督，对看守所出现的安全隐患提出口头建议5次，口头纠正刑罚执行中的违法现象3次，审查羁押必要性案件1件。

【文明规范司法】 以“规范”和“标准”为重点，加强与区公安分局、区法院沟通联系，就非法证据排除、逮捕必要性说明材料和证明材料的提供、捕后羁押必要性审查等问题多次召开联席会议，会签相关文件。坚持严把证据关口，严格在审查逮捕环节推行“每案必讯”，落实非法证据排除、瑕疵证据补正等要求，退回侦查机关补充侦查156次。坚持依法听取律师意见，收转辩护意见等材料220余份，均及时审查并反馈，充分保障律师执业和辩护权行使。对所办理案件开展案件质量评查，2016年共开展各类评查4次，建立奖惩机制，促进提升案件整体质量。建立定期梳理和分析制度，加强办案动态分析，每月编制《案件管理工作情况》，进行内部通报，为统筹决策和规范司法提供参考依据。

（姚明珠）

·法　　院·

【概况】　2016年，浔阳区法院共办理各类案件8183件，增长7.78%；结案6455件，增长23.19%；结案率78.88%，较上年同期提升10个百分点。收案数和结案数均位居全市首位，创历史新高。

【服务改革发展大局】　主动融入改革发展大局，准确把握全区中心工作对审执工作的新要求，通过工业园区审判联系点和楼宇经济法律服务办公室等，有效化解涉园区矛盾纠纷35件，发出司法建议15条，为重大项目、重点企业和楼宇经济发展提供优质高效的法律服务。加强生态环境司法保护，加大对污染环境、破坏资源等违法犯罪案件的惩治力度，依法对12名破坏长江流域生态环境资源案件被告人作出有罪判决。推进环境审判专业化建设，成立环境资源审判庭，与区检察院、长江航运公安局九江分局建立共同惩治破坏长江生态环境犯罪的联合机制，司法护航美丽浔阳。

【依法审判刑事犯罪】　审结刑事案件512件。突出惩治严重暴力犯罪和严重影响人民群众生命财产安全的多发性犯罪，审理故意伤害、寻衅滋事等暴力犯罪案件59件，审理“两抢一盗”、诈骗等多发性侵财犯罪案件216件。始终保持对涉毒犯罪的高压态势，依法审理涉毒案件114件。严格适用最高法、最高检关于贪污贿赂刑事案件的最新司法解释，有力推动反腐败斗争深入开展，审理戴某某等贪污受贿、渎职案件8件12人。完善刑事审判工作机制，坚持惩罚犯罪与保障人权相统一，严格贯彻罪刑法定、疑罪从无、非法证据排除等刑事司法制度，健全冤假错案防范和纠正机制，依法宣告无罪案件5件8人，改变定性案件1件。扎实开展轻案快审工作，在充分保障被告人诉讼权利的前提下，利用远程视频提讯系统积极探索更为简化的办案模式，共适用刑事速裁程序审结案件229件，占刑事案件审理数的四成以上，速裁案件平均审理时间为7个工作日，当庭宣判率达45.62%，取得了审判质、效双高的良好效果。

【依法审理民商案件】　审理民商事案件3556件。加大对老人、妇女、儿童等弱势群体的保护力度，妥善处理婚姻、抚养、赡养、继承等家事案件356件，探索创新家事审判理念与机制，促进家庭和睦、社会和谐。2016年，区法院被列为全国家事审判改革试点法院。依法平等保护各类市场主体的合法权益，审理买卖、租赁、保险等合同纠纷案件1109件，维护公平竞争市场环境。妥善应对民间借贷纠纷高发态势，坚持规范合法借贷与制裁非法行为并重，审理民间借贷纠纷案件813件。不断深化涉民生案件审判工作机制，优先选择简便高效的审判方式方法，62%以上案件适用简易程序，更加快捷的实现当事人诉求。

【化解行政争议】　审理行政诉讼案件45件，审查非诉行政案件68件。支持和监督行政机关依法行政，依法维持行政行为42件，确认行政行为违法或不当3件。不断完善行政诉讼协调处理机制，稳妥办理南方实业有限公司不服浔阳区房产管理局、湓浦街道办事处房屋备案及确认管理案等一批行政诉讼案件，取得良好的社会效果和法律效果。积极推动行政机关负责人出庭应诉，行政机关负责人出庭应诉率达74%。推进行政与司法互动的制度化建设，为行政机关举办法律讲堂，培训行政机关工作人员300余人次，邀请行政人员旁听庭审120余人次，向行政机关发出司法建议8条，积极促进行政机关提升依法行政水平。

【加大执行力度】　执结案件2342件，实际执行到位标的金额6561.79万元。为全力破解执行难题，成立解决“执行难”工作领导小组，实行“一把手”工程，从车辆、经费、装备、人员四方面加强执行保障。大力加强执行威慑机制建设，充分利用“法媒银·失信被执行人曝光台”和九江新闻、浔阳晚报等本地媒体，发布失信被执行人信息2413人次，依法对89名拒不执行判决、裁定人员采取罚款、拘留、限制出境等强制措施，对5人以涉嫌拒不执行法院生效判决、裁定罪移送公安机关立案侦查。强化执行联动机制，与相关部门紧密合作，将执行诚信纳入诚信档案。2016年换届期间，2名失信被执行人分别被取消人大代表、政协委员的考察资格。

【诉讼服务】 进一步加强诉讼服务中心建设，努力打造“现场诉服窗口、12368热线、诉讼服务网”三位一体的当事人接待模式，拓宽司法服务领域。诉讼服务窗口接待、导诉群众1万余人次，回复微信公众平台、网络、电话热线等渠道的群众来电留言3000余条，让当事人在诉讼全程的各种需求都能得到接待处理。加大司法救济力度，为65名困难当事人缓、减、免交诉讼费63.76万元，确保弱势群体打得起官司。与区司法局共同搭建“法律服务”窗口，设立律师代理申诉工作办公室和法律援助工作站。加强与仲裁机构的对接，设立仲裁调解中心，让更多纠纷在诉讼渠道之外得到有效解决。

【为民举措】 精心打造少年审判“浔阳模式”，审理未成年人刑事案件14件20人。建立帮教责任状制度，针对未成年人犯罪大多与家庭缺失有关的特点，要求每案的法定代理人都签订帮教责任状，承诺帮教责任和义务。注重寓教于审、心理干预和判后帮教工作，成立由心理学专家、公益代理人、青年志愿者和资深女法官组成的爱心帮教团队，开展心理辅导、帮教回访工作30余次，经判决的未成年人未出现再犯罪情况。充分利用巡回审判联系点和法律服务工作站，深入社区开展巡回审判和法律服务32次，将矛盾化解在基层。充分发挥司法引领社会价值、弘扬法治精神的重要作用，在各大电视、报刊、网络媒体刊发法制宣传文章530余篇，官方网站、微博以及微信公众平台等新媒体阅读量突破5万人次。

【信息化建设】 成立信息化建设工作领导小组，院长任组长。大力推进全程网上办案工作，依托数字法院业务应用系统和审判综合服务平台，着力实现案件办理从立案到归档所有流程均在网上操作和流转，做到即时动态跟踪，自动提醒预警。全面实现法律文书“一键上网”和“电子签章”。进一步推进电子卷宗录入工作，已完成案卷录入5384卷。加强数字化档案建设，档案工作达到省一级标准，诉讼档案年利用量达3000余次。在互联网公开生效裁判文书3244件。积极开展庭审网络直播，通过“江西法院庭审直播网”成功直播庭审5次。建成执行指挥中心，给每位执行干警配备单兵执行设备，实现执行同步跟踪、全程监控和远程指挥。充分运用司法网络查控系统，查控被执行人财产线索2853人次。通过12368智能短信服务平台，向申请人推送执行案件办理情况短信786条。

【加强思想作风建设】 开展全院干警向宪法宣誓活动，引领干警牢固树立宪法意识、恪守宪法原则、履行宪法使命。扎实开展日常审务督察和专项督察32次，严格执纪问责，防止作风问题反弹。通过狠抓作风建设，区法院会风会纪多次受到省、市法院通报表扬，群众满意度也得到大幅度提升，在2016年前三季度满意度测评中，区法院位列法院系统全市第二，全省第八。

【监督机制建设】 深入开展“集中整治和查处基层侵害群众利益不正之风和腐败问题”专项活动，坚持问题导向，着力解决群众反映强烈的“六难三案”(1)问题。建立非案件承办人过问案件登记制度，排除裁判活动中的不当干扰，进一步健全防范司法腐败的风险监控机制。主动接受外部监督，加强与人大代表、政协委员联络工作，向人大常委会专题汇报少年审判工作，邀请代表、委员参加座谈、视察区法院工作86人次，旁听案件庭审15件，广泛听取意见建议，不断改进区法院工作。发放廉政监督卡8755张，让人民群众更加直接、便捷地监督司法。加强人民陪审员工作，积极组织开展业务知识培训，全年人民陪审员参审案件1252件。

（马　骏）

注释：

（1）六难三案：门难进、脸难看、事难办、立案难、诉讼难、执行难”和“人情案、关系案、金钱案”。

·司法行政·

【概况】 2016年，浔阳区司法局举办法治广场咨询活动30余场，接待咨询2000余人，发放宣传手册及纪念品5000余份。积极推进浔阳区公证事业发展，公证处办理各类公证1800余件，业务收费48余万元。法律援助中心共办理各类法律援助案件202件，办理法律援助事务1722件，法律援助案件结案归档率100%，法律援助质量继续保持零投诉。浔阳律师事务所为顾问单位处理各类纠纷40多件，办理各类案件72件（其中民事56件、行政诉讼4件、刑事5件、法律顾问7件），解答法律咨询300多人次，业务收入100多万元。建立村（社区）调委会82个，街道调委会5个，建立了医疗纠纷、道路交通纠纷两个行业性、专业性调解组织，2016年调处各类矛盾纠纷650余起，调处成功623起，调解成功率达95.8%。

【“七五”普法启动】 认真筹办全区“六五”普法总结表彰暨“七五”普法动员部署会议，做好“六五”普法先进的评选工作。对浔阳区的“六五”普法工作进行全面总结，高效做好“七五”启动和部署。2016年年初下发了《关于印发〈浔阳区2016年普法教育工作要点〉的通知》（浔普法办字〔2016〕1号），重新调整了依法治理领导小组，明确了各成员单位的考核责任目标。

【法治文化建设】 普法办采用各种形式，把法送到机关、社区、学校、企业和单位。2016年3月，司法局组织普法讲师给中铁大桥局五公司100余名妇女进行一场女性维权知识讲座，结合《反家庭暴力法》相关问题做出深刻的解读。在区法院诉讼服务中心挂牌设立律师代理申诉工作办公室和法律援助工作站，定期安排律师到工作站值班，为来访人员提供法律咨询和帮助。8月，安排普法讲师来到沿江社区给青少年带来一场以“法律在身边”为主题的法律知识讲座。12月1日，区司法局组织区公安分局、区检察院、区法院等单位共100余人参加“增强宪法观念、推进依法治市”国家宪法日活动，安排公证处、法律援助中心、律师事务所等专职人员为市民提供法律咨询服务。联合禁毒志愿者开展“创建无毒校园”活动，到全区十余所学校举办禁毒讲座，带学生们参观认识各种毒品，让他们充分认识毒品的危害。

【公证处法律服务职能】 着力将高科技工具与公证紧密结合，积极汲取全国先进公证处的先进经验，不断改进办证手段，提升公证质量和效率。引进二代身份证阅读器，加强对公证当事人的身份核实，防止“假人”“假证”的出现，损害权利人利益。使用短信提醒服务，受理、领证都通过短信通知，提高工作效率，节省当事人的时间。使用文件拍摄仪对档案中的重要材料进行网络存储，便于日后当事人调取档案，公证处案卷自查。积极参加浔阳区“十大片区”改造项目。对复杂、涉及群众根本利益的事项进行法律帮助，安排公证处工作人员与政府工作组接洽工作，并到达改造项目一线，为老城区改造和新城区建设提供公证法律保障，为经济建设保驾护航。积极开展公证法律服务质量检查活动，通过回访当事人、自查、互查案卷等多种途径，全面检查公证卷宗质量和执业行为等方面存在的问题，纠正有瑕疵公证文书和不良执业行为。

【社区矫正】 完善机制，加强社区矫正人员监督管理。根据有关法规和规范性文件，结合浔阳区实际，建立社区服刑人员社会调查评估、接收、管理、教育、考核、奖惩、解除矫正等各个环节的工作制度和工作流程，确保国家刑罚依法规范执行到位。进一步强化对社区矫正人员的日常报到的管理，严格要求矫正人员按时到所签到、打指纹，定期组织矫正对象集中学习和义务劳动。在信息化平台的录入工作上，对照《江西省社区矫正实施细则（试行）》的有关规定，严格要求各司法所按时按量完成监管平台日常录入工作，并坚持在每个月末对每个司法所的录入情况进行统计，并在局机关会议中进行通报。通过严督实导，浔阳区平台录入情况得到完善，八项日常工作的平均录入率达到99%以上，指纹报到录入率也得到了显著提高，达到了95%以上，同时对矫正档案进行严格管理和规范，对解矫档案进行统一整理和归档保存。

严格规范，做好社区矫正调查评估。规范调查评估文书，确保合理科学。在征询法院、检察

2016年6月7日，“重返社会，真情相拥”社区矫正社会工作服务项目活动启动

区司法局供稿

院意见建议的基础上，统一制作调查评估意见书和调查笔录，确保调查材料的严谨度和可信度。2016年，累计接受社区矫正调查评估委托50人次，完成调查评估50人次，评估率100%，调查评估建议均被委托部门采信，采信度达100%。

【安置帮教】 根据省厅和市局的相关会议精神，结合浔阳区实际情况，建立刑释人员安置帮教志愿者队伍。把热心社区帮教安置工作的离退休党员、干部等组织成帮教安置志愿者队伍，现有帮教志愿者125人，积极开展“一帮一”“二帮一”和重点对象“三帮一”的结对帮教活动。

心理疏导，强化思想教育工作。实行司法所长对刑释人员首次谈话制度。为使回归人员顺利渡过从“大墙里”走向社会的适应期，减少重新违法犯罪，对刑释人员实行司法所长首次谈话制度。真情帮扶，助力刑释人员重返社会。每年的元旦、春节期间，各司法所都开展对重点帮教对象和生活困难的刑释人员进行走访帮教送温暖活动。2016年走访26人次，对4名有特殊困难的刑释人员进行救济帮困。与区公安分局、企业联合共建“阳光就业基地”，为就业困难的刑释人员积极安排就业。

【调解组织规范化建设】 通过加强组织建设，进一步巩固基层人民调解组织，完善街道人民调解组织，发展了行业性、专业性人民调解组织；不断优化人民调解员队伍结构，有力地促进社会矛盾化解。2016年，已建立村（社区）调委会82个，街道调委会5个，建立医疗纠纷、道路交通纠纷两个行业性、专业性调解组织。“启和调解室”工作得到进一步推广，9月，由20多个省级法制（治）报组成的全国省级法制（治）报“和谐平安看江西”新闻采访记者团一行20余人到九江市浔阳区，实地采访“启和调解室”建设的好经验、好做法。自2013年成立以来，“启和调解室”累计调处矛盾纠纷3800余起，调处成功3600余起，调解成功率达94.7%。

【重大节日及敏感时期矛盾纠纷排查调处】 在春节、“两会”“中秋”“国庆”、G20杭州峰会等重大节日及敏感时期，专题布置、梳理排查不稳定因素，利用全区纠纷网格化管理平台，实现动态化管理，确保把矛盾纠纷消灭在萌芽状态。

（谢演明）

栏目编辑：占　隽、蒋靖男

人力资源和社会保障

浔阳年鉴 XUNYANG YEARBOOK 2017

·综　　述·

【概况】　浔阳区人力资源和社会保障局（简称区人社局）是承担着全区人力资源和社会保障工作的职能部门，工作内容涵盖人事人才、就业创业、社会保障、劳动关系等方面。内设9个职能股室，分别为办公室、信息中心、公务员管理股、事业单位与专业技术人员管理股、工资福利股、社会保障股、劳动就业促进股、职业能力建设与人力资源开发股、劳动监察局。内设2个事业单位，分别为浔阳区劳动人事争议仲裁院（副科级）与职业技能鉴定中心（股级）。局属4个副科级事业单位，分别为区医疗保险局、区社会保险事业管理局、区劳动就业服务管理局、区城乡居民社会养老保险事业管理局。现有在职干部职工111人。

2016年，区人社局围绕“民生为本、人才优先”的工作主线，大力实施人才强区战略、统筹推进城乡就业、加快完善社会保障体系、积极构建和谐劳动关系，为全区赶超发展提供强有力的人才支撑和民生保障。

2016年10月22日，区人社局深入龙开河社区开展“百日大提升”党员志愿者服务活动

区人社局供稿

人事人才工作不断深化　加强人才队伍建设，进一步规范公务员培训、交流制度，不断优化公务员队伍结构，落实年度考核制度，完善参公管理机制。全面完成2015年度公务员、事业单位人才统计工作及2016年度新公务员录用、信息系统的数据更新工作。做好2016年全区事业单位选调和聘用工作，共选调和聘用机关事业单位人员35人，其中区直学校选调教师20名，配合区委组织部公开考选公务员15名。表彰连续三年年度考核优秀人员118名。加强人才工作管理，推进事业单位岗位设置，全区教育、卫生、农林水利等110家事业单位已全部完成岗位设置核准实施工作，涉及全区1124名专业技术人员，其中88名管理人员，102名工勤人员。加强职称评聘管理，完成2016年职称评聘工作，其中申报高级评审13人、中级评审90人、初级认定84人。教师职称改革工作取得突破，聘任高级教师54人，一级教师82人。加强工资福利管理，完成2016年度机关事业单位薪级工资、级别工资和档次工资晋升工作，共计2909人次，完成2016年机关事业单位工勤人员岗位等级晋升的人员工资兑现，涉及人员38人。顺利推进职务职级并行工作，提高231名公务员职级待遇。加强人事档案管理，全年档案室现存人事档案4178卷，其中在职行政事业单位人事档案2478卷，退休及死亡人员人事档案1700卷，全年查档332卷，转档36卷，借档审核8卷，接受档案124卷，出具证明187份。

社会保障体系进一步拓展　进一步加大养老、医疗、失业、工伤、生育保险扩面力度，在巩固国有、集体企业参保成果的基础上，积极探索建立覆盖多种形式就业人员、复杂劳动关系人员的社会保障制度和办法，并重点向个体私营企业、自由职业者及其他企业临时用工扩展。同时，养老保险也在机关事业单位全面铺开；认真研究弱势群体、困难群众的社会保险问题，不断将企业和人员纳入保障范围，全面提高了社会保障能力和水平。通过扩面覆盖，社会保险体系基本实现资金来源多元化、社会保险制度化、管理服务规范化。2016年2月，涵盖职工养老保险、医疗保险、工伤保险、生育保险、失业保险及城乡居民医疗保险业务经办的“多险合一”系统正式上线。

就业形势保持稳定　全面落实就业政策，加快推进困难群体就业，2016年，完成城镇新增就业4780人，城镇就业率97.8%，失业人员再就业3500人，安置就业困难人员就业520人，零就业家庭安置率100%。开发公益性岗位380余个，补贴280 万元。组织开展“高校毕业生就业服务月”“春风行动”等就业援助活动24场，帮助 7000 余人实现就业。开展定向和订单式专项技能培训，开设电子商务创业示范培训班，创业培训26期培训人数达827人，其中大学生创业培训班20期，培训600人。全年发放创业贷款7630万元，扶持239人自主创业。积极引导支持浔阳双创基地——九江津晶城科技园和792创意园。并推进高校毕业生就业，建立大学生创业指导中心，发放《高校毕业生就业创业扶持政策》3000余份，构建高校毕业生自主创业“绿色通道”。

依法构建和谐稳定的劳动关系　狠抓劳动保障监察执法，以全区5个街道作为网格化基本单位，落实各级网格人员配置。以街道为重点，建立基层劳动保障所，实行网格化管理。及时调处劳资纠纷，全年共接到举报投诉案件69起，涉及农民工794人，金额1700余万元。现已全部结案，结案率100%。并对其中人数较多，金额较大，影响恶劣的一起案件以拒不支付劳动报酬罪移送司法机关处理。开展专项执法检查，在全区组织开展用人单位遵守劳动用工和社会保险法律法规情况专项检查，开展强迫劳动、使用童工等违法行为专项执法检查活动，联合区市场和质量监督管理局开展清理整顿人力资源市场秩序专项行动，开展农民工工资支付情况专项检查，实行工资保障金制度。因浔阳区属于九江市中心城区，项目审批权限由市级负责，浔阳区工资保证金纳入九江市农民工工资保证金征收范围内，不再单独组织实施。狠抓劳动人事争议仲裁，全年共收到劳动争议纠纷案件33起，其中受理案件30起，不予受理案件3起。所受理的案件中通过裁决的11起，占结案率的33%，已全部结案。

（谢　赟）

·人事管理·

【概况】　2016年，加大人才工作力度，选聘机关事业单位人员171人，公平公开考核行政事业单位人员，加强机关事业单位人员动态管理，顺利推进职务职级并行，全年完成2909人次工资正常晋升工作，提供各类人才服务工作，做好档案管理、人事代理等工作。

【选聘机关事业单位人员】　坚持“公开、平等、竞争、择优”原则，2016年共选调和聘用机关事业单位人员171人，其中区直学校选调教师20名，配合区委组织部公开考选公务员15名。

【行政事业单位人员考核】　按照“优秀比例总量控制、平时考核与年终考核相结合、考核程序公平公开”的原则完成行政事业人员考核2134人，其中考核优秀人数283人、称职（基本合格）人数1819人、不称职6人、未参加考核30人、连续三年优秀41人。与组织部门联合对118名连续三年优秀人员进行表彰。

【机关事业单位人员动态管理】　巩固清理整顿“吃空饷”工作成果，对在编不在岗及有关人员，予以辞退、解聘4人，推进人事管理工作依法依规有序开展。

【工资福利全面提标】　2016年，完成2909人次工资正常晋升工作，162人增加级别工资、752人增加档次工资，1995人增加薪级工资。自2016年7月起调整工资标准，在职人员人均月增300元。完成2016年机关事业单位工勤人员岗位等级晋升的人员工资兑现，涉及人员38人。

【职务职级并行】　全面贯彻落实职务与职级并行制度，晋升全区231名公务员职级待遇。

【人事档案管理】　2016年，档案室现存人事档案4178卷，其中在职行政事业单位人事档案2478卷，退休及死亡人员人事档案1700卷。全年查档332卷，转档36卷，借档审核8卷，接受档案

124卷，出具证明187份。

【人才服务】 2016年，共4人通过评审获得高级专业技术资格，15人获得中级专业技术资格，84人通过认定获得初级专业技术资格。聘任高级教师54人，一级教师82人。开展“专家服务日”活动，选派4名优秀专家外出考察疗养，对全区劳动模范待遇落实情况进行调查摸底。组织专场招聘会17场，促进各类人才积极创业。

【落实军转干部安置】 2016年，上级下达军转安置计划2人，退役士官安置计划10人，均全面完成安置。

（谢　赟）

• 劳动管理 •

【概况】 2016年，紧紧围绕构建和谐劳动关系这一主题，充分发挥劳动监察和仲裁职能作用，规范劳动力市场秩序，查处各类违反劳动法案件，及时化解矛盾，维护劳动者合法权益。

【劳动监察平台建设】 本着“横向到边，纵向到底”的规范化管理要求，在全区5个街道建立基层劳动保障所，实行网格化管理，按照街道二级网格配备不少于2名兼职劳动保障监察员，把服务落实到辖区所有企业，并建立用人单位劳动用工电子信息档案。

【劳资纠纷调处】 2016年，共接到投诉举报案件69起，涉及农民工794人，金额1700余万元，主要集中在建筑领域、餐饮行业，现已全部结案，结案率100%。

【农民工权益保障执法检查】 联合区市场和质量监督管理局开展清理整顿人力资源市场秩序专项行动，开展农民工工资支付情况专项检查，对用人单位开展惩治强迫劳动、使用童工等违法行为开展执法检查活动，对用人单位遵守劳动用工和社会保险法律法规情况进行专项检查，检查的重点是劳务派遣单位和使用劳务派遣的单位，招用农民工较多的建筑、餐饮和其他中小型劳动密集型企业以及个体经济组织。

【劳动争议仲裁】 2016年，立案受理劳动争议纠纷案件30起，立案处理通过调解结案的19起，裁决结案的11起，不予受理3起，结案率100%。

（谢　赟）

• 就业服务 •

【概况】 2016年，完成城镇新增就业4780人，城镇就业率97.8%；失业人员再就业3500人，安置就业困难人员就业520人，零就业家庭安置率100%；创业贷款发放 7630 万元，失业保险参保6800人，失业保险费征缴257万元；就业培训1030人，其中，工业园区定向培训1057人，创业培训827人，其他培训53人。

【就业岗位开发】 全面落实就业政策，发放社保补贴300万元、开发公益性岗位380余个，补贴280 万元、组织开展“高校毕业生就业服务月”“春风行动”等就业援助活动24场，帮助7000 余人实现就业。

【高校毕业生就业创业】 积极引导高校毕业生就业创业，对高校毕业生进行调查摸底，全面建立近三年653名高校毕业生就业信息库。优化高校毕业生就业服务，发放《高校毕业生就业创业扶持政策》3000余份。积极开展创业培训和创业服务，建立大学生创业指导中心。构建高校毕业生自主创业“绿色通道”，为高校毕业生办理小额担保贴息贷款，鼓励和支持有条件的高校毕业生自主创业。

【就业培训】 坚持以市场就业为导向，增加技能培训项目，严格把好培训质量关。开展定向和订单式专项技能培训，依托区就业培训中心、街道培训中心，与九江市联盛百货连锁有限公司、九江市钒宇材料有限公司、九江市龙海超市、凤凰山庄、九江市派拉蒙百货有限公司等企业，联合开展营业员、物业维修人员、操作工、茶艺师、计算机操作员等岗前培训。提供电子商务创业培训，针对小额贴息贷款人员，开设电子商务创业示范培训班，聘请3名电商讲师授课，以“案例+技能+互动+考察+电商”方式，为学员提供实用的电子商务创业培训。2016年，省内工业园区定向培训班18期910人，培训合格率达98%，红杜鹃培训班4期220人，失业人员和大中专毕业生创业培训班26期827人，培训合格率90%以上。

【创业创新扶持】　全年发放创业贷款7630万元，扶持239人自主创业，其中大学生16人，发放大学生创业补贴1.5万元。积极引导支持浔阳双创基地——九江津晶城科技园和792创意园。津晶城创业孵化基地入驻企业享受租赁费、水电费、物业费等补贴。2016年，吸纳经营户80家，带动地方就业1000余人，发放补贴100余万元。津晶城科技园还与本地4所高校签订协议，校企联合，为应届毕业生提供就业创业服务。由九江津晶城科技园承办的“中国创翼”青年创业创新大赛，全区推荐的二个大学生创业项目进入决赛。

（谢　赟）

·基本养老保险·

【概况】　2016年，全区基本养老保险所覆盖的范围包括全区各类企业及其职工，行政事业单位及其职工，个体工商户及灵活就业人员。全区参保职工24579人，征缴养老保险基金7100万元。参加机关事业养老保险4595人，征缴机关事业养老保险基金6119万元。

【退休人员养老金上调】　按照江西省人力资源和社会保障厅、财政厅《关于江西省2016年调整退休人员基本养老金的通知》的文件精神，2016年，全区对4882名退休人员基本养老金进行调整，调整后，全区退休人员月人均基本养老金由2015年的1430元提高到2016年的1570元，人均增加140元，增幅 9.7%。

【机关事业单位养老保险】　根据省财政厅、省人社厅赣财社〔2016〕8号文件精神，自2014年10月开始，公务员法管理单位、参公管理事业单位、全额拨款事业单位和公益一类、二类事业单位全面参加机关事业单位养老保险。浔阳区启动业务经办工作条件已成熟，按照全省统一安排，区本级机关事业单位养老保险经办工作正式启动。

【多险合一系统正式上线】　2016年2月，涵盖职工养老保险、医疗保险、工伤保险、生育保险、失业保险及城乡居民医疗保险业务经办的“多险合一”系统正式上线。

（谢　赟）

·基本医疗保险·

【概况】　2016年，全区城镇职工参加医疗保险7681人，征缴医疗保险基金3462万元。全区城镇居民参加医疗保险111971人，征缴居民医疗保险基金6631万元。

【城镇职工医疗保险待遇统一】　2016年，按照《九江市城镇职工医疗保险实施办法》文件要求，根据“以收定支、收支平衡、略有结余”的原则，统一城镇职工基本医疗保险待遇水平。2016年基本医疗保险统筹基金和大病保险统筹金在一个自然年度内累计支付住院医疗、门诊特殊慢性病、重特大疾病等有关医疗保险待遇的最高支付限额分别为6万元和19万元。2016年，全区享受城镇职工基本医疗保险待遇91673人次，职工基本医疗保险基金实际支出1944.30万元。

【城镇居民医疗保险待遇提高】　按照《关于提高城镇居民医疗保险有关待遇标准的通知》文件要求，城镇居民基本医疗保险及大病保险年度最高支付限额分别为10万元和15万元。2016年，全区享受城镇居民基本医疗保险待遇达到73438人次，城镇居民基本医疗保险基金实际支出4370.03万元（含大病医疗保险）。2016年，全区享受离休人员医疗保障待遇2226人次，医疗保障基金实际支出140.12万元。

【补助工作】　2016年，在2015年度个人负担过重二次补助工作中，为惠及参保职工、居民1298人，累计补助金额为378余万元。

【参保女职工体检活动】 根据“关爱妇女健康、维护家庭和谐”的宗旨，组织浔阳区参保女职工体检，体检人数共1577人。

（谢　赟）

·城乡居民养老保险·

【概况】 2011年7月，浔阳区城乡居民养老保险工作在全区范围内正式实施，作为全省首批试点实施单位，以“扩面到位、应发尽发、应保尽保、宣传入心”为重点，以“保基本、广覆盖、有弹性、可持续”为目标，2016年共征缴城乡居民社会养老保险费136万元，参保人数5231人。

【政府代缴居民养老保险费】 浔阳区先后开展为低保A类人员、重度残疾人和低保独女户由区财政代缴居民养老保险费的工作，此项工作属全省首创，在省人社厅工作简报2015年第9期上推介，取得良好的社会反响。2016年，区财政局为全区五保户、低保户人员代缴最低档次100元的养老保险费待遇。全年，为1293名低保人员免费办理城乡居民养老保险和医疗保险。

（谢　赟）

·失业、工伤、生育保险·

【概况】 2016年，浔阳区进一步加大失业、工伤、生育保险扩面力度，强化保险基金征缴，推进建筑业参加工伤保险工作，降低保险费率，完善社会保障体系建设。职工参加失业保险6800人，征缴失业保险基金257万元，参加企业工伤保险1.45万人，征缴工伤保险基金197万元，参加生育保险4013人，征缴生育保险基金77万元。

【失业保险征缴】 2016年，全区职工参加失业保险6800人，征缴失业保险基金257万元，享受失业保险待遇190人，发放失业保险金29万元。

【工伤保险】 2016年，全区参加企业工伤保险1.45万人，征缴工伤保险基金197万元，享受工伤保险待遇67人，工伤保险基金实际支出75.80万元。推进建筑业参加工伤保险工作，在全区参加建筑业工伤保险共有企业12家，参保职工1021人。

【生育保险】 2016年，全区职工参加生育保险4013人，征缴生育保险基金77万元，享受生育保险待遇311人，生育保险实际支出161.92万元。降低生育保险费率至0.5%，调整后的缴费金额由每人每月23.11元降低至11.56元。

（谢　赟）

栏目编辑：林妍兮

民政

·综　　述·

【概况】　2016年，浔阳区民政局秉持“民政为民、民政爱民”的服务理念，围绕落实区委、区政府和民政部门决策部署，使区各项民生事业得到稳步发展。获得“全省社会救助先进县”“双拥模范城”“2016年度全省民政信访工作‘三无’县”“《中国社会报》信息宣传先进单位”等荣誉称号。

2016年，民政各项工作全面推进，最低生活保障标准实现第12次提标，达到480元。区民政局医疗救助“一站式”平台建设及居民居住地低保申请工作被列为省试点地区。同时，建立“一门受理、协同办理”的社区救助工作机制。修订《浔阳区自然灾害应急预案》，建立三级灾害信息员队伍和“横向到边、纵向到底”的预案体系。积极引导社会力量参与抗洪救灾、防灾减灾。认真完成异地安置职工人员档案核对。建立全区重点优抚对象数据库，各类优待抚恤资金按要求进行足额发放。分批次组织安排社区（村）两委成员和社区专职工作者赴井冈山培训。组织对社区办公和活动用房情况以及社区新建楼盘情况摸底统计，对部分社区的办公用房进行改造，社区办公条件得到改善。开展民主协商试点工作，2个社区被纳入试点单位。以党建带动社会组织建设，培育创建湖滨文化养老协会党支部等4个市级党建示范点。顺利开展全国第二次地名普查工作，协同湖北黄梅县民政局开展赣鄂省界浔（阳）黄（梅）段联检工作。制定下发《关于开展“寒冬送温暖”流浪乞讨专项救助联合行动的紧急通知》，并开展联合救助行动，确保流浪乞讨人员平安过冬。殡葬改革和婚姻登记等各项社会事务扎实开展。“数字民政”录入工作有序推进，民政信息化程度提升。

2016年，区民政局深入推进“两学一做”学习教育活动，开展了“先锋创绩”“百日大提升”“党员先锋岗”等活动。“集中整治和查处基层侵害群众利益不正之风”的专项活动中，收集民政工作建议60余条，干部职工查找自身问题100余个，改进工作作风，完善党风廉政建设机制。

（黄　璐）

·基层组织建设·

【概况】　2016年，浔阳区坚持以“党建+”为龙头，精准服务为抓手，创新了“社区党建领航、三全两化领引，志愿服务领唱、共建单位领奏、民主协商领情”的工作思路。

【社区培训】　2016年1月，在浔阳小学举办2016年度社区（村）“两委”成员和部分专职工作者培训班，对各街道分管领导、民政科长、2015年新聘用的社区专职工作者和部分社区（村）“两委”成员进行专题培训。参训人数180人。2016年4月，组织安排全区居（村）委会副主任、委员赴井冈山培训，采取集中培训与自我学习相结合、理论培训与实际工作相结合、统一授课与相互交流相结合的方式，切实增强培训效果。参训人数286人。

【社会治理创新】　社会治理创新不断涌现，呈现许多特色社区。浔阳区现有日间照料中心7个，面积2100平方，解决老人无人照看问题。建立文化养老中心，成立湖滨文化养老协会。如今的湖滨社区按照“一月一主题、一周一活动”的要求，在居民中广泛开展唱响社区文化“四季歌”活动。做到春有绿色之旅、夏有野外采风、秋有银坛夜话、冬有贺岁同庆。

非公有制经济和社区组织党工委发挥作用显现，培育成立浔阳区社会工作协会，填补浔阳区在社会工作人才队伍建设中的空白，依托社区平台，探索建立社区+社工+社区志愿者的三社联动机制。

【社区志愿服务】　社区党员志愿服务站现有：禁毒志愿服务队、4时半学校志愿服务队、红歌演唱队、书法志愿服务队、医疗志愿服务队、红领巾志愿服务队、社区义工联合会等28个志愿服务组织，有志愿者780名。

（陈秋根）

·双拥和优抚安置·

【概况】 浔阳区作为南昌起义的策源地，有着优良的双拥传统。浔阳区有双拥工作机构80个，配备专（兼）职干部197人，拥军、优抚小组520个。区财政局用于抚恤补助、支持部队建设等拥军优属的经费每年递增10%以上，2016年成功实现江西省双拥模范城创建7连贯，激发全民双拥热情。安置2016年退伍转业士官10人，发放生活补助3万元，免费职业教育培训退役士兵53人，建立安置微信群平台2个，安置率达到100%，培训率达到100%。推荐退役士兵给用人单位就业21人。230个义务兵家庭按浔阳区城镇职工人均可支配收入的40%的标准兑现义务兵家庭优待金，优待金发放300万元，实现义务兵家庭优待金与浔阳区经济发展同步提高。1—6级残疾军人的基本医疗费用，保障达到100%，其他重点优抚对象基本医疗费用保障达到80%以上，全年支出医疗补助费30余万元。抚恤资金和生活补助资金全部采取社会化发放，确保抚恤和生活补助资金准确及时足额的发放到优抚对象手中，优抚对象思想稳定，促进社会稳定。

【烈士公祭活动】 2016年9月30日，区委、区政府组织烈士家属代表、老干部及社会各界代表在甘棠公园举行烈士公祭活动，并向烈士纪念碑敬献花圈。

【“八一”走访慰问】 “八一”建军节期间，区委书记、区长等四套班子领导带队走访慰问驻区部队和重点优抚对象，发放慰问金共计43万元。对烈属、老复员军人14类人员、伤残退伍军人、60岁以上农村籍退伍军人、带病回乡退伍军人、各单位召开优抚对象代表座谈会12场次，了解优抚对象诉求，讲解政策。

（郭兰芬）

·防灾减灾救灾·

【概况】 2016年7月5日开始，受厄尔尼诺和一号台风“尼伯特”双重影响，浔阳区持续发生72小时大到暴雨，最大降雨量超100毫米以上，长江九江水文站21.54米，超警戒线1.54米，各级都投入到防汛工作第一线。

【防灾减灾预防】 为减少灾害损失，浔阳区减灾备灾中心启动应急预案，坚持24小时值班制度。加强宣传，积极做好预防工作，充分利用报纸、电视、微信、短信、民声通道、专栏等宣传媒体，将预防灾害知识发送到全体市民手中，提高全民防灾意识和救灾能力。“5·12”防灾减灾日，在烟水亭广场、浔阳小学集中组织防灾知识宣讲，并开展实战演练。

【巡查核查灾情】 暴雨期间，浔阳区减灾中心深入街道社区一线，巡查核实灾情，认真核对各社区、居民灾害损失情况。此次暴雨造成步行街、白水湖九针社区、人民路大树下社区等街道被淹，55.7公顷农作物受损，直接经济损失达到52万元。

【救灾物资】 2016年，浔阳区投入防汛救灾资金20余万元，用于补充各单位救灾物资。其中因受厄尔尼诺和一号台风“尼伯特”双重影响的暴雨期间，浔阳区购置了帐篷、雨衣、食品、米、油、方便面、矿泉水、沙袋、铁锹、手电筒、药品等救灾物资，及时为受灾居民发放救灾物资。为参加浔阳区抗洪抢险救灾官兵提供食宿便利和筹措有关战备物资。

（刘　俊）

·社会救助·

【概况】 2016年，浔阳区社会救助工作紧扣中心抓重点、主动作为攻难点、把握全面去盲点、积极谋划创亮点，浔阳区基本民生保障力度进一步加大，以贯彻落实《社会救助暂行办法》为重点，切实筑牢基本民生保障网。

【城乡低保等提标落实到位】 2016年，城乡低保进行第十二次提标，提高到480元。浔阳区城乡低保户2340户3810人，新增低保户136户

229人，退出134户252人。月发放低保金137.4万元，全年发放1648.7万元，月人均补差356元，精简退职救济水平由335元提高到365元。临时救助资金发放789人次，共127万元。

【困难群众医疗救助】 困难群众医疗救助共实施10527人次，共计发放医疗救助资金514.66万元。其中门诊救助8960人次，发放医疗救助资金40.92万元，人均救助51.4元。实施住院医中（同步结算）救助1097人次，发放医疗救助资金238.27万元，住院医后救助272人次，发放医疗救助资金186.87万元，特困人员141人次，5.24万元，实施重特大疾病医疗救助和重特大疾病专项救助57人次，43.36万元。

（桂　仁）

·社会福利与慈善事业·

【概况】 2016年，60岁以上老人52517人，占全区人口的16.6%。老年人口基数大、高龄老人比例高、空巢老人逐渐增多、家庭养老功能弱化等特征日益显现。浔阳区共有公办养老机构1所，民办养老机构1所，已建成的社区日间照料中心7个，即将建成的民办养老机构1所，养老床位总数930张（其中公办养老床位320张、民办养老机构210张，市级400张）。每千名老年人拥有养老床位数达到18张，实现城乡“三无”对象集中供养目标。加快推进“互联网+”养老服务创新，实施智慧养老平台建设。开展好公办养老机构改革试点，全面实施《九江市公办养老机构改革实施方案》《九江市民办养老机构补贴实施办法》，积极引导社会力量参与，全面放开养老服务市场，提升养老服务质量。

着力加快社会福利和慈善事业发展。做好取消福利企业资格认定事项有关后续工作。督促落实残疾人两项补贴政策。稳妥推进慈善组织登记、认定工作，有序开展慈善组织公开募捐资格、慈善信托的审查、备案和监管工作。

（陆书军）

栏目编辑：蒋请男

城区建设

浔阳年鉴 XUNYANG YEARBOOK 2017

·综　　述·

【概况】　2016年，浔阳区城区建设紧紧围绕改善居住环境、提升城市形象、完善配套设施、增添发展后劲的发展思路，推进旧城改造，抓好重点项目建设，搞好边街小巷的维修改造和管理。浔阳区城区面积26平方千米，辖湓浦、甘棠、白水湖、金鸡坡、人民路5个街道办事处，总人口31.63余万人。2016年，坚持市区联动、以区为主原则，继续推进十大片区旧城改造，全力开创民生改善、经济发展、环境美化的新局面。坚持实行“两优先、三公开、四结合、五同步”(1)工作模式，加快推进锁江楼、老京九市场等片区征迁，启动整流器厂、黄土坡等片区改造，全年完成征迁改造30余万平方米。坚持以人为本、安置先行，全年安置房项目在建面积超过40万平方米，新建、续建战备路二期、莲花池等安置区，基本完成殷家畈、德化二期、封缸酒厂、孔家洼等安置区项目建设，启动战备路一期、琵琶亭等安置区分房工作。

（刘鸿至）

注释：

（1）两优先、三公开、四结合、五同步：先优先做思想工作，先优先安置；公开每户征迁面积、公开补偿结果、公开安置选房结果；结合规划旧城改造与完善城市功能、结合提供公共服务、结合传承历史文化、结合增强发展后劲；同步调查摸底、同步宣传发动、同步规划设计、同步招商推介、同步动迁安置“五同步”。

·城区建设·

【概况】　2016年，浔阳区建设局围绕提升城市品位，创新社会管理，持续改善民生，全力建设实力、活力、魅力、和谐浔阳总体思路，充分发挥规划引领作用，完善城市功能，改善人居环境。

（许　炯）

【城镇化进程】　2016年，浔阳区不断改善投资环境，加大招商引资力度，经济社会发展迅速，有力地推进了城镇化进程。2016年，城市建城区面积26平方千米，浔阳区城镇化率达99.63%。

（向志勋）

【控制性规划编制】　2007年，启动浔阳区工业基地的开发建设，编制浔阳区城东工业基地一号园、三号园控制性详细规划。2014年，修编浔阳区城东工业基地（三号园）控制性详细规划，2016年，市规划局委托九江市城市规划市政设计院启动中心城区10平方千米的控制性详细规划的编制，基本实现区内控规全覆盖。

【中心城区改造规划】　浔阳区建设局组织编制《浔阳区用地盘整改造规划指引建议》《浔阳区“十二五”期间旧城改造建设规划》《浔阳区十大片区改造初步规划》《浔阳区旧城改造总体城市文化品牌设计》等一系列旧城改造规划，确定浔阳区重点推进的旧城改造地块以及功能，并在完善公共服务设施，改善居民生活环境，保护和弘扬历史文化的同时，最大程度的兼顾可实施性。此外，浔阳区对旧城改造重点地段进行城市设计编制工作，完成《九江浔阳区战备路两侧城市设计》《九江市浔阳区庾亮南路历史文化街区有机更新》等规划编制工作。

【工业项目规划审批】　及时下发规划设计条件、核发项目两证一书、规划设计方案批复，先后为京九国际商贸城、新立基沥青有限公司、长江南京航道局项目、九江市钒宇新材料有限公司九江津晶城科技产业园、江西广灵药业有限公司办理相关规划许可。

【旧城改造】　甘棠保障性住房项目　2016年的重点建设工程是甘棠保障性住房，该项目为浔阳区十大片区旧城改造首个安置小区建设项目，占地面积约2.88公顷，总建筑面积12.99万平方米。在区政府的有力领导下，经各部门通力协作，甘棠保障性住房项目已取得阶段性成果。8栋主楼及地下室主体均已完工，正在进行电梯安装和外墙漆等施工项目。室外市政景观设计方案已完成，正在图审。同时，已开始公开招投标工

2016年8月13日，区委副书记、区长徐昭国现场调度甘棠保障性住房项目建设工作。区建设局局长杨明卿、副局长向菲陪同

区建设局供稿

作，强电方案市供电局已审查通过，市电力设计院已开始设计。水务公司已受理室外给水，正在进行给水设计。

战备路保障性住房综合安置小区二期项目 项目位于一期南面，东临战备路，西接花果园南路，北倚庐峰东路，交通较为便利。项目占地2.93公顷，容积率3.71，建筑密度19%，绿地率25%，总建筑面积12.66万平方米，其中住宅面积10万平方米，地下室面积1.8万平方米，商业、办公、物业、文化、养老、医疗所等其他服务用房0.86万平方米。规划设计6栋高层建筑，共计946套。小区机动车停车位共625个，其中地上205个，地下420个。

老九江街区规划设计项目 按照市委主要领导指示的十二个规划编制任务分工表，由浔阳区负责落实编制老九江街区规划。该项目已经通过政府采购确定规划编制单位，为九江市城市规划市政设计院，下一步需要与该单位签订合同，并要求其尽快提供设计成果。

双百工程 2016年，市委市政府计划推进双百工程，即三年时间在城区建设100个小游园，100个小广场。浔阳区五个街道计划在2016—2018年分批打造共43个小游园、小广场，计划总投资4450万元。其中第一批有14个小游园、小广场项目于2016年12月完工。2017年打造完成14个、2018年打造完成15个。这些项目由各相关街道和安置房项目建设单位负责。

（许　炯）

·建筑业·

【概况】 2016年，根据工商注册属地划分，浔阳区已有建筑施工企业15家，其中一级总承包资质企业1家，二级总承包资质企业2家，三级总承包或专业承包资质企业9家，施工劳务资质企业3家，2016年区属企业注册证书到期的二级建造师共计60人参加继续教育培训，对证书进行延续注册。2016年为浔阳区所有建筑施工企业换发了新版“建筑业企业资质证书”。

【建筑企业实施资质增项】 2016年，浔阳区属建筑企业资质增项的有江西浔德环境建设工程有限公司成功申请建筑工程施工总承包叁级资质；江西中煤水利水电有限公司成功申请市政公用工程施工总承包叁级资质；江西通天建设工程有限公司成功申请建筑工程施工总承包叁级资质。

（张志伟）

·城市管理·

【概况】 九江市城市管理行政执法局浔阳区大队（简称区执法大队）主要负责浔阳区的市容管理、门头店牌、人行道停车、违章建筑等相关城市管理方面的行政执法工作。内设办公室、执法室，下设机动中队、金鸡坡中队、白水湖中队、湓浦中队、人民路中队、甘棠中队、两湖中队七个中队。2016年，区执法大队不断创新工作思路，完善工作机制，荣获九江市城市环境综合整治“攻坚年”先进集体，九江市执法局“先进工作单位”，浔阳区“文明单位”和“支持地方发展贡献奖”等荣誉称号。

【市容市貌】 2016年，区执法大队认真履职、攻坚克难，全力以赴开展城市环境综合整治及城市管理“百日大提升”工作，努力建设“干干净净、漂漂亮亮、井然有序、和谐宜居”的美好城市家园。全年，区执法大队开展市容专项整治193次，清除主次干道、边街小巷垃圾死角481处，清理污破损门头136处，拆除门头下方小灯箱、吊挂物837处，拆除户外条幅广告746处，清除地桩地锁162处、路墩石球351个、护坡踏步222处、“僵尸车”81辆，清理建筑垃圾、杂物、石头铁架及无主垃圾177处128车，处理平台任务2518起，下达责令整改通知书1178份。

【违法建设查处与拆除】 2016年，区执法大队加大日常巡查监管和宣传教育力度，确保违法建筑“早发现、早制止、早拆除”。严格按照程序进行查处，健全违法建设台账，完善拆除风险应急预案、矛盾纠纷化解方案等工作机制，积极配合辖区政府开展违法建设拆除工作，全年共拆除违章建筑102处，面积6762平方米，保障棚户区改造项目及城市建成区违法建设专项治理工作五年行动顺利推进。

【依法履职】 2016年，区执法大队优化执法及办案模式，充分运用法治思维和法治方式破解管理难题，明确信息收集、及时研判、教育引导、强制收缴、办案处罚的工作方法。规范执法流程。通过加强执法过程关键节点的控制和考核，让执法活动有规定程序并全程可控，全年共查处案件300余起。

（万　乐）

· 房产管理 ·

【概况】 浔阳区房产管理局于1999年8月经浔阳区人民政府批准正式成立，与浔阳区住房制度改革领导小组办公室合署办公。2016年，全局共有正式干部职工34人，设局长1名，副局长3名，内设办公室、房改股、物业股、拆迁办、测绘股、工程技术施工管理股、住房保障股、财务股8个职能股室；2013年根据《关于浔阳区房产管理局拆迁办更名等事宜的批复》（浔编字〔2013〕4号）局拆迁办更名为房屋征收办公室，同时，新设立产权交易中心、区白蚁防治所、物业与住宅室内装饰、装修管理办公室，3个股级全额拨款事业单位。区房管局主要职责为：推进和深化浔阳区住房制度改革，为区干部职工办理房改业务；对浔阳区自行开发兴建的居民小区进行常规性的公共服务；履行浔阳区范围内房屋征收与补偿工作；承担辖区内拆迁项目面积的测量绘制工作；承担区属房改房的维修工作；负责辖区内经济适用住房申购及廉租住房分配的审核、指导工作；负责管理和规范地产交易市场，履行房地产买卖、出租、抵押、交换、继承、赠予及典当工作；负责全区房屋建筑白蚁防治；负责全区物业行业管理工作。

【棚户区改造工作】 2016年，省里下达浔阳区棚户区改造的计划任务数为800套，而市里下达浔阳区棚户区改造的计划任务数为3000套，新增任务2200套，并与区政府签订目标责任状，纳入全市考评、约谈和问责机制。结合全区旧城改造工作的实际情况，区房管局拟定《浔阳区2016年保障性安居工程建设实施方案》，将目标任务分解到黄土坡、九江租界旧址、庾亮南路历史文化街区、附属医院、二电厂以及游岭片区、石化一期、石化二期等八个片区的棚户区改造项目上。2016年，已完成征收7个片区，共计3033户，其中实物安置1373户，货币安置1660户。改造总面积25万平方米，按时保质保量地完成省、市全年棚改和保障性安居工程建设目标任务，并顺利通过省住建厅、省审计厅等多个上级相关部门多次综合验收检查，共争取中央、省市棚改资金补贴4114万元，棚改奖励资金60余万元；同时配合区发改委认真做好浔阳区保障性安居工程配套基础设施项目的储备工作，争取中央配套资金2094万元。此外，区房管局对辖区内危旧房片区现状进行调查摸底，提出浔阳区2017—2018年棚户区改造计划，为全区统筹改造和盘整棚户区改造规模、以及经济发展目标和城市发展规划奠定基础。

【房屋征收】 2016年，启动九江租界旧址博物馆片区、九江石化厂际管廊安全隐患治理片区、九江石化油品质量升级卫生防护距离内的房屋征收工作，三个项目共征收1284户，征收面积73755平方米，项目均于规定的时间内征收完成；12月，启动黄土坡片区、锁江楼片区的征收工作，征收803户，征收面积52000平方米。同时，还启动安置还房工作，全程参与曹家山小区的安置还房，负责资金结算工作；参与战备路安置小区的安置还房工作，负责《还房实施方案》的制定等相关工作。

【住房保障】 2016年，审核通过符合新增加的保障家庭数为809户，其中新增6 户符合廉租住房的条件。2016年，通过摇号中签的4223户家庭完成了实物配租，共发放住房补贴资金217.2万元，2179户家庭从中受益。同时对于群众反映或举报的问题，切实做到有错必纠，有举报必查。通过入户调查、引入车辆信息比对等方式对家庭情况发生变化且不符合条件的坚决予以清退，取消1352户的住房廉租补贴发放，确保“有进有出，应保尽保”。

【物业管理】 加强物业行业的监管和指导。会同各街道办事处对辖区物管小区业主委员会成立进行指导。开展市优秀物业管理项目创建活动，充分发挥示范导向作用。积极调处物业矛盾纠纷，建立区物业管理纠纷行政调解工作室，完善市、区两级调解网络体系。2016年，共接待群众来访来电80人次，调处物业装饰装修投诉42起，物业纠纷10起。

【房改工作】 区干部职工办理房改1宗，房改面积为53.1平方米，归集房改资金26729.72元；公房维修严把资金审核关，2016年，维修区公安分局、市容局、柴桑小学等房屋 6户，投入资金122262.8元。

（宋黎明）

·公共事业·

【概况】 2016年，浔阳区公共事业健康发展，各项管理工作进一步规范。市政设施、城市燃气等方面维护管理有序进行。

【市政工程】 2016年，投入维修资金9.48万元，分别在16个社区紧急清掏、疏通、维修化粪池87座。新建、改造、更换雨水口、雨水井、检查井、窨井27座，高压冲洗排污主、支管道1686米。维修破损路面20平方米。

【城区燃气】 2016年8—9月，浔阳区燃气办联合区安监局、区工商管理局、区公安消防大队、各街道对浔阳区46家餐饮场所进行燃气安全专项治理工作，对检查中发现的问题和安全隐患，及时下达整改通知书，责令限期整改。2016年12月，对浔阳区61家灌装燃气站点进行摸底排查，对发现的连接老管软化、钢瓶污损、警示牌破损及标语不清、灭火设备缺失或过期等问题限期责令整改。并向被检查单位发放燃气安全管理的法律法规，安全用气和燃气泄漏安全防护、救护等应急处理常识等宣传资料。

（伍　欢）

·建设管理·

【概况】 浔阳区建设局是区政府综合管理全区建设规划的职能部门，内设办公室、建管股、规划办、招标办、交通办、燃气办、造价站。建设管理主要包括招标投标、施工许可、建筑施工、质量安全、建筑节能、城建档案方面的工作。

【招标投标监管到位】 在招投标监督工作中从各个环节入手，确保全程监管到位。2016年，浔阳区共有12个左右工程项目另有一些服务类项目实行公开招投标，主要有浔阳区战备路保障性住房综合安置小区二期工程、原市委、市政府大院食堂、信访接待、保安等用房改建项目、几个菜场改造项目，还有一些保障性住房的附属工程项目等等，涉及工程项目中标价20925.46万元，按有关规定所有项目进入九江市公共资源交易中心交易。进一步规范建筑工程项目招投标活动，提高招标投标工作效率，防止投标人之间的围标、串标，维护招投标市场秩序，结合实际取消投标现场报名环节，实行资格后审网上招投标工作。

（黄孝志）

【施工许可证办理】 2016年，浔阳区建筑工程的施工许可实行一站式核发，全年共受理并审批发证项目7个，建筑面积29.82万平方米，工程总造价44967万元。

（张志伟）

【施工安全管理】 2016年，重点检查危险性较大的分部分项工程，施工单位开展专项方案编制、审核、专家论证及现场实施情况，企业负责人和项目负责人现场带班情况。对浔阳区在建项目组织开展施工安全专项检查8次，下发整改通知单15份，下发重大施工安全事故隐患督办通知2份，并形成重大施工安全事故隐患督办工作的情况报告。组织开展预防建筑起重机械、脚手架、深基坑、高大模板等坍塌事故专项整治，责任单位安全管理人员到岗履职情况，组织开展安全生产月活动，在企业、项目自查自纠的基础上，对重点企业和重点工程进行检查，对发现的问题和隐患督促企业进行整改，并跟踪落实情况，确保整改到位。2016年创建市安全文明样板工程1项。

【工程质量监督】 严格落实三项管理制度：书面承诺制度，工程项目开工前，工程建设五方项目负责人必须签署质量终身责任承诺书。永久标牌制度，工程竣工后百分之百设置永久性标牌，载明参建单位和项目负责人姓名，增强相关人员的质量终身责任意识。信息档案制度，督促建设单位建立以五方主体项目负责人的基本信息、质量终身责任承诺书、法人授权书为主要内容的信息档案。认真做好工程质量治理两年行动开展情况总结分析，研究提出建立健全长效机制的意见和建议。进一步按要求在江西省建筑市场监管与诚信信息一体化工作平台录入工程质量监管信息。全年继续深入开展以住宅工程裂缝、渗漏、几何尺寸偏差等为重点的工程质量通病防治活动。

2016年，认真开展对浔阳区在建工程监理企业和工程质量检测机构的专项检查，促进本地检测市场和监理市场的健康发展。全年完成受监工程11项，受监面积约69.15万平方米，完成竣工验收备案工程13项，建筑面积21.71万平方米。全年创市级优良结构工程8项。

【建筑节能管理】 依据国家《民用建筑节能管理规定》全面推进建筑节能工作，建立建筑节能专项备案制度。严格按照《建筑节能工程施工质量规范验收》进行专项验收。2016年，浔阳区建设局被评为建筑节能先进单位。

【城建档案管理】 浔阳区建设局城建档案室配备一间约13平方米档案室，存放有近300套工程建设资料。2016年新收入24个项目的备案资料及其他工程资料。

（杨美芳、张亦枢）

·住房公积金管理·

【概况】 九江市住房公积金管理中心浔阳办事处是市住房公积金管理中心的下设机构，主要负责浔阳区、濂溪区、开发区三区的住房公积金管理工作。

【住房公积金】 2016年，三区正常缴存职工人数22202人。浔阳办事处累计归集住房公积金14.03亿元，累计为职工办理购房、还贷及退休等提取公积金7.08亿元，累计为5419户家庭办理了住房公积金贷款，发放贷款金额11.73亿元。其中2016年全年归集住房公积金2.44亿元，提取公积金1.66亿元，发放住房公积金贷款963户，金额2.91亿元。

（候　亮）

栏目编辑：占　隽

环境保护

浔阳年鉴 XUNYANG YEARBOOK 2017

·综　　述·

【概况】　2016年，区环保局坚持以改善环境质量为核心，不断加强监管，严格环保执法，积极推动浔阳区环境质量改善和生态文明建设，在环境监测能力建设、污染防治、环境管理等方面取得明显成效。

（易　康）

·环境监测·

【概况】　2016年，区环保局下属环境监测站继续深入开展标准化建设工作，在2015年设备标准化建设基础上开始着手CMA认证考核工作，12月，7名检测员全部通过上岗证考核，合格指标共计33项，其中含化学需氧量、溶解氧、氨氮、总氮、总磷等水质类指标20项，含二氧化硫、氮氧化物、可吸入颗粒物、餐饮业油烟等气态指标7项，含环境噪声、城市环境振动等物理性指标6项。全年大气环境质量、水环境质量和声环境质量保持基本稳定。

【大气环境质量】　浔阳区全年365天中有290天空气质量为优良，主要污染物为细颗粒物，二氧化硫年均浓度值为23.5微克／立方米，二氧化氮年均浓度值为31微克/立方米，可吸入颗粒物年均浓度值为72微克/立方米，细颗粒物年均值54微克/立方米。

【水环境质量】　浔阳区集中式饮用水源地水质达标率为100%。区域内地表水例行监测断面共有5个（长江、甘棠湖、南门湖、白水湖、琵琶湖）。2016年，除琵琶湖列为黑臭水体外，长江金鸡坡断面水质达到《地表水环境质量标准》（GB3838-2002）中III类水标准要求，白水湖水质为Ⅳ类，甘棠湖、南门湖水质为Ⅴ类。

【声环境质量】　2016年，浔阳区区域环境噪声昼间平均值54.8分贝，比2015年上升0.9分贝，达到《声环境质量标准》中1类标准（55分贝）。道路交通噪声昼间平均值66.4分贝，比2015年增加 0.9分贝，达到《声环境质量标准》中的4a类标准（70分贝）。

（易　康）

·污染防治·

【概况】　2016 年，以改善环境空气质量为目标，以削减主要污染物排放为主线，以解决危害群众健康和影响可持续发展的突出环境问题为重点，构筑管理到边、职责明确、协同有力的工作格局。大气污染治理能力不断提升，群众反映突出的大气污染问题有效解决，大气环境质量保持基本稳定。按照“节水优先、空间均衡、系统治理、两手发力”原则，水陆统筹、河湖兼顾，推进水污染分流域、分区域、分阶段防治，强化水污染源头治理，系统推进水污染防治、水生态保护和水资源管理。

【环境污染整治】　2016年，为实现改善环境质量核心任务，区环保局编制《浔阳区2017年水污染防治工作方案》《浔阳区2016年大气污染防治工作实施计划》《浔阳区畜禽养殖禁养区限养区划分方案》。层层分解任务到区各职能部门及街道，通过分解任务和落实责任，形成部门协作的合力，达到强力推进水、气、土三大环保重点工作的目的。

【固废及危险废物监管】　通过规范危险废物的审批及档案管理提高管理水平。严把危险转移审批关，全年审批转移危险废物六批次，拒绝审批二次。对辖区危废产生单位及经营单位开展专项执法行动，取缔注销危废经营单位1家，对3家危废产生单位下达限期整改通知，并对智鸿科技危废违法转移事件立案查处。

（易　康）

·环境管理·

【概况】　2016年，区环保局以促进经济社会协调发展为目标。努力提升服务意识，着力规范项目审批程序，严把项目准入关。通过日常监察和专项执法工作的开展，环境监察队伍执法能力、辖区企业守法意识、城区居民环境质量获得感等方面均得到有效提升和优化。

【项目环评审批】 严守审批权限，不越级审批。简化审批程序，缩短审批时间，积极开展网上审批，建设项目审批、验收和公示全部实现网上操作。全年办理本级审批25个，其中报告书2个，报告表13个，登记表10个。全年办理验收项目13个。抓项目，促发展，区环保局积极参与项目立项审批、开工建设、竣工验收整个过程，全程跟踪提供保姆式服务，确保项目早日审批。

【环境执法日常监管】 实行环境执法网格化管理，按照监管区域，实行定人、定岗、定职责，落实监管责任制。加大辖区环境监管执法力度，对群众反映强烈的环境问题等进行重点巡查。加大企事业单位污染治理设施运行监管力度，建立污染源企业档案管理制度。对金鑫有色，齐鑫化工等重点污染源防治设施每月检查不少于一次，一般污染源每季度检查不少于一次。对未经审批建设的陈海灯养猪厂报区政府取缔关停。要求辖区内的所有排污单位开展排污申报工作。2016年，对重点污染源防治设施检查100次，一般污染源检查150次，行政处罚23万元，全年共征收排污费205万元。

【环境信访】 加大来信、来电、来访和网络环境投诉的处理力度，全年受理环境投诉案件245件，其中，噪声投诉177件，废气污染投诉38件，其他30件，已结案245件，结案率100%。

【开展环保执法专项行动】 下发《浔阳区人民政府办公室关于开展2016年整治违法排污企业保障群众健康环保专项行动的通知》，继续开展大气污染防治。开展燃煤锅炉污染治理专项行动，限期整改燃煤锅炉污染企业2家。“两考”期间，开展为期一月噪声专项整治，加大检查频次，安排专人接听举报投诉电话，全天候值班监控，发现问题及时查处。

开展核与辐射安全监管和固体废物污染防治专项行动，对全区医用放射源和电磁辐射设备等涉源单位建立健全档案，签订责任书，进行专项执法检查。出动30余人，重点对医疗涉源单位的证照是否齐全、安全防护措施是否落实、闲置源和废弃源是否按要求进行处置等方面进行专项检查，辐射安全防护设施运行正常，辐射安全许可证持证率100%。定期开展生活垃圾填埋场专项检查，按月上报检查登记表，保障生活垃圾填埋场的正常运行。加大医疗废物集中处置力度，全力做好城区医疗单位医疗废物集中处置监管，保证医疗废物底数清、去向明，处置流程完整合法。

（易　康）

·节能减排·

【概况】 浔阳区2016年万元GDP能耗0.871吨标准煤/万元，浔阳区能耗总量为305.33万吨。规模以上工业万元增加值能耗1.1057吨标准煤/万元，同比下降1.54%。公共机构总能耗539吨标准煤，人均能耗335千克标煤/人，单位建筑面积能耗10.98千克标煤/平方米，用水总量53.81万吨，人均用水量同比下降3.61%，圆满完成省、市下达的节能减排目标。

【第三产业】 充分发挥中心城区优势，以发展第三产业为重点，着力提升经济发展的质量和效益。

精心培育楼宇经济 按照改造提升一批、规划建设一批的工作思路，构建布局合理、层次完备的现代商务楼宇体系。对现有楼宇综合配套设施改造，对原其士大酒店进行整体租赁改造，用于打造浔阳区“792”双创基地。加快楼宇项目建设。津晶城商务大厦、京九电子商务大厦项目正加快施工，2016年，浔阳区拥有商务楼宇27座、建筑面积约16万平方米。

繁荣壮大商贸物流 加快推进浔阳楼城市综合体、战备路城市综合体、考棚片区城市综合体、老水产市场地块等商贸项目招商及筹建工作。充分利用省级服务业综合改革试点区优惠政策，逐步完善沿江仓储冷库、货运配载、综合码头等配套设施，大力发挥琵琶湖农产品批发市场、新雪域物流园、长东物流园等龙头企业带动作用，加快推进京九仓储物流园项目、九江烟草物流中心项目、新雪域冷库（二期）项目。

融合提升文旅产业　围绕建设魅力浔阳的工作目标，提升文化元素在旅游产业中的核心作用，不断提升城区文化旅游内生动力。积极探索“资源共享、整体包装、市场运作、效益分成”运营机制，整合辖区各类历史文化资源，带动衍生产业发展壮大。以旧城改造为契机，将本土历史文化植入城市建设，塑造具有浔阳特色的文化品牌。把文化产业培育成浔阳新的经济增长点。加快推进庚亮南路历史文化街区、滨江文旅景观整合项目、九江英租界博物馆建设。

【循环低碳生产】　推广循环低碳生产，推动资源节约集约利用。加强能源消费总量和能耗强度双控制，强化电力管理、合同能源管理等措施，加快企业节能降耗技术改造，强化工业节能增效。九江市钒宇新材料有限公司通过适度增加窑体长度，空分制氮、加氢纯化等技术提升氮化反应时间，降低能耗，节约成本，并拥有七项实用新型专利。中煜程塑业在园区率先实施了清洁生产。

【用能设备管理】　依法加强年耗能万元吨标准煤以上用能单位节能管理，开展万家企业节能低碳行动，纳入万家企业节能低碳行动管理的主要是国电九江发电厂。该厂2016年能源消费总量为182.44万吨标准煤，比2015年下降17.63万吨标准煤。

开展燃煤锅炉节能减排攻坚战，完成燃煤工业锅炉能效普查年度任务，共淘汰落后产能企业的自用燃煤锅炉36台，其中35台燃煤锅炉，改造燃柴锅炉1台。

【企业节能投入】　江西广灵中药饮片有限公司采用恒温恒湿气流粉碎方法，将粉碎环境温度保持在零下40—0℃，气流控制在8.5—15.5千克/立方米，且对气流空气进行超净化处理，使气流空气完全无杂质，保证了产品的安全性和有效性。因此成功申报获得2015年节能减排科技创新示范企业称号。2016年，公司先后投入577万元节能减排专项科研资金，用于生产过程中的节能创新，达到良好的节能减排效果。

【节能监察监测中心和节能中心成立】　加强节能管理、监察、服务“三位一体”的节能管理体系的建设。成立节能监察监测中心和节能中心，均为股级全额拨款的事业单位，共有专职工作人员6名，并按要求配备监测和检测设备，配合市局加强人员培训，多次派工作人员参加合同能源管理、电力需求侧管理、碳排放碳交易、固定资产评估和审查等方面的专业培训，提高业务工作能力。

【节能评估审查】　对所有固定资产投资项目进行严格的节能评估审查，每个项目按能耗级别，分别填报节能登记表、节能报告表、节能报告书。对未通过能评审查的投资项目，有关部门不得审批、核准、批准开工建设，不得发放生产许可证等。

【绿色低碳生活】　花果园社区满庭春小区凭借在低碳生活宣传，资源回收综合利用，建筑节能及绿化，绿色出行等方面的特色工作成功申报全市低碳示范社区，并获得九江市节能低碳专项资金。

（何　跃）

栏目编辑：占　隽

信息产业

浔阳年鉴
XUNYANG YEARBOOK
2017

·邮　　政·

【概况】　2016年，九江市邮政分公司下辖11个县分公司，1个城郊分局。全市共有支局所、服务网点240个，其中自办所168个，代办机构72个。全市用工人数1797人，其中A类685人，B类401人，劳务派遣174人，承揽工537人。市分公司配备总经理、党委书记1人，副总经理2人。全市硕士学历的有5人，本科学历的有274人，专科学历的有725人。具有专业技术职称的有61人，其中中级15人，初级46人。

市分公司内设职能科室7个：综合办公室、人力资源部、工会、计划财务部、监督检查与安全保障部、市场经营部、纪委监察室（党群工作部）。经营生产部门10个：邮区中心局、投递局、函件广告局、包裹快递局、报刊发行局、集邮公司、电子商务局、金融业务局、信息技术局、大客户中心。2016年全市邮政固定资产总额为2.59亿元，流动资产为0.68亿元，邮政车辆136台。区内干线邮路（含二级干线）总长为1565.2公里，县内邮路总长为2642.8公里，现有区内邮路36条。2016年，全市邮政企业实现收入3.11亿元，各项经济指标运行良好，2016年完成预算107.37%，同比增幅16.65%。完成收支差1408万元。

【金融业务】　2016年，邮储余额累计净增17.09亿，同比增长17.78亿，创下历史新高。代理保险本年累计完成标保25.71亿，是全省第一个也是唯一一个完成双百亿发展目标的单位。

【包快业务】　深入推进县域改革，持续推广“经营承包制”“仓储+寄递”模式，深入开展电商客户走访活动，扎实推动包裹快递业务加速发展。全市快包业务量达408万件，同比增长195%。双十一、双十二包快业务量突破百万件。

【农村电商】　全市已在德安、修水、九江县、彭泽和都昌建设5个县级运营中心，建设149个脱贫站点，覆盖贫困人口2012户。在邮乐网、淘宝、“老俵情”微信商城等9大平台上线196款农副产品，帮助农民销售农副产品242.3万元。在全市已建设1077个邮乐购站点，全面打造农村电商物流配送服务体系，带动金融、包快和线上分销业务快速发展。

【函件业务】　推进实施“千万城百万县”函件传媒转型升级工程，市县联动打造演艺媒体项目。实现跨年度封片业务报审收入757万元，完成计划109.73%；共青、瑞昌、彭泽和永修县共演出7场，实现商演收入56.66万元。

【报刊业务】　积极做好《九江日报》《浔阳晚报》回归发行工作，实现流转额1625万元。安全读本实现流转额531万元，规模列全省第一，完成计划进度的124%；校园报刊完成流转额366万元。2017年报刊大收订流转额完成6406万元，完成计划102.4%，同比增长24.46%。

【整理九江清代海关试办邮政文献资料】　从《九江邮电志》《九江市志》《江西邮政通信简史》《江西集邮》《九江集邮》《中国旧海关史料（1859—1948）》《集邮博览》《邮坛纵横》《中国海关与邮政》《九江老照片（1868—1949）》《九江影像档案》等书报纸杂志上汇总整理，形成约25000字、20张图片的江西九江清代海关试办邮政文献资料。

【实行利润认购制度】　引导经营实体单位自我加压、加快发展。在“三包”经营体制中设置利润“三包”，制定相应配套激励措施，进一步释放经营单位成本空间。全市各县分公司有18个认购高级包，1个认购中级包，认购利润基数2202万元。

【激励竞争、强化管控、提升能力】　修订完善科级干部激励机制考核办法。通过公开竞聘的方式，选拔20名青年骨干进入四级副后备人才库，补充干部队伍新鲜血液。开展优秀员工赴基层挂职锻炼、市本金融网点支局（所）长公开竞聘工作。全市共选拔12名优秀年轻员工挂职锻炼。

2016年，成本费用管控良好。管理费用完成3875.1万元，同比下降34.3%；办公费完成11.53万元，同比下降81.63%；会议费完成18.48万元，同比下降73.15%；通信费完成16.93万元，同比下降8.78%；车辆相关费用完成42.68万元，同比下降21.5%；业务招待费完成31.98万元，同比下降69.76%。

2016年，全市共下达网点购置和重建投资计划7个，建设营揽投网点4个，五年计划装修网点19个。包快网点设施方面，全市新建“寄递翼”标准化网点45个，窗口竞争力稳步提高。农村电商，已建设5个县级运营中心，1077个“村邮乐购”站点。金融专业，推进“互联网+邮商联盟”项目，新建俱乐部222个，累计发展POS机1645户，ATM/CRS166台。

【“最后一公里”服务】 2016年，全市加配了投递汽车11辆、三轮摩托车19辆、三轮电动车11辆，提升“最后一公里”的服务能力。

（张　瑛）

·通　　信·

【中国电信股份有限公司九江分公司】 2016年，中国电信股份有限公司九江分公司全年业务收入完成7.89 亿元，全年业务市场份额达到28.32%，天翼用户新增10.47万元，九江万人厅店数1.48家，列全省第一，企业运营能力得到稳步提升。九江分公司通过全国文明单位复评，连续四届荣获全国文明单位，并荣获中国通信企业协会颁发的2016年通信行业用户满意企业称号。

开展两个基石攻坚战　2016年，中国电信九江分公司全市共有７个县公司核心商圈门店占比超５０%，市县电信一条街规模迅速加大。在营维一体推进方面，全市整合为171个营维包区，每个包区配置一名行销经理，形成承包人+客端+行销经理+厅店的标准模式，通过五级划小承包，构筑坚实的宽带攻防体系。

九江光纤网络覆盖　2016年，中国电信九江分公司全光精品网支撑天翼高清发展，保持宽带网络领先优势，全年累计自投 1.1亿，引入民资3045余万元，城区及乡镇光网覆盖率达到100%，行政村光网覆盖率93.9%；全光拔点总体进度90.99%；完成R1值的101.68%。2016年，九江分公司光端口占比86.73%，全市H用户占比91.17%，均排名全省第一。

提升装维服务水平　2016年，中国电信九江分公司开展以“880”服务承诺、“520”服务承诺、实体渠道体验服务规范达标、直营厅共创标杆服务提升等工作为抓手，推动开展阶段性服务提升活动，快速提升装维服务和渠道服务水平。全年未出现重大投诉事件、重大媒体曝光、群发事件。

倒三角逆向考评全省领先　2016年，中国电信九江分公司为强力支撑前端业务发展，全力推进“专业+综合”的倒三角支撑体系建设，通过完善倒三角逆向考评方式，推进流程优化和承诺服务落地。倒三角支撑工作先后荣获集团级“最佳倒三角支撑团队”、省级“倒三角支撑推进优秀市分公司”“全省倒三角综合支撑优秀团队”等荣誉称号。

（俞建平）

【中国移动通信集团江西有限公司九江浔阳区分公司】 浔阳区移动公司下设综合部、市场部两大部门。市场部下设渠道运营中心、全业务中心、校园中心、投诉组、营业厅六个班组。2016年，自有员工队伍已扩大到 113人，平均年龄31岁，是一群朝气蓬勃、充满活力与战斗力的团队。

2016年浔阳区移动公司，聚焦企业发展目标，坚持“为企业分忧、为发展加油、为员工服务”工作主线，提升用户普及率、4G客户发展、全业务、流程优化及创新成果等工作取得了显著成效，并荣获“中国移动九江分公司2016年度劳动竞赛优胜单位”“中国移动九江分公司2016年度渠道管理优胜单位”“中国移动九江分公司2016年度工会工作先进单位”“中国移动九江分公司2016年度宽带服务质量提升先锋奖”。

2016年，浔阳区移动客户规模突破40万，其中4G用户达到25.4万户。为了向浔阳区市民提供更好的有线及无线宽带服务，2016年，宽带信息点新建16062个，满足了人民群众日益增长的通信信息需求，用户的网络感知和满意度得到提升。浔阳区移动公司积极配合市公司网优人员进行网络优化，解决了君怡美筑、百家洲际酒店及日报社、老九中、中山路步行街等投诉热点区域，加强一线人员网格问题点搜集，针对住宅小区、商铺、集团单位网络信号进行优化解决，使用户的通信畅通得到有力保障。

（张　莉）

【中国联合网络通信有限公司九江分公司】 2016年完成主营业务收入约2.1亿元，全系统从业人员500余人。用户总数58万余户，年上缴税费达到800余万元，年电信业务总量达到88921万元。已建设开通机站4000余个，实现了GSM网络全市覆盖、3G网络基本覆盖、4G网络覆盖到重点乡镇。

九江联通积极参与九江智慧城市建设，在智慧停车领域运用PPP模式整合资源，至2017年年计划投资6000万建设3000个泊位并投入运营，3年内投资2.4亿元打造该项目，建设12000个泊位。城区核心区域新（改、扩）建停车场15个，新增停车场泊位1185个。使核心城区的开放型停车场达到41个，泊位达到3600个。通过智能化管理手段实现错峰停车，将社会资源得到合理、高效利用，充分缓解城区交通拥堵，方便群众出行，提升市民满意率。

智慧农业领域未来三年整个江西省拟计划投入40亿元实现4G网络和光纤宽带村村通，建立1000人以上的省市县乡四级农业信息化专业服务队伍，到2020年实现村级服务网点10000个，配合各级农业部门积极推进江西智慧农业向纵深发展。2016年，九江智慧农业项目已签订200余万元的合同，其中包括永修农业示范基地、修水绿叶集团、彭泽、瑞昌信息化项目。

（张　静）

栏目编辑：占　隽

农业、林业、水利

浔阳年鉴
XUNYANG YEARBOOK
2017

·综　　述·

【概况】 2016年，浔阳区农林水务局认真贯彻上级文件精神，扎实推进农产品质量安全、重大动物防疫、增殖放流、创建森林城市、河长制等多项重点工作，着力提升了全区农业、林业、水利的综合竞争力、科技对接能力和为民服务能力。

农产品质量安全工作　切实加强对市场的监督管理，对全区畜禽养殖场、种养户进行监管督查，严禁使用添加剂进行饲养。为切实增强广大群众的农产品质量安全意识，6月，在烟水亭广场开展农副产品质量安全知识宣传活动，通过宣传展板、现场咨询及发放资料等形式普及农产品质量安全知识，向过往群众发放《农产品安全生产基本知识》《农产品质量安全法》《农作物种子知识200问》《农药安全使用手册》等宣传材料。接受现场咨询150多人次，发放宣传资料1000多份。请第三方机构对辖区内农产品进行抽样检测，确保农产品质量，让群众吃上放心菜。

重大动物防疫工作　召开全区春防、秋防工作会议，将春防、秋防工作落实到位。发放消毒药20箱，做好养殖场消毒工作。强制免疫生猪8000头，其中能繁母猪1420头。做好应急值班，实行24小时值班制，及时上传下达相关工作。做好宣传引导，组织工作人员进行定点宣传，发放宣传资料1000份。

增殖放流工作　严格按照农业部《水生生物增殖放流规定》和省、市渔业局有关增殖放流项目工作要求，做到项目款项专人负责，专款专用。2016年，浔阳区先后两次在长江大堤浔阳区江段37号闸口码头开展渔业资源增殖放流活动，增殖放流苗种共357万尾。3月，增殖放流鲢鱼冬片13.6万尾、鳙鱼冬片9.2万尾、青鱼冬片2.5万尾，共计放流经济鱼类鱼种25.3万尾；6月，增殖放流鲢鱼夏花120万尾、鳙鱼夏花66.7万尾、青鱼夏花75万尾、翘嘴鲌夏花70万尾，共计放流经济鱼类鱼种331.7万尾。有效促进了浔阳区天然水域渔业资源修复和渔业水域环境改善。

创森整治工作　2016年，推进桃园路旁小游园项目和辖区范围内景观提升项目的建设。桃园路旁小游园建设项目总面积1200平方米，已全部完成。通过前期对浔阳区辖区范围内景观提升项目的摸查，共发现39处需要进行整治，按照上级的要求做好施工方案。道路两侧成线状的，按栽植绿篱墙方式实施。道路两侧成块状的，按“四季有花、绿色常青”的小型花园方式实施。按照“分类处理、分块处置”的原则对违规菜地进行处理。总共种植乔木3259株，建绿篱墙692米。

河长制工作　2016年，浔阳区开展河长制工作，制定《2016年浔阳区河长制工作方案》和相关制度，建立区、街道、社区（村）三级河长制组织体系，明确党委、政府主要领导担任行政区域内的总河长和副总河长，全区区级河长6人，街道河长10人，社区（村）河长29人，实现了每条河流（段）都有河长。并设置巡查员和专管员68人。确定22个区级河长制责任单位，设立34个

2016年10月13日，区农林水综合执法大队大队长刘理松，将群众捕获的国家二级保护动物白鹇，放归大自然

区农林水务局供稿

河长制公示牌和宣传长廊，公布河长名单、职责、目标任务和举报电话。开展“清河行动”，并成立清河行动领导小组，细化工作任务。通过对全区范围内“一江四湖”存在的乱占乱建、乱围乱堵、乱采乱挖、乱倒乱排等问题进行治理，加大执法力度，严厉惩治各类违法犯罪行为，加强水管理，防治水污染，保护水资源，呵护水生态，保护水环境，逐步实现“河畅、水清、岸绿、景美”新气象。

（王心怡）

·防汛抗旱·

【概况】 浔阳区积极贯彻省委书记鹿心社、省长刘奇对防汛工作的重要指示和市委书记杨伟东在市委、市政府会议上强调的要切实做到“一个打算”(1)“两个落实”(2)和“三个准备”(3)的重要讲话精神，积极应对、健全机制、上下联动，全力筑牢防汛“铜墙铁壁”。

【长江堤坝防汛抗洪】 2016年汛期，区委书记多次召开防汛工作调度会，提前布置防汛工作。成立了由区委书记任总指挥，区长任指挥长，分管领导任常务副指挥长，其他相关领导任副指挥长的指挥部。下辖5个街道指挥所，所长分别由区政府领导担任，轮流坐镇区防汛指挥所。采取区四套班子领导挂点联系制度，全区23名副处级领导统一挂点责任堤段。夯实“九组一办”，全方位保障防汛工作顺利开展。

巡堤值守 2016年7月3日，受强降雨影响，长江九江段水位超警戒水位。浔阳区按市防指统一部署，立即启动三级应急响应，市属45家责任单位，区直61家配合单位以及23名副处级领导于7月4日晚上6∶30开始上坝值守，严格按照领导带班制实行24小时无缝值班和巡堤，每班次不少于5人，各单位主要负责人以上率下，纷纷走在堤坝巡查的最前列。防汛期间，共发现隐患点13个，在技术专家的指导下，所有隐患点都得到及时处理。

责任落实 按照“一个闸口、一个市直单位、一个区直单位、一位处级领导”的原则，对全区范围内长达11.692千米的长江堤坝18—61号闸口进行划分，把防汛抗洪的责任细分到每个单位，落实到每位干部身上。7月5日，面对不断上涨的江水，各责任单位第一时间调集了砂石、黏土、编织袋等，对所有闸口进行封堵。

保障措施 防汛期间，堤岸储备编织袋6万余条、救生设备506个，黏土1164平方米，砂石料1217平方米，同时，积极协助责任单位购买防汛物资，协调解决责任单位遇到的帐篷搭设、照明用电、防雷避雷等各种问题。每个街道防汛指挥所都成立了一只20—30人的防汛应急分队，同时，一只由50名公安、30名消防官兵、30名武装部官兵组成的共110人的防汛救灾突击队也集结到位，确保突发情况下抗洪救灾队伍能在20分钟到达任何可能的险点，投入抢险。7月8日，某集团军某团火速驰援浔阳区进行抗洪抢险工作，230名官兵分赴全区4个指挥所参与了加固闸口、清理通道、险情加固等各种任务。

汛期督查 下发《关于进一步严明防汛工作纪律的通知》，要求各值守单位做到“七个到位”“七个不准”。成立了以区纪委牵头，区拟提拔副处级后备干部、街道书记、两办督查室为成员的防汛督查组，对各责任单位的巡堤日志、在岗情况等进行督查，并定期出具督查通报。同时，区防汛指挥部也成立督查组和物资储备督查组，配合市专项督查组和区督查组开展督查工作，确保区防汛督查工作落到实处。

（王心怡）

注释：

（1）一个打算：全市上下要做好打大仗、打硬仗、打苦仗的打算。

（2）两个落实：全面落实巡堤查险的要求，全面落实领导责任制和督查机制。

（3）三个准备：做好预案、力量、物资器材的准备。

·码头整治·

【概况】 浔阳区于2012年开始对码头进行

整治，陆续征收搬迁砂石码头7家，成功封堵5个长江通道闸口。

【码头征收搬迁遗漏问题】 2016年，为将河长制工作落到实处，浔阳区在开展清河行动过程中，对影响长江岸线安全、妨碍岸线景观的非法砂石码头进行专项整治行动，要求砂石码头依法予以拆除。原赣北化工厂砂石码头（现春江大观园）是全市沿江砂石码头整治对象之一，其中的42号通道闸口也属沿江整治封堵5个通道闸口之列。闸口封堵后，业主曾多次向市、区两级领导反映诉求，考虑到业主投资大，今后又无法营业，同意将业主在九江市琵琶亭公园建设区内砂石码头征迁基准日（2013年1月19日）之前所投入的资产提交九江仲裁委员会仲裁，根据（2015）九仲字第52号《九江市仲裁委裁决书》的结果，按照《九江市琵琶亭公园码头征收搬迁补偿实施方案》给予补偿，并完成搬迁。

（王心怡）

栏目编辑：蒋靖男

工业

·综　　述·

【概况】　2016年，是“十三五”开局之年，区委、区政府始终坚持发展为第一要务，招商引资为一号工程，全力推进新工业十年行动，着力打造实力、活力、魅力、和谐浔阳，全年实现规模以上工业主营业务收入26亿元，工业增加值6亿元，工业利税1.4亿元，工业固投5亿元，保持稳中有升的良好态势；服务业增加值279.83亿元，服务业税收13.8亿元，规模以上服务企业新增21家达78家。

浔阳区工业园位于浔阳区东部，属于九江经济发展区沿江六大板块的金安组团，2008年动工建设，2010年基本建成。总规划面积209.8公顷。2016年，招商引进企业26家，其中规模以上工业企业11家，累计引进投资49亿元。2016年，实现主营业务收入32亿元，税收6100万元，提供就业岗位3000个。

为确保九江石化油品升级项目顺利投产，浔阳区启动历史上规模、难度最大，时间跨度最短的居民整体搬迁项目，涉及居民3000户，征收房屋面积40余万平方米，新增建设用地109.33公顷。为解决企业融资难、融资贵问题，区金融办牵头组织“政银企对接会”，14家企业和9家银行达成融资协议，签约资金5.25亿。为解决企业融资抵押物不足问题，积极办理财园信贷通，2016年共发放贷款10.6亿，位居全省第三位，全市第一位。成立财政担保公司，首期注入资金5000万元对信誉良好的企业提供500万元的信用担保。设立区级倒贷资金池，对还贷期集中、资金周转有问题的企业，可申请使用倒贷资金先行归还银行贷款，待银行贷款发放后及时归还。成立帮扶企业上市工作组，采取一企一策、一事一议等办法协调解决上市过程中遇到的问题。2016年有3家企业正在做上市前期工作。为解决园区用地问题，成立了浔阳区绿色生态园筹建办公室，拟征收石化周边土地106.66余公顷。

区处级领导带队，组建了责任单位、机关干部参与的33个帮扶小组，采取“一企一组，全程服务”的形式，由区工信委编制政策汇编、咨询联系表、帮扶工作方案、光盘等宣传资料2000余份并送达给企业。

（吴非沙）

·工业企业·

【九江齐鑫化工有限公司】　位于浔阳工业园1号地，成立于2009年7月15日，是由九江三鑫石化实业有限公司等七家改制企业投资成立的民营公司。公司注册资本为4350万元，占地189000平方米，项目总投资预计6.62亿元，年均销售收入约16亿元，利税8000万元。公司是利用九江石化的碳四（石油液化气）为原料的碳四综合利用项目，包括5万吨/年甲基叔丁基醚、5万吨/年乙酸仲丁酯等化工装置及配套罐区、循环水场、化验室、汽车出厂装车等设施。产品均采用先进的生产工艺和集成控制系统组织生产，本项目属于“《产业结构调整指导目录》（2005年本）”中鼓励类项目，具有良好的经济效益和环境效益。为实现公司的跨越式发展，齐鑫公司将抓住九江石化大发展的机遇，紧紧围绕九江石化800万吨油品升级改造，延长石油化工下游产业链。2014年规划2公顷土地，投资2000万元建设三期5万吨/年润滑油回收项目。在市政府、区政府的支持下，齐鑫化工公司多次评为了先进单位，取得了企业技改扩能奖、企业规模奖、纳税大户奖等一系列的奖项。

【江西新立基沥青有限公司】　化工物流仓储加工生产基地项目，地处江西省九江市浔阳区城东工业基地3号园，占地面积6.56万平方米，项目总投资2亿元。江西新立基沥青有限公司化工物流仓储加工生产基地项目是中国企业500强中“福建省交通运输集团有限责任公司”在福建省外投资的战略重点项目之一。本项目于2012年2月开始启动，在完成项目安评、环评、能评后，于2013年1月取得发改委的项目立项。2月完成土地的招拍挂和土地款的缴纳。整体建设于2013年5月22日正式开工，现已完成沥青罐区和综合楼项目的基础工程建设并通过区建设局质监站的验收，各施工单位在确保施工安全的前提下，加班加点赶进度，沥青罐区已完成2个6000吨罐的建造，实验室等已完成第一层建筑。

【九江中煜程塑业有限公司】　成立于2008

年12月，公司总占地面积6.66公顷，注册资本10000万元，企业总部暨第一生产加工基地坐落在浔阳区城东工业基地1号园。一期项目投资1.3亿，于2010年竣工；二期扩建项目投资1.19亿，自2012年1月开工，2014年4月建成。公司现有生产厂房8栋并有员工食堂、宿舍、科技楼、办公楼。建设土地面积66593.4平方米，建筑物面积31539平方米。PE给水生产线6条、PVC波纹管生产线4条、HDPE双壁波纹管生产线2条、HDPE（大口径）缠绕管生产线6条。

公司可提供五大类十大系列、全型号管道系列产品，主要产品有：PE给水管、大口径HDPE双壁波纹管、钢带增强聚乙烯（HDPE）螺旋波纹管、钢丝网骨架聚乙烯（HDPE）复合管、PVC双壁波纹管等系列产品、高密度聚乙（HDPE）缠绕结构管材，共200多个品种，是国内大型的塑料管道生产基地之一。产品被广泛应用于建筑室内外和市政给水、排水、排污、燃气和电力等领域。

中煜程塑业产品全部通过国家最高权威检测机构的检测，相关技术性能指标达到或超过国际标准。企业和产品先后获得“国家合格评定质量信得过建材产品”“中国绿色环保建材产品”“全国质量、服务、信誉AAA品牌产品”“江西省质量信用AAA级企业”“中国建材行业知名品牌”“中国优质建材产品”“中国工程建设重点推广应用产品”“中国工程标准化协会认定为推荐产品”“江西省名牌产品”“江西省著名商标”“中国诚信企业”“科技创新优秀企业”“国家高新技术企业”“中国塑料加工协会塑料管道专业委员会第九届会员单位”等殊荣。

【九江市钒宇新材料有限公司】 厂址位于九江市滨江东路186-18号浔阳区3号工业园内。公司成立于2011年8月，占地2.13公顷，注册资本1000万元人民币，现有固定资产4200余万元，设计年生产能力为1000吨钒氮合金（VN16），2014年实现主营收入1.6亿元，2015年，由于国家宏观经济政策调控，销售价格一路下滑，给企业造成一定的影响，但企业还是实现主营收入近亿元。公司现有员工64人，其中拥有博士学位的高级技术人员5人。公司走企业、大专院校、设备制造商“三位一体”的科技发展之路，有一支精湛的技术管理团队。2012年至今，公司共成功申报10项国家实用新型专利，已授权专利7项，已受理专利3项。

公司主要产品为新型钢铁添加剂-钒氮合金（VN16），钒氮合金现在被广泛应用于结构钢、工具钢、管道钢、建筑用钢及铸铁中。公司产品已销往永钢、鄂钢、长江钢铁、宁夏钢铁、抚顺新钢、吉林通化、中天钢铁等国内大中型钢铁公司，产品质量深得用户信赖，货物供不应求。2012年，公司被江西省科技厅授予江西省“省级民营科技企业”；2013—2015年，连续荣获“九江市优秀企业”；2015年，成功申报“国家高新技术企业”（证书编号：GR201536000153）；同时被江西省科技厅、发改委、工信委、环保厅联合认定为“江西省节能减排科技创新示范企业”；公司员工刘隆获得“全国优秀农民工”称号并赴北京领奖。

【九江鸿利达复合材料制造有限公司】 公司成立于2003年11月21日（地址于原国棉一厂），2009年年底迁至浔阳区1号工业园。2016年，企业职工78人，其中大专以上学历有14人，高级工程师3人，经济师1名，已开发成功并投入生产的产品有HLD-H系列高强度耐高温防静电复合材料板（简称合成石）、玻璃纤维环氧板，3241半导体板，其中HLD-H高强度耐高温防静电复合材料板（简称合成石），在全国开发并投入生产最早，逐步打破国外垄断局面，现已销往富士康公司、深圳华为公司、技嘉电子及相关电子行业，其他产品市场已遍布北京、上海、包头、天津、苏州、宁波、深圳、东莞、广州、南昌等地。

（吴非沙）

栏目编辑：占　隽

园区经济

浔阳年鉴 XUNYANG YEARBOOK 2017

·综　　述·

【概况】　浔阳区城东工业基地位于浔阳区东部工业区内，城东工业基地西起大桥局船管处，东至乌石矶粮库，南靠滨江东路，北临长江。东西最长处约2公里，南北最宽处约0.8公里，基地被九江石化第二油品码头的架空输油管道一分为二。总规划面积209.8公顷，其中一号园103.13公顷，二号园78.33公顷（已作为中石化九江分公司800万扩能改造发展用地），三号园88.66公顷。基地工业用地118.66公顷，商业用地33.13公顷，仓储、码头、公共设施、道路绿化等用地58公顷。浔阳区工业园形成“一园两区”的发展格局。园区落户企业26家，规模以上工业企业10家。2016年完成主营业务收入31.02亿元，比上年增长3.4%。上缴税收6300万元，同比增长1.2%。

园区自2008 年启动建设以来，已完成水、电、路、气主干道路网架等基础设施项目建设，现有入园项目26个，主要有以下三大主导产业：石化关联产业，如碳四综合利用项目、金旺达20万吨芳构化项目、新立基沥青项目、HDPE管材项目；大型物流项目。如新雪域物流园项目、长东物流项目、京九国际商贸城仓储物流项目；高新产业项目。如钒氮合金项目、波德新材料项目、杰尼硬质合金项目、绝缘材料项目。

工业园区党工委、管委会作为区委、区政府派出机构，行使管理职能，负责园区的建设与发展事务。2016年，管委会共有在编人员13人，其中党工委书记1人，主任1人，副主任3人。秉承“封闭管理、开放运行、全程服务”理念，以优惠的政策，优质高效的服务为客商提供良好的投资创业平台。

（王澍人）

·浔阳区城东工业园·

【工业园区党组织建设】　2016年，浔阳区城东工业园共有党组织17个。其中事业单位党组织1个（浔阳区城东工业基地管委会机关党支部），国有投资企业党组织2个，非公企业党组织12个。园区按照组建联合党支部“一带五”模式，根据“行业相近、落户集中”的原则，对剩余10家企业进行划分，2016年11月17日，召开会议成立工业园第一、第二非公企业联合党支部。隶属于浔阳区城东工业基地党工委的基层党组织有14个。其中事业单位党支部1个，其余13 个均为非公企业党支部。园区现有党员429人。其中事业单位党员9人，国有企业党员364人，非公企业党员56人，园区非公企业党组织覆盖率为100%（不包含2家停产企业）。

【五孵机制，推动党建+创新创业】　2016年，园区把党的建设融入园区企业创新创业工作之中，注重突出发挥党的领导核心作用、基层党组织的战斗堡垒作用、党员的先锋模范作用，让企业经营者感受到“党建力量也是重要生产要素”“抓党建就是抓生产力”，建立“孵、扶、辅、服、富”的“5F”工作机制。

“孵”（孵化）　充分利用津晶城“国家级科技企业孵化器”平台引进和孵化优质项目，帮助企业发展壮大。2016年共引进和孵化小微企业23家，增加固定资产投资1.58亿元。

“扶”（扶持）　园区成立5个服务企业工作组，每个组安排党员干部带队，实行每周2次对挂点企业上门走访。2016年，园区党员干部共下企业走访1150人次，帮助解决企业务工人员居住证办理、社保医保、劳资纠纷、企业用工、公租房申报等问题共计630余件。

“辅”（辅导）　2016年园区利用浔阳区工业园党群服务中心平台和九江创业大学浔阳分校，开展每月一期的企业管理、政策宣讲、组织建设、爱岗敬业等有针对性的专题讲座。此外，联合劳动就业部门分批开展11家企业1200人岗位技能培训。

“服”（服务）　通过帮助企业实行项目全程代办一站式服务。建立园企项目服务群，邀请市、区直各职能部门入群直接对口服务。2016年共帮助4家企业新增安装用电设备设施，排除企业用电故障10余起；协调九江国电为2家企业办理开通蒸汽能源接入，协调国土部门完成3家企业土地挂牌，完成25家入园企业土地证年审工作。

“富”（致富） 帮助企业落实税收减免及财政补贴返还等各方面惠企惠民政策，使企业降成本、增效益。2016年园区通过财园信贷通、助保贷以及抵押贷款等途径，共为11家孵化企业解决1000余万元的资金难题。通过“5F”机制，推动“党建+创新创业”模式的发展，真正实现党建工作与园区发展建设的双推进。

【多家企业组织开展防汛慰问】 为全力支持一线防汛抗洪，2016年7月7日，园区党工委以开展“两学一做”学习教育活动为契机，组织江西广灵医药有限公司、江西新立基沥青有限公司、九江市杰尼新材料有限公司、江西津晶城实业有限公司、九江钒宇新材料有限公司、江西万升投资有限公司（京九商贸）等多家入园企业，分别为浔阳区抗洪前线52个防汛闸口送去防暑降温医药包、纯净水、方便面等慰问物资共计6.3余万元，体现园区企业与党组织和浔阳抗洪干部群众、武警官兵“万众一心，众志成城”的决心。

【“财园信贷通”资金扶持工作】 为进一步支持园区中小微企业发展，优化企业融资环境，工业园办与财政、银行对接，积极开展“财园信贷通”资金扶持工作。2016年，共帮助企业融资贷款约1.35亿元，助推企业正常生产与扩大再生产。

【“七一”聆听党课重温誓词】 7月1日，在中国共产党成立95周年之际，浔阳区工业园在党群服务中心开展讲授专题党课，重温入党誓词活动。园区各非公支部书记、党员代表、入党积极分子、园区机关支部党员等共计56人参加活动。课上，由园区党建工作指导员毛定明上一堂主题为《尊崇党章、遵守党规》的专题党课。唤醒大家党的意识、党员意识、党章意识、党规意识，进一步激发广大党员学党章党规、学系列讲话，做合格党员的热情。课后，老党员们面向党旗，再次举起自己的右拳，进行宣誓仪式。

【工业园多篇文章登市级以上报刊】 2016年，工业园区多篇文章荣登市级以上报刊。其中8月30日九江日报1版头条：中煜程塑业《研发新产品，为企业创效》；9月7日九江日报1版头条：钒宇新材料《打造“钢铁味精”新材料》；9月8日九江日报1版头条：广灵药业《龙开河医药科技：打造我市“中国制造2025”中药品牌》。

【杨小华走访调研齐鑫化工有限公司】 2月14日，猴年春节假期后首个工作日，市政协主席杨小华到浔阳区工业园齐鑫化工有限公司走访调研企业工作。市人大常委会副主任柳国发，市政协副主席、市委统战部部长黄大明，市政协秘书长洪华，区领导戴晓慧、左延、文建华、王安定陪同走访。杨小华与企业负责人进行详细交谈，了解企业的发展现状及当前存在的实际困难和问题。针对当前的国际国内经济下行的压力，希望企业要利用自身优势，建设并拥有较为完善的公共配套设施，为企业后续发展提供潜力。要认真分析研判，做好石化产业链延伸这篇大文章。进一步探索发展新思路，增强企业长久发展、可持续发展的能力。同时，要求市区两级政府及相关单位，要采取有效措施切实帮助解决企业实际困难，助力企业发展，要做好服务工作，为企业发展和项目建设创造良好的环境。

【杨小华到园区调研政银企对接工作】 4月1日上午，市政协主席杨小华率调研组来到浔阳区，就区政银企对接工作进行调研。市政协副主席古小平，区领导戴晓慧、左延、刘武爱、文建华、王风雷、王安定陪同调研和座谈。杨小华一行首先走访位于区工业园内的钒宇新材料有限公司和广灵药业有限公司。与企业负责人及干部职工亲切交谈，详细了解企业生产经营和建设情况，倾听企业在发展中面临的问题和困难。随后调研组一行到中煜程塑业有限公司与多家企业及银行代表进行对接座谈。

【杨小华到工业园召开政企茶叙会】 2016年6月29日，市政协主席杨小华到浔阳区工业园区，以茶叙会方式，面对面与企业家交流互动。区领导戴晓慧、文建华、王安定参加茶叙会。杨小华考察鑫鹰人防、中铁九桥、鸿利达、中煜程等企业，详细了解生产经营状况，鼓励企业坚定发展信心，不断做大规模，增强实力。

【省商务厅到工业园区调研物流标准化试点项目】 为贯彻中央经济工作会议、国务院《物流业发展中长期规划（2014—2020年）》和部分城市物流工作座谈会精神。2016年10月11日，省商务厅现代服务业处调研员傅南一行到浔阳区调研物流标准化试点运行情况。市商管办党组书记、主任陈世超，副主任饶官良，区委常委周佐福及相关部门负责人陪同调研。傅南一行实地参观考察工业园区新雪域物流园和广灵药业集团，企业方负责人陪同参观讲解。听取市商管办关于物流标准化试点工作落实、项目进展情况、存在的问题困难及下步工作重点的汇报。在听取相关情况介绍后，调研组对各地各部门提出几点要求：要加强组织领导，统筹协调解决试点过程中的问题；要建立工作机制，确保试点有序开展；要完善制度建设，建立物流标准化试点项目管理库，定期调度项目建设进展；要强化宣传培训，提高本土物流标准化工作的方式方法；要实行跟踪评估，制定配套政策，确保试点工作取得成效。

【市安监局领导到园区督促检查安全生产专项整治工作】 5月26日，市安监局党组成员、总工程师熊清华率督查组，先后到园区九江德丰商砼股份公司、九江华新水泥股份公司、九江中煜程塑业有限公司等企业进行专项检查。对发现的隐患，督查组与企业管理层进行反馈交流，有针对性地提出整改要求：企业要进一步强化安全生产主体责任，细化安全管理体系建设；深入开展隐患排查，及时发现问题，解决问题；企业负责人要切实提高思想认识，把安全生产工作摆在更加突出的位置，坚决防范各类事故发生。

【省人大调研组到园区调研现代服务业发展情况】 4月15日，省人大财经委副主任委员高小琼一行到浔阳区就现代服务业发展情况进行专题调研，区领导张显旺、王凤雷、潘潾等陪同调研。调研组一行先后深入浔阳区津晶城科技园和京九国际商贸城，现场参观、面对面交流，同相关企业交流企业的运行情况、在发展过程中遇到的困难以及享受到的相关政策。调研组对浔阳区现代服务业发展现状及取得的成效给予一定的肯定，认为全区在促进现代服务业发展方面进行了很好的探索和实践，发展取得显著成效，为全省服务业发展和经济结构调整、产业结构升级做出积极贡献。

【工业园对琵琶湖农贸市场开展清拆整治行动】 2016年11月10日，园区办联合执法局金鸡坡中队、金鸡坡街道、金鸡坡派出所对1号园区企业琵琶湖农贸市场内部蔬菜区违建设施开展为期一天的集中清拆整治行动，全力解决市场脏乱差和乱搭建问题。在集中整治行动中，对21户经营者违建设施进行强制拆除，重点拆除占道经营摊点、店外铝合金及帆布雨棚、私搭乱建的违章建筑物、构筑物，大多数经营者都自觉配合这次的清拆行动。

【江西中煜程塑业股份有限公司完成上市前准备工作】 2016年2月29日江西中煜程塑业股份有限公司在中审华寅五洲会计师事务所（特殊普通合伙）完成资产审计工作，并出具审计报告。2016年7月，召开创立大会，于8月3日完成股改工作，并完成更名工作。2016年11月，完成上市前的审计工作。2016年12月，提交给全国中小企业股份转让系统。

【九江市钒宇新材料股份有限公司挂牌“新三板”】 工业园3号园区九江市钒宇新材料股份有限公司主要从事钒氮合金的生产、加工及销售。2016年，公司“新三板”挂牌工作进展顺利，于当年9月完成股份制改造，已进入内核程序。

（王澍人）

【江西津晶城科技园】 津晶城科技园是集研发、孵化、销售于一体的企业孵化基地，项目位于浔阳区3号工业园内，交通非常便捷。项目总占地6.38公顷，设计规模为12万平方米，总投资约3亿元。建筑类型涵盖科技研发中心、企业综合服务中心、科技企业孵化器、科技成果展示中心、配套公寓等，将建设一个集研发、中试、孵化、销售一体化的高新技术企业孵化基地和区域总部基地、现代服务业为一体的综合型科技园区。其中包括3.5万平方米总部研发楼和实验室、小试车间及总部办公大楼，7.5万平方米成果转化标准厂房和物流区，1万平方米科研成果展示中心等配套设施。项目全部建成后，预计可容纳高新技术中小微企业100家，解决就业人员2000人。

2016年，九江津晶城科技园2#办公楼，6#、8#、9#、10#、11#、12#、13#、14#、15#、

17#、20#、21#标准厂房以及19#职工之家及创客之家已竣工并投入使用，5#、7#小试车间已竣工并投入使用；3#、4#职工宿舍已竣工并投入使用；1#津晶城大厦已完成封顶工程；园区内路网主干道和次干道工程及绿化已全部完工；2016年，已签约企业79家，已签约专利技术3000项，其中入驻孵化企业66家，退园企业13家，意向入驻企业12家。

园区从2012年开工建设，三年时间实现市级、省级、国家级“科技企业孵化器”的三级跳，并先后获评为“北京大学科技开发部九江服务中心”“省级小微企业创业园”“省级创业孵化基地”“江西省四星级服务机构”“省级小微企业风险基地试点园区”“赣台妇女创业交流基地”“共青团九江市委青年创业基地”“九江市大学生创业孵化基地”“九江市小微企业创业园”“九江市中小企业公共服务平台”“浔阳区小微企业创业园”“浔阳区工业园区人力资源社会保障服务所”“九江创业大学浔阳分校”“九江市浔阳区城东工业基地生产性公共服务平台”等殊荣。

“科研技术转移服务平台”与全国各大高校以及九江市各大高校强强联合，集聚展示、推广全国近千项科研专利成果，为入园企业以及想创业大学生提供一个科技孵化以及成果转化的公共性的服务平台。园区先后协助企业完成40余项专利技术申报和科技成果转化工作。

“九江创业大学浔阳分校”主要提供再就业培训、技能培训、创业培训以及高管培训等，为浔阳区以及园内企业输送更多、更优秀的掌握专业技能的高科技人才。校内每间教室均配备多媒体电教化设备。津晶城科技园还与本地高校签订“校企合作”协议，为应届毕业生提供创业、就业培训。成功为园区内企业输送一批专业型人才，园区对于青年、大学生创业实行全程帮扶。为鼓励大学生创业，园区与政府、银行合作建立“一减四免”制度，即大学生创业的创房租金减半、免税费、免电费以及还可以享受政府给予的贴息贷款相关扶持政策。

（王澍人、吴非沙）

栏目编辑：占　隽

旅游业

浔阳年鉴

XUNYANG YEARBOOK

2017

·综　述·

【概况】　2016年，浔阳区旅游局紧紧围绕区第十次党代会确定的总体目标，加强旅游行业管理，狠抓旅游安全生产，强化旅游宣传促销，推进旅游A级创评，优化旅游发展环境，努力提升旅游业整体水平，全年共接待游客571.1万人次，同比增长26.3%，实现旅游总收入46.5亿元，同比增长26.2%，全区旅游市场呈现健康有序发展态势。

强化行业监管，确保旅游市场规范有序　严格按照接受申请、审查资料、现场察看、上报上级、复核发证等有关程序，认真做好旅游企业市场准入工作。2016年，共新评旅行社4家、注销1家，新备案登记旅行社门市部24家、注销10家。在加强日常监督管理的同时，积极与市旅发委质监所对接，先后联合市质监所6次对辖区旅行社及其门市部规范经营行为，重点对超范围经营和违规揽客情况进行专项执法检查，发现问题，限期整改，不定期回访，对整改不到位的交由市旅发委依法处理，有效地规范旅游市场秩序。在辖区内各景区景点、星级旅游饭店、旅行社及其服务网点张贴公布旅游投诉电话，坚持周末和节假日安排专人值班，切实做好旅游投诉受理工作。2016年，全区旅游市场继续保持游客“零投诉”。

强化宣传推介，不断扩大浔阳知名度　2016年，充分利用各类平台和媒介，积极开展旅游宣传推介活动。与浔阳江头文化景区管理有限公司一起参加南昌、九江、景德镇、抚州四地（济南、泰安、烟台）旅游招商推介活动。通过文艺演出、易拉宝展示和旅游宣传折页等形式，宣传浔阳，展示浔阳，开拓山东客源市场，提升了浔阳历史文化和旅游业的知名度和美誉度。组织选送了“庐山故事”系列旅游伴手礼、“庐山恋”竹纤维系列产品、“把九江带回家”系列产品等20余种具有浔阳地域特色、富含浔阳历史文化元素的旅游商品，并参加2016年江西省旅游商品博览会暨旅游商品大赛。其中，“九江手礼——浔阳送客茶礼套装”荣获2016江西旅游商品大赛金奖；积极参与省旅发委举办的“走遍江西100县”大型新媒体推广活动。对辖区旅游资源进行全面摸底，从吃、住、行、游、购、娱以及浔阳历史文化底蕴和民俗风土人情等各方面全面推介，有效地扩大浔阳区的知名度和影响力。来自中央媒体、境外媒体、商业媒体、省市媒体和自媒体的90余记者先后到烟水亭、浔阳楼、锁江楼进行拍摄采风，提升浔阳旅游关注度，拓展了浔阳旅游品牌影响力。

（聂　嘉）

·旅游管理与服务·

【概况】　区旅游局为区政府主管旅游参公事业单位。2016年区旅游局加强对旅游景区、旅行社、旅游饭店等单位监督检查，规范经营行为，积极开展旅游人员职业培训和教育管理，进一步提升全区旅游服务质量和服务水平。

旅行社及其服务网点　2016年，共新评旅行社4家、注销1家，新备案登记旅行社服务网点24家、注销10家。2016年，全区共有旅行社35家，其中五星级旅行社2家，旅行社服务网点47家。

旅游饭店　辖区内共有星级饭店10家，其中五星级旅游饭店2家、四星级1家、三星级7家，其他宾馆、饭店及招待所300余家，床位数1.5万张。

旅游厕所　浔阳区共申报AAA旅游厕所3座、AA4座、A级1座，加速浔阳区旅游基础设施建设，提升旅游文明水平，同时，开展厕所文明宣传活动“百城万众厕所文明宣传大行动”，招募80名厕所文明宣传志愿者，统一制作宣传马甲，在广大游客和市民中倡导积极、健康、向上的旅游厕所文化。

（聂　嘉）

·重要旅游景点·

【烟水亭】　位于甘棠湖北隅浸月岛。原亭

系宋绍元符（1094—1100）年间司封郎周寿建于甘棠堤旁，取“山头水色薄笼烟”之意。绍熙甲寅年（1194）第一次重修，时江州学教授余禹续作《重修烟水亭记》。亭曾屡兴屡废，明万历癸巳年（1593），督关主事黄腾春在旧亭的废墟处重修，有亭1座，华堂3间，四面皆水，为浏览佳地，时郡人劳堪作《重修烟水亭记》。

清顺治十七年（1660），督关员外郎崔抡奇易地在浸月亭一景，并建五贤阁，纪念陶渊明、白居易、李渤、周敦颐、王阳明5位与九江有关联的前贤，建镜波楼，以供文人寄情烟水咏游。乾隆十四年（1746）督关唐英又重修，建楼立台。十五年巡道李云根于亭右建众妙楼、翠昭轩，水阁幽房。嘉庆二年（1797）知府方体又重修，并记碑勒石。后刘汉仿旧制建烟水亭、扩建取景镜波楼。咸丰三年（1853），全部建筑毁于兵燹。同治七年（1868）由僧人怀古募修重建。5年后，德化县令陈鼒“于筹发护城石堋款中拨资修葺”。浸月亭、船厅、大厅亦亭等建筑相继落成。光绪年间又辟有纯阳殿、五贤阁、戏楼、宴会厅、焚香听雨轩等。中华人民共和国建立后，多次维修。1972年又于亭南新筑一面积289平方米的周瑜点将台。浸月岛平面呈椭圆形，面积1500平方米。建筑群分东、中、西3个院落。中院布局严谨，烟水亭、纯阳殿在前，亭前有石剑匣两座；五贤阁居中，观音堂在后。东西两院布局灵活，翠昭轩、听雨轩、亦亭在东，浸月亭、船厅居西，整个建筑错落有致，颇具江南园林风格。2000年，被列为江西省级文物保护单位。

【浔阳楼】 位于岳师门外，滨江路209号的长江之滨，因境内长江区段史称浔阳江，故名。浔阳楼之名，最早见于唐代江州刺史韦应物诗句“始罢永阳守，复卧浔阳楼”，后江州司马白居易又作《题浔阳楼》诗，此楼名噪天下则得力于清代施耐庵所著小说《水浒传》中的精彩描写。

浔阳楼，系1985年始建，1989年12月31日竣工开放。楼区面积2300平方米，主楼参照明容与堂《水浒传》刻本乡像和宋《清明上河图》建筑形式营造。钢筋混凝土仿木结构，歇山顶，青甍黛瓦，楼为明3暗4，高21米，建筑面积984平方米。层楼迭檐，高大雄伟。进门的华表柱上为“世间无比酒，天下有名楼”楹联，楼檐下为全国政协副主席、书法家赵朴初手书“浔阳楼”3字横匾。内有当代名家所题楹联14幅。一楼大厅正堂上方悬挂着“逝者如斯”大字金匾，东西两壁镶嵌两幅大型瓷板画，绘有“宋江题反诗”的复原陈列。另有展厅介绍浔阳楼历史的有关书籍、文物。三楼是回廊，主要陈列字画。四楼是雅座，设仿古桌椅。1995年3月，江泽民在视察九江时，曾登楼并签名留念。

【锁江楼】 位于九江市滨江大道旁，浔阳楼与白水湖公园之间。明万历年间九江知府吴秀为确保一地平安，锁住长江水患，听信阴阳家之言，募捐集资，于万历十四年（1586）始在回龙矶上建锁江楼、塔各一座，塔以矶名，为回龙塔，又称文峰塔。还配有阁、轩等建筑，历时18年。楼塔壮观，景色宜人，可“凭栏目送时千里”，遂成为浔城一大名胜、标志性建筑，“塔景锁江”时为江州八景之一。

锁江楼原高3层，曾铸4只铁牛立于楼房，其意为镇住长江江水。万历三十六年（1608）六月，九江地震，矶岩崩塌，楼阁俱废，铁牛有2只沉入江中，唯塔独存。清乾隆十三年（1748），锁江楼重修，一时楼楹壮伟，人文汇集。后又毁于咸丰三年（1853），另2只铁牛亦不知去向。而塔仍屹立。塔为砖石结构，7级6面，楼阁式，二层以上壶门基本上是相互交对开，除第六层东南檐角外，其余翘角檐边都悬一铜质风铃，在风中摇摆，叮当声不绝于耳。塔25.26米，立于高出江面10米的回龙矶上，故显得挺拔雄伟，雄镇一方。1938年6月，日军炮舰轰击九江，塔中炮数处，塔身向东北方向倾斜，塔顶距中心点偏离0.75米，1986年全面加固维修。1987年被公布为江西省文物保护单位，1992年列为九江市爱国主义教育基地，2004年列为江西省爱国主义教育基地。

2002年5月重建锁江楼景区，增建观鱼轩、门楼。2003年11月再建锁江楼。2004年又于景区东恢复“镇水牛”景观。新铸2只铜牛采用青铜铸造，每只长3.1米、高2.7米、宽1.5米，重1.5吨。新建锁江楼仿明建筑，明三暗四层。一楼有一高7米、宽5米的青花瓷板壁画，绘有包括天花宫、浪井、能仁寺、烟水亭、浔阳楼、琵琶亭、锁江楼、甘棠湖等浔阳新八景。景区占地面积18000平方米。

【琵琶亭】 位于九江市长江大桥东侧，原址在江州城西门外。唐元和十年（815）白居易贬江州司马，次年秋，送客湓浦口，忽闻江上琵琶声有感商妇天涯沦落事，乃作长诗《琵琶行》，后人为经念此事，在是处建亭，以琵琶名之。该亭屡经兴废，亭址多次变迁。宋淳熙三年（1176）江州通守吕胜已重修，并书《琵琶行》勒石于亭，后亭倾。嘉定乙酉年（1225）亭又新修，有左誉作《重建亭记》，嘉熙三年（1239）又重建，时任九江的岳珂署九江郡人，赋诗二首，祝贺琵琶亭的新建。明万历年四十一年（1613）九江兵巡道葛寅亮别创琵琶亭于浔阳驿西处。清雍正三年（1722），兵巡道刘均又重建于城西故处。乾隆十一年（1746）九江关督唐英扩修，建亭台楼阁，塑白乐天像，建双雅楼，颇具规模，极一时游观之盛。乾隆四十年（1775），又将琵琶亭修葺一新。咸丰三年（1853）遭后燹。清末有人在遗址上建宣化宫，将“古琵琶亭”石匾嵌于宫门上，20世纪50年代为扩建码头而拆除。

1987年5月，在今址重建。亭区面积3150平方米。古式朱漆门楼上，悬挂刘海粟题写的“琵琶亭”金字大匾额，大门两边有启功手书“红袖夜船孤，蛤蟆陵边，往事悲欢商妇泪；青衫秋浦别，琵琶筵上，一时枨触谪臣心”的对联；入门照壁上，嵌有毛泽东墨迹《琵琶行》巨幅碑刻。照壁背面为白居易《琵琶行》诗意瓷板画。亭院正中，是用汉白玉雕塑的白居易立像，高3米。琵琶亭坐落在7米高的麻石基座上，仿唐风格，高13米，建筑面积400平方米，双层重檐，朱柱碧瓦。亭两旁构筑碑廊，各长120米，选刻白居易江州诗作和历代题咏。

【浪井】 又称灌婴井、瑞井。位于九江市原西园路浪井巷内8号（今信华城市广场北隅）。北距长江50米，汉高祖六年（公元前201年）西汉灌婴进兵江南扎湓口时所凿。东汉建安年间（196—200），孙权常住此城，立标命人挖井，适得故处，发现井壁有铭云“汉高祖六年颍阴侯开此井”。权见铭欣悦，以为祥兆，故名瑞井。此井与长江相通，每当有大风吹起，江涛汹涌，井中有浪，茫然有声。唐诗人李白到浔时曾写下“浪动灌婴井，浔阳江上风”的奇观，后因井底通道堵塞，再未见井中有浪现象。浪井井圈为青石雕琢，高45厘米，口径59厘米。因历经千年，井圈已是斑驳累累，绳痕道道，显得十分古老，为保护这一景点，1979年九江市政府拨款增建一座高3.5米、宽3米的四方半亭，将其护囿其中。“浪井涛声”曾为浔阳十景之一。1986年被列为九江市文物保护单位。2003年，对老城西园进行拆迁改造时，将井、亭修葺一新。

【国民革命军第24师叶挺指挥部旧址】 位于九江市东门口16号，原为美国圣约翰中学校长高达德公寓。1927年7月中旬，叶挺率东征讨蒋先遣部队国民革命军第11军24师驻浔，指挥部设此。该建筑物为一栋西式回廊结构的2层楼房，青砖红瓦，四坡顶。建筑面积224平方米，上下两层各7间。1987年被公布为江西省级文物保护单位。

（聂　嘉）

栏目编辑：郭　微

商业贸易与经济合作

浔阳年鉴
XUNYANG YEARBOOK
2017

·综　　述·

【概况】　2016年是“十三五”规划的开局之年，浔阳区紧紧围绕“新工业十年”发展战略，牢牢把握长江经济带建设机遇，积极应对复杂多变的国内外经济形势，凝心聚力、砥砺奋进，招商引资工作呈良好态势发展。

2016年，在十大地块旧城改造中，与各大商会密切联系，更大力度地推介浔阳，实现以商招商。在总部楼宇中，招引世界五百强、国内五百强总部经济入驻浔阳楼宇，做大楼宇经济总量。

2016年度市下达浔阳区外贸出口任务为3.08亿美元，全年，全区共完成1.3658亿美元。

2016年浔阳区药品经营企业126家，医疗器械经营企业299家，药品生产企业2家，医疗器械生产企业2家，公立医疗机构2家，私立医院14家，个体诊所153家。

（李　霞、张　娟）

·商业管理·

【概况】　2016年，浔阳区三产发展服务局（简称区三产局），内设办公室、市场发展服务股、三产管理服务股、市场保卫股、局机关，工作人员总数为19人。以全区经济建设为中心，积极贯彻落实国家和省市“搞活流通，扩大消费”的各项政策，大力拓展消费市场，不断促进物流业建设和结构调整，全区商贸发展形势良好。2016年，浔阳区连续七年荣获九江市商贸工作先进。

【第三产业拉动经济增长】　2016年，浔阳区以促进商贸服务业为重点，认真履行职能，做好服务工作，有效促进全区市场消费和以服务业为主导的第三产业的发展。2016年，全区限额以上企业40家，社会消费品零售总额完成1926450.7万元，占全市29.33%，总量全市第一，同比增长11.3%。

【商贸服务业】　2016年，浔阳区联盛商业连锁股份有限公司在商务部、国家标准委公布的全国商贸物流标准化专项行动第二批重点推进企业名单中，被评为大型商贸（连锁）企业类重点推进企业。浔阳区津晶城科技园被江西省服务业发展领导小组确立为省级现代服务业集聚区。2016年，津晶城科技园已获批为“国家级科技企业孵化器”“江西省小微企业创业园创业风险补偿引导基金试点单位”“江西省小微企业创业园”等服务平台。

【商贸物流】　2016年，总投资20亿元的京九国际商贸城项目，一期占地5.13公顷，20栋商业用房已建成竣工，总建筑面积13万平方米。琵琶湖农产品市场被全国城市农贸中心联合会授予“全国农产品批发市场百强”称号。全区共有60多家大型超市，中小型各种连锁专卖店、商店1200多家，大型物流产业园、批发市场、仓储物流园20多家，形成覆盖全市的商贸流通网络。

【电子商务】　2016年，浔阳区成立电子商

2016年11月，“财园信贷通”工作组为中小微企业缓解融资难题

区三产局供稿

务工作领导小组，统筹推进全区电子商务发展。培育京九电子商务大厦阿里巴巴九江产业、联盛易佳购、苏宁易购等国内知名电商企业品牌，打造行业性电子商务平台。全年浔阳区共有入住电商企业15家，交易额122亿元。

【财园信贷通工作全市第一】 为破解中小微企业融资难、融资贵、融资慢、担保难等问题，助推地方经济发展和民生改善。浔阳区充分发挥“财园信贷通”融资项目作用，重点扶持重大项目、重点企业和中小微企业。2016年度帮扶178家企业，发放贷款10.59亿元；全年为466户中小微企业发放贷款23.8亿元，名列全省第二、全市第一。

【惠民工程】 2016年，浔阳区有菜市场13个，总营业面积4万平方米，经营摊位2000个，从业人员4000人，年交易额30亿元。2016年，浔阳区把提升改造城区菜市场建设作为重要的民生工程来抓。全年完成中心城区新一菜市场、老马渡菜市场、江洲菜市场的标准化提升改造并投入营业。

【市场监管】 2016年，浔阳区加强成品油市场监管，对主城区的9家加油站前后进行12次专项检查，重点对安全监管中存在的突出问题和重大隐患整改情况进行督查。在惩治侵权假冒的违法行为中，全年出动执法人员200多人，收缴非法出版物书报刊1500余份，非法音像制品2000余张，查获商标侵权案件8起，成效显著。

【精品特色商业街区】 2016年，浔阳区大中路和庾亮南路被评为省级历史文化街区。

（刘 枫）

·烟草专卖·

【概况】 九江市城区烟草专卖局与城区烟草分公司，两块牌子，一套班子，既行使烟草专卖管理执法监督职能，又是销售卷烟的国有企业。2016年，区城区烟草分公司全年累计实现卷烟系统外销售118776.94万支。其中“金圣”系列实现31137.29万支；低焦油品牌销售8995.55万支；省产卷烟销售40147.95万支；省外卷烟销售78483.94万支；省内外结构比重为66∶34；人均销售9.07条；2016年上缴税金72246.66万元。

【联合打假机制提升市场监管质量】 2016年，区城区烟草专卖局始终以“两个至上”行业共同价值观为导向，加强市场监管打假打私力度，保持市场监管的高压态势，积极推进专卖管理联合打假机制，着力构建“政府主导、部门联合、多方参与、密切协作”的打假打私体系，加大涉烟案件的侦破和追刑力度，严厉惩治假冒卷烟、非法走私卷烟的行为，通过开展卷烟市场专项整治和重大传统节日市场专项整治等一系列行动，市场净化率进一步提高。2016年，专卖市场管理出动执法人员3000多人次，共查获烟草违法案件273起，其中一般程序案件273起，5万元以上大要案17起，查获违法卷烟219.51万支，案值232.5万元，其中查获假冒卷烟26.05万支，走私卷烟11.28万支，移送公安案件5起，刑事拘留11人，判刑5人。收缴罚没款26.60万元。

（陈 琦）

·商品市场·

【概况】 2016年，浔阳区共有各类市场20座，其中农贸市场10座，分别为九江市二电厂农贸市场、九江市中翰农贸市场、九江市三里街农贸市场、九江市江洲农贸市场、九江市新一菜场、九江市龙开河农贸市场、九江市浔阳区沙子墩农贸市场、九江市姚家洼农贸市场、九江市化工厂农贸市场、九江市老马渡农贸市场。批发市场10座，分别为九江市琵琶湖蔬菜粮食批发市场、九江市五金批发市场、九江市天马建材城、九江市京九副食批发市场、九江市黄氏干菜批发市场、九江市裕华百货市场、九江市粮食市场、九江市中百站小商品批发市场、九江市闽浔建材城、九江市太平洋电脑城。

【农贸市场】 九江市二电厂农贸市场 国有，开办时间为2000年2月，注册资金500万元，市场面积2000平方米，摊位数60个，经营户数30个，主要上市品种农贸产品，年交易额1000万元。

九江市中翰农贸市场 国有，由原来九江市石化农贸市场拆改完成，开办时间为1995年，注册资金300万元，市场面积6000平方米，摊位数110个，经营户数80个，主要上市品种农副产品，年交易额4000万元。

九江市三里街农贸市场 私营，开办时间为2000年10月，注册资金200万元，市场面积3200平方米，摊位数200个，经营户数200个，主要上市品种农副产品，年交易额1800万元。

九江市江洲农贸市场 私营，开办时间为2001年11月，注册资金50万元，市场面积5600平方米，摊位数623个，经营户数238个，主要上市品种农副产品，年交易额3亿元。

九江市新一菜场 私营，开办时间为2007年1月，注册资金50万元，市场面积4800平方米，摊位数288个，经营户数150个，主要上市品种蔬菜、肉类、禽类、鱼类、干货类，年交易额8000万元。

九江市龙开河农贸市场 国有，开办时间为2011年6月，注册资金50万元，市场面积3000平方米，摊位数120个，经营户数120个，主要上市品种农副产品，年交易额1000万元。

九江市沙子墩农贸市场 国有，开办时间为2005年，注册资金30万元，市场面积1000平方米，摊位数100个，经营户数50个，主要上市品种农副产品，年交易额310万元。

九江市姚家洼农贸市场 国有，开办时间为1996年，注册资金254万元，市场面积1900平方米，摊位数100个，经营户数81个，主要上市品种农副产品，年交易额1008万元。

九江化工厂农贸市场 私营，市场面积1000平方米，摊位数100个，主要上市品种为农副产品，年交易额400万元

九江市老马渡农贸市场 私营，开办时间为1998年5月，注册资金800万元。市场面积1000平方米，摊位数100个，经营户数80个，主要上市品种农副产品，年交易额30万元。

【其他市场】 **九江市琵琶湖农产品批发市场** 私营，开办时间为2014年4月，注册资金6000万元。市场面积103620平方米，摊位数390个，经营户数390个，主要上市品种综合类水产品、蔬菜，年交易额6.18亿元（水产品类）。

九江市粮食市场 国有，开办时间为1998年5月，注册资金50万元。市场面积23000平方米，摊位数41个，经营户数40个，主要上市品种粮油，年交易额1.3亿元。

九江市黄氏干菜批发市场 私营，开办时间为1999年7月，注册资金50万元。市场面积23760平方米，摊位数450个，经营户数435个，主要上市品种干菜，年交易额4500万元。

九江市京九副食批发市场 私营，开办时间为2006年11月，注册资金200万元。市场面积33000 平方米，摊位数217个，经营户数169个，主要上市品种副食，年交易额9000万元。

九江市裕华百货市场 国有，开办时间为2001年8月，注册资金50万元。市场面积4000平方米，摊位数92个，经营户数80个，主要上市品种家电、日用品、文具，年交易额2900万元。

九江市中百站小商品批发市场 国有，开办时间为2011年6月，注册资金81万元。市场面积11000平方米，摊位数200个，经营户数200个，主要上市品种百货，年交易额3000万元。

九江市五金批发市场 私营，开办时间为2003年11月，注册资金50万元。市场面积10000平方米，摊位数170个，经营户数72个，主要上市品种五金，年交易额3000万元。

九江市天马建材城 私营，家居装修装饰材料市场。开办时间为2002年7月，注册资金1000万元。市场面积48000平方米，摊位数600个，经营

户数167个，主要上市品种建材，年交易额3亿元。

九江市闽浔建材城　私营，家居装修装饰材料市场。开办时间为1999年7月，注册资金1500万元。市场面积79200平方米，摊位数120个，经营户数60个，主要上市品种陶瓷，年交易额2亿元。

九江市太平洋电脑城　私营，开办时间为2002年9月，注册资金330万元。市场面积5000平方米，摊位数150个，经营户数120个，主要上市品种电脑及耗材，年交易额1000万元。

（张　娟）

·招商引资与区域经济合作·

【概况】　2016年，全区新引进2000万以上项目6个，其中亿元以上项目5个，实际利用外资8689万美元。

【地块招商工作】　花果园片区和孔家洼片区已通过招拍挂，引入当代摩码香港公司和江西翰林山水房地产开发有限公司。在考棚地块中，与中建一局、天虹商场股份有限公司、北京的相关公司等进行洽谈。老京九地块也在跟中海地产、红星美凯龙等意向客商紧密接洽中。

【总部楼宇招商】　2016年，全区修订出台《鼓励发展总部楼宇经济的实施意见》方案，在招商、企业入驻、资金扶持等方面给予优惠政策。龙翔国贸、远洲国际、南湖国际、九江商厦、中翰楼宇等商务楼宇吸纳力进一步增强，综合入驻率达90%；津晶城科技园已签约入驻40余家企业；浔阳区双创基地——792创意园已成功签约40个落户项目。

【现代服务业招商】　2016年，浔阳区积极升级阿里巴巴九江产业带平台，同时为企业推介中国网库、壹购物等电子商务合作商。在新京九国际商贸城创办电子商务学院，培育电商人才，以便加快电子商务发展。

【飞地招商】　2016年，积极发挥浔阳地缘优势、人才优势，结合各县区产业发展特点，为各县区介绍优秀的客商资源。城西港区进行项目准入论证，并接待上海华谊集团投资部代表，将在湖口投资100亿元的精细化工项目。美国美宝国际欲投资建厂6.66公顷地生产美宝烫伤药膏项目（预计引进外资），已经介绍给九江县，与九江县商务局对接飞地招商工作。

（李　霞）

栏目编辑：郭　微

金融业

2017 浔阳年鉴 XUNYANG YEARBOOK

·综　　述·

【概况】　2016年，浔阳区金融工作以优化金融环境为抓手，持续推动金融改革，狠抓工作落实，为促进全区经济平稳运行提供安定有序的金融环境。全区金融机构总体保持平稳健康发展态势。

重视“非法集资”风险化解。2016年，全面部署推动非法集资工作。及时调整了由常务副区长任组长，区公安分局副局长任副组长，区金融办、组织部、宣传部、维稳办、信访局、法院、检察院、工商、发改委、工信委、财政局、市场和质量监督管理局等相关部门负责人为成员的区惩治和处置非法集资工作领导小组。健全责任分工。完善《浔阳区处置非法集资联席会议制度》。周密部署全区宣传月活动。制定符合实际的宣传方案，发放宣传资料500份，制作宣传展板6块，悬挂宣传横幅48条，发送公益短信29.7万条，逐步提高宣传活动的广泛性和实效性。

为企业融资问题排忧解难。2016年，紧密配合区财政局做好“财园信贷通”的贷款发放工作。全年区“财园信贷通”累计放贷6.42亿元，惠及中小微企业106户。2013—2016年累计放贷数达到19.14亿元。贷款规模居全市第一、全省第八。积极发挥融资担保公司平台作用。牵头成立注册资金5000万元的浔阳区融资担保责任有限公司，对资金需求期限短、额度小的辖区中小企业提供贷款担保，进一步拓宽中小企业融资渠道。

（刘水金）

·银行业·

【概况】　2016年，全区银行有中国工商银行股份有限公司九江分行、中国农业银行股份有限公司九江九龙支行、中国银行股份有限公司浔阳区支行、中国建设银行股份有限公司九江浔阳支行、交通银行股份有限公司九江分行、北京银行股份有限公司九江小微支行、江西银行股份有限公司九江分行、九江银行股份有限公司大中路支行、九江银行股份有限公司白水湖支行、九江银行股份有限公司长江支行、九江农商银行股份有限公司浔阳支行、上海浦东发展银行股份有限公司九江分行、邮储银行股份有限公司九江市分行、招商银行有限公司九江分行、中国光大银行股份有限公司九江大中大社区支行15家银行机构。全年，各银行主动调整发展策略和发展重点，在全力支持九江经济快速发展的同时，促进自身效益的提升。

【中国工商银行股份有限公司九江分行】　2016年，人民币全部存款增幅高于全省平均水平4.41个百分点，各项贷款增幅高于全省平均水平10.45个百分点，不良贷款率低于全省平均水平0.35个百分点，实现净利润1.6亿元。

2016年，已审批项目23个，涉及融资额87.70亿元，其中政府购买服务项目15个，涉及融资额67.87亿元。已提款或部分提款项目8个，提款额29.29亿元；未提款或未完全提款项目9个，未提融资额为38.58亿元。小微信贷业务全年新增贷户33户，累计办理财园信贷通59户，金额1.81亿元，累计办理小企业网贷通业务70笔，金额1.1亿元。全年转化逾期贷款18户，金额4.38亿元。累计处置公司类不良贷款 2.66亿元，个人类不良贷款1.61亿元。

（赵铭华）

【中国农业银行股份有限公司九江九龙支行】　2016年，农行九龙支行设有支行营业部、九龙街支行、长虹支行和甘棠分理处四个营业网点，内设综合管理部、风险管理部、客户部三个机构。全年本外币各项存款余额12.74亿元，较上年末净增2.11亿元，各项贷款余额14.921亿元，实现中间业务收入2037万元，拨备前利润4339万元。2016年，支持小微企业客户17户，新增授信0.2亿元，贷款余额1.41亿元。

（陈静妮）

【中国银行股份有限公司浔阳区支行】　2016年，中国银行浔阳区支行属城区四家一级支行之一，内设行长室、业务发展部、营业本部，下辖南湖支行、朝阳支行两家二级支行。全年各项存款余额13.214亿元，居民储蓄存款余额7.0904亿元，公司存款余额6.1236亿元，各项贷款余额12.3849亿元，实现净收入4513万元，实现拨备前利润3556万元。

全年，累计发放公司贷款4.645亿元，其中向园区企业发放中小企业贷款1350万元，向区城投公司发放贷款3亿元；民生工程方面，向九江市第一人民医院发放贷款1亿元，九江学院附属医院发放贷款2500万元，九江市中医医院发放贷款2600万元，有效助力区域内医疗卫生事业发展。

（曹晓曼）

【中国建设银行股份有限公司九江浔阳支行】 2016年，建设银行九江浔阳支行内设综合部、客户部，下辖营业室、天外天分理处。全年各项存款余额10.29亿元。其中对公存款5.71亿元，个人存款4.58亿元，各项贷款余额0.71亿元，实现中间业务收入345万元。

2016年，建设银行九江浔阳支行以支持地方经济发展为己任，不断调整信贷结构，累计发放贷款6877万元，其中发放企业贷款4875万元，个人类贷款2002万元。重点支持江西省核工业地质局267大队、苏一特电气、光阳车业、展新汽车、运通汽车、众力达汽车等9户重点企业项目贷款，发挥银行信贷作用，为九江经济发展做出贡献。

（罗　春）

【中国交通银行股份有限公司九江分行】 2016年，交通银行九江分行内设综合管理部、财务与营运管理部、授信与风险管理部、公司业务部、个人金融业务部、安全保卫部等六个部门，下辖营业部、城西支行、三中支行、甘棠支行、城南支行、新晨支行、东门支行、浔阳楼支行、金安湖支行等九个网点。全年人民币各项存款余额70.26亿元，日均资产规模较上年末增长1.63 亿元，人民币各项存款较上年末增长4.8 亿元。日均存款增速7.03%，储蓄存款增幅6.12%，外币存款增幅202.34%。人民币各项贷款余额48.60亿元，不良贷款占比1.26%，实现经营利润1.6亿元。

2016年，获得交通银行总行“零售贵金属业务十佳省辖分行”荣誉称号，并被九江银监分局评为“消保工作先进单位”。

（吴　凡）

【北京银行股份有限公司九江小微支行】 2016年，北京银行九江小微支行内设办公室、风险部、营业部、公司部、零售部五个部门，新增一家自助银行。全年各项存款余额17.8亿元，贷款余额39.03亿元，上缴税收616.99万元，是九江市存贷比最大的商业银行，为九江市的经济发展做出了贡献。

（沈　盈）

【江西银行股份有限公司浔阳区支行】 2016年，江西银行九江分行在浔阳区内下辖浔阳区支行、庐峰东路社区支行及龙慧花园社区支行3个营业网点。

2016年，江西银行九江分行主动融入地方经济、服务社区居民，12月新设立九江浔阳区支行。全年在浔阳区辖区内网点各项存款余额4202.73万元，累计销售理财产品1.5685亿元。

（周　阳）

【九江银行股份有限公司大中路支行】 2016年，九江银行大中路支行内设营业部、信贷部。全年各项存款余额28.6633亿元，其中居民储蓄存款余额6.2673亿元，对公存款余额22.396亿元，各项贷款余额13.5613亿元，全年利润4602万元。

（朱奕欣）

【九江银行股份有限公司白水湖支行】 2016年，九江银行白水湖支行内设营业部、信贷部，并新设了一家社区支行。全年各项存款141970万元，贷款余额90518万元，存款余额同比增长36.87%，贷款余额同比增长63.66%，实现利润2331万元，中间业务收入68万元。

（许　钿）

【九江银行股份有限公司长江支行】 2016年，九江银行长江支行内设营业部、信贷部。全年各项存款余额14.022亿元，其中居民储蓄存款余额6.9789亿元；对公存款余额6.3384亿元，各项贷款余额4.0133亿元，实现拨备前利润1250万元，上缴税收187.5万元。

（梁晨辉）

【九江农商银行股份有限公司浔阳支行】 2016年，九江农商银行浔阳支行各项存款余额71711万元，较上年末增加6585万元，完成全年存款净增计划16100万元的41%。各项贷款余额150924万元，较年初增加7467万元，不良贷款占比2.8%。实现账面利润7712万元，较上年同期增盈

2408万元，完成全年计划9580万元的80.5%。

（胡应丽）

【上海浦东发展银行股份有限公司九江分行】 2016年，上海浦东发展银行九江分行各项存款余额53.93亿元，贷款余额52.95亿元，实现账面营业收入1.73亿元，模拟利润1.28亿元，净利润1.19亿元。荣获南昌分行年度考评先进集体称号。

2016年，提出以“银元宝”“银商宝”“银链宝”和“网贷通”为核心的“三宝一通”小微客户批量服务模式，累计服务小微贷款客户430户，投放小微贷款50亿元。

（何丽君）

【邮储银行股份有限公司九江市分行】 2016年，邮储银行九江市分行各项贷款余额为101.3亿元，资产规模列全省邮储银行系统第3位。本年新增贷款19.4亿元，增长24%。全年实现收入3.8亿元，实现利润1.6亿元。年度，获评全市综合治理先进单位。

（徐　亮）

【招商银行股份有限公司九江分行】 2016年，招商银行九江分行已拥有三家综合性支行、二家简易支行、四家自助银行。全年累计实现考核利润5.9亿元，实现全折自营存款余额49.98亿元，全折自营贷款余额57.85亿元。存贷款规模、机构数量是全国性股份制银行在九江地区规模最大的分支机构。

（张高峰）

【中国光大银行股份有限公司九江大中大社区支行】 2016年，中国光大银行九江大中大社区支行九项资产余额3821.77万元，对私存款余额1741.02万元，客户数1253户，累计销售个人理财1.0469亿元。

（桂　冠）

·保险业·

【概况】 2016年，浔阳区内保险公司有中国人民财产保险九江市分公司、华安财产保险九江支公司、华泰财产保险有限公司九江支公司和信泰人寿保险九江支公司等保险机构。全年共开设险种百余种，涵盖范围广，充分利用保险机制服务经济、服务人民，为地方经济发展、社会稳定保驾护航。

【华安财产保险股份有限公司九江中心支公司】 2016年，公司下设网点有永修营销服务部、瑞昌营销服务部、修水营销服务部、武宁营销服务部、德安营销服务部。全年实现保费收入3242万元，其中车辆保险费3097万元，非车险业务145万元，保费同比增长20.93%，全年支付承付各类赔偿金额1401万元，上缴税收159万元，代收车船税208万元。

（居绍琴）

【华泰财产保险有限公司九江中心支公司】 2016年，公司内设综合部、理赔部、EA部。全年实现保费收入433.66万元，其中车辆险保费406.74万元，责任险保费4.05万元，货运险11.89万元，意外险保费10.98万元。全年共办理赔案322起，支付各类赔款179.83万元。上缴税收56.25万元，代收车船税37.26万元。

（王　旭）

【信泰人寿保险股份有限公司九江中心支公司】 2016年，公司下设信泰人寿保险股份有限公彭泽支公司、信泰人寿保险股份有限公司德安支公司、信泰人寿保险股份有限公司都昌支公司、信泰人寿保险股份有限公司永修支公司4家支公司。公司内设有总经理室、个人业务部、银行业务部、续收部、财务部、运营部、综合行政部。全年实现保费收入761万，完成保费计划101.6%，保费同比增长44.59%，全年共办理赔案件32起，支付各类赔款34.01万元，按时上缴税收50.60万元。年度获总公司授予“全国20强中支”称号和省公司授予“江西省最佳贡献奖”。

（朱　璇）

【中国人民财产保险股份有限公司九江市浔阳支公司】 2016年，公司内设经理室、综合部、车商业务一部、车商业务二部、个人营销业务部、农村保险事业部、农村普惠金融事业部、非农非车险业务部以及出单分中心，并在九江市三里街设立南湖营销服务部。公司主营车商业务，在很多汽车品牌4S店设有签单点以方便客户办理投保手续。全年实现保费收入6382.4万元，完成保费计划 101.8 %，保费同比增长5.2 %，承担各类风险保障金额 160.5 亿元，全年共办理赔案5218起，支付各类赔款 2994.3万元。按时上缴税收357.4万元，代收车船税339.5 万元。2016年荣获浔阳区政府授予的“纳税大户奖”单位称号。

（戴文南）

·证券业·

【概况】 2016年，浔阳区内证券公司有国泰君安证券、海通证券、中信建投证券、安信证券、长江证券、南京证券、国盛证券、中航证券。全年证券新开账户累计107415户。

【国泰君安股份有限公司九江甘棠路证券营业部】 2016年，公司共实现收入5239万元，成交额698亿元，上缴税费762万元。托管总资产42亿，新增资金账户26329户。强化合规和风控，全年安全规范运营。

（余俊松）

【海通证券有限公司九江浔阳东路证券营业部】 2016年，公司为海通证券在九江市设立第一家证券分支机构，自主研发的手机交易软件“e海通财”APP，为广大投资者提供一站式金融综合服务。全年，账户累计24000余户。为投资者提供证券经纪，证券投资咨询，证券投资基金代销，融资融券，与证券交易、证券投资活动有关的财务顾问，代销金融产品，证券承销与保荐等业务。

（聂太唐）

【中信建投证券股份有限公司九江浔阳东路证券营业部】 2016年，公司内设个人金融部、公司金融部、财富管理中心。全年新增客户数8599户，新增托管资产6.31亿元。成功完成一家新三板挂牌企业股权定向增发项目，为该企业实现直接融资5000万元。本年度获浔阳区政府授予的行业唯一“纳税大户奖”称号单位。

（冷　冰）

【安信证券股份有限公司九江长虹北路证券营业部】 2016年，公司为安信证券股份有限公司江西分公司的下属轻型营业部，位于九江市长虹北路与庐峰东路交汇处中瀚商务中心10层E户。安信证券长虹北路证券营业部为投资者提供证券经纪、证券投资咨询、与证券交易、证券投资活动有关的财务顾问、融资融券、证券投资基金销售、代销金融产品等业务。全年交易额32亿，累计证券账户数2159户，累计总资产约2亿元。

（黄洁莹）

【长江证券股份有限公司九江浔阳东路证券营业部】 2016年，实现投资者开户数1600户，营业收入5574万元，其中经纪手续费收入4864万元，利息收入71万元。全年，市场交易量达162.38亿元，市场交易额达60亿元。上缴税收27万元。

（万亚婷）

【南京证券股份有限公司九江九龙街证券营业部】 2016年，公司营业部实现A股交易量26.2亿元，实现营业收入164.21万元。营业部通过优质文明服务培训，建立一对一客户服务制度，提高客户服务效率，提升了品牌认知度。

（刘国强）

【国盛证券有限责任公司九江孤溪埂证券营业部】 2016年，营业部内设综合运营部、市场营销部、客户服务部。全年交易额2563409.4万元，年末累计开户数26087户，全年总利润1470.76万元，上缴税收504.75万元。

（查玉霞）

【中航证券有限公司九江浔阳路证券营业部】 2016年，公司营业部内设运营管理部，财富管理中心2个职能部门。全年，证券账户累计18000余户，全年交易金额月均12亿元。中航证券有限公司九江浔阳路证券营业部可为投资者提供证券账户开户、证券经纪、证券投资咨询、证券交易、证券投资活动有关的财务顾问、证券承销与保荐（仅限承揽业务）、融资融券、证券投资基金代销、代销金融产品等业务。

（李梓锋）

栏目编辑：郭　微

财政税务

·综　述·

【概况】 2016年，浔阳区完成财政总收入32.3197亿元，占调整预算32亿元的101.00%，同口径增长12.1%，地方财政一般预算收入完成10.0182亿元，同口径与上年持平。税收收入完成28.2341亿元，占财政收入的87.4%。其中，国税完成22.9161亿元，比上年同期增长14.24%，地税完成5.3181亿元。全年区财政收支运行良好。

（敖玲洁）

·财　政·

【概况】 2016年，区财政局下设国库集中收付核算中心、财政监督管理局、国有资产经营管理中心三个副科级事业单位和投资评审中心4个二级事业机构，内设办公室、预算股、财政绩效管理股、国库股、综合股、社保股、会计股、监督股、国资股、企业股、政府采购办公室、信息中心12个股室，挂牌区国资局（正科级）、乡财局（副科级），全局共有在职在编干部职工59人。在区委各部门、区直各单位的帮助配合下，强化财政预算绩效管理，圆满完成全年各项财政工作。

大踏步前行，财政收入稳定增长。2016年，全区财政收入达到32.3197亿元，同口径增幅12.1%，总量在全市排第2位，在全省排第17位，进入全省第一方阵，进位赶超态势明显。

大气魄支持，服务大局成效明显，落实财税扶持政策。2016年，共让利企业税收4亿元，引导优质企业向产业聚集化发展，打造“792”创意园，共争取项目资金3.698亿元。其中，省政府债券转贷资金1.7552亿元；庚亮南路历史街区改造项目资金3000万元；边街小巷改造、菜场改造及外立面改造项目资金8410万元；石化厂际管廊800米改造资金8025万元。

大手笔投入，民生福祉不断攀升。2016年，财政累计投入社会保障和就业支出达到1.7072亿元，同比增长8%；教育支出达到1.9677亿元，同比增长14%；基本公共卫生服务水平不断提高，医疗卫生改革、公共卫生体系、计划生育事业方面，共支出1.3735亿元，同比增长6.8%；在市容环卫经费方面共投入6142万元，公共安全共投入7012万元，同比增长6.5%。

大智慧改革，健全财政运行机制。2016年，共收回单位存量资金1.8亿元，盘活财政存量资金2165万元，把预算外资金全部纳入国库集中支付系统，实现财政资金支付全覆盖的目标。

提高政府采购效率。2016年，完成360次采购，采购预算2613.46万元，实际支出2324.52万元，节约资金288.94万元，节约率11.05%。

大力度监管，提高财政管理水平。2016年，重点开展“违插”治理检查工作、彩票公益金监督检查工作、财政内部监督检查工作、会计信息质量检查工作、全区民生资金检查工作以及街道、社区（村）财务情况和资产管理情况检查工作，其中在彩票公益金监督检查中共查出违规、违纪金额10万元，在会计信息质量检查中共查出违规、违纪金额6.64万元，在全区民生资金检查中共查出违规、违纪金额25.3万元。

加强财政投资评审。2016年，共完成政府

2016年7月1日，浔阳区财政局党总书记、局长张业带领全局党员重温入党誓词，喜迎党的生日

区财政局供稿

投资评审工程建设项目100个，送审金额4.0547亿元，评审认定金额3.6173亿元，核减4374.43万元，核减率10.79%。

严格规范项目资金监管。2016年，先后出台《浔阳区预算追加资金管理办法》《浔阳区旧城（棚户区）改造专项资金管理暂行办法》，完善资金管理制度。

【公务卡制度改革】 2016年，全区各单位按照《浔阳区公务卡结算目录》《公务卡管理暂行办法》消费还款4221笔，支付资金574.3万元，公务卡已在浔阳区全面铺开。

【财政票据电子化制度改革】 2016年1—11月，共核销票据1153.03本，其中定额票据120本，电子票据68659份，核销资金总额8亿元。

【“财园信贷通”业务】 2016年，浔阳区“财园信贷通”完成178户企业贷款，新增放贷10.59亿元，历年累计23.81亿元，在全市新增贷款排第一，在江西省新增放贷排第三，超额完成九江市政府下达的8.8亿元的目标任务。

【公务消费网络监管】 2016年7月，浔阳区完成公务消费一体化监管系统软件上线工作，对单位“三公”消费行为进行监管，全年“三公经费”共支出1340万元，同比下降26.2%。

【国库支付】 2016年11月，通过政府购买服务，将会计核算业务从中心剥离出去，各单位采取自愿的方式，与会计事务所签订《代理记账协议》，由会计事务所代理记账。

【全区津补贴违规发放专项治理】 根据《关于开展违规发放津贴补贴监督检查的通知》（九财综〔2016〕3号）文件精神要求，于2016年3月，全区各单位对照十二项违规情况进行自查自纠，共收到各单位自查自纠报告共102份，并对31家单位进行抽查。并以此监督检查为契机，建章立制、规范管理，印发《关于严格执行标准发放政府性奖励的通知》（浔财发〔2016〕14号）。

（熬玲洁）

·国家税务·

【概况】 浔阳区国家税务局主要负责辖区内增值税、消费税、企业所得税和车辆购置税等中央税和中央地方共享税的征收管理工作。设办公室、监察室、人事教育股、税政法规股、财务股、征收管理股、数据管理股、办税服务厅、纳税评估科、税源管理一、二、三科等14部门。2016年共有在职干部142人。

立足大局、精心谋税，组织收入再上新台阶2016年，区国税局从抓好组织收入建设这个大局出发，举全局之力，确保税收收入再创新高。全年共组织税收入库108515万元，占市局考核计划的125%，同比增长35.5%，增长额28447万元，其中营改增完成16815万元。

规范执法、风险防范，依法治税水平达到新层次。2016年，推进风险防范体系制度。联合区地税、《新法制报》对《江西省税收保障条例》进行宣传，开展网上答题知识竞赛，较好达到公众参与及社会宣传效果。全面排查风险应对名单。2016年，区局共接到或筛选出102户风险纳税人，已完成风险管理全流程户数27户，入库税款161.06万元，其中增值税94.46万元，企业所得税66.6万元。严把出口退税审核关。2016年，共核查出应视同内销征税的出口数据155条，涉及15户一般纳税人企业和4户小规模企业。其中，7户企业已在核查前自行记提销项税额681187.50元，另5户企业通过核查，补记提销项税额129554.53元。另外4户小规模企业也分别做出相应处理，并补缴税款10872.06元。

迎难而上、攻坚克难，征管体制改革迈向新时代。2016年，区局干部本着“5+2”(1)“白+黑”(2)，推动征管体制改革前进的步伐。扎实推进“营改增”试点工作。重点针对“营改增”工作中一般纳税人的业务需求进行“一对一”式详细解答，共开办纳税人培训班11次，培训人次共计2000余次，印发宣传册、宣传单2000余份。此外，区局还利用晚上和周末时间对区局税务人员开展业务培训，共开办干部培训班5次，培训人次达200余次。“营改增”试点工作共确认核实地税移交户2164户，确认率达100%，防伪税

2016年7月5日，区国税局局长邹平力在多媒体会议室召开上半年绩效讲评分析会

区国税局供稿

控设备推行率达100%；做好“金税三期”上线工作。区国税局成立“金三推广办公室”，安排技术人员查验设备，确保系统顺畅运行；加派16名工作人员加班加点做好金税三期纳税人信息录入工作；配置十台电脑专门用于金税三期的前期培训和学习。

优化服务，便民办税，国地税合作实现新突破。2016年，加大国地税联合宣传。联合区普法办、区地税、《浔阳晚报》等单位开展“营改增”试点工作政策专题宣传。积极与江西电视台、《江西日报》《九江日报》等主流媒体进行沟通，及时报道“营改增”试点工作动态，先后刊发6篇信息报导，有效提高纳税人对“营改增”试点工作的了解和认识。联合开展税法宣传，共建纳税人学堂，联合组织三个培训班，培训人员达200人次。联合制作《创业路上，税务同行》公益宣传片，收到良好的反响；加强国地税深度合作。联合办理设立登记、变更登记、注销登记和协同管理非正常户，新增共同税务登记2000余户；成立联合定税工作组，制定联合定税方案，已完成对5500余户个体工商户的税款核定事项；成立国地税联合办税服务厅。2016年8月26日正式进驻浔阳区国地税联合办税服务厅，新大厅充分运用人机结合模式，纳税人除可以到窗口办理涉税业务外，还可在大厅内使用自助办税设备，有效缓解高峰期拥堵现象。大厅内共设有24个办税窗口，其中国税办税窗口16个，地税办税窗口8个，这些办税窗口实现“一窗全能”“一人受理、业务通办”“双人对桌”“一个窗口、一次办结”等职能。大厅内还将载有办税流程的“二维码”标识牌进行公示，并在导税台和资料栏发放税收宣传单和办税资料，指导纳税人按照规定流程办理各项税收业务。

人才兴税、营造氛围，干部队伍建设呈现新活力。2016年，推进人事系统数字化上线工作。召开人事系统数字化上线动员大会，让每位干部都能参与到上线工作中；开展弘扬家风家训活动。组织干部到区局退休干部吕立达家，学习其几十年如一日坚持手抄中国古代家教交规经典，把文化与规矩传承的事例；积极开展老干部活动。成功举办《九江市国税系统第三届“健康杯”老年人门球赛》；打好防汛抗洪攻坚战。2016年7月，九江市多地遭受洪灾侵袭，按照区委、区政府关于巡堤查险工作的分工，确保安全平稳度汛，顺利完成此次防汛抗洪工作。

廉洁从税、防微杜渐，反腐倡廉教育走进新常态。2016年，全面落实“两个责任”。层层签订《党风廉政建设责任书》，将党风廉政建设纳入绩效管理考核之中，细化和量化考核指标；狠抓“节点”，防控风险。通过企信通平台，将省局要求的“八不准”发至每个干部职工手机，倡导文明廉洁过春节等重大节日；认真组织“勤政廉政教育月”活动。组织开展党规党纪、把纪律挺在前面专题学习，设立专门的廉政约谈室，开展廉政风险提醒约谈6人次和深化“红包”问题治理工作专题约谈14人次。

（姜丽娟）

注释：

（1）5+2：工作日5天加休息日2天。

（2）白加黑：白天加黑夜（这是泛指工作量大，加班较多）。

• 地方税务 •

【概况】 2016年，浔阳区地方税务局内设人秘股、监察室、计财股、税政股、征管股、发票所、后勤服务中心7个职能部门，下设纳税服务分局、一分局（金鸡坡分局）、二分局（人民路分局）、三分局（湓浦分局）、四分局（甘棠分局）、五分局（白水湖分局）6个副科单位，有正式在职干部职工94人，合同制工作人员21人。全区登记在管地税纳税户共10736户，其中国企事业单位4952户，个体工商户5784户。

2016年，区地税局紧紧围绕区委、区政府确定的年度重点工作，以开展“两学一做”学习教育为契机，坚持以组织收入为中心，突出征管改革、纳税服务两个重点，推进法治建设、业务建设、廉政建设三项建设，实施金三上线、个人绩效管理、互联网+、国地税合作四轮驱动，实现收入提质、改革提速、管理提效、干部提能、形象提升五大提升，全年整体运行平稳，各项工作进展顺利、成效显著。

【提高收入质量】 区地税局紧紧围绕区委、区政府的决策部署，始终把组织地税收入作为中心工作。强化挖潜增收。做好税源调查，摸清税源家底，牢牢把握税收的主动权。加强对重点税源、重点税种、重点行业的税收政策走向和征管状况进行分析监控，加强欠税清缴力度，全面梳理欠税企业名单，核实欠税金额，限期清缴入库，完成1453.5万元的欠税清理工作。强化风险管理。制订年度税收风险管理工作计划，统筹开展全年风险管理工作，应对上级风险任务推送，大力开展税收风险实体应对，累计通过风险应对入库税款4256万元。强化部门协作。加强与国税、财政、工商、公安等部门的沟通，积极参与地方政府牵头的财税综合信息平台的建设，定期交换第三方信息，不断拓宽信息采集渠道，解决征纳双方信息不对称问题，通过国地双方联合纳税评估，共完成联合评估税款47.88万元，有效堵塞漏洞，做到颗粒归仓。全年入库地方各税61819万元，得到区委、区政府的充分肯定，年度获得浔阳区经济社会发展目标管理考评特别贡献奖。

【稳步推进征管改革】 区地税局牢牢把握征管改革这个重点工作，全面对接、细化、落实各项改革事项，圆满完成全年征管改革任务。营改增全面落地。利用网站、微信、税企QQ群大力宣传营改增政策，自行印制3200份营改增告知书，送达每一户营改增纳税户。主动与国税局对接，先后4次召开联席会议协商营改增改革试点工作，联合做好清户、清票、清税工作，顺利移交3105户营改增纳税户。“金三”顺利上线。在金三上线期间，共核对1万余户纳税人基础信息18万余条，审核、补录、处理异常数据8617条，自行开展督查5次，督导整改错误数据3635条，确保在金三环境下，开具税票、领购发票、纳税申报等征管流程顺利进行。联合办税成功运行。区国地税联合办税服务厅于2016年8月正式建成运行，共设有24个窗口，其中有16个国地税联合办税窗口。办税服务大厅共设置办税服务区、等候休息区、自助办税区、咨询辅导区及纳税人维权中心等功能区，方便纳税人等候和休息，大厅内外共计配有6台自助办税终端，实现24小时不间断办理业务功能。

2016年5月18日，区地税局召开“情系母亲河、服务经济带”纳税服务第一次携手联席会

区地税局供稿

【提升纳税人满意度】 以促进税法遵从为目标，持续优化纳税服务。认真落实总局“便民办税春风行动”和《全国县级税务机关纳税服务规范》，积极响应纳税人服务需求。完善服务平台。加强办税服务厅建设，把各纳税服务点集中到纳税服务分局，进一步优化服务环境，完善服务功能，巩固星级办税服务厅创建成果。同时与国税局积极筹建联合办税服务厅，真正做到进一家门、办两家事。丰富服务方式。开展纳税人满意度调查大走访活动，上门疏解难题，征求纳税人意见建议，开展税收宣传活动。落实《全国税务机关纳税服务规范2.0》。开展惠民活动。开展“领导干部服务重点企业”活动。建立领导干部“一对一”挂点联系制度，加强走访调研，听取意见建议，实行“一企一策”，着力解决重点企业在税收优惠政策执行、纳税服务等方面存在的问题，支持和促进重点企业发展。成立纳税人学校，以“税法讲堂”的形式实体教学和培训，为广大纳税人和社会公众免费提供纳税知识培训辅导、税法宣传、权益保护等服务。响应“大众创业、万众创新”号召，区局联合九江市劳动就业培训中心，在市人才市场免费为100多名小微企业主和有创业愿望的社会公众开办创业培训班。市地税局获得“2016年度纳税服务先进单位”。

（冯绍辉）

栏目编辑：郭　微

经济管理与监督

·经济综合管理·

【概况】 浔阳区发展和改革委员会（简称区发改委）是浔阳区人民政府经济综合管理职能部门，2016年内设办公室、国民经济综合股、社会事业股、能源发展管理股；浔阳区鄱阳湖生态经济区建设办公室为区发改委内设副科级事业单位，浔阳区节能中心为股级事业单位，共有在职人员16名。2016年，区发改委荣获2016年度浔阳区综合考评先进工作单位、区项目建设先进单位。

【经济分析和预警】 开展经济形势预警预测，加强对主要经济指标监测分析；与统计、财政部门建立经济运行及考核联系机制，对浔阳区经济运行和主要经济指标完成情况定期或不定期分析比较，及时发现问题，提出对策，落实解决问题的方案，为浔阳区政府决策当好参谋。

【争取补助资金】 吃透政策精神，发挥职能作用，积极筹备、规划和包装项目，根据中央预算内投资和国家长期建设国债等资金的投向，围绕棚户区改造、民生工程和服务业发展等重点投资项目，及时捕捉信息，认真选准项目，协助和指导项目单位做好前期各项准备工作，通过多种渠道向上沟通，随时掌握情况，力争得到上级各业务部门的支持和帮助。2016年，由区发改委主导争取的国家、省市各类扶持、补助资金达3000余万元。并配合市棚改办上报棚改项目，申报30亿元国家专项基金。

【项目建设】 2016年，区发改委精心筛选45个重大经济社会项目，报请区委、区政府安排给区四套班子领导和各责任单位组织实施。在推进重大项目建设过程中，始终坚持“六个一”项目推进机制和重大项目“一名领导、一套班子、一事一议”的服务机制，做好重大项目协调服务工作。其中由区发改委直接负责的烟草物流中心项目顺利推进，即将投入使用。九景衢铁路项目已基本完成征迁工作。

【行政审批】 依法严把项目审批关，促使项目申报规范化、程序化、法制化，将提高行政审批效率作为机关效能建设的重要内容抓紧抓好。按照首问责任制的原则，凡来申报立项的区属单位和辖区内的业主，只要符合国家投资政策，一律按照项目服务绿色通道工作机制贯彻执行，即便有的项目一时手续不全、资料不齐，实行急事特办、先办后补的办法认真办理，尽快作出立项、备案、核准批复。全年共办理立项、核准、备案项目37个，全年完成固定资产总投资25亿元，向上级申报项目12个，计划投资32亿元。

【项目监管】 加强政府投资项目科学管理和基本建设项目稽查，及时发现和纠正项目建设过程中的违规行为，进一步规范基本建设项目的实施。完成2013年以来批准的政府投资项目自查自纠工作，共稽查项目123个，共发现问题40个，其中涉及工程方面的问题4个，巡查发现的问题全部整改并及时处理。对政府投资建设项目招标活动进行全过程监督，协调解决招标中出现的问题，做好招标的核准工作。

【服务业效益明显】 2016年，深入实施服务业强区战略，以促进服务业提质增效为目标，以供给侧改革为动力，推动服务业向精细化、高品质转变。实现社会消费品零售总额203.24亿元，同比增长11%；全年共接待游客571.1万人次，同比增长26.3%，实现旅游总收入46.5亿元，同比增长26.2%；服务业实现增加值279.83亿元，占GDP比重达到68.5%；服务业税收13.8亿元，占财政收入42.7%。连续四年被评为“全市服务业先进单位”。同时，带头做好招商引资工作，成功引进总投资20亿元的石化产业招商项目。

【新能源建设】 加快光伏发电项目建设，已经申报成功的万家光伏居民有10户，补贴金额达到15万元，每户安装面积为20平方米，装机容量5千瓦。屋顶分布式光伏发电项目有五个，总装机容量达到4.6兆瓦，年发电量达到420万千瓦时。

（何　跃）

·市场监督管理·

【概况】 2016年，在“三合一”以后，浔阳区市场和质量监督管理局承接九江市质监局各项工作职能。区市场和质量监督管理局紧紧围绕全区中心工作，坚持依法行政，锐意改革创新，全面整顿市场经济秩序。在全区“重大项目落实年”动员暨2016年度经济社会发展目标管理表彰大会上，区市场和质量监督管理局获得年度“两学一做”学习教育工作先进单位。

【宣传法规和维权意识】 2016年，区市场和质量监督管理局分别采取宣传车、横幅、标语、宣传彩页等形式大力宣传《中华人民共和国食品安全法》《农业生产资料市场监督管理办法》《江西省合同格式条款备案管理办法》《合同违法行为监督处理办法》等有关市场管理的法律法规，提高经营者的守法经营意识和消费者的维权意识。先后悬挂有关横幅161条、张贴标语81条、印发食品和农资安全知识宣传彩页7000多份、发放食品和农资宣传手册5000余份，下达《行政提醒书》和《行政警示书》300余份。同时，分别与7500余户食品经营户、17户农资经营户签订食品、农资安全责任状。

【红盾护农和维权利民】 2016年，区市场和质量监督管理局始终坚持把推动“红盾护农”行动作为落实科学发展观、促进农业生产发展、维护农村稳定、确保农民增收的一项重要举措。组织培训。2016年6月，组织辖区内12家农资经营户学习国家总局第（45）号令和省局农资市场监管10项制度等规章制度，执法人员还现场解答经营户的疑问；摸底核查。为确保“红盾护农”工作的顺利开展，区市场和质量监督管理局组织执法人员对辖区内农资经营户进行营业执照核查和摸底。辖区内农资经营户共17户，其中种子经营户2户、农药经营户15户，经营户证照齐全，均为A类；打假维权。开展“12315”进社区活动，在全区街道、社区，分别设立“12315”维权点，形成区局、分局、社区三级网络，这样使居民不用出区就可以进行投诉。2016年，种子抽样9批次，都是因为包装标识共性问题，工商人员给予行政指导，要求经营者整改。同时处理农资投诉1起，挽回经济损失700余元。

【流通领域建材和小商品市场专项整治】 2016年，区市场和质量监督管理局有针对性地开展对建材、生活日用小商品等专项整治。已对家用电器、建筑材料、儿童玩具、电线电缆等商品进行抽检。抽检商品共计40多个批次。同时配合市局对服装送检8个批次，其中6个批次不合格，已依规处理；建材6个批次；小家电送检16个批次，全部合格。成功调解一起建材消费者投诉，挽回经济损失6000元。

【商事制度改革】 2016年，新增市场主体3384户（其中企业1376户，个体工商户2008户），企业同比增长30.7%，新增注册资本35亿元。

【企业事中事后监管】 创新信用监管、信息抽查等技术手段，积极推进企业信用信息公示工作，推行江西省企业信用监管警示系统的运行，加强企业的事中事后监管，强化日常动态监管。2016年开展企业年报公示工作的监督检查和金融企业专项检查，共抽查企业126户，列入企业经营异常名录 47户；对通过经营地址无法取得联系的40户企业和未公示年报的9户企业，按照《企业经营异常名录管理暂行办法》列入经营异常名录49户。

【商标广告】 2016年，成功引导“浔之蔡”“浔固”“七九二创意园”“万仙煌”“好百兆”“桑家槽坊”6件商标注册，“圣科墙宝”1件商标续展申请注册。成功培育“超伟”注册商标为2016年度“九江市知名商标”。2016年1—2月新办户外广告登记证65户，变更户外广告登记证59户，合计124户。2016年3月，取消户外广告登记工作。

【网络交易行为监管】 2016年，开展本辖区内网络经营主体摸底统计工作，共进行网络经营主体审核711户，经营主体入库182户，建立和完善网络服务交易经营主体数据，提升网络服务交易监管水平。按照省、市工商局的要求，积极开展2016网络市场监管专项行动，按照《2016网络市场监管专项行动方案》要求对专项工作做出部署要求，共进行网上检查网站及网店361次，责令整改网站1个，督促经营主体亮标亮照12户。

【传销防范工作】 2016年，建立并完善宣传教育机制，营造浓厚氛围，建立惩治传销长效机制。全年区市质监部门和区公安部门共出动执法人次20人次，共取缔传销窝点3个，两部门联合执法共同遣散传销人员17人。其中，公安部门2016年立组织领导传销案3起，刑拘12人，涉案金额达4000余万元，立非法拘禁案2起刑拘15人，捣毁传销窝点22处，遣散传销人员300余人。

（张　娟）

• 非公有制经济管理 •

【概况】　2016年，浔阳区中小企业1.91万户，其中，个体1.30万户、私营和外资企业6034户，税收11.61亿元，占财政收入的36%，完成计划的101%。依托九江津晶城科技园、792双创基地为工作亮点，重点做好企业科技与自主创新孵化平台，交流合作、信息交流一站式公共服务平台，融资担保服务平台，培训服务平台“四个平台”的工作。着力抓省级专精特新中小企业的培育发展，以此作为中小企业走专业化、精细化、特色化、新颖化道路的引领和示范，在不断努力下，九江矾宇和江西津晶城获得省专精特新中小企业授牌。

【产业园和项目建设】　为确保九江石化油品升级项目顺利投产，浔阳区启动历史上规模、难度最大、时间跨度最短的居民整体搬迁项目，涉及居民3000户，征收房屋面积40余万平方米，工作人员攻坚克难，2016年一期项目（游岭、省二建）签约1425户，红线内签约率100%，拆除率超过90%。2016年二期项目签约361户，完成目标任务的100%且全部拆除。区金融办牵头组织“政银企对接会”，会上26家企业和14家银行进行友好沟通和交流，14家企业和9家银行达成融资协议，签约资金5.25亿。2016年共办理178户贷款，发放贷款10.6亿，位居全省第二位，全市第一位，对园区工业企业实行立审立办，银行审批通过的，领导小组及时召集相关人员集体审批，并将最高500万元的限额提高到1000万元。区政府出台企业奖励制度，设立企业发展基金，每年对高新企业、成长型企业进行资金奖励，发放奖励资金300万元；成立财政担保公司，首期注入资金5000万元对信誉良好的企业提供500万元的信用担保。2016年，有3家企业正在做上市前期工作，工作进展顺利。

中铁九桥钢梁架设与桥梁装备研制产业园项目　计划一次性投资2亿元，新建、扩建厂房6000平方米，2016年已完成可研报告，已立项并得到中国中铁总公司批复函，正在做安评、环评，预计2017年3月动工建设，2019年投产。

新立基沥青二期项目　投资0.8亿元，新增2.6万立方米油罐12个、30万吨沥青加工装置一套，2016年完成土建工程，2017年年初投产运营。

齐鑫化工醋酸仲丁酯加氢项目　利用自有的技术优势，拟投资1.5亿元建设醋酸仲丁酯加氢项目，2016年已立项，正优化设计方案，10月进行安评、环评，公司正积极寻求合作伙伴，2017年建成投产，年增加产值2亿元，利税3000万元。

筹建绿色生态产业园　九江石化800米卫生防护距离内居民搬迁后，测算可征收土地109.33公顷，市政府拟定建设石化产业园，经过多方面调研认证，走访专家，形成浔阳区石化产业园筹建前期认证报告供领导决策，并得到市领导、市工信委的认可，经区委常委会专题会议研究决定，筹建绿色生态产业园，正在进行调整和修改概念性规划。

（吴非沙）

• 物价管理 •

【概况】　2016年，浔阳区物价局紧紧围绕“稳价格、惠民生、促增长、保和谐”的工作要求，依法规范价格管理，大力加强市场监督检查，着力规范市场价格秩序，努力做好为民价格服务，有效化解社会价格矛盾，全力维护价格水平稳定。九江市居民消费价格指数（CPI）涨幅为2.1%，低于年初确定的2.5%的预期调控目标。

【价格改革】　2016年，区物价局严格落实国家、省、市各项收费政策，建立收费公示常态化管理机制。及时变更相关收费优惠政策，对

2016年3月，区物价局与其他县区学习交流

区物价局供稿

执行情况进行跟踪督查，确保取消、暂停、降低等收费优惠政策落到实处，将最新的收费项目及时在“中国浔阳网”予以公布。全面实行收费公示制度，切实加强事中、事后监管。按照公示常态化管理机制规定，要求各收费单位在收费场所的醒目位置，向社会公布公示收费项目、收费标准、收费依据、收费范围、收费对象、优惠减免规定、监督举报电话，自觉接受社会监督。

进一步落实好市物价局下放价格管理权限的相关政策。逐步理顺市区停车管理、民办幼儿园收费、住宅小区物业管理等收费价格，完善收费价格备案管理程序，切实使价格管理下放权限政策落到实处，不断档，不脱节，保证价格政策管理的延续性。还与区教育、区财政部门协作，联合制定普惠性幼儿园的管理办法，建立联审联批的工作机制，强化对幼儿园的管理措施。

全面推进医药价格综合改革。7月，按照全市开展的医疗机构医药价格综合改革的要求，9月实行新的医药价格以来，调整的医疗服务项目价格执行到位，药品实行零差率销售，破除“以药养医”的机制。

【价格监督检查】 针对元旦、春节、清明、五一、端午、中秋、国庆等节日市场猪肉、禽蛋、蔬菜、食用油、副食品价格波动频繁的特点，认真开展节日市场监督检查，确保“12358”价格举报平台在节假日期间的正常运转。2016年1—2月，为防止传统节日消费高峰和恶劣天气情况下价格异动，区物价局对酒店、超市、洗车场（点）、新雪域物流园、蔬菜、水产批发市场、市区农贸市场等重点行业进行明码标价的专门检查，先后分别发放《禁止节前涨价告诫书》和《禁止冰雪天气乱涨价告知书》859份，检查商家435家，维护主城区市场良好的价格秩序。11月，江西省发改委《关于放开食盐价格有关事项的通知》文件下发。区物价局加强市场巡查力度，密切监控普通食盐价格，防止出现价格异常波动，保持食盐价格稳定。

开展对土地交易和教育收费的专项检查，对检查中发现的违规收费行为进行处罚，收缴罚没款18万元，所收款项全部上缴财政。7月，在夏季旅游旺季来临之际，与区旅游局、区公安消防大队对浔阳楼、锁江楼、教育宾馆等公共旅游设施安全、明码标价进行专项检查。

畅通价格投诉举报渠道。在确保“12358”价格举报平台运转正常的前提下，认真受理、登记和答复线上线下的价格投诉案件，针对网店的投诉举报案件增多，严格按照现行的价格法规和新近国家发改委发布的《网络交易价格举报管辖规定（试行）》处理好这类案件。全年受理价格投诉案件15件，全部按照规定进行答复和处理，回复率100%，办结率100%。

【价格监测和预警】 根据价格监测工作需要和市物价局工作要求，在认真做好城区60种农副产品价格的监测周报的同时，还承接劳动力市场价格的监测，即对老年人服务机构护理人员工资、超市理货员、收银员工资进行监测，每月按时向省价格监测中心上报监测数据。

充分发挥价格监测在宏观调控和价格监管中的“耳目”作用，价格预警力求做到敏锐、快速、准确、及时，为领导决策提供参考依据。完成价格监测综合分析报告4篇，在中国浔阳网和九江阳光价格网发布价格动态信息128条。

【价格认定服务】 1月，国家发改委颁布的《价格认定规定》正式实施。按照规定价格评估范畴有所调整，将专司服务国家机关提出的价格认定协助工作。对纪检监察、司法、行政工作中所涉及的价格不明或者有争议的，实行市场调节价的有形产品、无形资产和各类有偿服务进行价格确认。对此，区物价局及时调整工作方式，适应工作新常态，严格按照有关规定，认真做好价格认定和“调解价格矛盾、处理价格纠纷”工作。累计完成刑事案件价格认定197起，民事案件价格评估107起，出具价格评估报告304件。涉及区法院、区检察院、浔阳区公安分局、八里湖公安分局、长航公安分局、市水上公安分局。

（喻济人）

·国土资源管理·

【概况】 九江市国土资源局浔阳区分局为市国土资源局的派出机构，隶属市国土资源管理局与区政府双重领导。下设办公室、人事教育股、监察室、法规监察室、用地股、地籍股、测绘办、地矿股、工会、妇联10个股室以及浔东国土中心所、区土地储备中心、区土地交易中心、区国土资源执法监察大队4个副科级直属事业单位。

2016年，区国土局围绕建设“实力、活力、魅力、和谐”浔阳的总体目标，落实市级重点工作要求，坚持保护与利用、服务与管理并举，推进“十大片区”旧城改造。

保障用地，调整总体规划数据 2016年，总征收土地面积108.96公顷，其中耕地60.04公顷，宅基地13.33公顷，精养鱼塘、林地等其他用地31.4公顷。共调整土地规划121.71公顷，其中琵琶湖农产品批发市场8.9公顷、垃圾中转站0.5公顷、殷家畈安置小区临时工棚0.42公顷、石化产业园108.97公顷、白水湖污水处理厂1.52公顷和琴湖大道配流中心1.42公顷。

掌握数据，推进不动产登记工作 浔阳区农村宅基地使用权调查面积51.9公顷、集体建设用地使用权调查面积3.9公顷。农村宅基地调查为2003宗，集体建设用地调查为54宗。开展2015年度土地变更调查。完成9个图斑的外业调查。2016年1月1日九江市不动产登记中心成立后，主动配合，抽调业务骨干蹲点协助、衔接工作，对地籍档案整理、归档。

超前收储，全力助推旧城改造 2016年，共收储土地面积8.6公顷。征迁土地面积106.66公顷，同时，启动石化油管线改造项目的征迁工作和“十三五”城市棚户区老旧危房征迁的改造工作。

加强执法，保持高压巡查态势 2016年国土资源部下发浔阳区土地变更遥感监测中期卫片图斑2个，省厅已对浔阳区监测图斑核查，全部认定为合法用地图斑，连续8年无问责约谈。全年，浔阳区执法监察大队会同浔东国土中心所巡查50余次，并对每次巡查情况进行记录，全市第一个完成执法通平台的运用。

【土地交易秩序】 2016年，在江西省土地使用权及矿业权网上交易平台公开出让宗地2宗，出让土地总面积3.3公顷，收取土地出让金1234.5万元，交易服务费共计18.1946万元。全年共有5600余人咨询，共办理二手房土地过户2938宗（其中划拨转出让1328宗、出让1610宗），收取土地出让金396.7629万元。追缴土地出让金4034万元。全年共为区财政争创土地出让金收入5683.4575万元。

【地质灾害防治工作】 2016年，区国土局对辖区内的地质灾害易发点、地质灾害隐患点进行30余次的巡查排查，完善各项措施，摸清辖区内地质灾害情况，3月，区政府相继印发浔府〔2016〕3号《2016年度浔阳区地质灾害防治方案》的通知和浔府办2号《2013年浔阳区突发地质灾害应急预案》的通知。健全监测网络，加大地质灾害天气预报制度并建立手机短信平台，及时将气象信息通过短信消息方式发送出去，全年已发送天气预警信息达700余条。汛期坚持24小时值班制度，每日做好值班记录，做到及时掌握灾害险情动态，及时上传下达。

（徐平辉）

·国有资产管理·

【概况】 浔阳区国有资产监督管理局（简

称国资局），是区政府监督和管理全区行政事业单位国有资产和国有企业及国有股份企业的国有资产的正科级机构，归口区财政局管理，下设资产经营管理中心（挂国有资产经营管理中心牌子），2016年在编在岗人员5人。

2016年，区国资局以“资产清晰、收入到位、管理健全、制度完善”为主要工作目标，全面规范和加强国有资产监管，以维护国有资产的安全和完整，实现国有资产保值增值。全区国有独资企业8户，国有参股企业2户。全区行政事业单位独立核算机构214个，街道5个。全年全区资产16.1868亿元，负债1.5436亿元，净资产14.6431亿元。

【国有资产清查】 2016年，按照财政部“统一管理、统一方法、统一步骤、统一要求和分级实施”的要求，组织全区195个行政事业单位和社会团体开展资产清查工作，实现四个目标：全面摸清家底，为加强行政事业单位国有资产监督管理，促进资产管理与预算管理有机结合奠定基础；完善监管系统，为加强财政资产管理和预算管理提供数据支撑；实现两个结合，为编制年度预算、加强资产收益管理、规范收入分配秩序创造条件；完善管理制度，根据资产清查中发现和暴露的问题，全面总结经验，认真分析原因，研究制定切实可行的措施和办法，建立健全行政事业单位国有资产管理制度。

【经营性资产监管】 根据《浔阳区经营性资产管理实施意见》《浔阳区公开租赁暂行管理办法》《浔阳区经营性国有资产公开租赁操作意见》相关规定，严格执行文件规定，继续加强经营性资产的管理，对全区行政事业单位所有经营性门面进行严格规范的管理，实行统一规范合同、统一租赁租期、统一按市场价格确定租赁底价，按照“收益不变、超收分成”的原则对区属行政事业单位经营性资产进行统一经营管理，通过规范管理，国有资产经营收入得到提高，2016年，全区行政事业单位经营性资产收入518.69万元。

【国有资产处置】 2016年，为规范区国有资产配置处置行为，加强国有产权配置处置管理，对国有资产评估机构资质进行把关，对评估结果进行核准备案，按照“处置必批，交易必进”的原则，创造一个公平、公正、规范有序、文明和谐的产权交易秩序。对于资产处置收入，按照政府非税收入的管理规定，实行“收支两条线”管理，防止国有资产流失。2016年增加固定资产186笔，价值968.76万元，减少固定资产6笔，价值12.85万元，划拨资产6笔，价值62.88万元。

【国有资源融资】 2016年，区国资局通过盘活国有资产，利用国有资源进行融资，破解建设资金难题，为全区社会经济发展提供强大的资金支持。区城投公司以战备路片区和浔阳区中心城区，道路升级改造建设项目在九江银行融资4亿元，房屋抵押物15575.78平方米。

【保障性住房小区资产管理】 2016年，经区政府授权，新增保障性住房小区的房源、门面和车库由区国资局管理。分别是浔安小区资产面积16671.5平方米、花果园小区资产面积56887.96平方米、新塘小区资产面积23362.96平方米，琵琶亭小区资产面积58239.12平方米、姬公庵复建址（C区）小区资产面积8687.45平方米、曹家山安置小区资产面积127479.84平方米、战备路小区资产面积106054.26平方米、德化二期小区资产面积48745.51平方米、三里村复建址小区资产面积2196平方米、官牌夹小区资产面积266.93平方米。

（左美春）

·统计管理·

【概况】 区统计局是浔阳区人民政府主管的负责全区统计和国民经济核算工作的职能部门。2016年，全区统计工作以“两学一做”教育实践活动为契机，不断改进工作作风，提升统计服务效能。

加强统计业务培训，夯实基层基础 2016年，区统计局将统计业务培训、提高人员素质作为强化统计基础的重要内容抓紧抓实。利用走访调研、企业联网直报、年报培训等形式对全区基层统计人员进行统计业务知识、计算机操作、统计法律法规知识培训。

开展各类监测评价和专项调查，提升统计服务水平　2016年，区统计局不断探索和完善统计监测分析方法，加强对月度、季度、年度主要指标和经济形势的跟踪。按照核算制度做好GDP季度核算工作，认真开展“一套表”联网直报工作、全面建设小康社会进程监测工作、1%人口抽样调查等工作。围绕区委、区政府工作重点，针对社会公众关注的热点、难点问题，加强统计分析，并做好信息采编和报送工作。

【第三次全国农业普查】　启动第三次全国农业普查入户登记调查工作。成立第三次全国农业普查工作联系指导组，保证在每个街道、村都有联络员蹲点，并参与入户调查、质量审查、数字录入等全过程。普查人员利用手持移动采集终端（PDA）对全区9个村辖区内农村住户、规模经营户、农业经营单位进行现场登记、上报。街道、村开展乡镇普查表和行政村普查表填报工作。严格把控数据质量，确保在规定时间内全面完成普查数据采集、审核、验收工作，以真实准确的普查数据客观反映全区“三农”发展变化情况。

（向志勋）

2016年12月，第三次全国农业普查。图为统计局工作人员到大塘村二组曹菊娥家中进行第三次全国农业普查上门入户摸底调查

区统计局供稿

·审计监督·

【概况】　浔阳区审计局为区政府工作部门，内设财政金融审计股、固定资产投资审计股、行政事业审计股、经济责任审计股、法规审理股、办公室6个职能股室和1个信息中心。现有在职机关工作人员15名，其中本科学历人员12名，大专学历人员3名。在册人员中，高级经济师1人，审计师3人，会计师1人，助理会计师3人，注册会计师2人，经济师1人，工程师1人，信息网络助理工程师1人，造价员4人，计算机中级技术1人。

【财政审计】　2016年，对区2015年度预算执行和区地税局、区民政局、区台办、区统计局、区发改委、区城投公司等6个财务收支项目开展审计。提出审计意见和建议27条。在预算执行审计方面，重点审计部门预算编制的真实性、财政部门追加支出资金性质及流向、“三公经费”、会议费、公共机构节能减排等费用支出。

【经济责任审计】　2016年，区卫生局、区残联、区计生委、区工信委、区行政服务中心、区国资局、区人民医院、金鸡坡街道、白水湖街道等13个单位，对主要负责人员开展离任经济责任审计，共查出被审计对象任职期间单位管理不规范资金460.98万元，针对被审计单位财政财务收支及资产管理方面存在的问题和薄弱环节提出整改意见和建议33条，上报审计结果报告13篇。

【政府投资审计】　2016年，以规范建设行为、节约政府资金、提高投资绩效为目标，加强对基础设施等方面重大投资项目的审计监督。全年共完成政府投资项目预决算审计66个，出具工程预决算审计报告66份，项目总送审金额1.2686亿元，审定金额1.0464亿元，核减金额2322.86

2016年10月13日，区审计局党支部根据上级党组织的批复召开党支部换届选举大会

区审计局供稿

万元，核减率为22.20%。通过审计对其中因虚增数量、高套定额、核算错误等问题造成的虚增工程造价予以核减，从而减少基建投入，节约财政资金，提高投资效益。

【专项资金审计】 2016年，全区围绕经济发展规划及社会热点问题，将社会保障资金、教育等专项资金作为重点，从立项、拨付管理和使用等各环节进行检查，揭露严重损失浪费，查处弄虚作假、挤占挪用等行为。全年开展科技三项经费审计和稳增长、促改革、调结构、惠民生、防风险政策措施落实情况跟踪审计2个专项资金审计项目。通过对科技三项费用专项审计发现确定项目资金的方法不正确，手续不健全，建议区科技局、区财政局要按照《科技三项费用管理办法》规定，严把专项资金支出关，专款专用，确保资金支出合规、合法。

【党委政府临时交办的审计任务】 2016年，对全区各街道下属各社区（村）2015年度财务收支情况和资产管理情况进行审计，积极安排调配审计业务人员组成5个审计组，全力完成溢浦、甘棠、人民路、白水湖和金鸡坡五个街道的2015年度财务收支情况和资产管理情况的审计。

2016年，派出两名计算机审计业务人员积极配合上级审计部门做好全国医保基金审计，全程参与九江县和都昌县两个县区的审计工作，圆满完成审计工作任务。

【审计结果运用】 2016年，全年共完成审计项目85个，其中，1个预算执行审计项目，3个财务收支审计项目，1个专项资金审计项目，11个经济责任审计项目，66个投资审计项目，3个其他审计项目。通过审计查出管理不规范资金1115万元，审计后挽回（避免）经济损失2322.86万元，审计查出违规资金247.44万元，应上缴财政金额247.44万元。提交专题或综合性报告8篇，上报各类信息简报23篇，采用22篇。提交审计报告85篇，向有关被审计单位提出审计建议100条，被采纳65条。

（彭秋萍）

·质量技术管理·

【概况】 2016年，区市场和质量监督管理局在市质监局的业务指导下，围绕浔阳区委、区政府的中心工作，分别开展质量、计量、标准化、特种设备安全监察等各项工作，实现综合管理水平、行政执法水平和安全监察水平的全面提升。

【质量战略】 2016年，开展全省质量竞争力指数指标调查工作，真实准确反映全市质量状况及质量竞争力水平，调查浔阳区18家企业，上报符合标准8家企业的相关指数指标数据。

【监督检查管理】 2016年，根据市质监局要求，制订《2016年度特种设备日常监督检查工作计划》，坚持“安全第一、预防为主、节能环保、综合治理”的原则，结合特种设备摸底工作，与重点单位签订安全责任书，实行目标考核，落实设备注册率、定检率和人员持证上岗率，建立特种设备和使用单位档案，重点对学校、幼儿园以及医院、车站、码头、商场、体育场馆、展览馆、宾馆等公众聚集场所特种设备的监督检查力度，严厉查处特种设备违法违规行为，排查整改重大事故隐患。明确监管职责，细化工作任务。确保辖区特种设备安全监管工作取得实效。监督检查中共出动车辆67辆次，出动人员268人次，排查消除安全隐患52处，下达监察指令书36份。

【安全专项整治】 2016年，根据市质监局工作要求和年度工作部署，特种设备股全面开展校园及周边特种设备安全、超期未检特种设备、升降机隐患和气瓶安全专项整治活动，开展大型游乐设施和高风险锅炉压力容器安全监察，开展暑期电梯安全、“11·24”安全大检查和电站锅炉及所属高压蒸汽管道等特种设备安全大检查。整治检查中共出动车辆45辆次，出动人员125人次，排除安全隐患25处，下达监察指令书18份。

【节日和重点时段安保】 2016年，做好春节、五一、中秋、国庆等节日特种设备监察工作。支持配合做好G20杭州峰会、中共十八届六中全会和市区两级人大、政协会议等重点时段的安保工作。主要采取企业或使用单位自查、部门检查、社会监督相结合的方式。在企业或使用单位自查的基础上，各分局组织力量，针对重点对象开展现场监督检查。共出动车辆21辆次，出动人员48人次，排除消除安全隐患5处，下达监察指令书6份。

【特种设备安全监察】 2016年，紧紧围绕“坚持依法治特，夯实基础建设，打好三大战役，做好隐患治理，严控安全指标，预防设备事故”为中心，根据市质监局全年工作安排及区域经济特点，狠抓日常安全巡查、及时消除事故隐患，规范特种设备安装、使用及维修保养单位的管理。通过一年来的努力，圆满完成全年的各项任务，有力维护辖区企业和人民群众的生命财产安全。浔阳区有特种设备7大类共6175台。在用设备5443台，其中锅炉25台，压力容器2977台，电梯1871台，起重机械457台，大型游乐设施15台，场（厂）内专用机动车辆98台，压力管道53条（共512.5千米），气瓶充装站1个。以上所有特种设备安装使用、维修保养规范及时，做好隐患治理，安全有序运行，圆满完成全年各项任务。

（张 娟）

·安全生产监督·

【概况】 区安全生产监督管理局为区政府综合管理全区安全生产和安全生产行政执法的工作部门，同时也承担区安全生产委员会办公室的具体工作。局内设办公室、安全监督管理一股、安全监督管理二股3个股室，下辖区安监分局1个副科级事业单位和区安全生产监察大队、区安全生产应急指挥中心2个股级事业单位。

2016年11月28日，区委书记宋细姝到企业、建筑工地开展安全生产专题调研

区安监局供稿

2016年，区安全生产监督管理局贯彻落实国家和省、市、区对安全生产工作的新要求，抓住依法治安工作主线，深入开展“安全生产主体责任落实年”活动，事故隐患排查治理、安全生产大检查以及专项整治行动成效显著，安全生产标准化建设、职业卫生和安全教育培训等重点工作稳步推进，全区安全生产形势总体保持平稳。

责任体系健全完善。区委领导、区政府领导多次进园区和企业，检查安全生产主体责任落实情况。制定印发《浔阳区2016年安全生产工作要点》，与全区25家街道、安委会成员单位签订安全生产责任状。2016年1—12月召开安委会成员单位会议4次，各项安全防范措施得到有效落实。

【烟花爆竹安全治理】 2016年，区安监局共下达强制措施决定书28份、没收烟花10件、没收爆竹80万响。

【危险化学品安全治理】 2016年，区安监局分别开展危险化学品安全专项整治、化工行业特殊作业安全专项检查、危险化学品储存场所安全专项整治、化工40条检查等专项检查活动。共下达现场检查记录45份，责令限期整改指令书8份。牵头组织开展浔阳区油气管道整治攻坚战行动，发现重大隐患3处、较大隐患3处、一般隐患5处并已全部整改完成。园区安监分局分别开展园区企业安全生产专项整治、职业卫生专项检查、涉氨及使用液氨企业专项检查，共下达现场检查记录42份，责令限期整改指令书12份，限期整改内的企业均已整改完成。

隐患排查扎实有力 重要节假日和重点时段组织开展安全生产检查10次，检查各类企业1228家，排查安全隐患871条，完成整改865条。为深刻吸取丰城电厂“11·24”安全生产事故教训，全面深入开展安全生产大检查大排查工作。对各街道、各部门开展大检查、大排查情况随时进行跟踪督查，并一周一调度一通报，印发简报3期。全区共组织检查组47个，参加检查人员191人，检查各类经营单位184家，排查安全隐患21条，整改隐患16条，责令改正、限期整改4起。在区重点项目九江石化厂际管廊安全隐患房屋征迁工作中，区安监局领导班子成员全部参与，加紧进行复测、复评，不间断与征收对象谈协议、办选房，预签协议，共签约26户，为完成征迁任务奠定坚实基础。

安全宣传培训形式多样 充分利用电视、宣传栏、网络等形式，开展《安全生产法》等法律法规宣教活动。参加九江市《中华人民共和国安全生产法》知识电视大赛，组织人员进行现场观看，并获得《中华人民共和国安全生产法》知识电视大赛宣传最佳单位。6月23日在烟水亭广场开展“安全生产月”宣传咨询日活动，全区23家单位和街道参加活动，活动现场共接受群众咨询400余人（次），发放宣传资料4600余份；组织各街道各单位企业职工、社会公众开展微信、网络答题活动；组织全区行政机关单位、企业干部职工参与全市第二届“安全健康杯”乒乓球比赛，荣获优秀组织单位奖；参加全市“服务发展、守护平安、争做五好安监员”主题演讲比赛活动；组织辖区内生产经营单位、危险化学品、烟花爆竹经营单位负责人及安全管理人员153人次参加九江市安全生产宣教中心举办的培训。

事故隐患及时消除 做好生产安全事故处理工作。“8·31”液化石油气燃爆事故发生后，按照区委书记、区长批示要求，在全区范围内全面开展餐饮场所燃气安全专项整治活动。印发《关于认真吸取事故教训进一步做好餐饮场所燃气安全专项治理工作的紧急通知》。区安监、消防、市场监督及街道办事处联合对辖区内的使用液化石油气餐饮行业进行专项整治。区安监局牵头对龙开河贸易批发市场秩序混乱和消防安全隐患、浔安小区综合安全隐患以及新星小学农垦市场地质灾害的整治开展协调工作。

安全监管能力全面提升 抓好行政许可、行政处罚、行政强制等工作，进一步完善行政审批清单、办理流程、办理时限、提交资料等事项。强化依法行政，严格落实“法定职责必须为，法无授权不可为”，下发《2016年安全生产执法计划》，杜绝不作为、乱执法等问题发生，2016年无行政复议和行政诉讼案件。

（陈园园）

·食品药品监督·

【概况】 2016年，区市场和质量监督管理局紧紧围绕保障公众饮食用药安全中心任务，落实监管责任，全区没有发生一起重大以上食品药品安全事故。全区共有食品经营户3816户、餐饮经营户1476户、生产企业经营户8户、学校、幼儿园90户。保健食品经营户（含兼营）211户；化妆品及美容美发经营户（含烫发染发类特殊类化妆品）652户。重点保健食品经营户建档24户，重点化妆品经营户建档2户。药品经营企业126家，医疗器械经营企业299家，药品生产企业

2家，医疗器械生产企业2家，公立医疗机构2家，私立医院14家，个体诊所153家。2016年，按照规范核发食品经营许可证1232户次，办理行政药械审批事项225件。

2016年3月15日，浔阳区3·15国际消费者权益日宣传咨询服务活动在信华城市广场举行

区市场和质量监督管理局供稿

【食品安全基层责任网络建设】 通过与基层分局签订《食品安全监督管理工作责任状》，与辖区内5000余户经营者签订《食品安全责任状》，向3000户食品经营者、800户餐饮经营者下达《行政提醒书》，全面落实安全责任。

【食品药品专项整治】 2016年，区市场和质量监督管理局先后开展元旦、春节、五一、端午、中秋、国庆节假日期间食品安全集中整治，确保节假日期间无食品安全事故发生；认真开展“洁厨亮灶”“三小一市场”、肉类市场等一系列专项整治行动，查处一批食品违法案件，净化市场秩序。扎实开展药械安全专项整治工作，积极开展惩治非法制售和使用注射用透明质酸钠行动、“3·15”晚会曝光的有关问题食品药品问题产品集中整治行动、疫苗经营集中整治行动、药品流通领域违法经营行为专项整治及“回头看”、医疗器械流通领域违法经营行为整治工作。

【专项抽验检测】 2016年，为真实掌握辖区食品的质量安全状况，制订2016年度食品检测和快速检测计划和药品抽检计划，提出监测数量和品种要求。全年检测及配合上级部门检测食品183个批次（明胶：39个批次；卤菜28个批次；干菜41个批次；儿童休闲食品40个批次；其他食品45个批次），其中8个不合格，立案8起，并罚款21余万元。快检3400多个批次，均为合格食品。完成药品抽验任务37批次，按时并超额完成市食品药品监督管理局下达的任务。

【食品药品监管】 2016年，区市场和质量监督管理局根据上级文件精神及要求，组织完成复原乳标签标识、肉制品兽药残留、蜂蜜产品、调味面制品、食用植物油、食品添加剂、桶装水、婴幼儿配方奶粉等专项治理工作任务，共出动执法人员318人次，检查食品经营者3672户，检查批发市场、集贸市场等各类市场17个，查处不符合食品安全标准案件4件，罚没金额8.9万元，查处不符合食品安全标准的食品数量35公斤。在药械监管领域，积极开展药品生产企业的监督检查和GSP跟踪检查等日常检查，共检查相关单位389户次，共出动执法人员1000余人次。2016年，共对33家药械生产经营企业进行检查，出动执法人员80余人次。全年共立案8起，罚没7万元。

【校园周边食品安全】 2016年，为进一步规范校园及周边食品生产经营秩序，净化饮食消费环境，确保不发生群体性食品安全事件，根据相关文件精神，区市场和质量监督管理局制定《浔阳区市场和质量监督管理局关于开展2016年学校和校园周边食品安全专项整治工作方案》《2016年浔阳区市场和质量监督管理局中高考期间食品安全保障实施方案》《浔阳区加强校园周边食品安全整治的通知》。此次行动，区市场和质量监督管理局共出动执法车辆6台次，执法人员392人次。共检查中、小学校、职业学校25所，幼儿园11所，食堂从业人员309人。针对检查中存在的问题，对学校和幼儿园食堂提出整改意见67条，检查校园及周边食品经营户202户次，责令52户食品台账登记不规范的经营户限期改正，规范经营范围食品店9户。

【保健品与化妆品监管】 强化日常监管，

对全区保健食品经营使用单位日常监管检查率达100%；完成医疗器械不良反应监测53例；建立健全保健品与化妆品重点监管档案，增加监管频次，督促浔阳区仁爱医院、都市丽人医院及九江肤康等5家医院建立完善不良化妆品反应上报机制。积极开展保健品化妆品专项检查、违规经营使用药品、医疗器械、保健食品和化妆品整治行动。共检查相关单位464户，发现问题36处，出动执法人员258人次。

（张　娟）

栏目编辑：郭　微、占　隽、蒋靖男

未来

科学技术

·综　　述·

【概况】　2016年，浔阳区科技局认真贯彻创新驱动发展的科技方针，围绕区委、区政府确定的“为建设实力、活力、魅力和谐浔阳”的奋斗目标，认真履行本部门工作职责。全年开展科普宣传3次，实施科技计划项目4个，不断创新工作思路，强化工作措施。

2016年，区科技局按照《浔阳区“十三五”科学技术发展规划》文件要求做好各项科技工作，根据浔阳区经济社会发展的总体部署，找准科技进步与经济社会发展的结合点，以提高自主创新能力为目的，促进信息化、工业化、城市化建设，为实现浔阳区率先发展目标提供有力的科技支撑。

（刘蓓蓓）

·科技普及·

【概况】　2016年，区科技局深入贯彻落实国家、省、市科技创新大会精神和政策，通过下基层、进社区、进学校、进企业组织开展多种科普宣传活动。重视科技创新人才和科技管理人才培训，组织全区企业科技骨干参加上级和本级的培训班，将上级政策迅速传达贯彻到浔阳区各个企业中。

【系列科技宣传活动】　2016年，全区科技暨防震减灾工作会议传达省市科技、防震减灾工作会议精神，表彰先进，总结回顾2015年全区科技、防震减灾工作，并提出2016年全区科技、防震减灾工作的总体思路和工作重点。会同区科协、区计生委、区食药局、区卫生局、区疾控中心、区环保局等单位，向辖区的过往居民展出科技创新、应急避险、知识产权、食品药品安全、健康生活、低碳节能、科学养生等贴近百姓生活的科技知识，共展出科普展板12块，免费赠送出10余种科技书籍，发放科技宣传资料2000余份。5月14—21日，区街各单位、企业、社区联动，开展形式多样的科技地震知识讲座、科技进社区进校园进企业等宣传活动。

（刘蓓蓓）

·科技成果·

【概况】　2016年，组织申报市级科技计划项目6个，申报科技技术合同认定8个。服务792创意园开园工作。

【企业申请高新企业和中小微科技型企业认定】　组织有资质的科技中介和符合条件的企业就高新企业申报开展合作，积极引导科技型企业申请高新企业技术认定，申报高新技术产品，落实促进高新技术产业发展的税收政策，培育7家科技型企业申报省级中小微科技型企业，鼓励有条件的科技型企业联合高校、科研机构创建研发中心或其他形式的科研机构，提升企业创新能力。2016年，中铁九桥成功申报高新技术企业。全区高新企业达到3家，省级科技型中小微企业5家。

【企业调研科技创新工作】　区科技局定期到企业走访，了解企业生产经营技术研发动态，落实相关科技政策。深入浔阳区调研重点企业，特别是科技创新和科技孵化器工作，鼓励企业积极争创高新技术企业，科技园积极争创国家级科技企业孵化器，争取更多的科技政策、科技资源促进企业更好发展。

【科技计划项目监督管理工作】　按照《九江市科技计划项目监督管理实施办法（试行）》和《九江市科技计划项目验收管理办法（试行）》文件规定，对全区已立项实施的市级科技计划项目进行跟踪管理、指导检查，详细了解项目实施进展情况、项目经费使用情况，按期填报项目执行情况监理表，分析研究项目在实施过程中存在的问题和下步实施计划，提高科技计划项目管理的效率和资金使用效益，推进全区科技项目工作的开展。

（刘蓓蓓）

·知识产权与专利·

【概况】　2016年，围绕浔阳区经济社会发展总目标，贯彻中共十八大创新驱动发展的战略，积极开展知识产权的宣传、保护和利用，加强知识产权管理，推动知识产权工作创新发展，为浔阳区的创新发展提供有力支撑。全年，浔阳区新增一家高新企业。九江一中入选第二批全国中小学知识产权教育试点学校。

【知识产权宣传】 2016年，全区完成专利申请182件，专利授权99件。开展“4·26”世界知识产权日宣传和知识产权进企业、进校园等活动。

2016年5月14日，区科技局干部在白水湖街道沿江社区发放科普资料

区科技局供稿

【专利申请服务】 强化知识产权培育工程工作，为企业提供相应服务。开展全区科技企业知识产权调研，邀请专利特派员和相关中介机构到浔阳区有关企业进行“一对一”专利业务指导。引入专利服务机构，引导企业建立相关制度，促进创新成果的产权化。定期到企业走访，了解企业生产经营技术研发动态，落实相关政策。根据《国家知识产权局关于进一步推动知识产权金融服务工作的意见》精神，切实加快促进知识产权与金融资源有效融合，解决企业融资难等问题。

（刘蓓蓓）

·地震监测·

【概况】 区科技局是区分管地震工作的职能部门。2016年，区科技局重视防震减灾干部队伍建设和应急救援人才培训，组织全区企业骨干参加上级和本级的防震减灾培训班。在“5·12防灾减灾日”“7·28唐山地震40周年纪念日”和“10·13国际减灾日”期间，向广大干部群众赠送10余种科技书籍，发放防震减灾宣传资料6000余份，展出科普展板24块。

【应急救援工作】 与区信息办签订关于建立震情快速发布平台协议书，利用该平台发布针对关于1月4日浔阳区有6.9级地震谣传的辟谣信息。利用浔阳区地震应急视频会商系统开展2016年地震应急救援演练桌面推演活动，提高抗震救灾指挥部指挥协调能力。

【防震减灾法制工作】 将新修订的国家强制性标GB18306-2015的颁布实施列入全区2016年普法工作计划，加强工程建设单位、设计和施工部门的宣传，提高一线人员依法办事意识。

（刘蓓蓓）

栏目编辑：蒋靖男

Welcome to

教育体育

·综　　述·

【概况】 2016年，全区共有区直学校14所，其中小学13所（含九年一贯制学校1所），教师进修学校1所，另青少年校外活动中心1处。义务教育阶段在职教师839人，义务教育阶段在校学生13843人，其中小学生13721人，初中生122人，外来务工人员随迁子女4011人。全区共有幼儿园59所，其中公办幼儿园6所，在校幼儿7892人，教职员工776人，专任幼教教师370人。各类民办教育培训机构32所。各类全民健身体育场所有田径场、足球场、球类馆、游泳场等共225个，总用地面积325485平方米，建筑面积64601平方米，场地面积24259平方米。社会体育辅导站85个，2016年培训新增社会体育指导员一级2名、二级4名、三级82名。各级社会体育指导员577名。

2016年，浔阳区以迎接国家“县域义务教育基本均衡发展”督导检查验收为契机，全面贯彻党的教育和体育方针，贯彻落实国务院《国家中长期教育改革和发展规划纲要（2010—2020年）》《全民健身条例》，以办好人民满意教育为宗旨，以深化教育改革为目标，以提高教育质量和办学水平为重点，全面实施素质教育，合理优化学校布局，切实加强队伍建设，不断规范学校管理，深入推进全民健身运动，全区教育体育事业出现良好发展态势。

教育投入与支出 完善教育投入机制，多渠道筹措教育经费，加大教育投入，共争取中央、省、市专项资金6796.42万元。教育经费投入实现“三个增长”。2015年公共财政教育支出1.719亿元，2016年公共财政教育支出1.9677亿元，2016年比2015年增长14.47%；公共财政教育支出增长比例高于财政经常性收入增长比例。2016年生均教育事业费用小学9413.38元，初中16382.73元，比上年增长。2016年生均公用经费小学857.73元，初中3641.09元，比上年增长。2016年全区共征收教育费附加3160万元；上解省市2290万元，可用870万元；征收城维费747.4万元，上解省市334.9万元，可用412.5万元；2016年实际用于教育的税费共计2484万元。2016年，公用经费按小学600元/生、初中800元/生标准，已全额拨付各学校。按省定的特殊教育生均公用经费标准已及时足额拨付到位。2016年，上级转移支付和区本级财政应负担资金已及时足额落实到位，无克扣、挪用现象，建立中小学校舍保障长效机制，将保障中小学校舍资金纳入财政预算，2016年预算安排中小学校舍维修资金330万元。

教育民生 2016年，全面贯彻落实省市各项招生政策和要求，切实保障适龄儿童接受义务教育的合法权益，按照“划片招生、免试入学”的原则，严格依法办学，规范招生管理，有效促进教育公平。继续认真落实免费提供教科书和部分教科书循环使用政策，向全区义务教育阶段学生免费发放教科书。严格执行省、市关于流动人口子女接受义务教育的相关政策，积极做好流动人口子女接受义务教育的入学工作，13所区属学校共接收流动人口子女4011人。为全面了解“留守儿童”的生存状况和成长需求，实施“义务教育关爱工程”，各校建立“留守儿童”档案，研究制定切实可行的关爱留守儿童工作措施，建立教职工关爱留守儿童成长日记，培养优秀教师成为“代理家长”，完善留守儿童贫困家庭学生资助体系，重点对家庭经济困难的留守儿童实行救助制度，2016年全区学校264名留守儿童均得到有效帮扶。将残疾少年儿童接受义务教育纳入义务教育发展的整体规划之中，进一步完善普通教育学校接受残疾少年儿童随班就读办法，确保他们同样依法接受义务教育。2016年浔阳区义务教育保障经费累计下拨生均公用经费共计832.1万元，其中小学822.42万元，初中9.68万元；全区学校免除义务教育阶段学生学杂费人数13843人，其中小学生13721人，初中生122人，完成率100%；为13843人免费提供教科书，其中小学13721人、初中122人，完成率100%。2016年，资助困难学生484人，资助金额48.4万元，基本实现幼儿园经济困难助学金全覆盖。

办学条件 2016年全年争取校建项目专项资金4290万元，已完成校舍改造面积15000平方米，启动浔东小学扩建项目，新增校园用地9219平方米，完成龙山小学北司路校区、新村小学新校区、城东学校规划选址工作。学校办学条件继续改善。

义务教育　认真贯彻《中和人民共和国义务教育法》《江西省义务教育条例》，建立健全义务教育均衡发展保障机制，不断强化教育经费投入、改善办学条件、加强教师队伍建设、提高教育教学质量、落实教育公平等方面工作，深入推进素质教育，推动义务教育均衡优质发展。全区适龄儿童、少年入学率100%，九年义务教育巩固率100%。

民办教育　全区各类民办教育培训机构32所，其中2016年新增3所民办教育培训机构，办理民办教育培训机构法人变更2所。

教育环境　2016年，成立"浔阳区综治委校园及周边治安综合治理专项领导小组"。建立学生和学校安全与综治工作责任机制和长效管理机制，对全区学校学生和学校安全工作进行全面检查，开展校园周边环境专项整治。认真落实"四四二"安全教育要求，强化每天"两个五分钟"安全教育提示。开展"安全生产月""安全教育活动日"、公共安全教育说课比赛、安全知识竞赛、平安校园创建等活动，强化安全教育。全年，全区学校未发生群死群伤学生安全事故，教学秩序和教学环境良好。

全区学校共配备专兼职保安员、门卫42人。浔阳区学校校园视频监控系统建设已覆盖全区所有的学校。全区13所学校共有摄像点位315个，对学校的校园大门口、办公楼、教学楼主要出入口、教学区主要通道、食堂等多个重点部位实现24小时全天候动态监控。

2016年，区柴桑小学、湖滨小学、东风小学荣获省级"平安校园示范校"、龙山小学、外国语小学、浔阳小学、浔东小学、新星小学、新村小学、三里小学、金鸡坡学校、希望学校荣获市级"平安校园示范校"。

全民健身　认真贯彻《全民健身条例》，建立健全规章制度，保证群众体育和竞技体育健康实施。加强体育法制建设，不断完善各项规章制度，使群众体育和竞技体育不断规范化、制度化。进一步加强对社会体育指导员的培训和管理，认真做好技术等级称号的评定和授予工作，不断壮大社会体育指导员队伍。群众性体育运动蓬勃发展。

（刘善汾）

·学前教育·

【概况】　2016年，全区有各级各类幼儿园59所，其中公办幼儿园6所，民办幼儿园53所。普惠性民办幼儿园31所。省级示范幼儿园3所，市级示范幼儿园5所，区级示范幼儿园7所。公办专职幼儿教师97人，民办自聘专职幼儿教师370名。在园幼儿7892名。班级311个。学前三年入园率100%。

【办理办园许可】　6月，为浔阳区心园幼儿园和浔阳区潼恩幼稚园两所新开办的幼儿园办理办园许可证，2016年，陆续为35所办园许可证到期的幼儿园换发新的办园许可证。

【公办幼儿园建设投入与完成情况】　2016年，按照《浔阳区第二期学前教育三年行动计划》任务积极推进，第二幼儿园主体已完成，3月中瀚房地产公司与区国资委办理赠予仪式。

【幼儿园考核】　2月，依据《浔阳区幼儿园目标管理考评细则》对全区59所幼儿园进行逐一考核，所有幼儿园合格。

【暑期师资培训】　8月，举办"浔阳区区属幼儿园2016年暑期园长教师培训班"，全区幼儿园园长、业务园长、保教主任、骨干教师等参加培训。

【示范幼儿园创建创评】　11月，浔阳区小金星浔阳园参加省级示范幼儿园复评，且成功通过。

【普惠性民办幼儿园认定】　9月，浔阳区教体局、财政局和物价局联合制定《浔阳区普惠性幼儿园认定与管理暂行办法（试行）》，已认定31所普惠性民办幼儿园。

【校车审批】　4月，依据《校车管理条例》和《民办教育促进法》，联合区建设局和市交警一大队召开两次校车审批协调工作会，区属符合条件的有校车的幼儿园可办理校车标牌，共有13所幼儿园 16辆校车办理校车审批并发放标牌。

（刘善汾）

·义务教育·

【概况】 2016年，区属学校13所，在校学生13843人。其中九年一贯制学校1所，毕业生40人，招生36人，在校小学生246人，在校中学生122人；小学12所，毕业生2367人，招生2167人，在校学生13475人。全区适龄人群九年义务教育入学率、巩固率100%。

【教育机会公平均等】 2016年，制定《浔阳区2016年招生工作实施意见》，切实保障适龄儿童接受义务教育的合法权益。2016年全区学校一年级班级总数增加2个，达到50个班，平均班额43人，比2015年减少3人。13所区属学校共接收流动人口子女4011人。将残疾儿童少年接受义务教育纳入义务教育发展的整体规划之中，三类残疾儿童少年入学率为87%。

【义务教育课程改革】 2016年下发新的《浔阳区学校课程设置课时安排及学校作息时间安排》，规范学校课程设置，切实减轻学生课业负担。

【体育、艺术教育】 全区学校积极推进体育、艺术“2+1”项目。各校体育、文艺、科技教育等成绩斐然。6月东风小学戏剧《歌唱二小放牛郎》获九江市第二届中小学生戏剧节一等奖，作为九江市唯一入选节目，参加江西省委宣传部、省文化厅联合举办的江西省第六届少儿艺术节晚会；区教体局荣获全国中小学艺术展演优秀组织奖。浔东小学、柴桑小学、金鸡坡学校3所学校荣获全国青少年校园足球特色学校称号。江西省教育厅和体育局举办为期4天的2016年全省校园足球锦标赛，浔阳区小学男子足球队以全胜的战绩夺得比赛总冠军。湖滨小学被省体育局授予“江西省足球青少年后备人才基地”，并成为九江市中小学唯一的江西省足球后备人才基地学校。

（刘善汾）

·校园建设·

【概况】 2016年争取校建项目专项资金4290万元，已完成校园校舍改造面积0.015平方千米，新增校园用地0.9219公顷，启动龙山小学北司路校区、新村小学新校区、城东学校新建项目建设的前期工作。

【义务教育学校网点布局规划】 2016年，经市政府批准，调整三所学校网点布局规划：在塔岭北路西侧规划建设龙山小学北司路校区，在桃园路以南、十里大道以东原一建公司改制用地内规划建设新村小学新校区，在长虹东路片区规划建设一所九年一贯制义务教育学校——城东学校。

【全面改薄工程】 2016年争取义务教育薄弱学校改造计划专项资金共119万元，其中，薄弱学校改造第一批资金38万元，用于琵琶亭学校校舍改造；薄弱学校改造第二批资金81万元，用于浔东小学扩建项目，该这个项目现已取得“不动产证书”，已完成方案设计等工作。

【校园校舍维修改造项目】 2016年实施校园校舍维修改造项目13个，改造面积0.015平方千米，累计投入资金312万元。

【学校教育教学设备建设】 2016年全区学校装备教师办公电脑100台、班班通设备9套、图书18000册，音体美卫器材一批，设备总金额123.65万元。其中文科教具7.79万元，数学教具0.76万元，科学仪器0.74万元，音乐器材5.09万元，美术器材3.45万元，体育器材8.77万元，综合实践6.66万元，卫生健康1.36万元，中学仪器1.59万元，图书25.57万元，电教设备61.90万元。

【教育信息化建设】 2016年年初财政将教育信息化更新、维护、运行经费100万元列入财政预算，确保学校教育信息化设备的正常运行。2016年，区政府又投入255.62万元用于信息化设备购置，信息化建设全面普及，率先在全市实现网络校校通、班班通、人人通。

（刘善汾）

·教师队伍·

【招录教师】 2016年，全区面向社会公开选调教师20名，其中浔阳小学12名，湖滨小学8名。

【队伍建设】 2016年，湖滨小学王敏，被评为九江市第二届“德艺双馨”育人楷模；浔阳小学获评市“师德先进集体”；李海燕、杨萌获评市“师德师风标兵”。评选区师德先进集体16个；区师德师风标兵25名；区教书育人模范25名。2016年，评出省级学科带头人1人，省级骨干教师1人，市级学科带头人1人，市级骨干教师13人。

【教师资格认定】 2016年，组织开展教师资格认定工作。认定1672位申报人员获得相应教师资格，其中小学571人，幼儿园1101人。

【教师培训】 2016年浔阳区积极开展教师继续教育远程培训，教师参训率99.5%、合格率99.7%。2016年暑期和清华大学专门订制优秀班主任培训计划，组织优秀班主任63人参加清华大学研修学习。2016年生均公用经费用于教师培训75.56万元，超过生均公用经费的5%。

（刘善汾）

·教学教研·

【概况】 2016年贯彻落实“一师一优课”活动，开展教学竞赛推动区内小学学科和教师队伍建设，各学科开展片区教研、精品课打磨、专题研讨系列活动。区教研室注重工作的常态化和实效性，全年下校212人次，累计听课720节。开展“学科教学教研”“语文新教材使用情况”“学科精品课打磨”“一师一优课”“教研组备课组建设”等专题教研活动。

【教学质量评价方式】 在全区举行语、数、英期末试卷命制评选活动，累计收到12所学校108份，评选出试卷命制一等奖27份，二等奖27份。举办区试卷命制情况反馈、分析、研讨活动。举行基于学业评价下的课堂教学系列研讨活动，全区累计120人参加活动。

【“一师一优课”活动】 2016年，全区网络晒课335节，本着共同参与，精品打造的工作思路，学校集中精力打造精品录像课，教研员根据学校需求和学科规划下校进行指导。全区有课堂实录143节，评出区优71节，23节获省优，4节获部优。

【教学竞赛】 2016年全区先后开展。语文、美术、思品等多个学科课堂教学观摩比赛，参与教师900人次。区6节德育课在九江市各县区80余节课中脱颖而出，取得一等奖4个，二等奖2个的好成绩。柴桑王清靓的《好书大家看》获得省级优质录像课三等奖。语文学科承担“九江市千人百校阅读交流活动之浔阳区成果缩影展”活动。

（刘善汾）

·体　　育·

【竞技体育】 浔阳区通过建立竞技体育发展机制，积极推进“教体结合”进程，做到优势互补，资源共享。8—10月，组织了312人的浔阳区体育代表团参加九江市第12届运动会暨全民健身运动会，历时76天，共参加了17个大项的比赛。荣获团体总分2035.5，金牌59枚，奖牌数176枚，团体总分、金牌数双第二名。9—10月，组织浔阳区少儿足球队、篮球队、田径队参加江西省“百县青少年足球、篮球、田径运动会”，浔阳区足球队荣获全省第四名。8月29—31日，组织浔阳区田径队参加九江市青少年田径运动会。6月15—19日，举办全区小学生篮球赛。10月21—22日，在九江市一中举行浔阳区第三十一届小学生田径运动会。

【校园足球】 2016年5月11日浔阳区湖滨小学“水精灵”校园足球队参加由省教育厅、省体育局联合举办的2016年江西省中小学五人制足球锦标赛（九江赛区）获冠军。6月25日荣获江西省校园足球锦标赛冠军。7月25日获七人制江

2016年1月1日，在和中广场举行浔阳区迎新年环湖长跑比赛

区教体局供稿

西省冠军。7月26日至31日有6名学生入选代表江西省参加2016年全国青少年足球夏令营（第七营区）广东顺德营区获冠军。浔阳区湖滨小学校园足球队参加九江市第12届运动会足球比赛，获第一名。浔阳区足球队8月参加江西省百县运动会获第4名。代表江西省在成都参加全国“谁是球王”分区赛获第一名。浔阳区小学生足球队参加2016年全国足球夏令营。有两名运动员入选全国少年最佳阵容，并去西班牙集训。

【群众体育】 区教体局荣获2012—2015年九江市全民健身贡献奖。10月26日举行浔阳区全民健身干部职工拔河比赛。11月17—19日，在浔阳区体育健身中心举行浔阳区全民健身干部职工羽毛球比赛，共有21支队伍参加，229人参赛。12月3—17日，举行2016年浔阳区全民健身干部职工篮球比赛，有14支队伍参赛，170名运动员参加。

【老年体育】 2016年3月22—27日，浔阳区老年体协气排球队参加在浙江省台州市举行的全国老年人气排球比赛。获得男子队金奖，女子队第四名。浔阳区老年体协门球队在全市门球赛中获得第五名。

（刘善汾）

栏目编辑：郭　微

传媒文化

浔阳年鉴
XUNYANG YEARBOOK
2017

·综　　述·

【概况】　2016年，区新闻中心以新闻宣传为核心，以制度建设为重点，以强化管理为手段，各项工作取得长足发展，及时有效地报道区委、区政府关注民生的重大举措和所取得的成果。全年《浔阳区新闻》共计播出156期，发稿951条，中国浔阳网发稿835条。其中中央级媒体、省级媒体上稿的质量和数量明显增加，中央电视台3条，人民网3条，新华网7条，光明网21条。省级媒体上稿120条，其中头条3条。市级媒体上稿570余条，其中头条15条，专版一个。

把握导向，服务大局，新闻宣传工作有声有色　紧紧围绕区委、区政府中心工作，牢牢把握正确舆论导向，坚持“团结稳定鼓劲、正面宣传为主，以形势宣传、成就宣传、典型宣传、主题宣传”为基调，以“紧贴中心、服务大局”为立足点，积极探索创新，提升宣传水平。新闻中心实时跟进“两学一做”活动，搭乘民意直通车密切关注教育、医疗等民生热点，大力宣传低保、城市社区建设。

立足特色，打造亮点，塑造浔阳对外良好形象　新闻中心充分整合媒体资源，重点关注民生维稳、社区建设、沿江开发、主题教育系列活动，特别是浓墨重彩的持续关注旧城改造工作，进一步提高浔阳区的知名度和美誉度，宣传和塑造浔阳中心城区核心价值的魅力所在，并开设“两学一做”“百日大提升”等系列专栏，全力宣传浔阳新风采。10月26日，新闻中心正式开始拍摄以“百日大提升”为主题的系列微电影《文明就在您身边》。此次微电影的创作主要是为倡导浔阳百姓“车多有序、人多有礼、街老整齐、路窄干净、房旧灯亮、城美宜居”的文明生活，营造正在全区开展的“百日大提升”活动氛围。

强化管理，突出实效，创新提高队伍整体形象　通过以制度管人，以业绩评优的原则，不断激发大家的工作积极性，提高大家的政策水平和业务素质，营造齐心协作、干事创业的良好氛围。为栏目壮大、事业提升构建一个良好的外部环境。在区第十次党代会、区“两会”系列报道中，先后多次改版《浔阳区新闻》，从主持人外形包装、口播版面出新、图文匹配、播音配音、稿件三审等多方面打磨升级，栏目一经播出让人耳目一新。

（熊婷婷）

·中国浔阳网·

【概况】　中国浔阳网是浔阳区委、区政府门户网站，域名为wwww.xunyang.gov.cn。始建于2001年8月。中国浔阳网是展示浔阳区整体形象的窗口，同时也是政府联系群众、服务群众的一座新桥梁。2016年，历经5次改版，开设栏目22个，制作专题30个，累计访问人数已达1000万人次。充分发挥其对外宣传、政务公开、咨询服务、网上办事等主要功能，为政府进一步提高政府执政能力，推动政务公开提供有力的保障。

【网站栏目】　中国浔阳网建成以来，网站日均发布的信息量日益增加，网民访问量也随之上升。“浔阳要闻”“视频新闻”“政府信息公开”等频道成为网民关注的焦点。同时，网站集中精力打造“政民互动”“网上办事”等服务性栏目，并重点推出“在线访谈”栏目，利用网络快速、便捷的特点，通过视频、图片、文字直播公开信息，迅速传递资讯，推动信息公开，加大与网民的互动交流。打造“领导之窗”“领导信箱”等栏目，进一步推动信息公开的常态化发展。“招商引资”栏目加大对浔阳区招商资源的宣传广度与深度。

2016年共派出记者拍摄800余次，拍摄图片近万张，各栏目共发布信息 7800条，新闻类信息3704条。向“新华网江西频道”“人民网江西视窗”“中国九江网”“九江新闻网”等省、市主流网络媒体报送信息500篇。

【网站设计】　中国浔阳网在整体布局上注重人性化的设计，以“实用、好用、够用”为主要原则，整个网站以友好的网站界面，清晰的网站导航，完善的帮助系统，完整的信息和优良的在线服务，加强网站的可读性、可观性、实用性和互动性。版面结构构思新颖、布局合理，构图设计突出主题和网站风格，色彩设计统一和谐。一方面，让访问者以最少的时间快速注意到重要的信息，少于或等于三次点击即可访问内容。另一方面，对信息内容进行合适的排版处理，以提高阅读者的舒适感。自主创新开发RSS订阅功能，支持在线订阅网站任意栏目信息。进一步完善搜索引擎功能，实现高级检索及分类查找和信息统计。

2016年，中国浔阳网陆续开通网站手机版以及新浪、腾讯官方微博，将网站资讯延伸至多个平台。通过多方位的平台建设，搭建权威信息发布、宣传方针政策、接受社会监督的新型网络互动平台，进一步展示浔阳形象，提高政府执政能力和公信度。

【网站互动功能】 中国浔阳网加强网站“政民互动”平台督查力度，对网民的咨询、投诉类来信实现督办并以简报形式通报，提高回复效率。丰富网上调查主题，开展民意调查征集，从社会热点提取素材进行专题策划，并将调查结果提交相关职能部门统计分析。围绕政府工作及当前全区中心工作，开展“在线访谈”活动，做到年初有计划，年末有总结。以文字、图片、音频、视频等多种形式进行在线直播，并提供访谈预告及往期回顾。2016年，中国浔阳网新增专题专栏3个，在线访谈举办13期，“政民互动”平台回复各类咨询、投诉、建议类信息58条，回复件数58件，回复率100%。

【保障网站内容】 为做好中国浔阳网信息保障工作，区委办、政府办下发《关于做好“中国浔阳网”上网信息报送工作的通知》，明确各保障单位工作职责及具体要求。同时，每次网站改版后，都及时整理更新出新的《浔阳区政府门户网站栏目内容保障方案》，将网站各栏目的内容保障工作落实到各相关部门，并采取督查、考评的形式，会同区委办、区政府办、区效能办等相关职能部门，对各部门的政务公开、信息公开平台、互动信息回复反馈等相关栏目的内容保障工作进行综合考评，并将考核结果纳入年终效能考核范畴。

【网站安保】 2016年，按照相关行业要求，浔阳区陆续制定并完善《中国浔阳网安全管理制度》《浔阳区网络安全管理制度》等相关规章制度，对网站的信息管理、邮箱管理、口令管理、应急处理、备份等方面进行规范。成立网站安全管理机构，并明确安全责任人员，有机地构建区级完善的网络安全防护体系，力保网站安全顺利运行。制定《“中国浔阳网”网站管理应急预案》，并开展安全应急演练，并要求各单位制定本单位的网络信息安全事件应急处理规范，对发生的网络信息安全事件严格按照预案要求及时如实地报告并处理。

（盛　洁）

·文物保护·

【概况】 “浔阳之眼”历史文化展示馆位于白水明珠会展中心负一层，建筑面积2000平方米，总投资1800万元。展示馆兼顾文化性和休闲性，是中国典型的活态博物馆，也是浔阳的城市名片。

“浔阳之眼”展示馆主要展示浔阳区的历史文化、风土人情、民俗民情和城市建设方面的内容。展示馆主要由一个序厅和浔阳探源、浔阳览胜、春江花月、古城朝晖四个单元组成。第一单元浔阳探源重点表现九江大事记及浔阳区成立的历史时间点；第二单元浔阳览胜则是结合景点、诗词展现浔阳区青山绿水、人文风流及名胜古迹；第三单元春江花月反映的是浔阳区民俗风情和非遗文化；第四单元古城朝晖表现的是浔阳区的区位优势、经济现状和发展前景。

【“浔阳之眼”展示馆免费开放】 “浔阳之眼”展示馆坚持免费开放，通过报纸、电视、短信平台等多种媒体宣传方式向社会公布展示馆的基本情况和免费开放时间，同时，为方便市民参观，还开通电话预约的模式，极大方便市民的参观需求。自免费开放以来，接待市民20000余人次。

【历史文物保护】 2016年11月，辖区内两处市级文物保护单位揖庐亭、忠烈亭已成功申报省级文物保护单位。

【非物质文化遗产保护】 浔阳区非物质文化遗产保护中心日常工作由区文化馆担任。2016

年全区有浔阳八景传说、九江清真梁义隆桂花茶饼制作技艺、九江封缸酒酿制作技艺省级项目等3个；浔阳八景传说、九江清真梁义隆桂花茶饼制作技艺、九江封缸酒酿制作技艺、九江码头号子、九江清真梁义隆法饼制作技艺、九江老字号清真梁义隆市级项目等6个；浔阳八景传说、九江清真梁义隆桂花茶饼制作技艺、九江封缸酒酿制作技艺、九江码头号子、九江清真梁义隆法饼制作技艺、九江老字号清真梁义隆、浔阳民间灯彩县级项目等七个。现有省级传承人梁启标1人；市级传承人梁启标、郭松保、黄美玉3人；县级传承人梁启标、郭松保、梁洪瑞（梁杰）、黄美玉、黄问侯、卢汪洋、郤绍周、张辉义、周祖恩9人。2016年，成功申报黄问侯、卢汪洋、梁洪瑞（梁杰）为市级非物质文化遗产项目传承人。

（卓松申）

·文化市场·

【概况】　2016年，全区共有文化市场经营单位238家，其中网吧40家，音像店8家，书店50家，打字复印店80家，歌舞娱乐、游艺娱乐场所60家。2016年3月25日对全区文化市场经营业主进行文化市场法律法规培训，邀请市文化市场综合执法支队、区公安局、区消防大队、区安监局等部门的专家进行授课。年审工作要求同各业主签订《经营管理安全责任状》，让各场所自觉遵守市场秩序，防止违规现象发生。

浔阳区文化市场综合执法大队负责全区文化娱乐市场、出版物市场、文物市场管理执法工作和全区扫黄打非日常工作。2016年，出动执法人员1000人次，车辆300台次，检查各类文化经营单位2000家次，受理12318群众举报13件，网吧10件，棋牌室3件，立案调查3件，结案3家，结案率100%；收缴盗版光盘2000余张，盗版书报刊1000余份；取缔黑网吧2家，光碟游商2家。

【“扫黄打非”工作】　2016年，开展“扫黄打非·清源行动”“扫黄打非·秋风行动”“扫黄打非·净网行动”“扫黄打非·护苗行动”及“2016绿书签活动”等一系列专项整治行动。出动检查人员1500余人次，出动检查宣传车辆30台次，共检查文化经营单位200家，下发整改通知书16份，取缔无证书摊2家，收缴非法出版物500册。

【出版物市场管理】　2016年，进行不间断巡查，对印刷企业、书报刊、音像制品经营场所及零售、出租、四码头人口密集场所、集贸市场等区域进行高密度的拉网式大检查，以政治性非法出版物，淫秽色情、凶杀暴力、封建迷信等有害出版物，“口袋本”图书，伪科学内容的“现代迷信”读物等为检查重点，按照“重点区域反复查、举报案件及时查、非法窝点彻底查”的工作思路，坚决惩治各种侵权盗版行为。共收缴非法图书200余册，口袋本300余本，报刊500余份、非法音像制品1000余盘。

【娱乐市场管理】　联合工商、公安、消防、环保、卫生等部门对歌舞厅、酒吧、KTV等公共娱乐场所实施严格的定员管理制度。采取常规巡查和突击检查相结合的方式，先后组织两次大规模专项整治行动，对播放曲目、违法色情陪侍、执照经营、配备消防器材、标示逃生出口、噪音污染、环境卫生等情况，发出整改通知书7

2016年2月，区文新局组织人员对辖区内网吧、会所等娱乐场所进行春节前夕文化市场安全大检查工作

区文新局供稿

份。对全区进行拉网式排查，共查获无证照网吧2户，扣押电脑主机等设备26套。

【图书藏借】 2008年7月，浔阳区图书馆、少年儿童图书馆建成，馆舍位于九江市庐峰东路36号。由少儿阅览区、期刊阅览区、主题活动区、图书外借区与数字共享空间、多功能活动区六个区域组成，面积约1500平方米，内设阅览座位近200个，可馆藏10万册文献供读者阅览，提供服务的数字资源总量达10TB。结合实施全国文化信息资源共享工程，增添设备数字资源用机近40台，电子触摸屏1台，为读者提供网上绿色阅读平台。

2016年，浔阳区图书馆馆藏书5.1万册，电子图书2.7万册。浔阳区图书馆外借流通成人室、少儿室坚持天天免费开放，节假日不休。少年儿童图书馆综合考虑不同年龄段孩子的发展特点，提供中英文图书、动漫图书、国学经典、少儿百科、幼儿蒙学、在线讲座、经典诗文赏析、中英文学习软件、音乐欣赏等多种少年儿童喜闻乐见的资源内容，也为少年儿童读者提供交流和互动的场所。

浔阳区图书馆局域网使用自动化集成系统（ILAS），实现计算机网络化管理，读者可在本馆（或通过网络）检索馆藏中文图书的书目数据，检索各种大型光盘数据库，实行全开式阅览。书刊借阅业务工作采用计算机自动化管理，实行全市图书借阅“一卡通”，方便读者多方位选择书籍。

（卓松申）

栏目编辑：蒋靖男、郭　微

医疗卫生

浔阳年鉴
XUNYANG YEARBOOK
2017

·综　　述·

【概况】　2016年，全区卫生系统以深化医药卫生体制改革为主线，贯彻落实“大卫生、大健康”发展理念，不断夯实全区医疗卫生基础，推进城市公立医院改革和分级诊疗制度建设，着力抓好卫生服务能力提升、医疗安全质量管理、公共卫生服务、卫生计生监督执法、中医药服务，实现“十三五”卫生事业发展的良好开局。

2016年，全区有各级各类卫生机构165个。其中，医院15个（公立1个、民营9个、厂矿5个，均为一级综合医院），基层医疗卫生机构36个，专业公共卫生机构2个，其他卫生机构 111 个。医疗机构实际开放床位549张，卫生技术人员1194人。其中，执业医师（助理）589人，注册护士480人。核定事业人员编制408名（其中社区卫生服务机构221名），单位聘用临时合同工106人，高级医技人员18名。2016年全区医疗机构诊疗总次数678427人次，其中门急诊674864人次、出院3563人次。

卫生计生机构整合顺利完成　2016年，按照国务院关于转变政府职能，推进简政放权，优化机构设置的要求，经区委、区政府研究同意，将区卫生局、区人口和计划生育委员会的职责进行整合，组建区卫生和计划生育委员会，同时成立区卫生计生委党委。1月6日上午，正式挂牌。下属两家事业单位原区妇幼保健站和原区人口计生服务中心进行整合，组建新的区妇幼保健计划生育服务中心。

医药卫生体制改革进一步深化　根据全市医药卫生体制改革工作的统一部署，9月1日起，区人民医院取消药品（中药饮片除外）加成，实行零利润销售，标志着浔阳区的城市公立医院改革正式启动。推动分级诊疗制度建设，开展糖尿病分级诊疗试点工作，以糖尿病路径管理为纽带建立基层首诊、双向转诊、急慢分治、上下联动的分级诊疗制度。辖区的卫生服务中心（站）组建家庭医生服务团队，印发家庭医生团队服务名片，与居民签订服务协议。

医疗安全管理进一步强化　落实医疗核心制度，深入开展“平安医院创建”、优质护理服务和进一步改善医疗服务行动。加强医务人员业务规范、“三基三严”等业务知识培训。组织开展医疗质量安全综合检查，涉及依法执业、传染病防治及院感管理、医疗广告及“两非”查处等方面。督促各医疗机构悬挂卫生监督公示栏，主动接受社会监督。辖区医疗安全得到一定程度的提高。

卫生应急进一步规范　卫生应急实施常态管理和规范处置，完善预案体系，规范突发公共卫生事件应急处置技术方案5类43部。强化卫生应急知识培训和演练。进行人感染H7N9禽流感、寨卡病毒、肠道传染病等专业知识的培训及测试。开展霍乱、手足口病等传染病的监测工作，调查处置4起手足口病聚集性疫情，全区未发生重大疫情。

卫生民生工程进一步惠及群众　重大疾病的免费救治常抓不懈，全年完成白内障免费手术353例，完成任务211.37%；尿毒症免费血透308例，完成任务371.08%；儿童先天性心脏病免费救治10例，完成任务71.43%；贫困家庭重性精神病免费救治396例，完成任务102.06%。开展江西省贫困家庭艾滋病机会性感染患者救治工作，补助24人。积极推进浔阳区精神卫生综合管理试点工作，接受国家精神卫生综合管理试点督导组的检查。

卫生行风进一步改进　持续推进作风建设常态化，进一步落实党风廉政建设主体责任、监督责任和“一岗双责”，强化“管行业必须管行风”“谁主管谁负责”的意识。继续推进“红包”和“违插”专项治理，集中整治“微腐败”，认真开展党员干部参与赌博问题专项治理，落实医疗卫生计生行风建设“九不准”。加强廉政风险防范制度建设，规范各单位决策、基建、财务、采购等行为，做到用制度管人、管事、管权。

（伍　燕）

·医政管理·

【公立医院医疗服务专项整治】　2016年，在全区32家公立医疗机构开展医疗服务专项整治行动。未发现医疗机构将科室或房屋出租、承包给非本医疗机构人员或其他医疗机构开展诊疗活动违法违规行为。

【民营医院、私人诊所的医疗安全】 2016年，开展区民营医院、私人诊所现状调查，加强医疗机构日常监督巡查及医疗纠纷的排查、化解，畅通医疗纠纷投诉渠道。

【医院感染管理】 2016年，与市医院管理学会医院感染物管理分会联合举办浔阳区基层医疗机构医院感染管理培训班，230人参加培训，考试合格率100%。组织2批专家督导组，对全区155家医疗机构院感管理工作进行督导。

【中医药服务水平】 2016年，继续发挥全国基层中医药工作先进单位特色优势，100%的社区卫生服务中心设有中医科、中药房，能全面提供中医药服务；82%的社区卫生服务站能提供中医诊疗服务。开展中医药能力提升“六个一”工程，定期开展一次名老中医培训，为基层中医师配备一套中医工具书，编印一批中医药知识宣传册，录制一个中医系列电教片，打造一批中医药综合服务区，开展中医下基层一系列活动。

【卫生经费】 2016年，全区卫计委系统财政拨款收入8082.02万元，其中医疗业务收入1218.80万元，公共卫生单位收入3638.49万元，基本公共卫生服务收入1360.85万元。财政拨款主要拨付在职及离退休人员工资、工作经费、基本公共卫生服务经费、重大公共卫生服务经费、计划生育支出等。业务支出主要用于医疗卫生支出、公共卫生支出、妇幼保健支出、计划生育支出等。全区卫生计生经费由区卫计委统一核算和监管，接受区纪委、区财政、区审计等部门监督。

（伍　燕）

·妇幼保健·

【育龄妇女免费补服叶酸项目】 2016年，全区为育龄妇女免费发放叶酸481人。

【孕产妇健康管理和儿童健康管理】 2016年，孕产妇产后访视2456人，新生儿床边访视2495人，0—3岁儿童健康体检6079人次，3—6岁儿童健康体检4775人次。

【出生医学证明发放管理】 2016年，出生医学证明发放管理400份，补发证书191份。

【免费孕前优生健康检查】 2016年，免费孕前优生健康检查824对夫妇。

（伍　燕）

·社区卫生·

【概况】 2016年，全区现有36家社区卫生服务机构，7家社区卫生服务中心，29家社区卫生服务站，社区卫生服务覆盖率100%。

【基层服务】 2016年，组织36家社区卫生服务机构全员参与岗位练兵活动，统一配备岗位练兵活动相关书籍。以“加强内涵建设、规范执业行为、提升服务质量”为主题，开展省级示范社区卫生服务中心创建活动，庐南社区卫生服务中心荣获2016年“省级示范中心”称号。启动新型健康管理模式，满足不同人群的健康需求，开展“健康小屋”项目建设，7家社区卫生服务机构完成项目建设，可为群众提供预防保健、健康评估、检查结果查询、医患对接等服务内容。

【基本公共卫生服务】 2016年，积极开展12类45项基本公共卫生服务项目，基本公共卫生服务经费由人均40元提高到45元。推动基本公共卫生服务“进机关、进企业、进学校、进社区、进乡村”五进工作，进一步扩大居民对国家基本公共卫生服务政策的知晓率。共建立电子居民健康档案26.9万份，建档率为83%，管理高血压患者17004人，管理率34%；糖尿病患者7071人，管理率42%；共为12781名65岁以上老年人进行体检，管理率44%；0—6岁儿童体检17796名，管理率65%；管理孕产妇2707名，管理率61%；管理重性精神病患者1029名，管理率33%；中医项目健康管理老年人12766名，管理率44%；0—3

岁儿童8831人，管理率54%。

（伍　燕）

·疾病预防控制·

【免疫规划】　2016年，免疫规划经费投入，由原来的25万元增加到32万元，达到全区常住人口人均1元的标准。浔阳区各类疫苗接种率95%以上。实现各预防接种单位儿童预防接种信息系统7天内数据上传率、备份率100%。开展预防接种门诊星级创建，全区7所中心级以上预防接种门诊达到三星级标准，区疾控中心预防接种门诊达到四星级预防接种门诊，星级门诊创建率100%。

【结核病防治】　2016年，继续贯彻落实国家结核病免费政策，提高结核病人发现率，新发现的痰涂片检查呈阳性的肺结核病人111例，转诊及追踪到位412例，对报告的17例学生病例开展流行病学调查，有效地避免学校聚集性疫情的发生。

【血吸虫病、地方病防控】　2016年，继续巩固血防"传播阻断"工作成果，实行春秋两季查螺灭螺，查螺103.4万平方米，灭螺56.5万平方米，查病2310人，治疗血吸虫病病人2人，举办血防健教业务培训3期，全年无急血病人发生。加大碘缺乏病防治力度，实施儿童使用碘盐、孕妇尿碘监测。保持疟疾消除成果，全年疟疾督导4次。

【慢性病防控】　2016年，推进省级慢性病防控示范区创建工作，加强高血压、糖尿病等慢性病防治监测，建立信息数据库，制定相应的防控策略。做好慢性病健康教育，以社区卫生服务机构为阵地，进行宣传慢性病防控知识宣传，提高群众对慢性病防治的知晓率。

【艾滋病防控】　2016年，全面开展性病、艾滋病防治工作。3个自愿咨询检测点累计完成咨询检测人数135人，累计为4629名高危人群开展各项干预工作，各类干预人群艾滋病知识知晓率达到95%以上。对新报告HIV感染者及时进行随访、干预、心理支持及开展CD4检测和HIV病毒载量检测，首次随访率100%。重点加强贫困家庭艾滋病机会性感染救治工作，体检完成率115.6%，救治完成率213.3%，资金使用率75.9%。

【公共卫生监督】　2016年，共完成旅店业、文化娱乐业、美容美发业、商场（书店）、游泳场馆、公共浴室、饭店（餐厅）等七大类408户监测样品数1071件，总合格率94%。完成出厂水、末梢水、水源水、二次供水等4种类生活饮用监测149个样本，总合格率91.37%。哨点医院共监测上报食源性疾病病例89例，超额完成全年项目任务数。及时调查处理疑似食物中毒12起，无大型食物中毒事件发生。

（伍　燕）

·爱国卫生运动·

【爱国卫生月活动】　2016年，以爱国卫生月活动为抓手，组织全区开展病媒生物防治、"八小"行业整治、城乡环境卫生整治等活动。利用"浔阳区民生通道"短信平台向全区广大干部群众发送短信20万条。发放"清洁家园，灭蚊防病"主题宣传画150张，防蚊灭蚊知识宣传单2000份。环境卫生整治行动共清除小广告 1500处，清理卫生死角 80处，清理疏通沟渠180余米，"除四害"活动共计消杀面积37万平方米。

【健康教育】　2016年，全区36家社区卫生服务机构深入开展居民健康教育促进行动，举办健康教育专题讲座36期，共发放健康教育宣传资料22100份。以结核病防治宣传日、科技宣传周、世界无烟日等卫生活动日为切入点，开展各类大型宣传活动7次。在学校、托幼机构等疾病防控重点单位，召开各种健康教育学习培训班9次。

（伍　燕）

栏目编辑：林妍兮

人民生活

·居民收入·

【概况】 2016年，全区户籍人口29万人，其中非农业人口27.8万人，占总人口95.9%。在岗职工年平均工资78962元。农村居民人均可支配收入17564元。城镇居民人均可支配收入33356元。

【收入】 2016年，农村居民人均可支配收入17564元，排名全市第1位。比上年净增1331元，增长8.2%，增幅全市第13位。

2016年，城镇居民人均可支配收入33356元，排名全市第2位。比上年净增2442元，增长7.9%，增幅全市第14位。

（向志勋）

·消费者权益保护·

【概况】 2016年9月，区市场和质量监督管理局按照省局要求进行12315、12365、12331等消费投诉举报系统的整合，充分发挥统一投诉举报平台的功能，提升消费维权效能，优化安全放心的消费环境，巩固改革成果，确保市场监管改革措施落实到位。2016年，12315平台已受理投诉举报764件，其中投诉702件，举报58件，其他4件。主要集中在对手机、电脑计算机、电子产品、家电及售后服务、电信和移动等方面。

【3·15国际消费者权益日宣传咨询服务活动】 2016年3月15日，浔阳区3·15国际消费者权益日宣传咨询服务活动在信华城市广场举行。区市场和质量监督管理局联合浔阳区大中路步行街管理办公室、九江市盐务局、开心人大药房、派拉蒙等14家企业集中开展咨询活动。当天的宣传咨询活动中，现场接受消费者咨询500人次，受理投诉5起。

（张　娟）

·婚　　姻·

【概况】 浔阳区婚姻登记处于1995年4月成立，对全区婚姻登记工作实行集中管理，系全额拨款事业单位，现有工作人员6名。主要职责是办理婚姻登记、补发婚姻证，出具婚姻登记记录证明、撤销受胁迫婚姻、宣传婚姻法律法规，倡导文明婚俗。2016年，全年办理结婚登记2117对，离婚登记1114对，补发结婚证958对，补发离婚证203对。

【婚姻登记机关规范化建设】 区婚姻登记处修订完善岗位责任制度、印章管理和使用制度、证件管理制度、档案管理和保密制度、学习制度、政务公开、服务承诺、督促检查等各项规章制度，确保创建婚姻登记规范化建设工作持续良性发展。

2016年，认真组织婚姻登记员学习党的路线方针政策和国家的法律法规，采取定期组织全体登记员集中学习和自学相结合，通过业务知识、案例分析、互相探讨等形式开展学习。打造一支业务精通、行为规范、执法严明、服务周到、素质优良的婚姻登记队伍。2016年，区登记处先后被授予“九江市第十届巾帼文明岗”“2016年度婚姻登记管理工作先进单位”荣誉称号。

【婚姻登记高峰】 为应对好特殊日期的登记高峰，有效防范和处理因结婚登记高峰引发的公共安全事件，每次登记处都提前向局领导汇报，制定应急预案，采取组织、场地、人力、设备、应急等保障措施，加班加点为婚姻当事人服务，确保特殊日期婚姻登记工作高效优质完成。

【档案管理数字化进程】 登记处专门聘请工作人员负责婚姻历史档案的补录工作，并要求登记员利用空闲时间补录档案。2016年，共补录结婚登记信息58374条，离婚档案7995条。

（周云霞）

·计划生育·

【概况】 浔阳区是九江市中心城区，现有人口40万人。全区高度重视计划生育工作，坚持发展经济与计划生育一起抓，始终把统筹解决人口问题放在十分突出的位置，优化管理服务，严格依法行政，各项工作整体水平位列省市前列。

【基层基础健全完善】 按照国务院和省、市关于转变政府职能、推进简政放权、优化机构设置的要求，完成区卫生和计划生育委员会的组建工作。将区卫生局、区人口和计划生育委员会的职责进行整合，组建区卫生和计划生育委员会，成立区卫生计生委党委，将原两家单位工作人员合并办公，对科室进行调整，配齐中层干部，对所属事业单位区妇幼保健站和区人口计生服务中心进行合并，组建区妇幼保健计划生育服务中心。强化全区基层计生干部业务培训。组织规模较大、人数较多、知识较广的多层次计生干部业务培训，参加人数380人。定期对街道进行督查和指导，把个案数据的准确性、完整性放在首位，切实做到底数清、情况明，促进卫生和计划生育工作经常化、制度化。

【“多证合一”推进】 探索推进“多证合一”和区、街、居三级出生人口监测网络建设，“多证合一”系统已顺利投入运行，将生育服务卡（证）、免费孕前优生检测、孕产妇保健手册、儿童保健手册和儿童预防接种证有效地结合起来，居民提供一次资料即可领取，达到优化办事环节、减少办事手续。

【宣传教育形式多样】 集中宣传服务。利用城区大型宣传屏定时播放公共卫生服务、全面两孩政策、健康保健、卫生计生法律法规等宣传片，长年租用繁华街道广告位，宣传卫生计生政策，街道、社区都建立卫生计生宣传长廊并定期更新内容。

主题宣传活动 “5·29协会活动日”“7·11世界人口日”等重大纪念日，在烟水亭广场、甘棠公园，和中广场举行大型宣传活动，参与群众近万人。6月，联合濂溪区卫计委与九江市疾控中心在南山公园开展预防控制高血压科普知识宣传活动，免费为群众测量血压，咨询高血压的防治知识和治疗方法，开展低盐膳食咨询。

新闻报道宣传 强化与各级各类媒体的联动，大力宣传区卫生计生工作，2016年度总计在各级各类媒体上稿158篇。其中，国家级媒体上稿1篇，省级媒体上稿48篇，市级报刊及市级重要媒体上稿61篇，浔阳区新闻及中国浔阳网上稿48篇。

宣传教育比赛 组织选拔苏美、江柳两位选手，在省、市健康教育大比武中分别取得技能竞赛二等奖，健康教育演讲比赛一等奖的好成绩。组织开展2016年“我最喜爱的健康卫士”评选活动，经过层层选拔和推选，最终评选出10位服务好、质量好、医德好、群众满意的“健康卫士”。大力宣传医德医风，增进全社会对医疗卫生工作的理解和支持。

【优质服务以人为本】 坚持把为育龄群众提供安全、便捷的计划生育技术服务作为提升管理

2016年3月28日，浔阳区计生工作座谈会在区卫计委四楼会议室举行
区卫计委供稿

服务水平的重要举措，着力打造“服务型计生”。

优生优育服务　2016年共为824对待孕夫妇进行免费孕前优生健康检查，基本实现目标人群全覆盖，有效降低出生缺陷发生率。3月，浔阳区参加全省免费孕前优生健康检查项目临床实验室室间质评活动，成绩为优秀。认真做好“失独”家庭再生育技术服务、不孕不育指导治疗等工作。7月，区卫计委、区妇联、旗帜婴儿乳品股份有限公司在区妇幼保健计划生育服务中心举办科学育儿、幸福家庭，旗帜乳品婴幼儿健康公益活动。

避孕节育服务　常年组织开展免费环孕情检查、长效节育措施落实、优生优育及生殖健康指导等服务、购置并安装20台免费避孕药具自助发放机，保障广大育龄群众能够普遍享受优质、便捷的计划生育及生殖保健服务。

流动人口公共卫生计生均等化服务　建立流动人口健康档案。开展流动人口健康教育工作，利用“5·29协会活动日”“7·11世界人口日”等重大节假日在流动人口聚集地组织关爱流动人口健康义诊活动。全面加强流动儿童预防接种工作，全面落实流动人口传染病防控措施，全面加强流动孕产妇和儿童保健管理，全面落实流动人口计划生育基本公共服务，开展严重精神病障碍患者管理服务。5月，国家卫计委确定全区四个街道十个社区为国家流动人口动态监测样本点，全市流动人口工作现场会在浔阳区召开。

【两孩政策有效落实】　深入贯彻执行中共中央、国务院《决定》的精神，广泛宣传，规范操作，保证“全面两孩”政策扎实、稳妥、有序地开展。2016年，完成受理两孩申请1048人，发证1048人，实现政策落实平稳有序。继续把计划生育服务管理改革放在重要位置，切实转变观念，变行政管理为主动服务，加强信息互联互通，加强出生人口监测。

【社会抚养费依法依规征收】　自全面两孩政策实施以来，全面贯彻执行新生育政策，继续规范征收程序，严格执行“收支两条线”，加大征收力度，及时与各街道办事处办理《江西省社会抚养费征收和计划生育行政处罚委托书》，积极开展社会抚养费清零工作，并加强与法院联系，提高非诉执行率。2016年，共向法院移交案件204例，立案204例，列入征信“黑名单”40例。

【综合治理出生人口性别比】　坚持把综合治理出生人口性别比偏高问题放在与稳定低生育水平同等重要位置，认真全面落实孕情跟踪随访、出生实名登记、终止妊娠审批、在“两非”案件查处上，积极采取“奖、蹲、跟、联”等工作方法，加强部门协调，完善工作机制，保持常态高压惩治氛围，做到有案必查、有案必破、违纪必究、从严处理。

【国家特别扶助政策】　建立失独家庭联系人制度，积极整合社会资源，推动各项惠民政策与计划生育奖励扶助政策的衔接和落实，多种形式关爱空巢老人、特殊困难家庭。及时完成特扶对象年审及新增对象审核、上报工作，2016年，全区特别扶助总人数为324人（新增28人、退出17人）扶助经费142.716万元。其中失独家庭234人、151户，比上年度增加7人；伤残家庭90人，57户，比上年度增加4人。为所有特扶对象购买家庭综合保险。2016年发放14周岁以下纯居民独生子女父母奖励费82.96万元；2016年爱心保险人数7456，计生专干意外保险125人。

（丁　军）

·老龄工作·

【概况】　2016年，浔阳区60岁以上老人52517人，70岁以上老年人口17676人，80岁以上6568人，老年人口占全区总人口16.7%，浔阳区已进入人口老龄化社会。80岁以上老人发放高龄补贴，其中80—84岁老人50元/月，85—89岁老人100元/月，90—99岁老人200元/月，100周岁以上的老人500元/月。共发放 6568人，发放总金额5806250元。

【高龄老人情况和数据实行动态管理】　根据《江西省优待老年人规定》，区老龄办经常深入街道、社区入户调查。认真审核每一位高龄老人的材料，建立高龄老人登记名册、高龄补贴发

2016年8月5日，区老龄办在九江宾馆举办老年人乘车意外伤害保险工作培训会

区老龄办供稿

放名册、高龄老人个人情况登记表及走访记录等资料。对发放高龄补贴老人实行每季一审，及时掌握高龄老人情况动态，保障老人能按时足额领到生活补贴。

【居家养老服务】 浔阳区采用“日间托老、集体活动、上门服务”三项措施，打造机构养老、专业照料、义工援助、邻里互助、协会维权“五位一体”的养老模式。2016年对各街道所属的居家养老服务机构进行状况摸底排查，完成甘棠赵家花园养老中心、金鸡坡街道日间照料中心、庐峰社区日间照料中心、花果园社区日间照料中心、甘棠街道南湖社区居家养老服务中心的建设。

【老年人意外伤害保险工作】 根据九江市老龄工作委员会办公室文件《关于推进老年人意外伤害保险工作的通知》（九老龄办〔2016〕3号）文件精神，以自愿为原则，凡50周岁以上身体健康者作为被保险人。2016年全区50周岁以上的低保老人1217人由政府为其够买保险，共计花费总金额36510元。

【浔阳区老年体协成立30周年纪念活动】 为纪念浔阳区老年体协成立30周年，2016年11月11日，由浔阳区老年人体育协会主办的柔力球、文艺节目展演在和中广场举行。12月22日，浔阳区老年体协成立30周年纪念大会在青少年活动中心隆重召开。浔阳区四套班子领导出席会议。九江市老年体协主席魏改生对浔阳区老年体协近年来的工作成绩给予充分肯定。会上表彰了为全区老年体育事业、丰富老年人晚年的健康生活做出积极贡献的先进单位和个人。

（杨小燕）

• 殡葬工作 •

【概况】 按照“服务民生，提升发展”的原则，全区殡葬工作加大监管力度，推进殡葬改革。已建立农村公益性墓地和骨灰堂1个，对区内无丧葬补助费的城乡居民实行遗体接运和火化免费。

【文明祭扫】 清明节前夕，区民政局下发《关于清明节安全文明祭扫的通告》，并在各个街道小区进行张贴，得到社会广泛响应。制定清明期间祭祀突发事件应急预案，坚持24小时值班制度。为确保清明节小长假期间安全稳定，区民政局会同文明办、公安、执法、工商等部门，加强与群众祭扫活动宣传，做好交通疏导、治安防范、殡葬用品市场摊点管理工作。做到安全、文明、和谐、有序，无一例安全和火灾事故发生。

（陆书军）

栏目编辑：林妍兮、蒋靖男

出口
P
进口

街道情况

·湓浦街道·

【概况】 湓浦街道为浔阳区中心街道，辖区面积3.8平方千米，常住人口33134人。下设社区8个、市容环卫所1个、街属企业8个。街道党工委下辖1个党委、1个党总支、14个党支部，党员663人。辖区内有烟水亭、浪井等名胜古迹，有九江同文中学、九江外国语中学、九江小学、东风小学、外国语试验小学、小金星幼儿园等名校。

党建工作 以“两学一做”为抓手，开展“我与组织面对面”谈心谈话活动。街道主要领导及班子成员抽出一周时间，每天安排一个科室，与街道机关干部职工以谈心谈话的方式进行“面对面”的沟通与交流。街道机关干部纷纷结合自身工作、生活实际，畅谈工作体会，分享工作经历。班子成员认真了解每一名干部的心理状况和工作生活状态，聆听大家对街道工作的意见和建议，对大家在工作中遇到的问题进行答疑解惑。同时还勉励每一位干部敢于直面困难，加强学习锻炼，增强责任感和大局意识。

经济建设 2016年，街道积极对外招商引进江西昌群房地产开发有限公司九江分公司共9600余万元，顺利完成全年招商引资任务，并进入浔阳区招商引资第一方阵。

2016年10月8日，宋细妹专题调研湓浦街道“百日大提升”及重点工作

湓浦街道供稿

【重点项目】 2016年2月，街道完成8个社区、170条小巷的改造任务。5月，完成九江英租界旧址（博物馆）湓浦路114号（群团大院）的房屋征收补偿工作。

【街道联合治理活动】 2016年，街道开展7次大型联合整治活动，在原有聘请5名城管协管员的基础上，再增加聘请5名，充实执法中队整治力量。收缴暂扣占道货架和清理沿街占道杂物60余车。整治出店经营700余处、清理流动摊点490余处，清除人行道坡坎80余处，拆除违规路障、地锁210余个，清除店灯箱90余个。全年共制止和拆除两违建筑27处，有效遏制辖区内乱搭乱建行为。

【保障城镇低保对象】 2016年，街道共保障城镇低保对象595人，发放低保金246.55万元；发放大病救助16户，共计11.2亿元；爱心助学16名低保大学生，救助金额4.1万元。为辖区年满80周岁老人登记造册，共计4050人次，累计发放100.18万元老龄补贴。

（刘江安）

·甘棠街道·

【概况】 甘棠街道位于浔阳区中部，辖区面积5.3平方千米，常住人口10.6万人，流动人口1.1万人，下设社区居委会22个；市容环卫所1个、街属企业8个。街道党工委下辖党支部27个，党员1715人。辖区内金融机构集中，各种特色专业街纵横交错。内有浔阳楼、小乔梳妆台等名胜古迹。九江市二中、双峰小学、柴桑小学、龙山小学等名校。

党建工作 以“两学一做”为抓手，推动学习教育与制度规范、作风建设、工作实践相结合，在规范执行基层党组织“三会一课”制度的基础上，创新“主题党日”活动，每月由街道党工委确定党日主题，各社区结合主题自定活动形式。坚持把党建工作创新与服务民生发展相结合，在成功打造“华姐接待室”工作基础上，创新开展“我是党代表”主题活动，实行“一个社区一名党代表，一个项目一名党代表”，探索推动党代表在闭会期间发挥作用，进一步凸显党代表的身份意识。注重不断强化党组织战斗堡垒作用，7月，在防汛抗洪中，全街道迅速成立防汛指挥所临时联合党支部，第一个将党旗插在抗洪一线，得到群众认可。

重点项目　2016年，黄土坡片区改造正式启动，共630户。推进社区居家养老工作，打造庐峰社区日间照料中心，为所有60岁以上老年人开放，重点服务高龄老人、空巢老人、残疾老人、优抚老人、低保或低收入老人。

经济建设　针对辖区规模企业、楼宇和重大项目单位，采取协税与护税工作相结合的方式，实行跟踪服务责任制，进行定期回访，实行动态管理。2016年完成财税总金额2610万元。全年共引进江西赣北能源发展有限公司、九江强国贸易有限公司、九江卫国贸易有限公司、江西润道商贸有限公司等11家企业。除了为引进的招商引资企业做好后期服务以外，还对往年已引进的招商引资企业进行跟踪、回访，及时了解和掌握企业生产经营动态，建立联系网，做好服务工作。

【“百日大提升”工作】　2016年，责任单位和社区清理各类垃圾500余车次，主次干道共清运杂物、基建垃圾600余吨。定期组织人员进行集中整治，组织执法队员对辖区内出店经营、占道经营等重点难点地段进行不间断巡查。

【市容改造】　2016年，辖区共处理24处违章问题，拆除违法建筑面积200平方米。清理乱张贴、小广告，建立起清理乱张贴、小广告工作的常态管理机制，实行社区每天巡视路面制度。对重点时段、重点区域进行巡查，确保市容整洁有序。全面落实“门前三包”制度，加大力度，强化措施，重点整治环境脏乱差和占道摊点的难点问题。为更好更有效地开展市容工作，着重打造市容工作一站式服务管理模式。把原城市花园中转台改造为甘棠街道市容服务中心，服务中心整合执法中队、市容环卫办公资源，设立甘棠市容工作服务平台。

【实施最低生活保障措施】　继续规范实施最低生活保障。残联帮扶为主，临时救助、医疗救助、慈善救助为辅的困难居民社会救助工作。全年共发放低保金500.65万元；大病救助74人次，总计44.5万元；临时救助119人次，共计19.57万元；走访优抚对象55人，共计2.75万元；走访临时救助优抚对象8人，共计6000元。烈士纪念日走访烈属22人共计1.1万元。庐峰社

2016年7月1日，甘棠街道机关党支部组织全体党员参观胡耀邦陵园

甘棠街道供稿

区申请九江防灾减灾示范社区，自然灾害补助2万元，共救助47户；资助2016年度低保户家庭应届高考学子14户，计3.8万元；给三无人员、孤儿共20户家庭发放物资，价值2万元。“爱满人间”慈善资助4人，2人救助金，共计4000元，2人物资，计人民币800元；残疾人两项补贴发放462人，共计28.84万元；发放高龄补贴共计206.66余万元。

【计生管理】　街道推进流动人口“一盘棋”管理，重点抓好流动人口统计建档工作，推进国家、省流动人口信息交换平台的运用。服务通报接收率达99%以上，协查信息反馈率达98%以上。对辖区86户（包括失独家庭、伤残家庭、

计生困难户、重大疾病家庭）开展2016年生育关怀走访慰问活动，慰问金额6.3万元。利用“两节”“5·29全国计生协会会员日”“6·1儿童节”“7·11世界人口日”等重大节假日，在和中广场开展系列宣传教育活动。

【科教文卫工作】 举办各种形式多样的活动，增强居民知识。在南司社区老年人活动室举办一场关于老年人保健养生知识的讲座，六角石社区开展“高血压健康教育”科普健康知识讲座，在庐峰社区请来文艺队给居民带来精彩的演出，并在爱国卫生月开展集健康宣传、义诊咨询、健康讲座等活动于一体的户外宣传活动。

（陈蓓蓓）

·白水湖街道·

【概况】 白水湖街道位于浔阳区东部，辖区面积8平方千米，常住人口8.4万人，下辖居民社区11个，行政村2个；有驻街单位167个，街道机关干部职工82人。辖区内有桥头堡、琵琶亭、锁江楼、白水湖公园、白水明珠等著名景点。九江市七中、浔阳小学、浔东小学、三里小学、新星小学、琵琶亭学校。

党建工作 党建基础不断夯实，加强组织力量，下派8名街道骨干担任社区书记助理，完善全街道基层组织建设工作考核制度，全年共开展督查4次。以“两学一做”学习教育为抓手，开展4个专题107次学习讨论，查出问题162个，解决问题153个。电话、上门送学438人次，建立微信学习群31个。以“百日大提升、党员争先锋”活动为载体，组织134名党员集中报到，认领志愿服务项目296个。进行文明劝导、清理垃圾、道路巡查等。以社区党员志愿者为基础，联合区义工联，组织开展“妇女维权”“创业就业培训”“结对帮扶”“关爱残疾儿童”等志愿服务，荣获“江西省优秀志愿服务社区”。

项目工作 2016年，着手展开琵琶亭、战备路旧城改造项目安置还房相关事宜。对啤酒厂、九江粮食职工学校、老京九市场战备路综合区、庐山木工机械厂、三里街九针生活区等5个片区进行摸底，为后续旧城改造工作的展开打下基础，并展开锁江楼片区旧城改造项目动迁工作。

经济建设 成立楼宇经济服务小组，在楼宇经济服务中共服务60家企业。完成招商引资任务800万元，超额完成300万元。

城市管理 2016年，在开展城区边街小巷整治工作中，共改造道路20条，路面面积7739平方米，改造下水管道1711米，改造化粪池43个。在城市管理“百日大提升”中，共清运建筑垃圾63车，清理杂物112车，清理破旧家具90车，清理垃圾死角87处，拆除店灯箱66个，下达整改通知书115份，拆除违章建筑16处。

2016年11月18日，“百日大提升·党员争先锋”文艺演出活动在白水湖街道花果园广场举行

白水湖街道供稿

【社会救助】 2016年，辖区城市低保户人口为385户630人，全年共发放低保金257.55万元。医疗救助52人，共计救助金29.11万元。临时救助54余人，共计救助金8.54万元。爱心救助39人。全年共发放优抚定补经费74.01万元，享受对象36人。街道有残疾人530人，已为其中180名特困残疾人申请低保，231名残疾人全年共领取生活、护理补贴19.58万元。全年街

道公租房申请家庭286户（含租金补贴2户），经三级联审后，实际取得保障资格的家庭122户，完成历年来中签家庭交房314户。全年累计组织对辖区满80周岁的老年人发放补贴3956人次，发放金额65.52万元。

【卫生和计划生育】 2016年，街道加大硬件投入，强化基础建设，投入资金50万元用于计生特色社区打造。投入资金15万元，为社区统一添置电脑、打印复印一体机、高拍仪及身份证读卡器等办公设备，提升办公智能水平。创新建立街道、社区、小区、楼栋“四格”计生网络。推行“四层共建、四格联动”，被《中国人口报》在全国进行推广。建立和推行“四三”机制。“三动”高位重国策；“三式”破题明国策；“三查”取证亮国策；“三新”攻坚护国策。借助信息化手段，采取限时办、协调办、现场办、合作办、包案办等方法。2016年，惠民举措“促动”全街道共发放独生子女费13.88万元，为2268户家庭提供爱心保险。

【安全生产】 2016年，在“元旦、春节”“两会”“五一”“中秋、国庆”“打非治违”专项行动中，对辖区安全生产情况进行全面大排查，在检查中共排查出危房18处，对5家企业下达整改通知书。全年花果园社区打造省安全示范小区，认真抓好安全小区创建工作。坚决落实“七打七治”专项工作。认真开展全街道安全生产大排查，其中有31家门店经营烟花爆竹，有18家无证经营。街道、社区（村）、环卫所分别成立1个“道路交通安全管理站”、13个“道路交通安全劝导站”，共计46名交通安全员和交通安全劝导员，举办了“两站两员”业务知识培训。

（余　倩）

·金鸡坡街道·

【概况】 金鸡坡街道位于浔阳区东北部，辖区面积12.5平方千米。总人口3.8万人，其中农村人口7800余人。下辖3个居民社区，4个厂矿社区，6个行政村。街道党工委下设5个党总支、22个党支部，党员498名。街道现有在编干部53人，其中公务员11人，事业单位管理人员16人，机关工勤人员4人，事业单位工人22人。辖区内驻有九江石化总厂、九江火力发电厂、中铁大桥集团七公司等8家大中型国有企业，工业基础雄厚。

党建工作　以“九个一”活动推动“两学一做”落地生根。认真抓好“两学一做”学习教育活动，通过实施“九个一”活动，落实“四个专题”和“三会一课”，党员干部用新理论、新思想指导工作和解决实际问题的能力得到进一步的提高。坚持即知即行，争取资金、协调相关单位解决了姬公庵鸦雀垄排水不通、曹家山复建址路灯不亮、燃气不通等群众反映较为强烈的民生实事。以“全面整理”夯实党建工作基础。深入开展党组织关系排查，对所有党员档案进行梳理归类、登记造册，千方百计与“失联”党员取得联系，全街道党员实现“全归队”。创新开展以“党建+服务+管理+项目”为主要内容的基层党建工作，实现党建工作与重点中心任务、日常工作的有机统筹、深度融合。

重点项目　2015年以来陆续启动游岭居民点整体搬迁项目、省建和省设备安装公司项目、厂际管廊隐患治理项目和新增800米卫生防护距离内房屋征收等四个重大项目。四个项目共涉及房屋37万平方米、居民3750户、土地144公顷。游岭居民点整体搬迁项目完成签约471户，占全部签约任务的98.6%；已拆除房屋469户，面积17.9万平方米，拆除率达99.5%。省建工集团、省设备安装公司项目已签约875户，签约率92%，拆除率92%。厂际管廊隐患治理和新增800米卫生防护距离内房屋征收项目涉及居民361大户，征收面积8.7万平方米，涉及项目资金约2.8亿元。在不到两个月的时间里完成签约361户，签约率100%。

经济建设　按照“抓大不放小”的原则，不断完善创新机制，充分调动各方力量，不断拓宽税源。积极搭建招商平台，开展招商引资活动。2016年，共引进五家企业，千万元以上项目有2家，百万元以上项目有3家。新增3家规上服务企业，达到17家，营业收入年增长30%。积极融入全区楼宇经济发展“1+7”服务体系，在巩固现有楼宇载体的基础上，完善工作机制，强化服务引导，优化发展环境，全面提高楼宇经济发展的规模和质量。

获得荣誉和奖项　2016年，街道荣获全国人口和计划生育依法行政示范街道、江西五好基层关工委先进集体、九江市首届社区广场舞大赛组织奖荣誉称号。街道所辖大塘村荣获全国无邪教创建示范社区、2016年度全国科普示范社区荣誉称号、江西省第五届文明村镇、全市基层党组织建设工作示范点等荣誉称号。游岭村荣获全国乡镇综合一级文化站、全省精品农村社区等荣誉称号。曹家山村荣获九江市首届社区广场舞大赛组织奖等荣誉称号。

2016年7月4日，金鸡坡防汛指挥所召开防汛调度推进会

金鸡坡街道供稿

【“百日大提升”活动】　2016年，动员全辖区机关志愿者和社区、村志愿者充当义务宣传员和文明劝导员。牵头执法中队、派出所、交警、市场监督所对占道经营整治、违法建设、路面泼洒等现象进行整治，对不符合经营条件的限期整改。此次专项整治清运建筑垃圾21车，生活垃圾130车，下发整改通知单20余份，收缴乱吊挂的横幅50余处，关停汽车修理店1家，清理乱停乱放车辆200余辆次，清理占道经营、乱堆乱放商户和业主60家。2016年，街道投入30余万元的经费用于两违管控，通过安排街村干部和聘请专业巡查队伍相结合的方式对重点项目、重点部分、重点人员进行全天候、不间断的巡查，全年组织清拆乱搭建7处，拆除建筑面积达700平方米，实现全年无一处两违建筑。

【服务社区困难群众】　针对性的在社区服务、文明引导等方面加大投入，打造姬公庵村、大塘村、游岭村新农村建设点、新塘社区日间照料中心。全力做好困难弱势群体关爱工作，向辖区630名高龄老人发放高龄补贴，为20户贫困精神病患者申报免费发药，落实看护人员上门服务。对27位特困、残疾青少年进行一对一重点帮扶，并加强残疾人教育培训，促进残疾人再就业。低保工作努力实现应保尽保、动态管理，全年发放低保金160余万元。继续对白血病患者、尿毒症、心脏搭桥等疾病家庭进行救助，全年发放大病救助金30余万元。开展低保户、残疾人家庭助学活动，共发放助学金1.4万元。认真搞好农村土地承包经营权确权耕地补贴工作，发放补贴3余万元。积极落实计划生育奖励优惠政策，发放纯居民独生子女费16.05万元，办理0—6岁爱心保险360人。扎实做好劳动保障工作，全年共发布用工信息31条，为全街未就业人员办理就业失业证209本，提供免费职业介绍241人次，办理小额贷款9批次共计155万元，社会保障卡发放、企业直报工作均位居全区第一。

【计划生育药具免费发放】　积极推进药具“十进”工程，实现药具发放全覆盖。利用节假期间外出人员返乡、传统节日等时机，宣传活动12场，赠送宣传品3000余份，发放避孕药具2700余件。加强信息的采集和录入工作，完成信息核对2万余条，个案信息入库率达95%以上，育龄妇女个案信息入库率达100%，流动人口建档率达100%。

【关工委重要作用】组织开展“大手牵小手”“我为祖国献一支歌”等系列青少年思想教育活动。充分发挥老年体协在和谐文化建设中的重要作用，开展健步行、“双节”文体会演、健康讲座等老年活动，促进老年人的身心健康，增加老年人的认同感，认真做好公租房申请工作，加强宣传和指导；切实做好团委、妇联工作，以工会自身建设为抓手全力营造和谐氛围。

（程子剑）

·人民路街道·

【概况】 人民路街道位于浔阳区南部，辖区面积5平方千米，总人口10万人，下辖20个居民社区（村），1个市容环卫所。街道党工委下辖22个党支部，党员约1545人。辖区内餐饮娱乐点密集，内有市一中、三中、十一中、湖滨小学等省、市重点中小学校以及江西财院、九江电大等大专院校。市中医院、三医院以及东方医院等公、私立医疗卫生机构7所。辖区居民在教育、医疗、休闲等方面均能享受到优质的服务。

党建工作 深入推动“两学一做”教育，提出“会议领学、网络参学、党课赛学、赠书畅学、主题活动促学，争做不忘初心的合格党员和业务精通的岗位标兵，争做办实事的贴心公仆”和“五学三争做”学习教育楷模。围绕“三会一课”制度突出“学”。围绕“先锋创绩”突出“做”，结合“百日大提升”开展“党员争先锋”活动，对辖区31个党建共建单位发出倡议，邀请共建单位党员积极参与，组建20多支党员志愿者队伍，让党员在实干中争当先锋、淬炼本色。

重点项目 2016年3月，整流器厂片区征迁工作正式启动。整流器厂旧城改造项目分三块分别是，九整厂区、市国资公司专家楼、庐南派出所。厂区内有36栋厂房共14416.2平方米，占地面积30431.09平方米，专家楼620.99平方米，合计3.1公顷。10月15日，桃园路保障性住房还房安置工作正式启动。还房工作依照签订拆迁安置协议的先后顺序选房，共计安排52套，分别为80平方米和120平方米2种户型。同月，老马渡农贸市场升级改造工作正式启动。项目总投资558万元，主要对地面、天井采光、台面、污水、排水系统、禽类宰杀隔离、水电照明系统进行改造，改造后，摊位由原来的85个增加到115个，极大地改善周边居民的购物环境。12月，孔家洼保障性住房主体工程全部完工。

经济建设 坚持把招商引资、协税护税、楼宇经济和现代服务业作为经济的增长点，全年共引进8家规模服务业企业。搭建湘商建筑材料有限公司、金创建材有限公司、银福建材有限公司等11 个协税平台，税收共计3988.99余万元，在全区率先完成目标任务。引进九江廖群体育有限公司，总投资2300万元。

民生工作 救助困难群体，做好低保、双拥、残联、殡葬、流浪乞讨救助，走访慰问、资助帮扶等工作，做到应保尽保、应助尽助。扶持就业创业。认真开展人力资源普查。2016年，为下岗失业人员办理小额贷款共计580万元，免费职业介绍392人，办理失业证352本，帮扶“4050”人员50人，开办创业培训班2期。

计划生育 及时完善计生信息系统，社会抚养费征收117万元，完成“两非”案件2起。

获得荣誉和奖项 2016年，街道共获得4个省级以上荣誉、8个市级荣誉和10个区级综合荣誉。其中街道荣获全省关心下一代工作先进集体、全市财政系统“青年文明号”、2015年度全市人口和计划生育工作先进街道、2015年度区经济社会发展目标考评综合先进等荣誉称号。街道

2016年9月13日，人民路街道湖滨社区第四届“百家宴”热闹开场

人民路街道供稿

所辖向阳闸社区荣获全国、全省综合减灾示范社区等荣誉称号；湖滨社区荣获江西省人民防空先进单位、九江市首届社区广场舞大赛组织奖、九江市首届社区广场舞大赛精神文明奖等荣誉称号；庐南社区荣获九江市学雷锋志愿服务示范社区等荣誉称号；幸福里社区荣获全市基层党组织建设工作示范点等荣誉称号；大树下社区荣获九江市首届社区广场舞大赛优胜奖等荣誉称号。

【综治维稳】 加大综治中心建设、综治信息化建设、网格化管理建设三项建设力度，打牢基础，提升服务水平。加强上访、吸毒、邪教人员的管控，对23名重点上访人员实行一对一包案机制。对67名吸毒人员进行社区戒毒，并实行一人一档。与22名对越参战人员和13名银行协解人员定期联系，随时掌握情况，杜绝重大治安问题和群体性事件的发生。

【“百日大提升”整治】 2016年，全街道加大人财物的投入，完善每日巡查、每周检查等工作机制。广泛发动街道机关、社区（村）、包挂单位以及辖区单位和志愿组织，明确工作职责，划分片区路段。全力做好宣传引导、文明劝导、卫生保洁、环境整治等工作。创新“城管日记”，由社区记录每天的工作情况、遇到的问题和解决办法，便于精准掌握社区每日工作进度以及包挂单位、街道机关干部进社区的情况。期间，共开展大型整治18次，联合交警清理“僵尸车”35辆，暂扣违规停放摩托车、电动车23辆，拆除吊挂、小灯箱73个，乱挂条幅67条，收缴暂扣各类占道经营物品25车，拆除违建21处，辖区环境得到明显改善。

【安全生产工作】 与辖区重点企业签订安全生产责任书，加强辖区危房、企业的安全排查力度。全力落实“两员两站”(1)建设，全街道20个社区（村）建立交通劝导站，重点打造向阳闸和庐南社区。

（孙莉琴）

注释：

（1）两员两站：交通管理员、交通劝导员、交通管理站、交通劝导站。

栏目编辑：林妍兮

人物·荣誉录

浔阳年鉴

XUNYANG YEARBOOK

2017

·区直单位、垂直管理机构、街道领导干部名录·

该分目收录2016年年底区直单位、垂直管理机构、各街道干部名单，其中区直单位和各街道领导干部名录由区委组织部提供资料，垂直管理机构由各单位提供资料。

区直单位领导干部名录

表 3

姓 名	职务	任职时间
	浔阳区委办公室	
庄志强	副主任、政研室主任	2013.5
王 静	督查室主任	2015.12
詹炳文	保密局局长	2014.12
沈 强	机要局局长	2015.12
应 晶	机要局副局长	2012.5
高 诚	督查室副主任	2015.12
廖 阳	机要局副科级专职密码督查员	2014.12
	浔阳区人大机关	
余启楼	选任联工作委员会主任	2009.6
朱 闽	教科文卫工作委员会主任	2015.9
孙朝春	财政经济工作委员会主任	2016.8
王 丹	办公室主任	2013.5
桑志峰	内务司法工作委员会主任	2013.5
叶存龙	办公室副主任	2015.1
吴国新	财政经济工作委员会主任科员	2010.6
刘良兴	内务司法工作委员会主任科员	2013.5
周 卉	教科文卫工作委员会主任科员	2015.8
黄国光	城市建设环境保护工作委员会主任科员	2015.8
	浔阳区政府办公室	

续表 3

姓　名	职务	任职时间
卢选勇	政府党组成员	2016.8
曹卫权	法制办主任	2009.7
李文锋	副主任、金融办主任	2012.6
丁菲菲	副主任	2012.6
钟建敏	副主任	2012.6
刘　继	外侨办主任	2010.8
陈　克	法制办副主任	2013.7
高　虹	应急办副主任	2015.2
柯凯敏	经研室主任	2015.2
胡文博	督查室主任	2015.12
汤亚洲	民宗局副局长	2015.12
郑　伟	区志办主任	2015.10
冯家智	主任科员	2012.5
王　林	主任科员	2016.8
	浔阳区政协机关	
何　君	办公室主任	2012.4
程候锋	学习提案文史委员会主任	2013.7
唐平钧	文卫法社团委员会主任	2012.11
高　雄	经济科技委员会主任	2013.7
龚前旺	港澳台侨委员会主任	2013.7
陈　婕	人口环境资源委员会主任	2013.7
干锦娜	办公室副主任	2015.12
刘少宏	副科级待遇	2006.12
曹　雷	办公室主任科员	2011.10
韩万金	办公室主任科员	2016.8

续表 3

姓　名	职务	任职时间
	浔阳区纪委机关	
居　莉	政府党组成员、副书记、监察局局长	2016.9
张　巍	副书记	2011.7
谈荣亚	副书记	2014.12
殷方熙	常委、廉政办主任	2014.12
李松辉	常委、纪工委副书记	2016.8
吕龙进	常委、信访室主任	2014.12
刘　聪	常委、第一纪检监察室主任	2014.12
程　茜	常委、监管室主任，正科级纪检员、监察员	2013.5
曹可扬	第三纪工委书记	2015.12
李　玲	第一纪工委书记	2015.8
龚　潇	政府纠风办主任	2009.7
江安南	第二纪检室主任（正科级）	2005.3
徐爱林	监察局副局长、正科级监察员	2012.11
何　岚	纪委正科级纪检员、监察员，第三纪工委副书记、监察分局局长	2015.8
张　力	案件审理室主任	2012.5
熊　芳	行政投诉中心主任	2014.8
陈丽娟	副科级室主任	2014.12
徐晓英	主任科员	2015.8
郑守法	主任科员	2015.8
	浔阳区人民法院	
刘海泉	党组副书记、副院长	2015.9
王国华	党组成员、纪检组长	2005.3
夏　晖	党组成员、副院长	2014.9
余　斌	党组成员、副院长	2015.9

续表 3

姓　名	职务	任职时间
陈　峰	党组成员、政治处主任	2011.12
昝　晴	专职审委会委员	2013.7
李一清	专职审委会委员、办公室主任	2013.7
张雪华	专职审委会委员	2015.8
焦　军	执行局局长	2015.8
田石林	正科级审判员	2001.12
江文强	白水湖法庭庭长	2012.4
曹东旭	开发区法庭庭长、执行局副局长、执行二庭庭长	2015.1
胡　胜	东郊法庭庭长	2015.1
朱浔春	刑事审判庭庭长、审委会委员、副科级审判员	2006.11
陈新娟	民审二庭庭长、审委会委员、正科级审判员	2013.6
张晓兰	执行局副局长、执行一庭庭长、副科级审判员	2008.1
黄　景	法警大队政委、副科级审判员	2008.1
侯　宁	官牌夹法庭副庭长、副科级审判员	2013.6
陈锦麟	主任科员	2016.8
廖孝华	审监庭庭长、审委会委员、副科级审判员	2006.11
李超雄	行政庭庭长、审委会委员、副科级审判员	2008.1
刘安银	正科级审判员	2016.8
龚永鹏	正科级审判员	2003.3
张力军	主任科员	2012.4
浔阳区人民检察院		
黄文琴	党组副书记、副检察长	2013.6
饶建斌	党组成员、副检察长	2013.7
余建国	党组成员、副检察长	2006.8
陈前华	党组成员、副检察长	2014.8

续表 3

姓　名	职务	任职时间
何玉湘	党组成员、纪检组长、监所检察科科长	2014.8
严　浩	党组成员、反贪局局长	2014.8
苏仁泽	党组成员、侦查监督科科长（正科级）	2015.8
张　旭	党组成员、政治处主任（正科级）	2015.8
王建军	党组成员、办公室主任	2015.8
闫　斌	专职检委会委员、检察技术科科长	2015.8
周华昌	专职检委会委员、公诉科科长	2015.8
王艳华	反渎职侵权局局长、检察委员会委员	2012.11
邓春玲	湓浦街道检察室主任	2013.6
周　煜	案件管理中心主任	2014.12
干易林	控申科科长、检委会委员、副科级检察员	2005.3
廖　明	副科级检察员	2005.3
唐幸浔	民事行政检察科科长、正科级检察员	2014.12
罗　华	副科级检察员	2006.11
夏佑华	副科级检察员	2011.12
李邦文	正科级检察员	2001.6
曹　俊	主任科员	2014.8
缪向超	正科级检察员	2016.8
	浔阳区委组织部	
徐艳婷	副部长（正科级）	2013.6
方倩华	基层组织建设办公室主任	2014.12
王克勤	区直机关工委书记	2016.8
孔　莉	领导干部考评中心主任	2014.12
余建瑾	区委远程教育信息管理中心副主任	2015.12
	浔阳区委宣传部	

续表 3

姓　名	职务	任职时间
陈国东	副部长、新闻报道中心主任	2012.4
屈　琳	副部长	2013.11
易水生	文明办主任	2013.5
郑　权	新闻报道中心总编辑（聘干）	2013.5
扶松华	文联主席	2015.8
曹　育	文明办副主任	2013.11
熊婷婷	新闻报道中心副主任	2013.8
王伟林	新闻报道中心副主任	2012.5
郭静子	互联网信息办公室主任	2015.8
袁珍珍	社联专职副主席	2015.8
	浔阳区委统战部	
王黎君	常务副部长	2015.12
桂晨笑	副部长、民宗局局长	2014.3
兰师香	主任科员	2016.8
	浔阳区委政法委	
曹正权	副书记（正科级）	2009.6
汪　斌	副书记、综治办主任	2012.4
晏　疆	副书记（正科级）	2015.8
魏蓉蓉	610 办主任	2013.6
费　璠	国安办主任	2015.12
方俊平	维稳办副主任	2006.7
刘洪波	综治办副主任	2004.2
叶江南	综治办副主任	2013.6
黎　军	610 办副主任	2013.6
雷林森	国安办副主任	2015.12

续表 3

姓　名	职务	任职时间
贾文宝	主任科员	2015.8
	浔阳区编办	
黄　蕾	主任	2016.8
黄宏志	副主任	2014.12
胡　斌	主任科员	2016.8
	浔阳区台办	
魏海燕	主任	2012.3
	浔阳区信访局	
舒钟坤	区委办副主任、局长	2013.6
吴　峰	社会矛盾纠纷排查调处中心办公室主任	2014.12
熊礼剑	副科级信访督查员	2012.11
	浔阳区委老干局	
王　虹	组织部副部长、老干局局长	2006.6
邹　琦	关工委办公室主任（正科级）	2005.3
	浔阳区总工会	
余贵萍	常务副主席	2012.4
周雪平	党支部书记	2009.6
郑　波	副主席	2012.5
	浔阳区团委	
贾涵清	副书记	2012.11
	浔阳区妇联	
万斌霞	主席	2016.8
吴　敏	副主席	2012.11
蔡素珍	副主任科员	2009.7
	浔阳区科协	

续表 3

姓　名	职务	任职时间
曾乘风	主席	2010.6
李水平	副主席	2012.5
毛凌峰	主任科员	2006.4
	浔阳区残联	
常贤荣	理事长	2015.12
罗仙红	副理事长	2010.6
	浔阳区工商联	
李　智	副主席	2012.6
姜建新	秘书长（副科级）	2012.6
	浔阳区档案局	
杨　帆	局长	2016.8
张仙艳	副局长	2005.3
张连庆	主任科员	2012.4
	浔阳区委党校	
赵秋红	常务副校长	2011.12
叶　莉	校务委员	2013.8
陈启彬	保留副科级待遇	2016.8
	浔阳区委、区政府接待办	
鲁　岚	主任	2013.11
梅慧莹	副主任	2013.6
余　桦	副主任	2014.12
	浔阳区红十字会	
胡　谦	常务副会长	2012.4
邓秀平	副会长	2012.5
	浔阳区发改委	

续表 3

姓　名	职务	任职时间
谌善龙	主任、政府党组成员	2004.10
曹超成	党支部书记、重点工程建设办主任	2012.4
余剑平	副主任	2015.10
何　跃	鄱阳湖生态经济区建设领导小组办公室主任	2012.6
黄问彩	主任科员	2016.8
	浔阳区工信委	
吕松林	主任	2015.12
唐亚林	副主任	2012.6
朱文君	副主任	2009.9
陈　宁	副主任	2011.2
王栓亭	总经济师	2013.9
吴非沙	中小企业局局长	2012.6
	浔阳区财政局	
杨金甫	党总支书记	2013.5
黄尚萍	副局长	2006.7
周　华	副局长	2012.6
周　竑	副局长	2013.9
车艳国	副局长	2012.6
魏晓宏	国资局局长	2016.8
杨长柏	国资局副局长	2015.10
冷　青	国库集中收付核算中心主任（聘干）	2009.9
何成超	国库集中收付核算中心副主任（副科，聘干）	2010.6
邵　辉	国资经营管理中心主任	2010.8
张　瑛	财政监督局局长	2015.12
李秋帆	主任科员	2015.12

续表 3

姓　名	职务	任职时间
陈伟国	主任科员	2013.6
张家明	主任科员	2016.8
	浔阳区人力资源和社会保障局	
李　军	组织部副部长、局长	2012.4
李　忠	党总支书记	2012.4
翟福强	副局长（正科级）	2012.11
罗媛媛	副局长	2010.8
胡　慧	副局长	2012.6
万雷亮	劳动保障监察大队队长	2013.9
赖雅力	社保局局长（聘干）	2014.10
熊自辉	社保局副局长（保留副科级待遇）	2012.6
张五平	人才交流中心主任	2011.8
蒋向阳	劳动就业局局长	2012.6
柯晓梅	城保局局长	2014.10
严淑重	劳动就业局原局长（聘干，保留副科级待遇）	2012.4
张万林	医保局局长	2014.10
	浔阳区商务局	
桂雁冰	党支部书记	2013.5
盛　宁	副局长	2012.6
李　鹏	副局长	2014.3
	浔阳区卫计委	
周懿斌	主任	2015.12
钟建琼	副主任	2015.12
刘　芬	副主任	2015.12
程　刚	副主任	2015.12

续表 3

姓　名	职务	任职时间
齐崇莉	副主任	2015.12
胡　丽	副主任	2015.12
童明芳	计生协会办公室主任	2012.5
胥　晟	爱卫办主任	2013.9
肖　芳	人民医院党支部书记	2011.12
黎哲程	疾病预防控制中心主任	2006.11
吴定忠	疾病预防控制中心党支部书记	2006.11
廖美萍	妇幼保健计划生育服务中心主任	2015.12
罗亮明	妇幼保健计划生育服务中心党支部书记	2015.12
余　秀	卫生监督所所长	2014.10
王一亿	卫生监督所党支部书记	2006.11
刘细清	副主任科员	2006.4
张家茂	主任科员	2015.12
张　洪	主任科员	2013.6
邓跃民	主任科员	2012.5
钟志江	主任科员	2015.10
王小环	主任科员	2013.6
王亦峰	主任科员	2008.11
熊水林	疾病预防控制中心副科级待遇	2011.12
江　波	卫生监督所副科级待遇	2011.12
彭爱明	卫生监督所副科级待遇	2009.9
	浔阳区安监局	
陈晓明	局长	2014.9
刘国浔	副局长	2007.4
黄　臻	副局长	2015.10

续表 3

姓　名	职务	任职时间
王子嘉	工业园区安全生产监督管理分局局长	2013.9
姚闪星	主任科员	2014.10
汤少峰	主任科员	2014.10
	浔阳区审计局	
张　业	局长	2012.4
夏　茹	主任科员	2015.2
何先枝	副局长	2015.2
程星玖	主任科员	2016.8
	浔阳区司法局	
张　勇	局长	2016.8
张文军	副局长、公证处主任	2010.8
钟　玲	副局长	2010.8
刘　洪	纪检组长	2015.8
李文红	甘棠司法所所长	2012.1
张　铭	白水湖司法所所长	2012.11
朱　亮	律师事务所主任	2015.10
徐惠忠	主任科员	2016.8
冯家鹏	副主任科员	2016.8
汪长生	正科级干部	2010.6
王晓军	律师事务所副科级待遇	2010.8
	浔阳区民政局	
赵风林	局长	2006.6
何麟懿	副局长、社会组织党工委书记	2012.4
谢丽君	副局长	2006.8
杨小艳	老龄委办主任	2016.8

续表 3

姓　名	职务	任职时间
桂　仁	副主任科员	2013.9
戴建强	主任科员	2012.5
丁金才	主任科员	2015.2
王金萍	主任科员	2016.8
张　洪	主任科员	2016.8
	浔阳区教育体育局	
曹俊云	局长	2012.4
熊支财	副局长	2007.1
刘发荣	副局长	2003.3
曹莉莉	副局长	2010.8
郭惠敏	青少年校外活动中心主任	2013.9
冷如冰	区政府督学	2015.10
刘学燕	区政府督学	2013.9
吴继红	教育督导室主任	2015.2
朱丽萍	区政府督学	2015.10
汪先通	主任科员	2014.10
吴新文	主任科员	2012.5
陈　明	副主任科员	2014.10
曹桂喜	教师进修学校校长	2012.5
曾　芸	教师进修学校党支部书记	2012.4
张文龙	教师进修学校党支部副书记	2010.8
闵菊花	教师进修学校副校长	2013.9
廖慧玲	教师进修学校副校长	2013.9
崔挺清	教师进修学校副科级待遇	2007.4
黄金虎	教师进修学校副科级待遇	2012.5

续表 3

姓　名	职务	任职时间
杨　云	柴桑小学校长	2007.4
张九华	柴桑小学党支部书记	2015.12
曹　鹰	湖滨小学校长	2012.9
夏　鞠	湖滨小学党支部书记	2013.8
余晓波	外国语实验小学校长	2015.10
钟玉霞	浔东小学校长	2015.10
文　鸿	外国语实验小学党支部书记（聘干）	2010.8
饶冉然	第一幼儿园园长	2014.3
胡慧婷	东风小学校长	2012.9
文　静	龙山小学校长	2015.10
鲍巍芳	浔阳小学校长	2012.9
李直金	浔阳小学党支部书记	2012.8
冯　霖	庐峰学校原校长（保留副科级待遇）	2008.1
戴琳琳	新星小学校长、党支部书记	2012.8
蔡　慧	金鸡坡学校校长	2013.9
肖传志	金鸡坡学校原党支部书记（保留副科级待遇）	2016.8
郭能池	原金鸡坡小学校长	1999.2
陈　琦	琵琶亭学校校长	2014.10
吕火金	琵琶亭学校原党支部书记（保留副科级待遇）	2016.8
李献进	三里小学校长、党支部书记	2010.8
葛　珩	希望学校校长	2015.10
虞耀楠	希望学校原党支部书记（保留副科级待遇）	2009.9
浔阳区文化新闻出版局		
陈　革	局长	2013.7
吴慧知	副局长	2012.6

续表 3

姓　名	职务	任职时间
张　治	副局长	2012.3
蔡　慧	副局长	2012.3
王雅文	文化馆馆长	2009.3
封丽君	文化馆党支部书记	2006.11
	浔阳区建设局	
杨明卿	局长	2012.4
刘鸿志	党总支书记	2012.4
向　菲	副局长	2013.7
朱慧娟	副局长	2013.7
苏　晋	总工程师	2013.6
	浔阳区市容管理局	
程焕新	局长	2012.4
张月波	党总支书记	2011.12
陈秋根	副局长	2012.6
朱　瑜	副局长	2008.11
王卫红	副局长	2012.6
刘　兵	副局长	2014.3
刘　啸	大中路步行街管理办公室主任	2015.10
赵　蕾	大中路步行街管理办公室党支部书记	2013.8
冯传芳	主任科员	2012.5
	浔阳区环保局	
聂秋斌	局长	2016.8
万吉明	副局长	2012.11
田国红	副局长	2012.3
	浔阳区统计局	

续表 3

姓　名	职务	任职时间
游　敏	局长	2009.9
张乐乐	副局长	2013.9
梅文华	总统计师	2013.9
	浔阳区科技局	
王志宝	局长、防震减灾局局长、知识产权局局长	2016.8
曹　希	副局长、防震减灾局副局长	2012.6
蔡　浔	副局长、知识产权局副局长	2011.1
李荣武	主任科员	2013.6
	浔阳区市场和质量监督管理局	
张扬荣	局长	2015.10
方　宇	主任科员	2015.10
郭　凯	党组成员、副局长	2015.10
陈文强	党组成员、副局长	2015.10
林　军	党组成员、副局长	2015.10
杨光明	副局长	2015.12
袁玉瑛	副局长	2015.12
王红兵	湓浦分局局长	2015.12
汪　峰	南湖分局局长	2015.12
张毅人	大桥分局局长	2015.12
骆　民	白水湖分局局长	2015.12
张海平	人民路分局局长	2015.12
刘　伟	九龙分局局长	2015.12
李淑芬	三里街分局局长	2015.12
周　文	甘棠分局局长	2015.12
李学军	塔岭分局局长	2015.12

续表 3

姓　名	职务	任职时间
江　涛	大树下分局局长	2015.12
邓小金	双峰分局局长	2015.12
桑昌槐	公平交易局局长	2015.12
邹　杰	企业注册局局长	2015.12
黎　明	食安办专职副主任	2016.1
	浔阳区农林水务局	
马艺文	局长	2012.5
廖红英	副局长	2015.10
黄志钢	副局长	2015.10
周建平	主任科员	2015.10
	浔阳区旅游局	
李志文	局长	2013.6
詹　敏	副局长	2010.8
雷　琳	副局长	2012.6
	浔阳区物价局	
喻济人	党支部书记	2013.5
章兴宇	副局长	2013.7
杜　群	物价监督检查局局长	2010.8
邓海平	主任科员	2013.6
刘晓燕	主任科员	2016.8
	浔阳区人防办	
朱　敏	主任	2015.10
汤晓薇	副主任	2004.3
晏迎春	副主任	2012.3
杜　平	主任科员	2010.8

续表 3

姓　名	职务	任职时间
陶　俊	主任科员	2012.5
胡迎春	主任科员	2012.1
毛文德	主任科员	2010.8
浔阳区行政服务中心管委会		
段　华	主任	2015.12
徐惠华	副主任	2008.5
熊修全	副主任	2010.8
吴兴强	政府采购中心主任	2012.6
浔阳区流动人口管理服务办公室		
徐　岚	副主任	2012.6
黄　武	流动人口服务管理大队大队长	2013.9
浔阳区房产局		
冷　彧	局长	2016.8
张明圣	副局长	2014.3
陈　芳	副局长	2013.6
朱　涛	副局长	2013.7
孙建新	副局长	2013.9
陶少敏	主任科员	2009.9
罗　勇	主任科员	2016.8
浔阳区三产发展服务局		
姚华仟	局长	2010.8
金　雷	党支部书记	2009.6
徐燕芳	副局长	2012.6
周晓忠	副局长	2013.9
王维嘉	主任科员	2016.8

续表 3

姓 名	职务	任职时间
殷毓炎	副主任科员	2013.9
张 敏	保留副科级待遇	2004.3
	浔阳区城东工业基地管委会办公室	
龚雪华	城东工业基地党工委委员、管委会副主任、办公室主任	2012.5
严 心	副主任	2012.6
刘 宇	副主任	2012.6
王 佳	副主任	2013.6
	浔阳区信息办	
林 峰	主任	2012.5
夏克冰	副主任	2012.6
缪珊珊	副主任	2007.9
安 浩	总工程师	2012.6
	浔阳区机关事务局	
杨振欣	局长	2013.6
卢选华	副局长（正科级）	2010.8
叶 红	副局长	2013.9
万 千	副局长	2012.6
桑昌炎	保留副科级待遇	2012.6
	浔阳区经济服务中心	
朱建乐	区政府党组成员、经济服务中心主任	2013.6
陈 峰	副主任	2013.6
李 文	副主任	2013.9
邓素敏	副主任	2013.6
	浔阳区沿江开放开发领导小组办公室	
蔡栋梁	发改委副主任、沿江开发办主任	2013.6

续表 3

姓　名	职务	任职时间
徐娅楠	副主任	2013.6

垂直管理机构领导干部名录

表 4

姓名	职务	任职时间
	人武部	
孔祥云	部长	2012.3
宋卫国	政委	2015.3
李　进	副部长	2015.3
刘　南	政工科科长	2015.3
郝　畅	后勤科科长	2015.3
	区公安分局	
刘　松	局长	2015.9
陈正初	政委	2014.6
万义振	副局长	2012.5
涂　俊	党委委员、副局长	2011.11
曾　立	党委委员、副局长	2012.5
程世平	党委委员、副局长	2011.11
孙　楠	党委委员、副局长	2012.5
朱　杰	党委委员、副政委、分局第一副督察长	2012.5
张　伟	办公室主任	2014.10
唐　婷	指挥调度科科长	2012.6
张馨月	情报信息研判大队大队长	2012.10
徐国平	网安情报大队教导员	2016.5
黄自勤	监察室主任	2014.11
蔡锦祥	国内安全保卫大队大队长	2016.5

续表 4

姓名	职务	任职时间
孔　江	国内安全保卫大队教导员	2016.5
黎　军	610 办公室副主任	2013.6
陈　琦	党委委员、治安管理大队大队长	2012.5
钟晓军	治安管理大队教导员	2014.10
陶　春	刑事侦查大队大队长	2013.10
李劲松	刑事侦查大队教导员	2012.7
张昊宏	刑事侦查大队副大队长	2012.7
杨　峻	刑事侦查大队副大队长	2016.5
李　新	刑事侦查大队副大队长	2016.5
柯京华	刑事侦查大队技术中队中队长	2015.1
沈新桥	刑事侦查大队技术中队中队长	2012.7
程传能	刑事侦查大队重案中队中队长	2016.5
周　祺	刑事侦查大队情报中队中队长	2016.5
周　明	刑事侦查大队盗窃机动车侦查中队中队长	2012.7
黄　挺	刑事侦查大队街面犯罪侦查中队中队长	2012.7
王　波	刑事侦查大队有组织犯罪侦查中队中队长	2016.5
陈　钢	禁毒大队大队长	2014.1
刘新波	禁毒大队教导员	2012.6
刘亚华	经济犯罪侦查大队大队长	2016.5
刘小军	经济犯罪侦查大队教导员	2016.5
甘文婷	警务督察大队大队长、分局副督察长	2012.5
聂红卫	警务督察大队教导员	2016.5
叶继宏	党委委员、政工科科长	2012.5
孙思明	政工科副科长	2012.10
胡政荣	法制科科长	2001.9

续表 4

姓名	职务	任职时间
付　欣	信息通信科科长	2009.1
彭　珍	户政科科长	2006.7
汪　君	信访科科长	2013.6
张明江	出入境管理科科长	2014.10
骆训科	甘棠派出所所长	2014.11
李浚奇	甘棠派出所教导员	2014.1
刘志宏	湓浦派出所所长	2014.10
黄增辉	湓浦派出所教导员	2014.10
毕如新	人民路派出所所长	2014.7
陈　剑	人民路派出所教导员	2016.7
刘闽卫	庐山南路派出所所长	2016.5
冯辉煌	庐山南路派出所教导员	2016.5
张新华	南湖派出所所长	2012.6
桂胜华	南湖派出所教导员	2012.10
熊云生	三里街派出所所长	2016.5
孔祥木	三里街派出所教导员	2016.5
罗家平	浔阳楼派出所所长	2016.5
袁　丁	浔阳楼派出所教导员	2016.5
廖顺乐	金鸡坡派出所所长	2014.10
朱梦天	金鸡坡派出所教导员	2014.10
殷美红	市场派出所教导员	2012.5
余越欧	滨江派出所所长	2016.5
周　峰	白水湖派出所教导员	2015.1
周　刚	琵琶亭派出所所长	2014.8
毛仪臣	琵琶亭派出所教导员	2012.10

续表 4

姓名	职务	任职时间
朱义辉	金安湖派出所所长	2014.10
熊敏宇	巡防大队大队长	2012.6
刘明珠	巡防大队教导员	2016.5
郭　忠	市局九江长江大桥治安查报站站长	2014.10
黄　强	九江长江大桥治安查报站副站长	2014.8
	区国家税务局	
邹平力	党组书记、局长	2010.2
潘龙柱	副局长	2003.2
陈洪仕	副局长	2003.2
熊　健	副局长	2001.9
魏　东	副局长	2003.9
梅剑锋	副局长	2003.9
曹慧昀	纪检组长	2000.1
刘新春	税源管理一科科长	2015.5
朱丽景	税源管理二科科长	2004.11
刘　锋	税源管理三科科长	2004.11
	区地方税务局	
詹济英	局长、党组书记	2012.10
陈柔伊	副局长、党组成员	2013.9
胡江华	纪检组长、党组成员	2012.8
沈昶宇	副局长、党组成员	2015.9
奚小刚	纳税服务分局分局长	2003.8
户力群	一分局分局长	2013.6
唐　斌	二分局分局长	2006.9
周　果	三分局分局长	2007.9

续表 4

姓名	职务	任职时间
吕　冰	四分局分局长	2015.9
汪　洋	五分局分局长	2006.9
	区国土资源局	
殷东火	局长	2014.5
陈俊文	副局长	2003.1
刘家启	副局长	2006.9
邓芳华	纪检组长	2006.9
邵剑锋	浔东国土所所长	2009.7
胡　平	区土地执法大队队长	2013.3
黄晓俊	区土地储备中心主任	2013.3
桑昌任	区土地交易中心主任	2013.3
程孟常	副科级干部	2013.3
	城区烟草专卖局	
饶　盛	局长（经理）	2014.1
赵会松	副局长	2016.8
涂艳红	副经理	2016.12
	九江市住房公积金管理中心浔阳办事处	
候　亮	主任	2013.11
	市执法局浔阳区大队	
袁　猛	大队部大队长	2013
洪天宝	大队部教导员	2016
赵梓文	大队部副大队长	2013
张剑锋	大队部副大队长	2016
陈良强	大队部副教导员	2015
程　敏	大队部副大队长	2016

续表 4

姓名	职务	任职时间
朱登球	大队部副大队长	2016
万　乐	办公室主任	2015
吕　群	执法室主任	2015
桂志新	机动中队指导员	2015
卢建波	金鸡坡中队中队长	2011
漆孙斌	金鸡坡中队指导员	2012
周文彬	白水湖中队中队长	2014
高洪毅	白水湖中队指导员	2014
蔡礼明	湓浦中队中队长	2016
石　峰	湓浦中队指导员	2016
吴　川	人民路中队中队长	2013
刘　勤	人民路中队指导员	2015
陈浩文	甘棠中队中队长	2014
左　颖	甘棠中队指导员	2014
唐义波	两湖中队中队长	2008
吴建新	两湖中队指导员	2015
	区消防大队	
李　伟	大队长	2014.5
熊伍生	政治教导员	2011.6
燕　飞	副大队长	2013.6
	区武警中队	
徐迎龙	政治指导员	2016.4
吴　杰	中队长	2014.1
	九江移动浔阳分公司	
朱志达	总经理	2014

续表 4

姓名	职务	任职时间
九江农商银行股份有限公司浔阳支行		
周　啸	行长	2015.9
吴继红	副行长	2009.9
饶扬宋	副行长	2015.2
邮储银行股份有限公司九江分行		
吴国亮	行长	2011.4
郭贵波	副行长	2013.11
江　斌	副行长	2013.12
刘颖煜	副行长	2014.1
李　治	副行长	2016.12
中国光大银行股份有限公司九江大中大社区支行		
邹　欣	主任	2016.3
中国交通银行股份有限公司九江分行		
罗竹青	行长	2016.11
陈小毛	副行长	2016.4
涂　珏	副行长	2015.6
叶　晓	副行长	2015.12
中国工商银行股份有限公司九江分行		
谢建国	行长	2016.5
江华柱	副行长	2014.1
强存忆	纪委书记	2010.5
淦作京	副行长	2014.2
刘智群	副行长	2016.8
招商银行股份有限公司九江分行		
陶　然	行长	2015.4

续表 4

姓名	职务	任职时间
祝苏勇	副行长	2013.4
汪喜贵	副行长	2013.7
桂力军	行长助理	2014.5
	江西银行股份有限公司九江浔阳区支行	
罗　创	行长	2016.12
	上海浦东发展银行股份有限公司九江分行	
孔　耘	行长	2016.9
吴曙峰	副行长	2013.11
	中国农业银行股份有限公司九江九龙支行	
欧阳珊	行长	2015.4
黄　浩	副行长	2015.4
范　慧	副行长	2015.4
罗泳飞	副行长	2016.4
	中国银行股份有限公司浔阳区支行	
李平贵	行长	2016.1
刘学文	副行长	2016.9
张文莉	副行长	2016.8
	北京银行股份有限公司九江小微支行	
常　江	行长	2015.7
巢晓明	副行长	2015.7
柳辉文	副行长	2015.7
	九江银行股份有限公司白水湖支行	
潘火兰	行长	2015.2
黄浔浔	行长助理	2015.2
	九江银行股份有限公司大中路支行	

续表 4

姓名	职务	任职时间
张美莲	行长	2014.2
汪　源	行长助理	2014.6
	九江银行股份有限公司长江支行	
骆桃云	行长	2014.2
	国泰君安证券股份有限公司九江甘棠路证券营业部	
鄢　嫣	经理	2010.9
	国盛证券有限责任公司九江孤溪埂证券营业部	
孙鹃奇	总经理	2012.6
	中信建投证券股份有限公司九江浔阳东路证券营业部	
江　丹	经理	2014.7
	海通证券股份有限公司九江浔阳东路证券营业部	
洪海燕	经理	2014.5
	中航证券有限公司九江浔阳路证券营业部	
谢金球	经理	2011.9
	长江证券股份有限公司九江浔阳东路证券营业部	
潘金芳	经理	2015.1
	安信证券股份有限公司九江长虹北路证券营业部	
魏建文	经理	2015.1
	南京证券股份有限公司九江九龙街证券营业部	
刘国强	经理	2014.12
	中国人民财产保险股份有限公司九江市浔阳支公司	
徐　焕	经理	2015.1
	华安财产保险股份有限公司九江中心支公司	
王　恒	经理	2009.4
	华泰财产保险有限公司九江中心支公司	

续表 4

姓名	职务	任职时间
陶　军	经理	2012.7
	信泰人寿保险股份有限公司九江中心支公司	
王胜斌	经理	2013.3

街道领导干部名录

表 5

姓名	职务	任职时间
	湓浦街道	
叶　宁	党工委书记	2016.6
袁春燕	党工委副书记、办事处主任	2016.7
邢　浔	党工委副书记、人大工委主任、综治办主任	2016.8
宗海娟	政协联络处主任	2016.8
程广宇	党工委委员、纪工委书记	2016.8
黄家春	党工委委员、办事处副主任	2013.5
刘　丽	办事处副主任	2012.3
苏美霞	办事处副主任	2014.3
朱　棣	综治办专职副主任	2012.11
叶丽丽	党员服务中心主任	2012.12
	甘棠街道	
陈健斌	党工委书记	2016.6
周　围	党工委副书记、办事处主任	2016.7
吴亚雄	党工委副书记	2016.8
程　红	人大工委主任	2016.8
戚亚俊	政协联络处主任	2016.8
王　娜	党工委委员、纪工委书记	2016.8
詹　鑫	党工委委员、办事处副主任	2013.5

续表 5

姓名	职务	任职时间
孔亚男	办事处副主任	2012.3
张　政	综治办专职副主任	2012.11
李　鹏	党员服务中心主任	2012.12
郑章萍	便民服务中心主任	2013.9
	人民路街道	
冯　文	党工委书记	2015.8
金　剑	党工委副书记、办事处主任	2015.10
李　庆	党工委副书记	2016.8
朱建春	人大工委主任	2016.8
王红霞	政协联络处主任	2016.8
郭　俊	党工委委员、人武部部长	2012.5
黄　俊	党工委委员、纪工委书记	2016.8
沈小月	党工委委员、办事处副主任	2016.8
游　静	办事处副主任	2012.3
肖　飞	办事处副主任	2015.2
黄　凯	便民服务中心主任	2013.9
郑　添	党员服务中心主任	2015.12
	白水湖街道	
潘俊俊	党工委书记	2016.6
黄　玮	党工委副书记、办事处主任	2016.7
段　涛	党工委副书记	2016.8
陶　韬	人大工委主任	2016.8
张力萍	政协联络处主任	2016.8
荣君远	党工委委员、纪工委书记	2016.8
吴祥富	党工委委员、办事处副主任	2009.7

续表 5

姓名	职务	任职时间
周中秋	党工委委员、办事处副主任、综治办主任	2008.1
顾　勤	党工委委员、办事处副主任	2016.8
周文飞	办事处副主任	2012.6
胡骏昌	综治办专职副主任、政工科科长	2012.11
何小艳	党员服务中心主任	2012.12
杨舒云	便民服务中心主任	2013.9
费定新	主任科员	2010.8
孔繁良	副主任科员	2006.7
	金鸡坡街道	
聂道勇	党工委书记	2016.6
余文进	党工委副书记、办事处主任	2016.7
毛　健	党工委副书记	2016.8
余　斌	人大工委主任、综治办主任	2015.12
张相林	政协联络处主任	2016.8
陈哲夫	党工委委员、纪工委书记	2016.8
余火连	办事处副主任，大塘村党总支书记、村委会主任	2012.3
严　峻	办事处副主任	2012.6
曹德金	办事处副主任、曹家山村党总支书记	2015.2
李　俊	综治办专职副主任	2012.11
郭　智	党员服务中心主任	2012.12
项　晶	便民服务中心主任	2013.9

• 先进个人和先进集体名录 •

该分目收录2016年市厅级以上表彰的先进个人名录、2016年市厅级以上表彰的先进集体名录、2016年区、处级以上表彰的先进集体名录，以报送资料时间为序，由各单位报送资料。附录2016年市级劳动模范名录，由区总工会供稿。

2016 年市厅级以上表彰的先进个人名录

表 6

姓　名	性别	工作单位	表彰年度	荣誉称号或奖项	授予单位
赵风林	男	浔阳区民政局	2016	中国社会报民政宣传工作先进个人	民政部
董俊杰	男	浔阳区农林水务局	2016	全省农业工作先进个人	省农业厅
伍　敏	男	浔阳区农林水务局	2016	全省抗洪抢险先进个人	省委、省政府
朱　敏	男	浔阳区人防办	2016	纪念人防法颁布 20 周年征文活动二等奖	省人防办
李　伟	男	浔阳区公安消防大队	2016	十佳消防卫士	省消防总队
李　伟	男	浔阳区公安消防大队	2016	个人三等功	省消防总队
李磊磊	男	金鸡坡街道游岭村委会	2016	“安全年”活动先进个人	省综治委铁路护路联防领导小组
方　芳	女	浔阳区地税局	2016	全省地税系统先进工作者	省地税局
杨　波	男	浔阳区国税局	2016	全省国税系统纳税服务标兵	省国税局
邹平力	男	浔阳区国税局	2016	《营改增后服务业面临的税收征管问题初探》2016年全省国税系统群众性课题调研成果优秀奖	省国税局税收科研所
熊瑞芳	女	浔阳区国税局	2016	《营改增后服务业面临的税收征管问题初探》2016年全省国税系统群众性课题调研成果优秀奖	省国税局税收科研所
杨水元	男	浔阳区国税局	2016	全省国税系统营改增试点工作记功嘉奖	省国税局
温爱萍	女	退休，余家垅社区居民	2016	全国“最美家庭”	全国妇联
温爱萍	女	退休，余家垅社区居民	2016	全国“五好家庭”	全国妇联

续表 6

姓　名	性别	工作单位	表彰年度	荣誉称号或奖项	授予单位
胡小敏	女	浔阳区法院	2016	全省优秀人民陪审员	省高院
刘　博	男	浔阳区行政服务中心	2016	全市政务服务系统先进个人	市行政服务中心
汤亚洲	男	浔阳区民宗局	2016	全市民宗系统信息先进个人	市民宗局
汤亚洲	男	浔阳区民宗局	2016	全市统战信息信息先进个人	市民宗局
伍　敏	男	浔阳区农林水务局	2016	全市防汛抗洪先进个人	市委、市政府
伍　敏	男	浔阳区农林水务局	2016	九江市河道采砂管理先进工作者	市河道采砂管理领导小组
吴天兵	男	浔阳区委统战部	2016	全市统战宣传信息工作先进个人	市委统战部
杜仁飞	男	浔阳区公安消防大队	2016	个人三等功	市消防支队
张　群	女	浔阳区信访局	2016	全市信访工作先进个人	市委办公厅、市人民政府办公厅
叶建敏	男	浔阳区城乡居民社会养老保险管理局	2016	九江市人力资源社会保障系统最美工作人员	市人社局
刘　莉	女	白水湖环卫所	2016	全市“身边实在实干九江人”先进个人	九江日报社
张相林	男	金鸡坡街道办事处	2016	抗洪抢险工作先进	市委、市政府
桑昌银	男	金鸡坡街道游岭村委会	2016	市劳动模范	市委、市政府
韩　丽	女	金鸡坡街道中铁九铁社区主任	2016	九江市城区住户调查优秀辅助调查员荣誉称号	市统计局
丁立慧	女	金鸡坡街道办事处	2016	九江市三八红旗手	市妇女联合会
龚冬玲	女	金鸡坡街道办事处	2016	九江市计划生育先进个人	市卫生委
罗　晴	女	人民路街道办事处	2016	九江市老年人意外伤害保险推广工作先进代表	市老龄委
马海园	女	人民路街道德化社区	2016	全市“身边实在实干九江人”先进个人	九江日报社
左美春	女	浔阳区财政局	2016	先进个人	市财政局
许　巍	男	浔阳区司法局	2016	2011—2015 年全市法治教育先进个人	九江市普法依法治市领导小组

附：2016年市级劳动模范名录

表 7

姓　名	性别	工作单位	表彰时间	荣誉称号或者奖项	授予部门
桑昌银	男	浔阳区金鸡坡街道游岭村	2016	劳动模范	市政府
万水娥	女	浔阳区新新百货发展有限公司	2016	劳动模范	市政府
孔令智	男	九江琵琶湖农产品物流有限公司	2016	劳动模范	市政府
曹明智	男	九江市浔阳区工业园津晶科技园	2016	劳动模范	市政府

2016 年市厅级以上表彰的先进集体名录

表 8

获奖单位	获奖年度	荣誉称号	授奖单位
区民政局	2016	中国社会报民政宣传工作先进单位	民政部
人民路街道向阳闸社区	2016	全国综合减灾示范社区	民政部
人民路街道湖滨社区	2016	“十二五”全省人民防空先进单位	省国防动员委员会
区公安消防大队	2016	省一级档案管理单位	省档案局
区委组织部	2016	全国基层人才工作优秀案例奖	中国人才杂志社
白水湖街道沿江社区	2016	全省综合减灾示范社区	省减灾委、省民政厅
金鸡坡街道曹家山村	2016	省“战春运、迎两会、保安全”竞赛活动先进集体	省综治委铁路护路联防领导小组
金鸡坡街道游岭村	2016	全省精品农村社区	省民政厅
金鸡坡街道游岭村	2016	全国乡镇综合一级文化站	省文化厅
金鸡坡街道大塘村	2016	全国无邪教示范村	国务院防范和处理邪教问题办公室
金鸡坡街道大塘村	2016	全国科普示范社区	中国科协、财政部
湓浦街道	2016	全省拥军优属先进单位	省民政厅
湓浦街道九龙社区	2016	全省综合减灾示范社区	全省综合减灾委员会、省民政厅
人民路街道向阳闸社区	2016	全省综合减灾示范社区	省减灾委、省民政厅

续表 8

获奖单位	获奖年度	荣誉称号	授奖单位
人民路街道	2016	全省关心下一代工作先进集体	省关工委、省文明办
区卫计委	2016	全省基层医疗卫生机构省级示范单位	省卫计委
区妇幼服务中心	2016	全省计划生育药具工作先进单位	省药具中心
区卫计委	2016	浔阳区启动婚育健康服务卫计合证平台	中国人口报
民革浔阳区支部	2016	全省参政议政先进基层支部	民革江西省委会
区科协	2016	全国科普日活动优秀组织单位	中国科协
区法院刑事审判庭	2016	全国法院先进集体	最高人民法院
甘棠街道办事处	2016	全国计生协先进示范街道	国家计生协会
区信访局	2016	全省信访工作“三无”县（市、区）	省信访工作联席会议
区民政局	2016	全省社会救助先进县	省民政厅
区民政局	2016	双拥模范城	省双拥工作领导小组
区民政局	2016	全省民政信访工作“三无”县（市、区）	省民政厅
区卫计委	2016	省级慢性非传染性疾病综合防控示范区	省卫计委
区政协	2016	反映社情民意信息工作先进单位	省政协
区政协	2016	《光华时报》读报用报先进单位	省政协办
区妇联	2016	全省妇联系统宣传舆论阵地建设先进单位	省妇联
区人防办	2016	全省县级人防目标管理考核先进单位	省人防办
区法院白水湖法庭	2016	2014—2015 年度全省优秀法庭	省高级人民法院
区国库集中收付核算中心	2016	省五一巾帼标兵岗	省总工会
白水湖街道	2016	2015 年度全省消防工作先进单位	省消防安全委
人民路街道庐南社区	2016	省优秀科普示范社区	省科协
人民路街道庐南社区卫生服务中心	2016	2015—2016 年度全省基层医疗卫生机构省级示范单位	省卫计委
人民路街道幸福里社区	2016	省优秀科普示范社区	省科协

续表 8

获奖单位	获奖年度	荣誉称号	授奖单位
白水湖街道花果园社区	2016	全省安全生产社区	省安委办、省安监局
金鸡坡街道大塘村	2016	省第五届文明村镇	省委、省政府
区地税局	2016	省第十四届文明单位	省文明委
区地税局	2016	全省“百万网民学法律”网络法律知识竞赛活动组织工作先进单位	省法制办
区国税局	2016	省第十四届文明单位	省委、省政府
区国税局办税服务厅	2016	2014—2015 年度省级青年文明号	省创建青年文明号活动组委会
区国税局	2016	2011—2015 年全省法治宣传教育先进单位	省普法教育工作领导小组
大中路、庾亮南路	2016	省级文化街区	省政府
联盛商业连锁股份有限公司	2016	大型商贸（连锁）企业类重点推进企业	商务部、国家标准委
琵琶湖农产品市场	2016	全国农产品批发市场百强	全国城市农贸中心联合会
九江津晶城科技园	2016	省级现代服务业集聚区	省服务业发展领导小组
区市场和质量监督管理局市管股	2016	全省 2015—2016 年度诚信市场创建活动工作突出单位	省工商局
区市场和质量监督管理局白水湖分局	2016	全省优秀行政调解案例案卷	省政府法制办
区消费者协会	2016	消费维权新闻宣传县市级优秀单位	中国消费者报社
南湖派出所	2016	全省十佳公安派出所（通报表扬）	省公安局
区检察院	2016	全国检察宣传先进单位	最高人民检察院检察日报社
区教体局	2016	全国第五届中小学生艺术展演活动优秀组织奖	教育部
区教体局	2016	空军招飞工作先进单位	东部战区空军政治工作部、省高等院校招生委员会
浔阳小学	2016	省校园文化特色学校	省中小学德育工作办公室
浔阳小学	2016	第二批全省依法治校示范校	省教育厅
浔阳小学	2016	省青少年足球训练中心夏令营男子乙组季军	省足球协会
浔阳小学	2016	省“创建先进无毒文明校园”荣誉称号	省中小学德育工作办公室

续表 8

获奖单位	获奖年度	荣誉称号	授奖单位
湖滨小学	2016	2015 年全国学校体育工作示范学校	教育部
湖滨小学	2016	全国校园足球优秀组织奖	教育部
湖滨小学	2016	第四届全国少儿世界和平海报比赛九江赛区市级优秀组织奖	广东省残疾人联合会
湖滨小学	2016	2016 年“我爱足球”中国足球民间争霸赛大赛娃娃组五人制足球赛第八名	教育部
湖滨小学	2016	省校园文化特色学校	省教育厅
湖滨小学	2016	省足球青少年后备人才基地	省教育厅
湖滨小学	2016	省校园足球中小学生五人制足球锦标赛省级第一名	省教育厅
湖滨小学	2016	江西广播电视台（农行杯少年演说家）全省电视大赛优秀组织奖	江西广播电视台、省少工委
湖滨小学	2016	第十七届华人少年作文比赛暨首届江西省华人作文比赛优秀组织奖	省教育厅教学教材研究室、学友团教育传媒集团、北京华人少年儿童文化教育交流协会
柴桑小学	2016	全国青少年校园足球特色学校	教育部
柴桑小学	2016	世界和平海报九江赛区最佳组织奖	广东省残疾人联合会
东风小学	2016	世界和平海报九江赛区最佳组织奖	广东省残疾人联合会
东风小学	2016	情景剧《夏令营中的成长》在全国第五届中小学生艺术展演活动中荣获三等奖	教育部
东风小学	2016	省教育系统先进女教职工组织	省教育工会
东风小学	2016	省少儿文化艺术节一等奖	省委宣传部、省文化厅
东风小学	2016	省第二届中小学生戏剧节一等奖	省教育厅
区农林水务局	2016	“财政惠农信贷通”工作先进单位	市委、市政府
甘棠街道办事处	2016	城市环境综合治理“攻坚年”先进单位	市委、市政府
湓浦街道	2016	人口与计划生育工作先进单位	市委、市政府
湓浦街道	2016	先进人大代表之家	市人大常委会

续表 8

获奖单位	获奖年度	荣誉称号	授奖单位
人民路街道	2016	2015 年度全市人口和计划生育工作先进街道	市政府
浔阳区	2016	全市商贸工作综合先进以及市场运行和消费促进工作先进	市政府
浔阳区	2017	市、区教育工作综合先进单位	市政府
浔阳区	2016	2015 年度市、区教育工作综合先进单位	市政府

2016 年区、处级以上表彰的先进集体名录

表 9

获奖单位	获奖年度	荣誉称号	授奖单位
区委党校	2016	全市党校系统目标考评先进单位	市委党校
区检察院	2016	全市检察机关规范执法先进单位	市检察院
区工商联	2016	全市工商联目标管理综合工作先进单位	市工商业联
区工商联	2016	全市非公经济组织党工委目标管理考评“基层党建示范点”先进单位	九江非公有制经济组织工作委员会
区行政服务中心管委会	2016	文明中心	市文明办
区行政服务中心管委会	2016	基础建设先进单位	市行政服务中心
九三学社浔阳区支社	2016	2016 年度综合考评二等奖	九三学社九江市委会
区知识产权局	2016	全市知识产权宣传培训工作先进集体	市科技局
民建浔阳区支部	2016	全市综合先进	民建九江市委
区婚姻登记处	2016	市第十届巾帼文明岗	市妇联
甘棠街道庐峰社区	2016	全市综合减灾示范社区	市减灾委员会、市民政局
浔阳志愿者之家	2016	市青年志愿服务优秀项目奖	市文明办、共青团九江市委
区民宗局	2016	全市民宗系统 2016 年度信息工作先进单位	市民宗局
区农林水务局	2016	农产品质量安全监管工作先进单位	市农业局
区农林水务局	2016	“河长制”工作先进单位	市农业局

续表 9

获奖单位	获奖年度	荣誉称号	授奖单位
区委办	2016	全市党委办公室系统综合调研先进单位	市委办公厅
区人防办	2016	人防目标管理考核先进单位	市人防办
区委统战部	2016	全市统战宣传信息工作先进单位	市委统战部
区公安消防大队	2016	九江市文明单位	市文明办
区公安消防大队湓浦路中队战斗一班	2016	集体三等功	市消防支队
区信息办	2016	全市政府信息工改工作先进单位	市政府办公厅
区就业局	2016	就业创业服务工作先进单位	市劳动就业服务局
区再就业小额贷款中心	2016	市人力资源和社会保障系统优质服务窗口	市人社局
白水湖人社所	2016	市人力资源和社会保障局系统优质服务窗口	市人社局
白水湖街道庐峰花园社区	2016	市首届社区广场舞大赛组织奖	市文明办、九江日报社
白水湖街道	2016	2012—2014 年度文明单位复查	市精神文明建设指导委会员
白水湖街道	2016	全市法治宣传教育先进集体	市普法依法治市领导小组
白水湖街道九针社区	2016	市学雷锋志愿服务示范社区	市委宣传部、市文明办
白水湖街道白水湖村	2016	“身边实在实干九江人”先进集体	九江日报社
甘棠街道办事处	2016	2012—2015 年度九江市群众体育先进单位	市体育局
甘棠街道城市花园社区	2016	全面健身运动会“优秀组织奖”	市体育局
甘棠街道庐峰社区	2016	市学雷锋志愿服务示范社区	市文明办
甘棠街道庐峰社区	2016	市首届社区广场舞大赛组织奖	市文明办、市日报社
金鸡坡街道	2016	市“首届社区广场舞大赛”组织奖	市文明办、九江日报社
金鸡坡街道大塘村	2016	全市基层党组织建设工作示范点	市委组织部
湓浦街道	2016	防汛抗洪先进单位	市防汛指挥部
湓浦街道	2016	城市环境综合整治“攻坚年”先进单位	市城市环境整治领导小组
湓浦街道	2016	基层团建示范街道	共青团九江市委

续表 9

获奖单位	获奖年度	荣誉称号	授奖单位
湓浦街道梅绽坡社区	2016	市学雷锋志愿服务示范社区	市文明办
湓浦街道九龙社区	2016	市学雷锋志愿服务示范社区	市文明办
湓浦街道九龙社区	2016	全市基层党组织建设工作示范点	市委组织部
人民路街道财政所	2016	全市财政系统 2014—2016 年度“青年文明号	市财政局、团市委
人民路街道	2016	市首届社区广场舞大赛组织奖	市文明办、九江日报社
人民路街道湖滨社区	2016	市首届社区广场舞大赛组织奖	市文明办、九江日报社
人民路街道湖滨社区	2016	市首届社区广场舞大赛精神文明奖	市文明办、九江日报社
人民路街道大树下社区	2016	市首届社区广场舞大赛优胜奖	市文明办、九江日报社
人民路街道庐南社区	2016	市学雷锋志愿服务示范社区	市委宣传部、市文明办
人民路街道	2016	2012—2014 年度文明单位复查	市精神文明建设指导委员会
人民路街道幸福里社区	2016	全市基层党组织建设工作示范点	市委组织部
区卫计委	2016	2015 年度卫生应急先进单位	市卫计委
区卫计委	2016	2015 年度卫生综合目标管理先进单位	市卫计委
区卫计委	2016	区全国首创婚育健康服务和证平台	九江日报社
区地税局四分局	2016	市工人先锋号	市总工会
区地税局纳税服务分局	2016	市巾帼文明岗	市妇联
区司法局	2016	2016 年度全市司法行政系统目标管理考评综合先进	市司法局
区司法局	2016	市“青少年维权岗”	共青团九江市委
区司法局	2016	2011—2015 年全市法治教育先进县（市、区）	市普法依法治领导小组
政工科、刑侦大队	2016	2016 年度局直机关先进基层党组织	市公安局
南湖派出所	2016	全市公安机关廉洁规范执法科所队	市公安局
巡防大队	2016	2016 年度全市公安机关抗洪抢险先进集体	市公安局
南湖派出所	2016	全市公安机关执法示范单位	市公安局

续表 9

获奖单位	获奖年度	荣誉称号	授奖单位
刑侦大队 10.28 专案组	2016	集体三等功	市公安局
信访科	2016	全市公安机关信访工作先进单位	市公安局
网安情报大队	2016	全市公安机关网安工作先进单位	市公安局
督察大队	2016	2016 年度“全市公安机关督察工作先进单位”	市公安局
国保大队	2016	全市公安反恐怖工作综合先进集体	市公安局
国保大队	2016	全市公安国内安全保卫工作先进单位	市公安局
湓浦派出所	2016	全市公安派出所国保工作先进单位	市公安局
经侦大队	2016	惩治商业贿赂犯罪先进集体	市公安局
法制科	2016	全市公安法制现场执法规范先进集体	市公安局
政工科	2016	全市公安政治工作先进集体	市公安局
纪委监察室	2016	“全市公安机关开展民警涉毒问题”专项治理工作先进单位	市公安局
湓浦派出所、庐南派出所、人民路派出所、国保大队、刑侦大队	2016	集体三等功	市公安局
指挥调度科、巡防大队	2016	全市优秀公安基层单位	市公安局
区分局党委	2016	五好班子	市公安局
治安大队	2016	全市公安机关治安工作目标管理考评先进单位	市公安局
户政科	2016	户籍管理工作先进单	市公安局
指挥调度科	2016	全市公安指挥系统综合先进集体	市公安局
出入境管理科	2016	全市公安出入境管理工作先进集体	市公安局
人民路派出所	2016	“210 工程”建设先进单位	市公安局
浔阳分局	2016	消防工作先进公安机关	市公安局
南湖派出所	2016	消防工作先进公安派出所	市公安局
禁毒大队	2016	全市公安缉毒执法工作考评二等奖	市公安局

续表 9

获奖单位	获奖年度	荣誉称号	授奖单位
浔阳分局	2016	“全警情录入”+先进单位	市公安局
刑侦大队	2016	全国公安优秀基层单位	市公安局
区教体局	2016	2012—2015 年度九江市群众体育先进单位	市体育局
区教体局	2016	2015 年度全市平安校园创建工作先进单位	市教育局
区教体局	2016	小记者工作综合先进奖	市委宣传部、市教育局、共青团市委、九江日报社
浔东小学	2016	市三项文化教育活动先进单位	市教育局
外国语实验小学	2016	市庆祝建党 95 周年大型群众歌咏比赛三等奖	市委宣传部、市直属机关工委、市文广局、市教育局、市文联
外国语实验小学	2016	市第四届中小学生合唱节二等奖	市教育局
外国语实验小学	2016	小记者工作进步奖	市委宣传部、市教育局、共青团市委、九江日报社
浔阳小学	2016	全市防汛抗洪先进单位	市防汛办
浔阳小学	2016	市“书香校园”光荣称号	市教育科学研究所
浔阳小学	2016	市师德师风主题教育月先进集体	市教育局
浔阳小学	2016	小记者活动组织奖	市委宣传部
湖滨小学	2016	2015 年度全市教育工会工作争先创优先进单位	市工会
湖滨小学	2016	市第三十一届青少年科技创新大赛 优秀组织奖	市科协、市教育局、市科技局
湖滨小学	2016	省校园足球中小学生五人制足球锦标赛（九江赛区）市级第一名	市教育局
湖滨小学	2017	市第十二届运动会暨全民健身运动会足球男子乙组第一名	市教育局
湖滨小学	2017	市群众体育先进单位	市教育局
湖滨小学	2016	全市中小学生“保护美丽河湖，建设美好家园”书信文化活动优秀组织奖	市教育局
湖滨小学	2016	小记者工作进步奖	市委宣传部、市教育局、共青团市委、九江日报社
柴桑小学	2016	市文明校园	市教育局

续表 9

获奖单位	获奖年度	荣誉称号	授奖单位
柴桑小学	2016	市中小学生健美操、啦啦操比赛小学组团体赛一等奖，市中小学生健美操、啦啦操比赛体育道德风尚奖	市教育局
柴桑小学	2016	市中小学生“保护美丽河湖，建设美好家园主题书信文化活动”优秀组织奖”	市教育局、市少工委、共青团市委
柴桑小学	2016	省中小学学生五人制足球锦标赛九江赛区（小学组）第五名	省中小学学生五人制足球锦标赛九江赛区组委会
东风小学	2016	市少年足球团体风尚奖	市教育局
东风小学	2016	市第二届中小学生戏剧节一等奖	市教育局
东风小学	2016	第三届九江市中小学环保绘画大赛优秀组织学校	市教育局、市环保局
东风小学	2016	市“书香校园”光荣称号	市教育科学研究所
东风小学	2016	市中小学健美操、啦啦操比赛一等奖	市教育局
东风小学	2016	小记者活动组织奖	市委宣传部、市教育局

·高级专业技术职务人员名录·

该分目收录2016年度评定正高级专业技术职务人员名录、2016年度评定副高级专业技术职务人员名录、2012—2015年获得高级技术职务人员名录，由区人力资源和社会保障局提供资料。

2016 年度评定正高级专业技术职务人员名录

表 10

姓　名	性别	出生年月	工作单位	评定时间	专业技术职务
杨　云	女	1968.3	柴桑小学	2016.12	正高级教师

2016 年度评定副高级专业技术职务人员名录

表 11

姓　名	性别	出生年月	工作单位	评定时间	专业技术职务
陈和周	男	1964.7	卫生监督所	2016.12	副主任医师

续表 11

姓　名	性别	出生年月	工作单位	评定时间	专业技术职务
王　芳	女	1981.3	湖滨小学	2016.11	高级教师
柳　琴	女	1978.11	柴桑小学	2016.11	高级教师

2012—2015 年度评定高级专业技术职务人员名录

表 12

姓　名	性别	出生年月	单位	评定时间	专业技术资格名称
李海花	女	1979.8	柴桑小学	2012.12	小学特高级教师
陈婉真	女	1979.12	柴桑小学	2012.12	小学特高级教师
田萌萌	女	1975.11	柴桑小学	2012.12	小学特高级教师
宋锦红	女	1963.2	柴桑小学	2012.12	小学特高级教师
张江琴	女	1978.6	柴桑小学	2015.12	小学特高级教师
潘育玲	女	1970.7	柴桑小学	2012.12	小学特高级教师
黄桂兰	女	1960.6	柴桑小学	2012.12	小学特高级教师
殷文慧	女	1978.12	柴桑小学	2012.12	小学特高级教师
莫少兰	女	1968.4	柴桑小学	2012.12	小学特高级教师
叶明杰	男	1970.4	柴桑小学	2012.12	小学特高级教师
余　洁	女	1977.1	柴桑小学	2012.12	小学特高级教师
罗玲玲	女	1968.8	柴桑小学	2012.12	小学特高级教师
夏　峻	男	1970.1	柴桑小学	2012.12	小学特高级教师
徐乙琳	女	1975.3	柴桑小学	2012.12	小学特高级教师
钱　盛	女	1976.6	柴桑小学	2012.12	小学特高级教师
桂　莉	女	1977.8	东风小学	2012.12	小学特高级教师
方未艾	女	1961.1	东风小学	2012.12	小学特高级教师
代美丽	女	1970.4	东风小学	2012.12	小学特高级教师
雷　康	女	1976.4	东风小学	2012.12	小学特高级教师

续表 12

姓　名	性别	出生年月	单位	评定时间	专业技术资格名称
廖　毅	男	1979.6	湖滨小学	2012.12	小学特高级教师
桑昌荣	男	1968.1	湖滨小学	2012.12	小学特高级教师
徐小萍	女	1964.2	湖滨小学	2012.12	小学特高级教师
刘　婕	女	1967.10	湖滨小学	2012.12	小学特高级教师
聂红霞	女	1978.1	湖滨小学	2012.12	小学特高级教师
方文俐	女	1970.1	湖滨小学	2012.12	小学特高级教师
王　敏	男	1977.1	湖滨小学	2012.12	小学特高级教师
陈　超	女	1968.12	湖滨小学	2012.12	小学特高级教师
李小勤	男	1969.1	湖滨小学	2012.12	小学特高级教师
魏　芳	女	1977.1	湖滨小学	2012.12	小学特高级教师
吕　实	女	1979.7	湖滨小学	2012.12	小学特高级教师
陈晓燕	女	1970.12	湖滨小学	2015.12	小学特高级教师
李晋华	女	1974.3	湖滨小学	2015.12	小学特高级教师
李美光	女	1967.7	湖滨小学	2015.12	小学特高级教师
周　萍	女	1974.3	湖滨小学	2015.12	小学特高级教师
雷　晖	女	1967.8	湖滨小学	2015.12	小学特高级教师
方华玲	女	1975.2	湖滨小学	2015.12	小学特高级教师
周芳丽	女	1980.2	湖滨小学	2012.12	小学特高级教师
张艳珍	女	1962.1	湖滨小学	2012.12	小学特高级教师
黄　丽	女	1971.11	湖滨小学	2012.12	小学特高级教师
兰　洋	女	1976.12	湖滨小学	2012.12	小学特高级教师
汤　琳	女	1978.8	湖滨小学	2012.12	小学特高级教师
周　英	女	1975.3	湖滨小学	2012.12	小学特高级教师
余娟娟	女	1981.12	湖滨小学人民路校区	2015.12	小学特高级教师
傅　红	女	1965.1	金鸡坡学校	2012.12	中学高级教师

续表 12

姓　名	性别	出生年月	单位	评定时间	专业技术资格名称
刘　燕	女	1973.8	进校小学	2012.12	小学特高级教师
段翠霞	女	1967.1	龙山小学	2012.12	小学特高级教师
柯小罡	男	1966.12	龙山小学	2012.12	小学特高级教师
欧阳珍	女	1962.1	龙山小学	2012.12	小学特高级教师
曹迁红	女	1977.11	龙山小学	2012.12	小学特高级教师
徐　艳	女	1968.7	龙山小学	2012.12	小学特高级教师
陶　莉	女	1971.7	龙山小学	2015.12	小学特高级教师
王　洁	女	1970.12	龙山小学	2012.12	小学特高级教师
徐燕霜	女	1980.2	龙山小学	2012.12	小学特高级教师
杨荣冰	女	1978.6	龙山小学	2012.12	小学特高级教师
汪思伟	男	1977.4	龙山小学	2012.12	小学特高级教师
朱侨芳	女	1968.11	龙山小学	2012.12	小学特高级教师
雷礼红	女	1969.9	龙山小学	2012.12	小学特高级教师
陈　琦	女	1976.7	琵琶亭学校	2012.12	小学特高级教师
杨红梅	女	1967.11	区招生办	2015.12	小学特高级教师
邹晓荣	女	1963.3	区招生办	2012.12	小学特高级教师
范序林	男	1973.6	区招生办	2012.12	小学特高级教师
陶　旗	男	1975.12	三里小学	2012.12	小学特高级教师
何丽荣	女	1971.1	三里小学	2012.12	小学特高级教师
张家云	女	1969.8	三里小学	2012.12	小学特高级教师
周戈好	女	1976.7	外国语小学	2015.12	小学特高级教师
蔡丹倪	女	1976.2	外国语小学	2012.12	小学特高级教师
陈尚妹	女	1963.7	外国语小学	2012.12	小学特高级教师
吴方芳	女	1975.4	外国语小学	2012.12	小学特高级教师
张　桦	女	1977.9	希望学校	2012.12	小学特高级教师

续表 12

姓　名	性别	出生年月	单位	评定时间	专业技术资格名称
李　静	女	1978.11	希望学校	2015.12	小学特高级教师
吴亚娟	女	1963.3	希望学校	2012.12	小学特高级教师
廖若冰	女	1980.1	新星小学	2012.12	小学特高级教师
匡浔敏	女	1970.4	浔东小学	2012.12	小学特高级教师
童奇敏	女	1977.1	浔东小学	2012.12	小学特高级教师
项青婷	女	1972.2	浔东小学	2012.12	小学特高级教师
龙金连	女	1973.9	浔阳区高招办	2012.12	中学高级教师
朱丽萍	女	1978.9	浔阳区高招办	2012.12	小学特高级教师
熊艳森	男	1972.11	浔阳区疾控中心	2012.12	副主任技师
付立萍	女	1964.11	浔阳区人民医院	2012.12	副主任护师
程卫琴	女	1973.4	浔阳小学	2012.12	中学高级教师
陈　湘	女	1977.5	浔阳小学	2015.12	小学特高级教师
罗亿虎	男	1973.1	浔阳小学	2015.12	小学特高级教师

栏目编辑：蒋靖男、占　隽、郭　微、林妍兮

附录

浔阳年鉴 XUNYANG YEARBOOK 2017

重要文件选录

中共浔阳区委　浔阳区人民政府
关于认真做好省“违插”专项治理项目排查检查组反馈问题整改工作的通知

浔字〔2016〕2号

各街道党工委、办事处，区委各部门、区直各单位：

2016年1月11日至15日，省发改委、省财政厅、省国资委、省国土资源厅、省住建厅、省审计厅六家省直部门组成的联合检查组对我区“违插”专项治理活动中的项目排查工作进行专项检查。检查组通过听取汇报、查阅资料、实地查看和谈话等方法，分别对行政事业单位工程建设项目、行政事业单位政府采购项目、国有及国有控股企业工程建设和物资采购项目、土地使用权审批出让、房地产规划和容积率审批调整及土地性质变更5个方面进行专项检查，发现我区在项目排查中存在18个问题。区委、区政府对检查组反馈的问题高度重视，明确要求各单位、各部门强化认识、落实责任，认真做好整改工作。现就做好有关整改工作通知如下：

一、提高认识，加强领导

省专项检查组发现的问题，实事求是，客观公正，不仅暴露我区工程项目中存在很多不规范的地方，也充分暴露了我区专项治理工作中存在重视程度不够、审核把关不严、督查工作不细等一系列问题。各单位、各部门务必高度重视，严肃对待，认真对照检查，深刻查找原因，坚决进行整改。要结合正在开展的“三严三实”专题教育，从理想信念、宗旨意识、党性修养、党的纪律等方面进行剖析，有针对性地完善整改措施。要切实把专项治理工作当作一项重要政治任务，强化领导，高位推进。要把专项检查整改工作作为近期工作重点，摆在突出位置，精心组织，狠抓落实，务求实效。各单位一把手作为第一责任人，要担负起领导职责，进一步强化认识，明确分工，切实增强做好整改工作的自觉性，以认真负责的态度做好省专项检查组反馈问题的整改工作。

整改工作在区委、区政府领导下进行，由区委书记、区长负总责，区纪委、区委办公室、区政府办公室负责协调，相关领导同志按照分工落实整改责任。有整改任务的部门和单位要成立由主要负责人为组长的整改工作领导小组。

二、细化责任，全面作为

在认真归纳梳理的基础上，将省专项检查组反馈的主要问题归纳为五个方面18个具体问题，并制定了《省“违插”专项治理项目排查检查组反馈问题整改工作方案》，明确了责任领导和责任单位。各有关单位和同志要对所承担的整改任务逐项对照检查，找出问题的症结，分析产生的原因，分解落实任务。要严格按照整改任务分工，结合工作实际，进一步细化整改方案，落实专人负责，明确整改措施和时间节点，迅速启动整改工作。要坚持一把手负总责，按照各负其责的要求，建立责任机制，实行分级管理、分级负责，一级抓一级，层层抓落实。要讲政治、顾大局，加强沟通、密切配合，形成工作合力，确保整改工作取得实效。

三、加强督查，严肃问责

区纪委、区委办公室、区政府办公室要发挥好组织协调和监督检查作用，积极协助区委、区政府抓好整改工作。区纪委要成立专项调查组，就自查自纠和专项检查中出现的问题进行调查，发现“违插”的坚决进行处理。区纪委要会同区委督查室、区政府督查室成立专项督查组，按照每半个月一督查的要求，重点围绕检查组反馈问题的整改落实情况、一二阶段的“回头看”情况、第三阶段的推进情况进行跟踪督查。对督查中发现的问题要及时督促责任单位进行整改。坚持把纪律挺在前面，对整改工作中出现推诿拖延、整改不力等情况，要严肃处理，严格问责；对在专项治理和项目排查中不负责任、马虎应付、弄虚作假等行为，要严肃追究相关责任人和单位负责人的责任；对自查自纠和专项检查中出现的失职渎职、欺骗组织、违纪违法等行为，要从严从重处罚，决不姑息。

四、吸取教训，举一反三

此次省专项检查组只是对5个方面的工程项目进行了抽查，未抽到的项目并不代表没有问题。各单位、各部门务必引以为戒，举一反三，认真组织开展“回头看”，严格对照《方案》要求，查漏补缺，一步不漏、一步不松、一步也不马虎地进行补课。各单位一把手要逐一与班子成员谈话，班子成员要与股级干部进行谈话，督促他们认真查找自身问题，及时进行纠正。要把整改工作同建设美丽、和谐、幸福首善之区的目标结合起来，着力解决全区经济社会发展、落实中央八项规定精神、党风廉政建设、领导班子执行民主集中制等方面存在的问题，形成风清气正的良好政治生态。区纪委要以此为契机，针对当前机关干部在落实工作上似干非干、政策业务上似懂非懂、协调配合上似通非通、原则把握上似公非公等问题，以及不作为、慢作为等现象，在全区开展“机关干部不作为”专项治理，严肃机关作风，提升机关效能。同时要完善长效机制，从源头上防范领导干部违规插手干预工程项目。

2016年1月20日

中共浔阳区委 浔阳区人民政府
关于表彰2015年度经济社会发展目标管理
考评先进单位和先进个人的决定

浔字〔2016〕3号

2015年，在区委、区政府的正确领导下，全区上下紧紧围绕既定的目标任务，解放思想，真抓实干，锐意进取，全区经济建设快速发展，各项社会事业全面进步。为总结经验、弘扬先进，经区委、区政府研究，决定对以下单位和个人给予表彰：

一、经济社会发展目标考评综合先进

1.区直单位：组织部、宣传部、政法委、统战部、检察院、财政局、人社局、民政局、卫计委、市容局。

2.驻区单位：浔阳公安分局、浔阳区国税局。

3.街道系列：湓浦街道、人民路街道。

二、经济社会发展目标考评区直单位单项工作先进

1.服务重点项目建设工作：建设局、房产局、环保局、商务局、三产局、统计局、经济服务中心、城投公司。

2.党风廉政建设工作：区委办、政府办、人大机关、政协机关、纪委、组织部、审计局、安监局。

3.“双百双千”活动工作：法院、团委、妇联、工商联、总工会、发改委、信息办、农林水务局。

4.社会管理工作：科技局、教体局、信访局、市场监督管理局、流管办、工业园办、司法局、机关事务局。

5.区直单位业务工作：科协、文新局、接待办、编办、关工委办。

三、经济社会发展目标考评街道单项工作先进

1.财税工作：人民路街道。

2.旧城改造工作：白水湖街道。

3.项目建设工作：金鸡坡街道。

4.党风廉政工作：金鸡坡街道。

5.社会管理工作：甘棠街道。

6.社区（村）建设工作：白水湖街道。

7.社区党建共建和“双百双千”活动工作：人民路街道。

8.市容管理工作：湓浦街道、甘棠街道。

9.计划生育工作：湓浦街道。

四、招商引资工作

1.一等奖：（空缺）。

2.二等奖：政府办、区委办、组织部。

3.三等奖：政协机关、人大机关、教体局、人民路街道、商务局。

五、支持地方发展贡献奖

浔阳区国土资源局、市国税局直属分局、市地税局直属二分局、市执法局浔阳区大队。

六、经济社会发展相关工作先进

1.十佳文明小区：

湓浦街道：莲环巷小区、船舶公司宿舍小区。

甘棠街道：赵家花园巷小区、长运宿舍小区。

人民路街道：整流器厂宿舍小区、区委宿舍小区。

白水湖街道：机修厂小区、外贸宿舍小区。

金鸡坡街道：新塘小区、姬公庵小区。

2. 十佳社区共建单位：

江西财经职业学院、市政府办公厅、市社会福利院、市商管办、市民政局、市工商局、市港口管理局、区人大机关、区检察院、区人防办。

3.项目建设服务标兵：

王志宝、朱棣、杨小艳、戚亚俊、李鹏、万斌霞、黄玮、李松辉、周中秋、胡丰、任凌罡、冯长江、张相林、高兰、陈诗清、魏晓宏、程星玖、王卫红、蔡栋梁、冷彧、曾乘风、徐艳婷、郑权、贾涵清、姚华仟、李勇、朱涛、罗秋林、段华、林峰、孙朝春、向菲、胥晟、姚忠、王建军、熊支财、盛宁、刘华、李腾。

七、辖区重点企业

（一）企业纳税大户奖

对纳税总量在1000万元以上，且有增量，授予纳税大户奖。

1. 纳税总量在1亿元以上的企业，奖励20万元。

江西省烟草公司九江市公司。

2. 纳税总量在1000万元—1亿元之间，且增量在1000万元以上的企业，各奖励10万元。

九江当代绿建置业有限公司、九江乾元房地产开发有限公司。

3. 纳税总量在1000万元—1亿元之间，且增量在1000万元以下的企业，各奖励5万元。

中国移动通信集团江西有限公司九江分公司、九江检安石化工程有限公司、人民保险、九江中辉房地产开发有限公司、中国邮政储蓄银行股份有限公司九江市分行、江西广灵药业有限公司、九江中房地产发展有限公司、中国石油天然气股份有限公司江西九江销售分公司、平安保险、九江武钢矿业铁铸工贸有限公司。

（二）企业贡献奖

对纳税总量在1000万元以上的其他企业，授予企业贡献奖，各奖励3万元。

九江市城市建设投资有限公司、九江摩码置业有限公司、九江深燃天然气有限公司、联盛集团、中瀚实业集团、信华集团、太平洋保险、中国石化销售有限公司江西九江石油分公司、中国电信股份有限公司九江分公司、九江巨能实业总公司。

（三）上台阶奖

对纳税总量1000万元以下，且首次突破500万元的企业，授予上台阶奖，各奖励3万元。

九江三鑫石化实业有限公司、国泰君安、江西津晶城实业有限公司、江西万升投资发展有限公司、九江市第三建筑工程公司、江西省弘毅建设集团有限公司、九江开元发展实业有限公司、九江市房屋产权交易中心。

希望受表彰的单位和个人珍惜荣誉，戒骄戒躁，发扬成绩，再接再厉。各街道部门单位、广大党员干部群众，要以先进为榜样，以坚韧不拔的信念、只争朝夕的精神、克难攻坚的锐气、勤政务实的作风，为建设美丽、实力、文化、幸福新浔阳，实现浔阳区在全市率先全面建成小康社会而努力奋斗！

2016年3月7日

中共浔阳区委　浔阳区人民政府
关于表彰2015年度计划生育工作先进单位
和先进个人的决定

浔字〔2016〕4号

2015年，全区上下以中共十八大和十八届三中、四中、五中全会精神为指导，牢固树立基本国策意识，强化优质服务、加强宣传引导、加大节育措施落实和社会抚养费征管力度、严抓综合治理、严格考核评估，全区计划生育工作水平稳中有进，全面完成了上级下达的各项工作任务，为全区经济社会发展做出了应有贡献，同时也涌现出了一大批先进典型。为了总结经验，弘扬先进，经区委、区政府研究，决定对以下先进单位和先进个人予以表彰。

一、驻区计划生育工作先进单位

市委办公厅（含市接待办）、市人大机关、市政府办公厅（含市政府法制办、市口岸办、市民宗局、市政府驻北京办事处、市政府驻南昌办事处）、市政协机关、市委政研室、市机关事务局、市委编委、市信访局、市台办、市妇联、团市委、市科协、市直机关工委、市军分区、市统计局、市司法局、市房产局、市农业局、市工商局、市文新局、市药监局、市建设规划局、九江日报社、市电视台、市地税局、市国资委、市科技局、市执法局、市行政服务中心管委会、市政府外侨办、市政府信息办、市商务局（含市政府驻深圳办事处、市政府驻上海联络处、市政府驻厦门办事处）、市安监局、市港口管理局、市防震减灾局、市环保局、市交通运输局、市公路局、市商管办、市物价局、市档案局、市粮食局、市史志办、市老龄委、市老干局、市供销社、市物资公司、市烟草局、市侨联、市民革、市民盟、市民进、市民建、市农工党、九三学社、市文联、市社联、市红十字会、市纺织工业局、市公路局直属分局、市公路局信息中心、国家统计局九江调查队、长江航运公安局九江分局、中石化九江分公司、九江出入境检验检疫局、九江市海事局、九江船舶分公司、九江畜产进出口公司、国电九江发电有限公司。

二、区相关部门履行计划生育职责先进单位

区纪委（监察局）、组织部、宣传部、政法委、法院、财政局、卫计委、人社局、民政局、区公安分局、建设局、环保局、教体局、审计局、甘棠街道、金鸡坡街道。

三、区直计划生育工作先进单位

区委办、人大机关、政府办、政协机关、统战部、工商联、检察院、发改委、工信委、商务局、司法局、文新局、流管办、党校、总工会、机关事务局、编办、接待办、统计局、物价局、旅游局、信息办、行政服务中心、经济服务中心、信访局、档案局、残联、市容局、市场监督管理局、三产局、房产局、步行街管理办公室、沿江办、人防办、科技局、安监局、工业园办、农林水务局、红十字会、区地税局、区国税局、区国土局。

四、计划生育工作先进社区（村）

湓浦街道：半月亭社区、孤溪埂社区。

甘棠街道：考棚社区、庐峰社区、六角石社区、龙山社区。

人民路街道：湖滨社区、向阳闸社区、桃园社区、庐南社区。

白水湖街道：三里街社区、李家垅社区、花果园社区、长虹北路社区。

金鸡坡街道：游岭村、姬公庵村。

五、计划生育工作先进个人

曹明艺、余超、费丽红、廖懿华、彭煌娟、陈英、龚冬玲、张双萍、刘桂珍、周海兰、谢桓辉、张玉娟、缪惠莉、邹菲菲、管红梅、徐静、周媛、欧阳琴、刘好、罗亚琴、丁君、王红玲、陶淑英、温晖、刘细清、涂越、杨涛。

希望受表彰的单位和个人珍惜荣誉，戒骄戒躁，发扬成绩，再接再厉。各单位、广大计划生育工作者要以先进为榜样，与时俱进、锐意进取，振奋精神，扎实工作，不断开创我区计划生育工作新局面。

2016年3月8日

中共浔阳区委　浔阳区人民政府
关于表彰浔阳区2014—2015年度文明单位的决定

浔字〔2016〕5号

近年来，全区上下坚高举中国特色社会主义伟大旗帜，认真贯彻落实党的十八大和十八届四中、五中全会精神，坚持以邓小平理论、“三个代表”重要思想和科学发展观为指导，深刻学习领会习近平总书记系列重要讲话精神，积极培育和践行社会主义核心价值观，紧紧围绕区委、区政府中心工作，与时俱进，求真务实，广泛开展群众性精神文明创建活动，城区文明程度和公民素质不断提高，促进了经济社会协调发展和全面进步，涌现出一大批工作扎实、成绩突出、影响广泛的先进典型。为进一步调动全社会参与精神文明建设的积极性，提高精神文明创建水平，区委、区政府决定，授予九江市司法局等54家单位“浔阳区2014—2015年度文明单位”荣誉称号。

希望受到表彰的单位发扬成绩，再接再厉，勇于开拓，不断创新，在推进我区经济建设、政治建设、文化建设、社会建设、生态文明建设和党的建设中，更好地发挥表率和示范作用。各街道、各部门、各单位要认真借鉴先进单位的经验，扎实开展群众性精神文明创建活动，不断取得新成效，为实现浔阳在九江率先全面建成小康社会的奋斗目标作出新的更大贡献。

附件：浔阳区2014—2015年度文明单位名单

2016年5月9日

附件：浔阳区2014—2015年度文明单位名单

1.九江市司法局
2.九江市粮食局直属分局
3.浔阳区财政局
4.九江市城市管理行政执法局浔阳区大队
5.浔阳区劳动就业服务管理局
6.浔阳区第一幼儿园
7.浔阳区三产发展服务局
8.浔阳区民政局
9.浔阳小学
10.浔阳区文化馆
11.浔阳区琵琶亭学校
12.浔阳区浔东小学
13.白水湖市容所

14.九江市司法鉴定中心
15.九江市文化广电新闻出版局
16.九江市文物局
17.浔阳区卫生监督所
18.九江市计量所
19.浔阳区市容局
20.九江市中心幼儿园
21.大中路步行街管理办公室
22.九江市物资集团公司
23.浔阳区政府信息化工作办公室
24.浔阳区商务局
25.九江市种子管理局
26.九江市住房保障和房产管理局
27.浔阳区工商联
28.浔阳区文化新闻出版局
29.九江市防震减灾局
30.浔阳区委、区政府接待办公室
31.浔阳区科技（防震减灾）局
32.浔阳区档案局
33.九江市第七中学
34.九江市河道采砂管理局
35.中共浔阳区委组织部
36.中共浔阳区委宣传部
37.中共浔阳区委政法委
38.中共浔阳区委统战部
39.浔阳区人武部
40.浔阳区龙山小学
41.浔阳区统计局
42.甘棠市容所
43.浔阳公安分局南湖派出所
44.九江学院附属医院
45.共青团浔阳区委员会
46.浔阳区妇联
47.浔阳区疾控中心
48.浔阳区湖滨小学
49.九江市第三中学
50.浔阳区金鸡坡街道办事处
51.浔阳区城东工业基地管理委员会办公室
52.九江市金安高级中学
53.浔阳区房产局
54.浔阳区社会福利院

中共浔阳区委　浔阳区人民政府　浔阳区人武部 2016年度民兵整组工作实施意见

浔字〔2016〕6号

为全面深化国防和军队改革，扎实做好军事斗争准备，确保年底前各项军事任务如期完成。现就2016年度民兵组织建设提出如下实施意见：

一、指导思想

以习主席“能打仗、打胜仗”的重要指示精神为指导，贯彻落实“五个深入推进”和深化“四项改革”任务部署会精神，紧贴“五战”任务和要求，坚持应战牵引，微调结构、优化布局、改进方法，加强基层武装部和民兵营（连）规范化建设，努力提升民兵力量建设质量效益，确保年底前各项军事任务如期完成。

二、组织领导

成立区民兵整组工作领导小组，由区委常委、常务副区长王凤雷任组长，区委常委、人武部部长孔祥云，区人武部政委宋卫国任副组长，成员由区人武部副部长李进、政工科长刘南、后勤科长郝畅担任，主要负责民兵组织建设的筹划、实施和具体指导。

三、主要任务

围绕“四项改革”，紧贴信息化战争需求，积极适应经济社会发展，优化结构布局，创新方式方法，努力构建“结构科学、布局合理、编组落实、可靠管用”的民兵预备役队伍。

（一）微调结构

全区编37基干民兵支分队1738人。主要原因是增加2支新型队伍（电磁频谱管制分队10人和船舶运输分队70人），储备队伍减少80人。

（二）任务区分

普通民兵主要抓好登记、统计、教育、活动等制度落实，按照应急、支援和储备队伍进行分类建设。其中，应急力量，按照任务常态、队伍专业、建设规范的要求，建好市应急1连120人、区125人应急连、10支20人乡镇应急排，共12支445人，铁（公）路护路民兵分队，纳入应急队伍统一建设。支援力量，按照战时有需求、地方有优势、建设有条件的要求，编基干民兵22支1214人。储备力量，按照储备人员、装备和能力的要求，编基干民兵3支79人，主要担负应急应战力量补充任务，包括作战勤务保障和装备勤务保障分队。

（三）改进编组

按照便于管理、便于保障、便于使用的原则，采取户籍地编组与工作地编组相结合的办法，优先编组户籍、工作、生活在本地的人员，确保应急队伍在位率和出动率达到90%以上；坚持属地编组、优选编组、行业编组相结合，对潜力不足、专业性强的分队灵活采取区域抽组方法，尽量多编退役军人和专业对口人员，确保城市防空、重要目标防卫、支援保障、预编预备役人员等4类参战支前力量，退伍军人比例和专业对口率不低于65%、85%。围绕提高人装结合率，储备应急应战补充力量，提高民兵参战支前的后续动员能力。

四、方法步骤

采取统一领导、分步实施，军地结合、上下联动的方法，从2月开始到6月底结束。

第一阶段（筹划部署）：3月上旬前，各单位要专门组织人员深入基层，逐街道社区、逐企事业单位调查潜力，摸清辖区兵员数质量和外出情况，尤其是近5年退伍军人和现役部队急需的地方高科技专业人才情况。根据兵员分布及数质量情况，合理区分任务，制定整组工作计划和实施方案。

第二阶段（组织实施）：3月中旬至4月底，按照整组工作方案计划，加强组织领导和跟踪问效，规范出入队程序，集中组织新老队员的转入转出，确保所有人员知道自己的分队、职务和任务。配齐完善相关装备器材，协调签订通用装备征用协议。

第三阶段（检查验收）：按“五实”（实案、实情、实地、实兵、实装）要求，自下而上组织点验。4月底，区人武部对辖区基干民兵分队进行普点，对普通民兵分队进行抽查；5月，军分区将按照不低于30%的比例对应急和支援队伍进行抽点，并做好迎接省军区检查验收准备。

五、有关要求

要强化“一分部署、九分落实”的意识，抓紧快干、真抓实干、埋头苦干，切实提高落实的质量效益。

加强组织领导，形成整体合力 各级要把整组工作作为上半年的中心工作，主要领导亲自抓，分管领导具体抓，机关部门合力抓。各级主管部门要及时向同级地方党委、政府汇报，成立联合整组工作领导小组，做到任务共同部署、检查验收共同组织、矛盾问题共同解决。各级要加强工作指导和检查督导，领导分片包干负责，严格按时间节点、质量标准抓好工作落实。

建强基层队伍，推动末端落实 启动新一轮民兵预备役基层建设，选精配强基层“三支队伍”，加强民兵预备役党组织建设，推动部队建设重心向基层延伸。贯彻落实国防动员军民融合深度发展意见，积极开展民兵活动、组织业务培训，逐步梯次优化民兵基层干部队伍结构，严格执行基层干部规定，加强对民兵营（连）长的身份审核把关、择优遴选，确保民兵营（连）长100%进居（村）委或“支委”，切实以高素质的基层干部队伍推动各项工作末端落实。

强化问题意识，破解发展难题 各级领导要深入一线，认真组织调查研究，及时发现解决整组工作中存在的矛盾问题。要坚持发扬改革精神，以重难点问题攻关为突破口，综合运用经济、行政、法律等手段，有效破解难编组、难召回及交叉编组、一兵多职等老大难问题。要深入研究信息化战争条件下民兵预备役运用的特点规律，围绕“小而精”，探索编实建强网络民兵、气象水文等新型作战力量的方法路子。

2016年4月6日

中共浔阳区委 浔阳区人民政府
关于印发
《浔阳区开展降低企业成本优化发展环境专项行动实施方案》的通知

浔字〔2016〕8号

浔阳区开展降低企业成本优化发展环境专项行动实施方案

为贯彻落实省、市关于开展降低企业成本优化发展环境专项行动的有关精神，加快推进“新工业十年行动”，切实降低企业成本优化发展环境，努力促进全区经济平稳较快发展，按照省、市关于降低企业成本优化发展环境系列文件的要求，区委、区政府决定，在全区开展降低企业成本优化发展环境专项行动，现将有关事项通知如下：

一、总体要求

贯彻落实省、市工作部署，紧紧围绕“降低企业成本优化发展环境”主题，按照“宣传到位、落实到位、帮扶到位”的总要求，开展多种形式的专题活动，着力帮助企业减轻负担、破解难题、创新发展、转型升级，推动供给侧结构性改革，有效增强企业盈利能力，提升竞争力，以企业的做大做强助推“新工业十年行动”的实施。

二、主要任务

为确保专项行动取得实效，按照统筹部署与精准施策相结合、市场主导与政府引导相结合、立足当前与着眼长远相结合、外部扶持与内部挖潜相结合的原则，重点抓好五个方面的工作。

（一）抓好责任落实

1.制定落实方案 贯彻落实省《关于降低企业成本优化发展环境的若干意见》、市《关于降低企业成本优化发展环境的实施意见》精神，按照市委、市政府《关于实施新工业十年行动的决定》要求，对权限范围内涉企优惠政策和审批事项，本着

“能让则让、能放则放”的原则，结合我区实际，制定出台我区降低企业成本优化发展环境实施方案。

2.落实责任部门　要加大政策措施的贯彻落实，突出抓好加强决战工业的20条（九府发〔2015〕2号）、市委市政府稳增长促发展的55条（九发〔2015〕5号）、新工业十年行动（九发〔2016〕6号）等一系列政策措施落实，全面抓好省委省政府降低成本、优化环境80条及九江市29条政策的贯彻实施。对政策措施要逐条进行梳理，明确具体的牵头单位、责任单位，由牵头单位负责，抓好政策具体落实，对已明确的政策，重点设计好操作流程，规定办理时限；对只明确了方向的政策，要结合实际提出细化举措，出台有关工作方案或配套政策。

3.做好政策汇编　围绕涉企税收优惠政策、涉企收费、融资成本、人工成本、用能用地成本、物流成本、财务成本等专题，由相关单位分门别类梳理汇编，进行专题公布，形成企业看得懂、能操作的政策体系。

4.建立联络制度　编印政策咨询联络表，详细提供每条政策的咨询单位、联系人、联系电话，为企业提供高效快捷的咨询服务。

（二）抓好政策宣传

1.全面搞好宣传　按照横向到边、纵向到企的要求，全方位做好宣传，确保专项行动深入人心、政策措施落实到企。在报刊、电视、网络上加强专项行动宣传，并设立专栏、专刊进行重点解读，让专项行动家喻户晓，将政策红利转化为企业红利；加大政策公开力度，各相关单位要在浔阳网上开设专栏，对中央和省、市、区政府支持企业发展的政策措施分类纳入、及时公开。

2.加强政策宣讲　由区四套班子组成的33个调研帮扶小组，赴园区联系相关企业，召开政策宣讲动员会和开展调研活动，详细解读专项行动政策举措；开展年轻干部挂职工业园区活动，抓好挂职工业园区干部相关政策措施培训，督促年轻干部深入企业点对点联系、面对面宣讲。

3.做好资料发送　对省、市部门制订的政策汇编，及时进行编印颁发，确保做到“三个全覆盖”，即全区规模以上工业企业全部发送到位、园区内所有企业全部发送到位、区重点企业全部发送到位。

（三）抓好联企服务

1.开展领导挂点联系企业活动　建立区领导挂点、责任单位、机关干部帮扶企业发展工作机制，对全区规模以上工业企业、园区内所有企业、区重点企业全覆盖。按照市委、市政府挂点联系园区、企业安排，明确区级工作对接机制，建立由区主要领导带部门的对接工作制度；组建33个区四套班子领导带区直相关部门、机关干部的挂点帮扶小组，每个小组挂点联系1户企业。

2.开展政企月度“茶叙”活动　全区33个帮扶小组分别由区领导牵头，带领区直责任单位、机关干部，每月深入所在挂点的企业开展“茶叙”活动，全面做好政策宣传、政策解读、政策落地，了解企业生产经营动态，倾听企业呼声，受理企业诉求，现场协调解决相关困难，抓好存在问题梳理，全方位抓好企业帮扶，助推企业稳步运行。

3.开展专家精准帮扶活动　抽调专家学者，组建精准帮扶顾问团，根据企业产业特点，开展企业问诊行动，提供技术咨询。

4.开展产业链对接帮扶活动　组织重点骨干企业对上下游配套企业，开展全方位、多层次的技术、产品、劳务对接帮扶，鼓励组建产业联盟，推进产业融合发展。

（四）抓好难题破解

1.设立专门受理平台　畅通企业信息反馈渠道，建立政府企业投诉中心（九江市人民政府企业投诉中心投诉电话：8259110、18807928110，浔阳区人民政府企业投诉中心电话：8986110、13319452110），及时受理企业诉求，确保企业投诉得到及时有效解决。

2.完善问题处理机制　由区工信委牵头，负责收集整理挂点帮扶过程中企业反映的困难和问题，提交区四套班子专题研究，专题协调会原则上每季度召开一次。

3.抓好问题跟踪问效 根据区四套班子会议要求，对企业反映的各类问题，逐级梳理，列出清单，建立台账，明确责任部门和解决时限，由区委、区政府督查室抓好督查推进、跟踪问效。

（五）抓好调度督查

1.加强督查落实 把降低企业成本、优化发展环境专项行动开展情况和若干意见落实情况纳入全区工作督查推进内容，组织企业对区直及驻区有关部门服务企业工作情况、服务承诺内容进行反向调查。

2.加强情况调度 加强专项行动开展情况和若干意见落实情况的调度，及时收集、反映实施过程中出现的新情况、新问题，并及时做好相关问题的反馈工作。

3.加强考核问效 将专项行动活动情况作为目标考核的重要内容，对推进落实较好的区直单位及驻区相关部门给予表彰奖励，对服务企业不到位、执行政策打折扣的单位或个人进行诫勉谈话，对不作为、乱作为的单位和个人进行问责，对服务企业过程中发生的违纪违法行为坚决从严处理。

三、保障措施

（一）加强组织领导 成立区降低企业成本、优化发展环境专项行动领导小组，区政府区长任领导小组组长，区政府分管工业副区长任副组长。领导小组由区直及驻区单位相关部门组成，领导小组办公室设在区工信委，同时下设政策宣讲、入企帮扶、破解难题、督查考核4个专项工作小组，分别由宣传部、工信委、发改委、组织部等单位部门的分管领导担任组长。

（二）强化工作对接 把专项行动工作情况纳入全区工作的调度内容，全面了解推进情况，及时反映存在的问题；领导小组办公室要全面统筹协调，定期开展调度，及时总结推广，形成推进合力；各领导小组成员单位要细化任务举措，落实责任分工，推进重点任务实施。

（三）营造浓厚氛围 宣传部门要把专项行动作为全市新工业十年行动宣传的重要内容，广泛宣传各部门落实政策、破解难题的工作成效，广泛宣传帮扶企业降本增效、转型发展的好做法，树立典型，推广经验，着力营造浓厚氛围，推进专项行动深入开展。

2016年6月8日

中共浔阳区委 浔阳区人民政府
关于印发《浔阳区城市管理“百日大提升”工作方案》的通知

浔字〔2016〕20号

为深入贯彻区第十次党代会提出的“打造城管文化、建设魅力浔阳”发展战略，进一步提升城市管理水平，改变城市面貌，提升城市品位，根据九江市城市管理“提升年”相关要求，区委、区政府决定在全区开展城市管理“百日大提升”活动，现制定如下工作方案：

一、总体目标

用一百天左右时间集中整治城市环境突出问题，使全区的市容市貌有明显变化，基本实现“车多有序、人多有礼、街老整齐、路窄干净、房旧灯亮、城美宜居”的魅力浔阳形象，为城市管理建立长效机制奠定基础。

二、时间安排

2016年9月28日至2017年1月27日。

三、工作原则

（一）突出重点原则

突出甘棠湖、南门湖（以下简称“两湖”）周边工作重点，以问题为导向，通过对该区域进行全面细致地排查，梳理出城市管理中亟须解决的突出问题，有针对性地加以解决。

（二）整管并重原则

将集中整治与日常管理相结合，在加强城市各项日常管理的同时，通过开展集中整治活动，着力解决城市管理顽疾，促进城市管理水平明显提升。

（三）长短结合原则

通过落实城市管理“提升年”的各项目标要求，创新管理办法，完善管理措施，同时积极建立健全与新形势相适应的各项长效管理机制，用科学的制度和完善的机制提升城市管理规范化、精细化水平。

（四）属地管理原则

按照“属地管理、重心下移”的原则，充分发挥街道在城市管理中的主体作用，构建“条块结合、以块以主”的城市综合管理格局。各街道要牵头做好城市管理工作，主动协调、对接各级职能部门，做好本辖区内的整治工作。

四、主要任务

（一）开展交通秩序整治，打造“车多有序”的出行环境

整治标准：交通设施完善，交通管理到位，交通秩序井然。

责任领导：刘 松

牵头单位：市交管一大队

责任人：周浔勇

配合单位：各街道、浔阳公安分局、区国资局、市执法局浔阳区大队、区建设局、区直机关工委、区总工会、团区委、区妇联。

主要措施：

1.市交管一大队负责完善各类交通信号、标识、标线、护栏等设施。同时加强路面交通秩序的管理，特别是加强工程车、货运车闯禁行，不按规定时间、路线行驶，超高超重；摩托车无牌无证、超员载人、乱闯禁行线、乱掉头；三轮车乱停乱放、人货混装、随意穿插掉头；电动车不办理牌证，超标电动车上路行驶；行人违规过马路、非机动车不按交通信号灯通行等各类交通违法行为。

2.区建设局积极配合市建规局、市国资委和市畅通办，根据停车场建设规划，大力推进中心城区停车场的建设，鼓励行政机关、企事业单位自有停车场面向社会开放；把新建住宅及其他大型建筑物停车位配建作为必要审核条件。

3.市执法局浔阳区大队牵头组织相关部门对人行道的停车位进行确认并施划停车泊位标线，并督促市国资公司落实人行道上的摩托车、三轮车、自行车的有序摆放。

4.市交管一大队、市执法局浔阳区大队按分工对违规车辆加大处罚力度。

（二）开展文明宣教活动，打造“人多有礼”的文明环境

整治标准：建设城管文化，加强宣传引导，深入营造“讲文明话、行文明礼、做文明人”，全民参与城市管理的浓厚氛围，提高居民生活幸福指数。

责任领导：郑德俊

牵头单位：区委宣传部

责任人：易水生

配合单位：各街道、区总工会、团区委、区妇联、区教体局、区环保局、区文新局、区安监局、区市场和质量监督管理局、市公安局机动支队一大队、市交管一大队、市执法局浔阳区大队、浔阳公安分局、区直机关工委。

主要措施：

1.区文明办牵头联合相关单位开展“弘扬优秀传统文化、争做文明有礼市民”等主题活动；区直机关工委、区总工会、团区委、妇联组织志愿者义务宣传员和文明劝导员，积极参与城市管理“百日大提升”活动，对“乱穿马路”“车窗抛物”“随地吐痰”“公共场所吸烟”等不文明现象进行曝光，提高市民素质。

2.浔阳公安分局牵头做好燃放烟花爆竹整治，各街道负责本辖区限放工作的组织落实，区文明办、区环保局、区安监局、区市场和质量监督管理局、市执法局浔阳区大队等部门配合，开展联合执法。

3.区文明办、区直机关工委牵头组织全区各机关团体、事业单位，率先开展“打造城管文化建设魅力浔阳”主题活动，教育广大干部职工讲文明、树新风、作表率，机关团体、事业单位干部职工的不文明行为要作为曝光和批评的重点，以引领全社会文明风尚的形成。

4.浔阳公安分局、区文新局、市执法局浔阳区大队、市公安局机动支队一大队、区环保局要积极配合各街道进一步规范各类群众性娱乐活动，严禁黄、赌、毒，重点加强“两湖”周边等市民集中区域的整治和管理。

（三）加大整治力度，对重点区域实施综合治理

1.占道经营整治

整治标准：无出店经营，无流动摊点，无占道售车、修车、洗车。

责任领导：张小军

牵头单位：市执法局浔阳区大队

责任人：袁猛

配合单位：各街道、区市场和质量监督管理局、区卫计委、区建设局、区残联、区教体局、区民宗局、区环保局、区安监局、区信访局、区法院、浔阳公安分局、市公安局机动支队一大队。

主要措施：

（1）市执法局浔阳区大队对辖区范围内的占道经营情况进行调查摸底，并开展劝导整治工作。

（2）区市场监督管理、卫生部门对拒不整改的有证经营户依法暂扣相关许可证照，责令停业整改，到期拒不整改的吊销或注销相关许可证照。

（3）各街道、市执法局浔阳区大队和区市容局根据疏堵结合的原则，设立限定经营项目、限定经营时段、落实保洁措施、落实监管责任的疏导点，用于安排确属生活困难的本辖区居民临时经营；区残联配合各街道对残疾人占道擦鞋行为进行规范。

（4）市执法局浔阳区大队联合各街道、区教体局对学校周边的占道经营行为进行清理，学校要教育学生不购买校园周边占道经营户售卖的食品和其他商品。

（5）区民宗局配合市执法局浔阳区大队对占道经营的少数民族流动摊贩做好政策宣讲、教育劝离工作。

（6）市执法局浔阳区大队牵头各街道、公安部门对拒不整改的出店经营、流动摊点予以取缔。

（7）各街道牵头区环保局、区安监局、区市场和质量监督管理局、浔阳公安分局、区建设局、市执法局浔阳区大队、市交管一大队对各售车、修车、洗车场所进行联合执法，对不符合经营条件的限期整改，整改不到位的，一律吊销许可证照，并予以关停。

（8）区信访局积极做好经营户信访工作。

（9）区法院执行局加大城市管理违法案件受理力度。

2.道路综合整治

整治标准：主次干道、人行道路面平整，无私设路桩、路锁、路墩、坡坎等有碍交通的占道物；主次干道、背街小巷市容整洁，无建筑垃圾、装修垃圾、破旧家具等有碍市容的占道物。

责任领导：张小军

牵头单位：市执法局浔阳区大队

责任人：袁猛

配合单位：各街道

（1）市执法局浔阳区大队牵头联合市市政、国资、市交管一大队开展主次干道、人行道私设路桩、路锁、路墩、坡坎的清除工作。

（2）各街道对辖区内主次干道、边街小巷

内建筑垃圾、装修垃圾、破旧家具集中排查、巡查，及时上报。边街小巷建筑垃圾由辖区环卫所负责清运到主次干道倾倒点。主次干道建筑垃圾由市执法局浔阳区大队负责联系专业清运公司及时清理。

（3）积极探索市场化操作模式，通过市场外包方式解决建筑垃圾清运工作。

3.违法建设整治

整治标准：贯彻落实《九江市中心城区违法建设专项治理工作行动方案》和《九江市农村违法违规建房“百日大清查”专项行动方案》精神，加大清查整治力度，加强日常管控巡查，严厉惩治各类违法建设，对新增违法建设做到“零容忍”，坚决拆除。

责任领导：张小军

牵头单位：区两违办

责任人：陈秋根

配合单位：各街道、市执法局浔阳区大队、区建设局、区国土局、区房产局、市公安局机动支队一大队、浔阳公安分局。

（1）区两违办和各街道按照“守土有责”的原则，加强对本辖区集体土地上的违法建设和在国有土地上个人违法建设的管控及组织拆除工作。

（2）市执法局浔阳区大队加强对机关、企事业单位实施的违法建设查处工作，及时发现、及时拆除、严格问责。

（3）区建设局主动对接市建设局对实施违法建设的施工单位和项目经理要严肃查处，责令其停止施工，暂停其在本区的证书，并收回建设单位“建筑工程施工许可证”。

（4）区国土局严格审查建设单位的土地权属关系和用地手续是否齐全，查处违法用地行为。

（5）区房产局按照全市农村违法违规建房“百日大清查”专项行动要求，提供原建房影像档案，对 2014 年 1 月 1 日以来新增的所有农村建房和建成区的违法建设进行全面清查，分类处理。

（6）公安部门对阻碍违法建设执法的行为加大惩治力度。

4.建筑工地整治

整治标准：工地出入口无泥土污染，渣土运输车辆无超高超载，按规定路线行驶，沿途无泥土泼洒。

责任领导：任佳佳

牵头单位：市执法局渣土大队浔阳中队

责任人：侯 斌

配合单位：各街道、区建设局、区环保局、区国土局、市交管一大队、市执法局浔阳区大队。

主要措施：

（1）市执法局渣土大队浔阳中队督促做好工地围挡的设置，围挡及其画面破损的及时翻新，至少 30%以上的围挡画面更换为城市管理公益广告，广告内容由区文明办统一提供；有条件的施工工地围挡周边进行绿化；临时性工地围挡必须安全美观。

（2）市执法局浔阳区大队督促做好装修、门头店招改造工地的监管，规范建筑装潢垃圾的清理。

（3）工地采取出入口硬化和设置冲洗平台等措施加强进出车辆带泥上路的管理，暂无条件实施的工地也必须在出入口配备专职的车轮刷洗人员，市执法局渣土大队浔阳中队加强对车轮带泥上路的管理。

（4）区建设局负责施工工地内物料堆放等标准落实的监管。

（5）区环保局加强对工地施工噪音、污水排放的监管，周边居民投诉率高的施工工地取消其夜间施工许可。

（6）各街道积极配合相关职能部门，加强本辖区范围内的建筑工地整治工作。

（四）开展环境卫生整治，打造“路窄干净”的优美环境

1.街区卫生整治

整治标准：道路实现“六无六净”，即无裸露垃圾、无果皮纸屑、无砖瓦浮土、无污泥秽水、无泼洒食物、无杂草粪便；道路净、露眼净、墙根净、树窝净、护栏净、垃圾箱净。

责任领导：任佳佳

牵头单位：区市容局

责任人：程焕新

配合单位：各街道、市执法局浔阳区大队

主要措施：

（1）清理垃圾死角。各街道对辖区内垃圾死角集中排查，建立登记制度，采取清单式清理。

（2）严格落实保洁时间。各市容所对主要街道保洁至23时。

（3）治理小区环境。以街道为主体，继续深入推进“一把笤帚扫浔阳”模式，确保年内在各街道全面推行。

（4）市执法局浔阳区大队全面整治小区和楼栋内乱张贴行为，积极对接市执法局探索“牛皮癣”清理市场化外包。

2.物业小区整治

整治标准：物业小区内卫生保洁无死角，道路平整、整洁、无破损，机动车非机动车车辆有序停放，环卫设施配套齐全，无擅自占用公共部位堆放杂物，无乱搭乱建等。

责任领导：任佳佳

牵头单位：区房产局

责任人：冷彧

配合单位：各街道、区市容局、市执法局浔阳区大队

主要措施：

（1）区房产局加强物业公司的管理，督促提升各项标准，如路灯、楼道灯、电梯、道路、绿化、排水、排污管道等公共设备配置及路面养护基本完好，车辆停放有序，落实物业小区的清扫保洁制度，督促合理设置环卫设施，配有保洁人员实行日常保洁工作，做到垃圾日产日清，无垃圾死角。

（2）区市容局做好物业小区垃圾中转台、公厕的接收和管理。

（3）各街道联合市执法局浔阳区大队全面整治物业小区违章违建和楼栋内乱张贴行为。

3.加强道路清洗

整治标准：道路无明显灰尘、污渍、泥印，还原道路本色。

责任领导：任佳佳

牵头单位：区市容局

责任人：程焕新

配合单位：各街道、区市容局、市执法局浔阳区大队、市交管一大队

主要措施：

（1）区房产局加强物业公司的管理，督促提升各项标准，如路灯、楼道灯、电梯、道路、绿化、排水、排污管道等公共设备配置及路面养护基本完好，车辆停放有序，落实物业小区的清扫保洁制度，督促合理设置环卫设施，配有保洁人员实行日常保洁工作，做到垃圾日产日清，无垃圾死角。

（2）区市容局做好物业小区垃圾中转台、公厕的接收和管理。

（3）各街道联合市执法局浔阳区大队全面整治物业小区违章违建和楼栋内乱张贴行为。

（4）按照“路见本色”的标准，正常气候条件下夜间高压冲洗路面，白天低压喷洒降尘，至少保证每天冲洗作业一次，洒水不少于两个班次。

（5）加强人行道冲洗，至少保证每天一次，如有油污，须滴洒清洁剂，直至洗净。

（6）道路冲洗后及时进行普扫和保洁，加强人工保洁的密度，做到勤走、勤看、勤扫，确保即时出现的垃圾及时得到清理。

（7）市交管一大队、市执法局浔阳区大队整治路边停车，为道路清洗创造条件。

（五）开展街景立面整治，实现“房旧灯亮”的感观环境

整治标准：建筑物立面干净整齐、白天美化、晚上亮化，店招规范、广告美观，路灯设施运行正常，杆体洁净，亮灯率达到100%。

责任领导：任佳佳

牵头单位：市执法局浔阳区大队

责任人：袁 猛

配合单位：各街道、区建设局、区市容局、区市场和质量监督管理局、区民政局、市执法局直属大队、区亮化办。

主要措施：

1.各业主单位对建筑物外墙剥落、破损、脱色、积垢进行清洗、出新。

2.各街道负责空调室外机、管线及其他附属物统一规范。

3.市执法局浔阳区大队、市执法局直属大队对户外广告、门头店招加大监管力度。遵循“一店一招”的原则设置门头店招，老旧建筑物按照“上下一条线、伸出一个面”的原则设置，新建筑物严格按规划批准的预留门头位置设置，禁止在门头店招之外设置各类吊挂、灯箱，拆除影响市容的户外广告。

4.区亮化办、各街道督促沿街建筑物进行夜景亮化。

5.沿街路灯、行道树、护栏、围墙一律不得悬挂条幅，违规设置的，由市执法局浔阳区大队拆除。

6.区市场监督管理、卫生部门对拒不整改的有证经营户依法暂扣相关许可证照，责令停业整改，到期拒不整改的吊销或注销相关许可证照。

7.区民政局要积极争取市民政局支持，对路名牌画面内容定期更新。

8.区建设局、各街道积极配合，努力争取市市政局支持，对辖区主次干道、背街小巷内路灯设施及时进行维护、更换，确保亮灯率达到100%。

（六）开展环境污染整治，打造“城美宜居”的人居环境

整治标准：依托旧城改造，腾空透绿，适当增加城市公共绿地、绿道和绿岛，增加城市“绿色肺活量”；减少沿街店铺噪音扰民，沿街饭店油烟直排，加强水污染治理，打造山清水秀的城市景观。

责任领导：郑德俊

牵头单位：区建设局

责任人：杨明卿

配合单位：各街道、区环保局、区农林水务局、市执法局浔阳区大队。

1.区建设局积极配合市建规局完善城市生活污水收集体系，提高接污率，加强污水处理设施建设和管理。

2.区建设局、区农林水务局负责整治行道树绿化带，精心建设，搞好养护，保证绿化带四季常青；加快新建和改造一批街头绿地游园，做好游园绿化、亮化、美化等工作，配置休闲、健身设施；市执法局浔阳区大队要加大对破坏绿化带和侵占绿化用地种菜等行为的处罚力度。

3.区建设局牵头全力推进各类架空线路整治工作，能入地的积极争取入地，暂时不能入地的也要规整设置。

4.区农林水务局积极配合市水利局加强城区湖泊、河道管养质量的监督，督促落实管养责任，并对长江大堤等公共堤防的市容环境加强管理。

5.区环保局积极配合市环保局对企业污水入网率进行一次全面的调查和摸底，查明企业污水是否全部入网，对未入网的企业要查明原因，督促其污水入网，对已入网的企业，核查其企业总用水量和污水入网的比例，加强对企业排污口的封堵，提高企业污水入网率。

6.区环保局加强对餐饮行业油烟污染的监管，并会同市执法局浔阳区大队和区市场和质量监督管理局对未达标排放的餐饮店进行关停。

7.区市场和质量监督管理局加强对餐厨垃圾的监管，规范经营户餐厨垃圾的收集、运输和处理环节。

五、工作步骤

（一）国庆有变化

到 2016 年国庆，重点区域的市容市貌有明显变化。

（二）元旦出成效

到 2017 年元旦，有效解决群众反映强烈的城市管理难题，城市面貌发生根本性改变，在全市城市管理综合考评中争先进位。

（三）春节建长效

到 2017 年春节，逐步建立健全适合我区实际的城市管理长效机制。

六、保障措施

（一）加强组织领导

建立区长任组长，区委、区人大、区政府、区政协有关领导为副组长的浔阳区城市管理“百日大提升”领导小组，研究部署城市管理重大问题、表彰城市管理成绩突出的辖区街道和有关部门，对工作不力的给予批评。区委主要领导不定期进行调度，区政府主要领导每月召开一次调度会，区委分管领导每半月召开一次调度会，区政府分管领导每周召开一次调度会，协调、推进、考核城市管理工作。

（二）明确职责分工

各牵头单位要明确责任，精心组织，周密安排，积极推进以城市管理“百日大提升”为主题的城市管理各项工作，要结合工作实际，制定

具体的实施方案和工作进度计划表，层层落实责任，确保各项工作按计划要求推进。定期组织各配合单位召开调度会，通报情况，督促整改，加强对整治工作的组织实施和综合协调。

（三）建立包挂机制

为支持各街道开展“百日大提升”活动，由挂点街道区委常委负责指导、协调挂点街道“百日大提升”工作。区委各部门、区直各单位作为包挂路段、包挂社区部门，要积极帮助街道推进整治工作，参与包挂路段、社区范围内跨门经营、流动摊点的劝导，组织人员清扫包挂路段、包挂社区范围内的环境卫生和清理垃圾死角、杂物，规范路边车辆停放，维护公共秩序等。

（四）充实执法力量

按照“稳固机动中队、充实市容中队、强化辖区中队”的原则，逐步配齐城市管理行政执法人员，解决一线城管执法力量不足问题。通过加强建设街道城管服务中心，强化执法队伍务工作技能，全面提升我区城市管理综合执法水平。

（五）健全考评机制

实行日考评、周通报和月评比，明确考评标准，设立考评专项资金，专户管理，专款专用，对各街道和包挂街道、社区部门每月进行一次考核排名，兑现奖惩，将每月的考评结果在“浔阳新闻”“中国浔阳网”予以公布并排名。把城市管理工作作为政绩考核、绩效评估和文明创建工作评价的重要内容。

（六）加大经费保障

区政府根据城市管理“百日大提升”工作需要，统筹安排评比奖励经费 50 万元、工作经费 10 万元，并安排专项整治经费确保“百日大提升”活动有序开展。“百日大提升”活动结束后经费保障另行决定。

（七）营造浓厚氛围

各街道和区直各单位要积极调动群众、发动群众，形成全社会支持、参与的浓厚氛围，通过加强自身建设打造城管文化精髓、体现城管核心价值观，在街头巷尾、围墙广告、环卫车辆、浔阳微城管等载体宣传先进典型，塑造城管文化品牌、丰富城管文化内涵，打造城管文化阵地；依托各大报刊、电视电台和网络等媒体开设城市管理“百日大提升”专栏，加大正面宣传力度，鼓励引导志愿者、企业和广大市民通过各种方式参与城市管理，真正实现城市共治共享。

附件1：浔阳区城市管理“百日大提升”领导小组成员名单

附件2：浔阳区城市管理“百日大提升”包挂路段、社区任务表

2016年9月28日

附件1：浔阳区城市管理“百日大提升”领导小组成员名单

组　长：

徐昭国　区委副书记、区政府区长

副组长：

王风雷　区委副书记

郑德俊　区委常委、宣传部部长

张小军　区委常委、统战部部长（常务副组长）

梅美华　区人大常委会副主任

刘　松　区政府副区长、浔阳公安分局局长

任佳佳　区政府副区长

周　华　区政协副主席

成　员：

舒钟坤　区委办公室副主任、区信访局局长

庄志强　区委办公室副主任、政研室主任

李文锋　区政府办公室副主任、金融办主任

王　丹　区人大办公室主任

何　君　区政协办公室主任

谈荣亚　区纪委副书记

屈　琳　区委宣传部副部长
桂晨笑　区委统战部副部长、民宗局局长
王克勤　区直机关工委书记
易水生　区文明办主任
万义振　浔阳公安分局副局长
曹俊云　区教体局局长
赵风林　区民政局局长
陈　革　区文新局局长
杨金甫　区财政局书记
杨明卿　区建设局局长
冷　彧　区房产局局长
聂秋斌　区环保局局长
张扬荣　区市场和质量监督管理局局长
姚华仟　区三产局局长
马艺文　区农林水务局局长
陈晓明　区安监局局长
周懿斌　区卫计委主任
程焕新　区市容局局长
余贵萍　区总工会常务副主席
万斌霞　区妇联主席
贾涵清　团区委副书记
常贤荣　区残联理事长
焦　军　区法院执行局局长
殷东火　区国土局局长
袁　猛　市执法局浔阳区大队大队长
周浔勇　市交管支队一大队大队长
王灵波　市公安局机动支队一大队大队长
侯　斌　市执法局渣土大队副大队长
袁春燕　湓浦街道党工委副书记、办事处主任
周　围　甘棠街道党工委副书记、办事处主任
金　剑　人民路街道党工委副书记、办事处主任
黄　玮　白水湖街道党工委副书记、办事处主任
余文进　金鸡坡街道党工委副书记、办事处主任
陈秋根　区市容局副局长
刘　啸　大中路步行街管理办公室主任

领导小组下设一室四组，程焕新兼任办公室主任、综合组组长；屈琳兼任宣传组组长；谈荣亚兼任督查组组长；万义振兼任维稳组组长。

附件2：浔阳区城市管理“百日大提升”包挂路段、社区任务表

表 13

序号	路名	包挂路段	包挂社区		包挂部门
1	庾亮北路	浔阳路四码头口至滨江路（其士大酒店）	湓浦街道	丁官路	人大机关
2	浔阳路	庾亮北路四码头口至新桥头龙开河路口		梅绽坡	政法委
3	丁官路	兴业大厦至庾亮南路江州菜场		濂　溪	宣传部
4	交通路	浔阳路邮政大厅至滨江路农工商超市口			
5	湓浦路	区人武部至交通路香炉峰宾馆		龙开河	人社局
6	甘棠南路	天主教堂至南门口红绿灯		孤溪埂	老干局
7	龙开河路	滨江路19号闸口至浔城十三香（东盟路口）		九　龙	就业局
8	环城路	美佛医院至南门口红绿灯		半月亭	总工会
9	滨江路	19号闸口至庾亮北路口（其士大酒店）		湓　浦	卫生监督所
10		庾亮北路口至甘棠北路江边水厂口	甘棠街道	延支山	政协机关
11		江边水厂至灌婴路口（消防战勤大队）		滨　江	政府办
12	南湖路	南湖支路地税局红绿灯至浔阳区国税局		六角石	教体局

续表 13

序号	路名	包挂路段		包挂社区	包挂部门
13	新公园路	九江宾馆至 5·1 水果店		南　司	审计局
14		南湖路地税局红绿灯至 5·1 水果店			
15	南湖支路	长虹大道口（雅格泰酒店）至 5·1 水果店		新公园	发改委
16		南湖路地税局红绿灯至三厂红绿灯处		浔　安	城保局
17	塔岭南路	市一医院花坛至浔阳东路口		南　湖	档案局
18	庐峰东路	北司路口（市人才市场）至俏西海酒店		城市花园	接待办
19	浔阳路	太平洋购物中心至庾亮北路四码头路口		赵家花园	人民医院
20	大中路	太平洋购物中心至九九商城		小南门	步管办
21	浔阳东路	太平洋购物中心至东门口路口（市社保局）		景　星	信访局
22	塔岭北路	浔阳东路八角石地下出口至昭忠祠路口		柴　桑	残　联
23		昭忠祠路口至滨江路加油站口		浔阳楼	妇　联
24		浔阳东路口（老汽车站）至浔阳区国税局		庐　峰	市场监督管理局
25	庐峰路	浔阳东路老汽车站红绿灯口至北司路口（市人才市场）		考　棚	机关事务局
26		八一宾馆大门至老市委大院门口		城　南	国资局
27	甘棠北路	滨江路江边水厂至老九江军分区大门口		八角石	纪　委
28		老九江军分区大门至浔阳东路新川王口		龙　山	环保局
29	甘棠南路	浔阳路交通银行口至庾亮南路天主教堂		能仁寺	统计局
30	庾亮南路	浔阳路四码头路口至天主教堂		双　峰	旅游局
31		天主教堂至南湖路（和中广场）		黄土坡	信息办
32	北司路	庐峰东路（市人才市场）至塔岭北路口		岳师门	党　校
33	庐山北路	新桥头红绿灯口（商务大楼）至滨江路口		山川岭	文新局
34	庐山路	阳光家园酒店至新桥头红绿灯处	人民路街道	老马渡	流管办
35	南湖路	庾亮南路口（和中广场）至南门口红绿灯		德　化	统战部
36	青年北路	庐山南路口至李公堤甘棠公园门口		新东方	建设局
37	龙开河路	东盟路口（浔城十三香）至西一路口		两亩地	物价局

续表 13

序号	路名	包挂路段	包挂社区		包挂部门
38		西一路口至西二路老转盘红绿灯口	白水湖街道	向阳闸	民政局
39	老马渡路	西一路红绿灯口至普润路口		沙子墩	疾控中心
40	陆家垄路	长虹大道桥下至庐山南路沃尔玛红绿灯口		庐　南	卫计委
41	十里大道	庐山路三中老门红绿灯口至西一路口		黄土岭	编　办
42		西一路口至山水大酒店红绿灯口		罗家洼	社保局
43		山水大酒店红绿灯口至南海路口		大树下	科技局
44		南海路口至十里转盘		姚家洼	商务局
45	青年路	庐山南路信华集团办公楼至市交警支队		长虹村	法？院
46	李公堤	甘棠公园大门至南门口		人民路	民宗局
47	桃园路	青年路口至十里大道口		桃　园	市容局
48	庐山南路	庐山路阳光家园红绿灯至青年路口		湖　滨	医保局
49		青年路信华集团办公楼至火车站广场转盘		琥珀山	科　协
50	姚家洼路	庐山南路口（青少年宫）至十里大道口		新　村	行政服务中心
51	庐峰东路	中翰商务大楼红绿灯至俏西海酒店		庐峰花园	区委办
52	长虹北路	滨江路口至中翰商务大楼		三里村	组织部
53		中翰商务大楼红绿灯至长虹立交桥闸道处（原 603 车队）		长虹北路	检察院
54	滨江路	白水湖公园至灌婴路口（消防战勤大队）		沿　江	司法局
55	南湖路	三里街农贸菜场口至南湖支路地税局红绿灯		余家垅	团　委
56	三里街	三里街农贸菜场口至三厂红绿灯处		李家垅	三产局
57		浔阳东路口师专公交站至三里街农贸菜场		花果园	房管局
58	滨江东路	白水湖公园至二电厂红绿灯路口		琵琶亭	经济服务中心
59	天马路	三里街路口至长虹北路（天马家具商场）		三里街	工商联
60	千米大道	灌婴路至长虹北路（老化工厂东门）		白水湖社区	台　办
61	灌婴路	俏西海酒店至滨江路口		白水湖村	文化馆
62	花果园北路	庐峰东路口至滨江路（区检察院）		东门口	沿江办

续表 13

序号	路名	包挂路段	包挂社区		包挂部门
63	浔阳东路	长虹立交桥至东门口路口	金鸡坡街道	九　针	工信委
64	战备路	三里街口至天河商务宾馆		锁江楼	红十字会
65	长虹东大道	长虹北路口至新京九市场前高压电线杆		曹家山	财政局
66	滨江东路	二电厂红绿灯至琴湖大道口红绿灯		姬公庵	工业园办
67		琴湖大道口红绿灯至石化总厂		大　塘	人防办
68	琴湖大道	滨江东路口红绿灯至区生活垃圾二级中转站		大王庙	农林水务局
69		区生活垃圾二级中转站至铁路桥下		金鸡坡	安监局

中共浔阳区委　浔阳区人民政府
关于印发《2016 年度街道经济社会发展目标考评实施办法》的通知

浔字〔2016〕27 号

2016年度街道经济社会发展目标考评实施办法

一、指导思想

以中国特色社会主义理论、“三个代表”重要思想、科学发展观为指导，深入贯彻党的十八大，十八届三中、四中、五中、六中全会和省、市党代会精神，紧紧围绕区第十次党代会奋斗目标，充分发挥考核评价在推动工作、促进浔阳又好又快发展中的激励导向作用，引导全区协调推进经济、政治、文化、社会和生态文明建设，为建设“实力、活力、魅力、和谐”浔阳提供强大动力。

二、考评对象

湓浦街道、甘棠街道、人民路街道、白水湖街道、金鸡坡街道

三、考评内容及分值

考评主要包括党的建设、经济发展、人大工作、政协工作、人民武装、城市管理、社会建设等七个方面内容，基本分为100分。

1.党的建设（基本分30分）：包括领导班子建设，基层党组织建设[含社区（村）建设]，党风廉政建设，“两学一做”学习教育，宣传思想工作（含文明创建），统战工作等情况。

2.经济发展（基本分34分）：包括财税工作、招商引资、旧城改造（保障房及棚户区改造完成率）、项目建设（除旧城改造）、服务业发展、楼宇经济发展等情况。

3.人大工作（基本分1.5分）：包括计划制定落实、制度健全完善、代表作用发挥、代表述职和联系选民、代表之家建设、代表建议办理、代表学习培训、信息宣传、工委自身建设等情况。

4.政协工作（基本分1.5分）：包括组织领导、参与政协工作、履行职能、岗位贡献、社情民意、宣传工作等情况。

5.人民武装（基本分1.5分）：包括党管武装工作、民兵思想教育、民兵整组、民兵参建（训练）、国防动员工作、兵员征集工作、基本设施等情况。

6.城市管理（基本分10分）：包括城市管理“百日大提升”、综合治理“两违”等情况。

7.社会建设（基本分21.5分）：包括社会治安综合治理、信访工作、计划生育、市场监管、安全生产（含两员两站建设）、法治建设、环境保护、应急管理、关心下一代工作、人力资源和社会保障公共服务平台、科技创新和防震减灾指数、公共机构节能、流动人口服务管理、公车改革、实施“河长制”保障管理等情况。

另设加分和扣分项目（据实计入总分）：

1.加分内容

（1）奖励加分

凡相关工作突出，做出了重大贡献，并符合下列条件的，予以加分，同一奖项就高不就低不重复加分。

①获得中央、国务院表彰奖励的，加对应项基本分值的10%；

②获得国家部委或省委、省政府表彰奖励的，加对应项基本分值的6%；

③获得省委、省政府各部门表彰奖励的，加对应项基本分值的4%，获得市委、市政府表彰奖励的，加对应项基本分值的4%；

④获得市委、市政府各部门表彰奖励的，加对应项基本分值的2%，获得区委、区政府表彰奖励的，加对应项基本分值的2%；

⑤社区（村）获得的各类奖项都以社区建设为对应项予以加分；

⑥国家部委或省委、省政府在本地召开涉及考评项目推广经验性质的现场会的，加对应项基本分值的3%；

⑦省直部门或市委、市政府在本地召开涉及考评项目推广经验性质的现场会的，加对应项基本分值的2%。

以上奖励加分均由区统计局、区目标考评办负责。

（2）测评加分

组织区四套班子领导，街道党政主要领导、区直单位主要负责人，部分基层党代表、人大代表、政协委员、企业界和基层群众代表采取无记名方式对各街道进行测评，并按 4：3：3的比例进行汇总排名，给排在前一、二、三名的街道分别加1分、0.75分、0.5分（区目标考评办负责）。

2.扣分内容

凡有下列情形的扣分，同一事件扣分就高不就低，不重复扣分。

①区委、区政府重大决策事项未及时落实的，或基本不达标的，每次扣0.2分，最多扣1分（区委办、区政府办负责）；

②区委、区政府督办的人大代表建议、政协委员提案等事项未及时办理的，每次扣0.1分，最多扣1分（区委办、区人大办、区政府办、区政协办负责）；

③受到省委、省政府或国家部委及以上书面通报批评的，每次扣0.5分，最多扣1分（区委办、区政府办、区委宣传部负责）；

④受到市委、市政府或省直部门书面通报批评的，每次扣0.2分，最多扣1分（区委办、区政府办、区委宣传部负责）；

⑤以区委、区政府名义召开的会议，未经请假擅自缺席的，每次扣0.1分，最多扣1分（区委办、区政府办负责）；

⑥市、区纪委明察暗访，每发现一个问题扣0.1分，最多扣1分（区纪委、监察局办负责）。

社会治安综合治理、安全生产、人口和计划生育对经济社会发展目标综合考评结果实行“一票否决”。

四、计分方法

各项目标的考评均实行百分制计分，考评得

分按各项目标所占分值比例进行折算后，再计入年度考评总分。计算公式为：

年度考评总分=各目标考评折算得分+奖励加分+测评加分-工作扣分。

有缺项的考评对象，按实际考评项目进行计分，年度考评得分（含总分、单项）=（各项目标考评折算得分之和÷各项目标基本分之和）×100+奖励加分+测评加分-工作扣分。

五、奖惩内容及措施

1.综合先进单位

经济社会发展综合考评名列前2名的街道，评为综合先进单位，各奖励7.5万元。

2.单项先进单位

（1）财税工作先进单位1个，奖励3万元。

（2）服务业发展（含楼宇经济）先进单位1个，奖励3万元。

（3）城市管理先进单位1个，奖励3万元。

（4）项目建设先进单位1个，奖励3万元。

（5）党风廉政建设先进单位1个，奖励1.5万元。

（6）“两学一做”学习教育先进单位1个，奖励1.5万元。

（7）文明创建先进单位1个，奖励1.5万元。

（8）社会管理先进单位1个，奖励1.5万元。

（9）计划生育先进单位1个，奖励1.5万元。

（10）社区（村）建设先进单位：街道1个，奖励1.5万元；社区（村）10个，各奖励1万元。

（11）招商引资奖项根据2016年浔阳区招商引资目标考评相关文件执行。

3.先进个人

每个街道可推荐2个名额，街道所辖社区（村）先进个人按照社区（村）个数40%的比例推荐，年度目标考评评为综合先进的街道可增加2个名额。先进个人的推荐、审批，按街道负责推荐，年度干部考核组初审，考评领导小组审批的程序进行。获得先进个人的每人奖励0.1万元。

4.双十标兵

（1）服务重大项目建设标兵（全区共10人）：由发改委牵头，各类项目牵头责任单位分口推荐，征求所在街道意见，报项目总牵头责任领导及区级责任领导签字同意，年度干部考核组初审，考评领导小组（经区委研究同意）审批。

（2）服务经济发展标兵（全区共10人）：由商务局牵头，工信委、经济服务中心、三产局、工业园办、财政局等单位分口推荐，征求所在街道意见，报项目总牵头责任领导及区级责任领导签字同意，年度干部考核组初审，考评领导小组（经区委研究同意）审批。

获得双十标兵的每人奖励0.5万元。

凡在全区目标考评中已经奖励的项目，各部门不再重复进行奖励。

综合考评得分未达到70分的单位为不合格单位，对街道党政主要负责人给予组织处理。对连续两年综合考评排名最后一位且得分低于85分的街道党政主要负责人将进行诫勉谈话，并在全区年度经济工作会上进行通报。

考评结果纳入公务员年度考核管理范畴，作为公务员评优评先的重要参考依据。凡被授予综合先进的单位，单位主要负责人可直接评定为优秀公务员；被评为不合格的，取消年度考核评优资格，扣除单位主要负责人100%、其他班子成员50%的年终一次性奖金，并制定切实可行的整改方案报区委、区政府备案。

六、考评程序

主要采取“五评”方式进行：

1.单位自评　各目标责任单位要根据《实施办法》规定，认真对照年度目标任务逐项进行自查自评，建立和完善工作目标执行情况的档案资料和有关凭证，填写好统一的自查表格，并形成年度书面自查报告。由各街道党政主要领导审定签字，加盖公章后上报。

2.部门初评　根据区目标考评工作领导小组的统一组织安排，各单项考核牵头单位会同各协同单位按照《实施办法》的要求，制定具体的考评细则，对各目标责任单位年度目标任务完成情况进行考评计分。确需到街道考评审核的项目，本着“同类归组、减少批次、控制人数”的原则，相对集中进行。

3.综合测评 结合巡回看变化，区四套班子领导采取无记名方式进行测评。结合日常了解情况，组织街道党政主要领导、区直单位主要负责人，部分基层党代表、人大代表、政协委员、企业界和基层群众代表对各街道进行测评。

4.会议联评 区目标考评工作领导小组召开专题会议，听取各专项考评牵头及协同单位的考评工作汇报，对各专项考评结果进行审核。

5.组织审评 区目标考评办根据考评结果，提出综合先进、单项先进建议名单，分别送区纪委（监察局）、区委政法委、区安监局、区卫计委、区信访局等部门征求意见后，提交区目标考评工作领导小组审议，最后送区委常委会审定，并作出表彰决定。

七、考评要求

1.加强领导，统一认识 2016年度全区经济社会发展目标考评工作，在区委、区政府的领导下，由区经济社会发展目标考评工作领导小组具体负责。各目标责任单位要从有利于调动工作积极性，有利于促进目标任务的完成，有利于推动工作上台阶的高度，切实履行职责，充分发挥主观能动性，做到责任到位、工作到位，加大推行和落实力度，确保各项目标任务的全面落实和完成，推动工作再上新台阶。

2.严密组织，有序安排 区目标考评办在具体组织实施年终考评工作中，要精心组织，周密安排，合理调度，各有关部门要通力协作，积极配合。要切实加强日常考评，将平时考评作为促进工作的有效手段、年终考评的重要参考。为减轻目标责任单位负担，各专项考评部门在考评工作中，要尽量减少环节，重视日常监管和督查，未经批准，原则上年终不得组织各类目标考评验收活动。确有考评必要的，须书面报请区目标考评工作领导小组同意后，统筹组织实施。考评责任单位给每个被考评单位所评分或扣分都是一样的，区考评领导小组将约谈该考评责任单位主要领导，并研究取消相关考评的资格。

3.实事求是，严禁造假 各目标责任单位提供的考核数据、资料和情况，要客观真实，凡相关职能部门有数据的，以其认定的数据为准。各专项考核部门要加大日常监管的力度，严防年终考评时突击上报数据的现象发生。对弄虚作假及采取不正当手段，干扰、左右考评工作的，一经核实，除取消该街道评先资格外，对街道党政主要负责人及有关责任人员将严肃处理。

4.公道正派，严守纪律 各专项目标考核部门和所有考评人员在考评工作中，不得降低标准，不得感情用事，不得受非正常因素的干扰，不得搞暗箱操作，严禁收受礼品礼金和进休闲娱乐场所，严禁出现“感情、关系考评”现象，确保考评的公开、公平、公正。凡借考评之机营私舞弊的，一经举报，将严厉查处。

本《实施办法》由区目标考评工作领导小组办公室负责解释。各单项考评细则由各牵头单位紧扣区委、区政府重大决定及浔阳实际，积极对接市对口部门考评，负责制订与完善，报区委、区政府分管领导审定后，由区考评工作领导小组办公室另行下文。

附件1：街道经济社会发展目标综合考评体系

2016年12月6日

附件1：街道经济社会发展目标综合考评体系

表 14

单项体系		权重（%）	责任单位
党的建设（30分）	领导班子建设	5	区委组织部 ※
	基层党组织建设【含社区（村）建设】	8	区委组织部、民政局

续表 14

单项体系		权重（%）	责任单位
	党风廉政建设	6	区纪委
	“两学一做”学习教育	5	区“两学一做”学习教育工作协调小组办公室
	宣传思想工作（含文明创建）	4	区委宣传部
	统战工作	2	区委统战部
经济发展（34 分）	财税工作	10	区财政局
	招商引资	4	区商务局
	旧城改造（保障房及棚户区改造完成率）	6	区房产局、区建设局
	项目建设（除旧城改造）	4	区发改委及其他各类项目牵头责任单位
	服务业发展	6	区发改委、三产局、统计局
	楼宇经济发展	4	区经济服务中心
人大工作（1.5 分）		1.5	区人大办
政协工作（1.5 分）		1.5	区政协办
人民武装（1.5 分）		1.5	区人武部
城市管理（10 分）	城市管理“百日大提升”	7	区市容局
	综合治理“两违”工作	3	区“两违”办
社会建设（21.5 分）	社会治安综合治理	5	区委政法委
	信访工作	2	区信访局
	计划生育	2	区卫计委
	市场监管（食品安全、质量兴市、惩治传销、无照经营）	2	区市场和质量监督管理局
	安全生产（含两员两站建设）	1.5	区安监局
	法治建设	1	区司法局
	环境保护	1	区环保局
	应急管理	1	区应急办
	关心下一代工作	1	区关工委办

续表 14

单项体系	权重（%）	责任单位
人力资源和社会保障公共服务工作	1	区人社局
科技创新和防震减灾指数	1	区科技局
公共机构节能	1	区事务局
流动人口服务管理	1	区流管办
“河长制”	0.5	农林水务局
公车改革	0.5	区发改委
合计	100	
加减分项目		区目标考评办

说明：1.带※号单位为该类项目考评结果的汇总单位；2.综治、安全生产、计生对目标综合考评结果实行“一票否决”

中共浔阳区委 浔阳区人民政府
关于印发《2016 年度区直单位经济社会发展目标考评实施办法》的通知

浔字〔2016〕28 号

2016年度区直单位经济社会发展目标考评实施办法

一、指导思想

以中国特色社会主义理论、“三个代表”重要思想、科学发展观为指导，深入贯彻中共十八大，十八届三中、四中、五中、六中全会和省、市党代会精神，紧紧围绕区第十次党代会奋斗目标，充分发挥考核评价在推动工作、促进浔阳又好又快发展中的激励导向作用，引导全区协调推进经济、政治、文化、社会和生态文明建设，为建设“实力、活力、魅力、和谐”浔阳提供强大动力。

二、考评对象

区委各部门、区直各单位（见附件1）。

三、考评内容及分值

考评实行百分制，主要采取综合市考评和重点工作考评的办法进行（见附件2）。

1.综合市考评

主要是考评区直单位年度工作及成效在对应的市直单位工作的认可度、排名情况。区直单位综合市考评分为30分，基础分为23分。在市级年度目标考评中，排名在全市前1—3名的，得30—27分，前4—6名的得28—26分，第7—9名的得27—25分，第10—14名得26—23分，由区考评领导小组按相关程序确定。在市级单位的排名情况，由区直单位在下年度2或3月到对应的市直单位沟通并拿取上年度考评排名情况，拿取的文件或证明材料等依据必须加盖市级单位的公章。如拿不到相关依据的按低于基础分的20分计算得分；发现有弄虚作假的，该区直单位本年度此项指标在应得分的基础上扣10分。

2.重点工作考评

重点工作考评主要是考评领导班子建设，基层党组织建设，党风廉政建设，“两学一做”学习教育，宣传思想工作，招商引资，服务业发展（含楼宇经济），项目建设（含各类重大项目），人大代表意见建议办理，政协提案办理，社会建设等11个方面内容，基本分为70分。

（1）领导班子建设（基本分6分）：包括思想政治建设、领导水平、贯彻区委、区政府决议、工作实绩、完成重点任务等情况。

（2）基层党组织建设（基本分5分）：包括基层党组织建设、党员发展及教育管理、信息调研等情况。

（3）党风廉政建设（基本分8分）：党风廉政建设主要包括落实主体责任、落实监督责任、创新工作等情况。此指标还包括巡察工作情况。

（4）“两学一做”学习教育（基本分5分）：“两学一做”学习教育主要包括落实“三会一课”制度、深化“先锋创绩”“百日大提升、党员争先锋”、召开专题组织生活会、开展民主评议等情况。

（5）宣传思想工作（基本分5分）：包括理论宣传、新闻宣传、社会宣传、文明创建工作、文化事业、网络安全和信息化建设等情况。

（6）招商引资（基本分5分）：包括提升服务水平、提高服务质量、项目实际进资等情况。

（7）服务业发展（含楼宇经济）（基本分6分）：包括服务第三产业发展、楼宇经济、服务业及资料报送等情况。

（8）项目建设（含各类重大项目）（基本分6分）：包括领导重视、工程进度、项目管理、协调服务、项目质量、资料报送和参与、支持旧城改造等情况。

（9）人大代表意见建议办理（基本分2分）：包括领导重视、制度完善、办理态度、规范答复、落实效果等情况。

（10）政协提案办理（基本分2分）：包括组织领导、办理时限、复文情况、解决问题、反馈情况、综合考核等情况。

（11）社会建设（基本分20分）：包括社会治安综合治理、信访工作、计划生育、城市管理、市场监管、安全生产、应急管理、公共机构节能、公车改革等情况。

另设加分和扣分项目（据实计入总分），奖励加分累计不超过3分：

1.加分内容

（1）奖励加分

凡相关工作突出，做出了重大贡献，并符合下列条件的，予以加分，同一奖项不重复加分，就高不就低。

①在全市经济社会发展目标考评中获单项考评前一、二、三名且荣获考评单项奖的牵头责任单位，加2分、1.5分、1分，协作单位由单项指标的分管领导及牵头责任单位根据工作实绩给予加分，分别不超过1分、0.85分、0.7分；

②获得中央、国务院表彰奖励的，加2分；

③获得国家部委或省委、省政府综合先进的，加2分；

④省委、省政府或国家部委在本地召开涉及考评项目推广经验性质的现场会的，加2分；

⑤省直部门或市委、市政府在本地召开涉及考评项目推广经验性质的现场会的，加1分；

⑥获得省直部门或市委、市政府表彰综合先进的，加0.5分。

⑦经区目标考评工作领导小组研究确认，出色完成全区重大工作或取得重大影响的亮点工作，加0.5分；

以上奖励加分均由区统计局、区目标考评办负责。

（2）测评加分

组织区四套班子领导，街道党政主要领导、区直单位主要负责人，部分基层党代表、人大代表、政协委员、企业界和基层群众代表采取无记名方式对各街道进行测评，并按 4:3:3的比例进行汇总排名，给排在前10名区直单位分别加1.5分、1.3分、1.1分、0.9分、0.8分、0.7分、0.6分、0.5分、0.4分、0.3分（区目标考评办负责）。

2.扣分内容

凡有下列情形的扣分，同一事件扣分就高不就低，不重复扣分。

①区委、区政府重大决策事项未及时落实的，或基本不达标的，每次扣0.2分，最多扣1分（区委办、区政府办负责）；

②区委、区政府督办的人大代表建议、政协委员提案等事项未及时办理的，每次扣0.1分，最多扣1分（区委办、区人大办、区政府办、区政协办负责）；

③受到省委、省政府或国家部委及以上书面通报批评的，每次扣0.5分，最多扣1分（区委办、区政府办、区委宣传部负责）；

④受到市委、市政府或省直部门书面通报批评的，每次扣0.2分，最多扣1分（区委办、区政府办、区委宣传部负责）；

⑤以区委、区政府名义召开的会议，未经请假擅自缺席的，每次扣0.1分，最多扣1分（区委办、区政府办负责）；

⑥市、区纪委明察暗访，每发现一个问题扣0.1分，最多扣1分（区纪委、监察局负责）。

社会治安综合治理、人口和计划生育对经济社会发展目标综合考评结果实行“一票否决”。

四、计分方法

各项目标的考评均实行百分制计分，考评得分按各项目标所占分值比例进行折算后，再计入年度考评总分。计算公式：

年度考评总分=综合测评折算得分+重点工作考评折算得分+奖励加分-工作扣分。

有缺项的考评对象，按实际考评项目进行计分，年度考评得分（含总分、单项）=（各项目标考评折算得分之和÷各项目标基本分之和）×100+奖励加分+测评加分-工作扣分。

五、奖惩内容及措施

1.综合先进单位

经济社会发展目标综合先进共表彰12个单位，各奖励7.5万元。

2.单项先进单位

①服务重点项目建设先进单位6个，各奖励1.5万元。

②党风廉政建设先进单位6个，各奖励1.5万元。

③“两学一做”学习教育先进单位8个，各奖励1.5万元。

④社会管理先进单位8个，各奖励1.5万元。

⑤服务业发展（含楼宇经济）先进单位4个，各奖励1.5万元。

⑥计划生育工作先进单位4个，各奖励1.5万元。

⑦城市管理“百日大提升”工作先进单位6个，其中，牵头责任单位2个，包挂责任单位4个，各奖励1.5万元。

⑧招商引资奖项根据2016年浔阳区招商引资目标考评相关文件执行。

⑨设立区直单位业务工作单项奖。对年度业务工作取得优异成绩、在全区年度目标考评排名不在后5名、且未获得目标考评综合或其他单项先进的单位，由区目标考评工作领导小组采取民主推荐、综合筛选等办法，确定3个单位作为单项先进予以表彰奖励，各奖励1.2万元。

3.先进个人

每个单位可推荐1—2个名额，一级单位有下属单位的按下属单位个数3/4的比例推荐下属单位先进个人，在区年度目标考评中评为综合先进的单位可增加1名先进个人。先进个人的推荐、审批，按单位负责推荐，年度干部考核组初审，考评领导小组审批的程序进行（见附件3）。获得先进个人的每人奖励0.1万元。

4.双十标兵

（1）服务重大项目建设标兵（全区共10人）：由发改委牵头，各类项目牵头责任单位分口推荐，征求所在单位意见，报项目总牵头责任领导及区级责任领导签字同意，年度干部考核组初审，考评领导小组（经区委研究同意）审批（见附件4）。

（2）服务经济发展标兵（全区共10人）：由商务局牵头，工信委、经济服务中心、三产局、工业园办、财政局等单位分口推荐，征求所在单位意见，报项目总牵头责任领导及区级责任领导签字同意，年度干部考核组初审，考评领导小组（经区委研究同意）审批（见附件4）。

获得双十标兵的每人奖励0.5万元。

凡在全区目标考评中已经奖励的项目，各部门不再重复进行奖励。区四套班子办公室参加年度目标考评。

综合考评得分未达到70分的单位为不合格单位，对其单位主要负责人给予组织处理。对连续两年综合考评排名最后三位的党群部门、区直单位的主要负责人将进行诫勉谈话，并在全区年度经济工作会上进行通报。

考评结果纳入公务员年度考核管理范畴，作为公务员评优评先的重要参考依据。凡被授予综合先进的单位，单位主要负责人可直接评定为优秀公务员；被评为不合格的，取消年度考核评优资格，扣除单位主要负责人100%、其他班子成员50%的年终一次性奖金，并制定切实可行的整改方案报区委、区政府备案。

六、考评程序

主要采取“五评”方式进行：

1.单位自评：各目标责任单位要根据《实施办法》规定，认真对照年度目标任务逐项进行自查自评，建立和完善工作目标执行情况的档案资料和有关凭证，填写好统一的自查表格，并形成年度书面自查报告。由各单位主要负责人审定签字，加盖公章后上报。

2.部门初评：根据区考评工作领导小组的统一组织安排，各单项考核牵头单位会同各协同单位按照《实施办法》的要求，制定具体的考评细则，对各目标责任单位年度目标任务完成情况进行考评计分。确需到各单位考评审核的项目，本着“同类归组、减少批次、控制人数”的原则，相对集中进行。

3.综合测评：由区四套班子领导，街道党政主要领导、区直各单位主要负责人，部分基层党代表、人大代表、政协委员、企业界和基层群众代表分别对区直各单位年度业务工作、服务中心工作、工作效能、廉洁从政等情况进行百分制综合评价，打出综合评价得分。

4.会议联评：区目标考评工作领导小组召开专题会议，听取各专项考评牵头及协同单位的考评工作汇报，对各专项考评结果进行审核。

5.组织审评：区目标考评办根据考评结果，提出综合先进、单项先进建议名单，分别送区纪委（监察局）、区委政法委、区安监局、区卫计委、区信访局等部门征求意见后，提交区目标考评工作领导小组审议，最后送区委常委会审定，并作出表彰决定。

七、考评要求

1.加强领导，统一认识。2016年度全区经济社会发展目标考评工作，在区委、区政府的领导下，由区经济社会发展目标考评工作领导小组具体负责。各目标责任单位要从有利于调动工作积极性，有利于促进目标任务的完成，有利于推动工作上台阶的高度，切实履行职责，充分发挥主观能动性，加大工作推进和落实力度，做到责任到位、工作到位，确保各项目标任务的全面落实和完成，推动工作再上新台阶。

2.严密组织，有序安排。区目标考评办在具体组织实施年终考评工作中，要精心组织，周密安排，合理调度，各有关部门要通力协作，积极配合。要切实加强日常考评，将平时考评作为促进工作的有效手段、年终考评的重要参考。为减轻目标责任单位负担，各专项考评部门在考评工作中，要尽量减少环节，重视日常监管和督查，未经批准，原则上年终不得组织各类目标考评验收活动。确有考评必要的，须书面报请区目标考评工作领导小组同意后，统筹组织实施。考评责任单位对每个被考评单位所评分或扣分都是一样的，区考评领导小组将约谈该考评责任单位主要领导，并研究取消相关考评的资格。

3.实事求是，严禁造假。各目标责任单位提供的考核数据、资料和情况，要客观真实，凡相关职能部门有数据的，以其认定的数据为准。各专项考核部门要加大日常监管的力度，严防年终考评时突击上报数据的现象发生。对弄虚作假及采取不正当手段，干扰、左右考评工作的，一经核实，除取消该单位评先资格外，对单位主要负责人及有关责任人员将严肃处理。

4.公道正派，严守纪律。各专项目标考核部门和所有考评人员在考评工作中，不得降低标准，不得感情用事，不得受非正常因素的干扰，不得搞暗箱操作，严禁收受礼品礼金和进休闲娱乐场所，严禁出现“感情、关系考评”现象，确保考评的公开、公平、公正。凡借考评之机营私舞弊的，一经举报，将严厉查处。

本《实施办法》由区目标考评工作领导小组办公室负责解释。各单位考评细则由各牵头单位紧扣区委、区政府重大决定及浔阳实际，积极对接市对口部门考评，负责制订与完善，报区委、区政府分管领导审定后，由区考评工作领导小组办公室另行下文。

附件1：区直单位目标综合考评对象名单
附件2：区直单位经济社会发展目标综合考评体系

2016年12月2日

附件1：区直单位目标综合考评对象名单

一、党群部门（19个）

区纪委（监察局）机关、区委办公室、区委组织部（老干局）、区委宣传部、区委统战部、区委政法委、区台办、区信访局、区编办、区工商联、区委党校、区档案局、区总工会、团区委、区妇联、区科协、区残联、区红十字会、区接待办

二、人大、政协办公室（2个）

区人大办、区政协办

三、司法机关（2个）

区法院、区检察院

四、区直单位（34个）

区政府办公室、区发改委、区物价局、区工信委、区财政局、区人社局、区商务局、区卫计委、区安监局、区审计局、区司法局、区民政局、区教育体育局、区文化新闻出版局、区建设局、区环境保护局、区市容管理局、区市场和质量监督管理局、区统计局、区科技局、区人防办、区城东工业基地管委会办公室、区机关事务管理局、区行政服务中心、区旅游局、区房产管理局、区三产发展服务局、区政府信息办、区农林水务局、区流动人口管理服务办公室、区经济服务中心、区沿江开发办公室、区大中路步行街管理办公室

附件2：区直单位经济社会发展目标综合考评体系

表 15

类别	单项体系	权重(%)	责任单位
综合市考评	在市直单位年度目标考评的排名情况	30	区目标考评办 ※
重点工作考评	领导班子建设	6	区委组织部 ※
	基层党组织建设	5	区委组织部
	党风廉政建设	8	区纪委
	“两学一做”学习教育	5	区“两学一做”工作协调小组办公室
	宣传思想工作	5	区委宣传部

续表 15

类别	单项体系	权重(%)	责任单位
社会建设	招商引资	5	区商务局
	服务业发展（含楼宇经济）	6	区发改委、区经济服务中心
	项目建设（含各类重大项目）	6	区发改委、区统计局及其他各类项目牵头责任单位
	人大代表意见建议办理	2	区人大办
	政协提案办理	2	区政协办
	社会治安综合治理	5	区委政法委
	信访工作	3	区信访局
	计划生育	2	区卫计委
	城市管理	2	区市容局
	市场监管	2	区市场和质量监督管理局
	安全生产	2	区安监局
	应急管理	1	区应急办
	公共机构节能	1	区事务局
	公车改革	2	区发改委
合计		100	
加减分项目			区目标考评办

说明：1.带※号单位为该类项目考评结果的汇总单位；2.综治、计生对目标综合考评结果实行“一票否决”

主要文件选目

中共浔阳区委文件

表 16

发布文号	文件名称
浔发〔2016〕2号	关于印发《中共浔阳区委常委会2015年工作总结》的通知
浔发〔2016〕3号	关于印发《中共浔阳区委常委会2016年工作要点》的通知
浔发〔2016〕4号	印发《中共浔阳区委关于制定国民经济和社会发展第十三个五年规划的建议》的通知
浔发〔2016〕5号	关于加强新形势下全区少先队工作的实施意见
浔发〔2016〕6号	转发《中共浔阳区人大常委会党组关于浔阳区人民代表大会换届选举有关工作安排意见》的通知
浔发〔2016〕7号	关于转发《政协浔阳区第八届委员会换届工作实施方案》的通知
浔发〔2016〕8号	印发《关于把纪律挺在前面的实施办法》的通知
浔字〔2016〕1号	关于成立浔阳区第九届人民代表大会第六次会议临时党组织的决定
浔字〔2016〕7号	关于召开中国共产党浔阳区第十次代表大会的请示
浔字〔2016〕10号	关于中国共产党浔阳区第十次代表大会代表选举工作的通知
浔字〔2016〕11号	关于成立中国共产党浔阳区第十次代表大会筹备工作领导小组的通知
浔字〔2016〕12号	关于区委书记、副书记和常委分工的通知
浔字〔2016〕13号	关于同意给予李兵开除党籍、开除公职处分的批复

续表 16

发布文号	文件名称
浔字〔2016〕14 号	关于同意给予赵磊开除党籍、开除公职处分的批复
浔字〔2016〕15 号	关于桑龙水等金鸡坡村民有关信访问题的结案报告
浔字〔2016〕16 号	关于沈孝敏等游岭村民有关信访问题的结案报告
浔字〔2016〕17 号	关于胡文生等人有关信访问题的结案报告
浔字〔2016〕18 号	关于黄桂梅信访问题的结案报告
浔字〔2016〕19 号	关于成立浔阳区第十届人民代表大会第一次会议临时党组织的决定
浔字〔2016〕21 号	关于印发《中共浔阳区委全委会工作规则》《中共浔阳区委常委会议议事决策规则（试行）》《中共浔阳区委书记议事会议事规则》的通知
浔字〔2016〕22 号	关于同意给予罗勇开除党籍、开除公职处分的批复
浔字〔2016〕23 号	关于同意给予向志勋开除党籍、行政撤职处分的批复
浔字〔2016〕24 号	关于调整区党政领导联系各民主党派、工商联、无党派知联会分工的通知
浔字〔2016〕25 号	关于给予陈健斌党内严重警告处分的请示
浔字〔2016〕26 号	关于给予周围党内严重警告处分的请示
浔字〔2016〕29 号	印发《关于领导干部进一步从严律己改进作风的若干要求》的通知

中共浔阳区委办公室文件

表 17

发布文号	文件名称
浔办发〔2016〕1 号	印发《关于在全区党员中开展“学党章党规、学系列讲话，做合格党员”学习教育工作方案》的通知
浔办字〔2016〕9 号	关于进一步深入学习贯彻《中国共产党廉洁自律准则》和《中国共产党纪律处分条例》的通知
浔办字〔2016〕12 号	关于对换届风气开展专项巡察的通知
浔办字〔2016〕13 号	关于印发《全区 2016 年组织工作要点》的通知
浔办字〔2016〕14 号	关于印发《全区 2016 年宣传思想工作要点》的通知
浔办字〔2016〕16 号	关于成立浔阳区换届工作办公室的通知
浔办字〔2016〕19 号	关于成立区委统战工作领导小组的通知
浔办字〔2016〕20 号	关于印发《全区 2016 年统战工作要点》的通知

续表 17

发布文号	文件名称
浔办字〔2016〕28 号	关于召开中国共产党九江市浔阳区第十次代表大会的通知
浔办字〔2016〕30 号	关于调整区关心下一代工作委员会成员的通知
浔办字〔2016〕32 号	关于印发《中共浔阳区委办公室发文处理规程》的通知
浔办字〔2016〕33 号	关于印发《在全区基层党组织和党员中广泛开展"百日大提升、党员争先锋"活动方案》的通知
浔办字〔2016〕34 号	关于调整区老年大学校务委员会组成人员的通知
浔办字〔2016〕35 号	关于调整区委党建工作领导小组等议事协调机构的通知
浔办字〔2016〕37 号	关于区领导和机关单位包挂联系社区（村）工作的通知
浔办字〔2016〕40 号	印发《关于建立健全挺纪在前协调保障机制的实施意见》的通知
浔办字〔2016〕44 号	关于深入学习宣传贯彻党的十八届六中全会精神的通知
浔办字〔2016〕48 号	关于认真学习宣传贯彻省第十四次党代会精神的通知

（区委办公室供稿）

浔阳区人民政府文件

表 18

发布文号	文件名称
浔府发〔2016〕1 号	关于印发《九江市浔阳区国民经济和社会发展第十三个五年规划纲要》的通知
浔府发〔2016〕2 号	关于迎接 2016 年国家县城义务教育均衡发展督导评估的实施方案
浔府发〔2016〕3 号	关于印发《浔阳区加快推进学校（幼儿园）项目建设计划》的通知
浔府发〔2016〕4 号	关于取消一批行政权力事项的通知
浔府发〔2016〕5 号	关于印发《浔阳区人民政府工作规则》的通知
浔府发〔2016〕6 号	关于公布区本级行政审批中介服务事项目录的决定
浔府发〔2016〕7 号	关于印发《九江市浔阳区全民健身实施计划（2016—2020 年）》的通知

浔阳区人民政府办公室文件

表 19

发布文号	文件名称
浔府办发〔2016〕3 号	关于印发《2016 年浔阳区地质灾害防治预案》的通知

续表 19

发布文号	文件名称
浔府办发〔2016〕4 号	关于印发《浔阳区环境保护专项整治工作实施方案》的通知
浔府办发〔2016〕5 号	关于印发《2016 年浔阳区夏季消防检查工作方案》的通知
浔府办发〔2016〕6 号	关于印发《浔阳区水污染防治工作方案》的通知
浔府办发〔2016〕7 号	关于印发《浔阳区 2016 年大气污染防治工作实施计划》的通知
浔府办发〔2016〕8 号	关于印发《浔阳区畜禽养殖禁养区、限养区划分方案》的通知
浔府办发〔2016〕10 号	关于转发《关于开展集中整治和查处行政执法不公侵害群众利益专项治理的工作方案》的通知
浔府办发〔2016〕11 号	关于印发《浔阳区中心城区违法建设专项治理工作行动方案》的通知
浔府办发〔2016〕12 号	关于转发江西省人民政府办公厅关于规范国旗升挂和使用管理的通知
浔府办发〔2016〕13 号	关于浔阳区深化中小学教师职称制度改革工作实施意见
浔府办发〔2016〕15 号	关于印发浔阳区推进行政检查“双随机、一公开”工作实施办法的通知

（区政府办公室供稿）

栏目编辑：蒋靖男

索　　引

LNDEX

说明：

一、本索引采用分析索引法，按索引条目第一字汉语拼音（同音字按声调）顺序排列，第一字相同，按第二字音序排列，依次类推。

二、分目用黑体字标明。标引词后的阿拉伯数字表示内容所在的页码。

三、本年鉴的《特载》《大事记》《人物·荣誉录》《附录》均未作索引。

D

E

F

G

H

J

K

L

M

N

P

Q

R

T

W

X

Y

Z

0–9